언약의 구원

The Covenant Salvation

황두용

Doo Yong Hwang

언약의 구원
The Covenant Salvation

지은이	황두용 Doo Yong Hwang
초판발행	2024년 5월 22일
펴낸이	배용하
책임편집	윤찬란
등록	제364-2008-000013호
펴낸곳	도서출판 대장간
	www.daejanggan.org
등록한곳	충남 논산시 매죽헌로 1176번길 8-54
대표전화	전화: 041-742-1424 전송 : 0303-0959-1424
분류	기독교 | 성서연구 | 언약
ISBN	978-89-7071-677-0 (03230)

 값 30,000원

2023년 3월 1일부터 이 글을 쓰기 시작했습니다. 구원을 집중적으로 생각하게 되었기 때문입니다. 『지성에서 영성으로』의 후기에 구원에 대한 여운을 남겼습니다. 『언약: 함께로 그리스도교』부터 『지성에서 영성으로』로 이어진 글은 『언약의 구원』으로 정점에 이르러야 된다고 확신했습니다.

I started writing this treatise on March 1, 2023, for I began to focus on salvation. The epilogue of *From Intellectuality to Spirituality* left a lingering feeling about salvation. I was convinced that the writings that continued from *The Covenant: Christianity as Togetherness* to *From Intellectuality to Spirituality* should culminate in *The Covenant Salvation.*

『언약: 함께로 그리스도교』는 성경이 종교적인 책이 아닌 언약의 책임을 확언합니다. 그 책은 이 언명을 유지합니다: 성경을 종교의 관점으로 읽는 것과 언약의 관점으로 읽는 것의 다름은 태양을 천동설의 관점으로 보는 것과 지동설의 관점으로 보는 것의 다름에 견주어집니다.

The Covenant: Christianity as Togetherness affirms that the Bible is not a religious book but the covenant book. It maintains this dictum: The difference between reading the Bible from the religious perspective and the covenant perspective is comparable to the difference between viewing the sun from the geocentric perspective and from the heliocentric perspective.

『지성에서 영성으로』는 성경을 지성으로 아닌 영성으로 접하도록 인도합니다. 성경은 철학적으로 풀이되어 왔습니다. 교회 교리는 성경의 철학적 이해로 설정되어 왔습니다. 그러나 철학은 지혜의 사랑을 뜻합니다. 그러므로 성경의 철학적 이해는 지혜가 됩니다.

From Intellectuality to Spirituality guides one to approach the Bible not with intellectuality but with Spirituality. The Bible has been interpreted philosophically. Church doctrine has been established as a philosophical understanding of the Bible. But philosophy means the love of wisdom. Therefore, philosophical understanding of the Bible becomes wisdom.

종교와 지혜는 세상 삶에서 나옵니다. 종교와 지혜는 세상 삶의 나아짐을 위해 가르쳐집니다. 따라서 자연적인 세상에서 자연적인 삶을 산다고 생각하는 이들은 종교적이나 지혜의 가르침으로 그들의 삶이 향상되길 원합니다. 종교적이나 지혜의 가르침은 세상의 자연적 과정의 소산입니다.

Religion and wisdom come from worldly life. Religion and wisdom are taught for the betterment of the life in the world. Therefore, those who think of living a natural life in the natural world want their life to be improved by religious or wisdom teachings.

Religious or wisdom teachings are the product of natural processes in the world.

그렇지만 성경은 세상이 언약의 하나님의 말씀에 의해 창조되었지만 창조된 인간이 하나님의 말씀에 불순종함으로 타락되었다고 확언합니다. 그러므로 성경은 전반적으로 타락된 세상의 구원의 시각으로 서사됩니다. 성경의 구원 내용은 자연적인 세상의 종교적 혹은 지혜의 내용으로 풀이되지 말아야 합니다.

However, the Bible affirms that although the world was created by the word of the covenant God, the created man was fallen through disobedience to the word of God. Therefore, the Bible is, over all, written from the perspective of salvation in the fallen world. The salvation content of the Bible should not be interpreted as the religious or wisdom content of the natural world.

복음서에 예수님은 타락된 세상을 구하기 위해 타락된 세상에 오신 하나님의 아들로 서사됩니다. 즉 복음서는 구원자로 타락된 세상에 오신 예수님의 구원의 이야기입니다. 타락된 세상의 구원자는 타락된 세상에서 사실적으로 서술될 수 없습니다. 타락된 세상의 사실은 타락되기 때문입니다. 그러므로 타락된 세상을 위한 구원자의 구원의 일은 타락된 세상의 사실일 수 없습니다.

In the Gospel, Jesus is narrated as the Son of God who came to the fallen world to save it. In other words, the Gospel is the story of salvation by Jesus, who came to the fallen world as the Savior.

The Savior of the fallen world cannot be described factually in the fallen world, for the fact of the fallen world has fallen. Therefore, the Savior's work of salvation for the fallen world cannot be a fact of the fallen world.

타락된 세상의 구원은 자연적인 세상의 종교나 지혜와 구별되어야 합니다. 따라서 복음서는 종교성이나 지혜로 풀이되지 말아야 합니다. 종교성이나 지혜는 자연적인 세상에서 자연적인 삶을 나아지게 하려 하기 때문입니다. 자연적인 사람의 나아짐은 구원을 뜻하지 않습니다. 자연적인 세상에서 구원을 말하는 것은 의미 없습니다.

The salvation of the fallen world must be distinguished from the religion and wisdom of the natural world. Therefore, the Gospel should not be interpreted in terms of religion or wisdom, for religiosity or wisdom seeks to improve natural life in the natural world. Natural human improvement does not mean salvation. It is meaningless to talk about salvation in the natural world.

철학과 과학은 세상을 자연 속성으로 다룹니다. 철학은 세상의 자연 속성의 변화를 형이상학적으로 탐구하고, 과학은 세상의 자연 속성의 변화를 물리적으로 연구합니다. 따라서 철학이나 과학은 세상의 자연 속성의 변화에 대한 인간의 이해를 증진합니다. 철학적이나 과학적인 관점으로 접하는 세상은 세상의 자연 속성입니다.

Philosophy and science treat the world in terms of natural properties. Philosophy metaphysically explores changes in the natural properties of the world, while science physically studies changes in the natural properties of the world. Philosophy or science therefore promotes human understanding of changes in the natural properties of the world. The world we encounter from a philosophical or scientific perspective is a natural property of the world.

사람들은 철학적이나 과학적인 전통을 따라 세상을 자연적인 속성으로 관심을 갖습니다. 그리고 그들은 세상의 자연적인 속성의 변화를 따라 그들 삶을 유지하려 합니다. 그러므로 그들은 자신들의 자연 속성의 변화로 투사될 수 없는 구원의 의미를 잡으려고 하지 않습니다.

People follow philosophical or scientific traditions to be interested in the world in terms of its natural properties. And they try to keep their lives in line with the changes in the natural properties of the world. Therefore, they do not try to grasp the meaning of salvation, which cannot be projected through changes in their own natural properties.

그렇지만 성경은 세상의 자연 속성보다 하나님의 말씀으로 서사됩니다. 창조와 구원은 하나님의 말씀의 이루어짐으로 서사됩니다. 성경은 하나님의 말씀의 우선성을 확언합니다. 그러므로 또한 세상의 자연 속성은 하나님의 말씀에 대한 불순종으로 인해 타락되었다고 확언합니다. 세상의 자연 속성은 하나님의 말씀에 대한 순종으로부터 타락된 것이라고 시인하는 것이 성경을 읽는 기본 전제입니다.

However, the Bible is narrated as God's word rather than the natural property of the world. Creation and salvation are narrated as the fulfillment of God's word. The Bible affirms the priority of God's word. Therefore, it also affirms that the natural property of the world has fallen by disobedience to the word of God. Recognizing that the natural properties of the world have fallen from obedience to the word of God is a basic premise for reading the Bible.

창조와 구원에 대한 성경의 서사는 하나님 말씀의 우선성을 근거해서 의미 있게 전개됩니다. 세상은 하나님의 말씀으로 창조되었지만, 하나님의 말씀에 불순종으로 타락되어 하나님의 말씀에 순종함으로 구원된다고 확언합니다. 이렇게 창조와 구원에 대한 성경의 서사는 언약적입니다.

The Bible's narrative of creation and salvation unfolds meaningfully based on the priority of God's word. It is affirmed that the world was created by the word of God, but was fallen by disobedience to the word of God, and is saved by obedience to the word of God. In this way, the Bible's narrative of creation and salvation is covenantal.

언약에서 창조와 구원은 의미 있게 말해집니다. 언약 창조는 세상 속성을 관측하여 투사되는 우주의 기원에 대한 물리 이론과 다릅니다. 언약 창조는 세상의 시작을 말합니다. 그렇지만 물리 이론의 창조는 우주의 기원을 투사합니다.

In the covenant, creation and salvation are spoken of meaningfully. The covenant creation differs from physical theories of the origin of the universe, which are projected through observations of the properties of the world. The creation of the covenant refers to the beginning of the world. However, the creation of a physics theory projects the origin of the universe.

언약의 구원은 사람이 수양으로 추구되는 종교적인 해탈과 다릅니다. 언약의 구원은 하나님의 말씀, 곧 복음으로 이루어집니다. 그렇지만 종교적인 해탈은 사람이 종교적인 속성의 수양으로 이르는 결과입니다. 하나님의 언약의 함께로 구원은 사람의 종교적인 추구의 해탈로 혼동되지 말아야 합니다.

The covenant salvation is different from religious emancipation, which a person pursues through cultivation. The covenant salvation is fulfilled with the word of God, the gospel. However, religious emancipation is the result of person's cultivation of religious properties. Salvation as God's covenant togetherness should not be confused with emancipation of man's religious pursuits.

언약의 구원은 예수님의 서사, 곧 복음을 이끄는 주제입니다. 예수님을 서사하는 복음은 예수님을 타락된 세상에 구원자로 임함을 알리는 점에서 좋은 소식입니다. 구원은 타락된 세상에 통합되지 않습니다. 타락된 세상의 변화된 상태일 수 없습니다. 구원은 타락된 세상에 종말론적으로 이루어질 좋은 소식으로 알려집니다.

The covenant salvation is the theme that drives the narrative of Jesus, the gospel. The gospel that narrates Jesus is good news in that it announces that Jesus has come as the Savior to the fallen world. Salvation is not integrated into the fallen world. It cannot be the changed state of the fallen world. Salvation is known as good news that will come to fruition eschatologically.

구원은 성취되는 것이 아닌 이루어지는 것입니다. 성취되는 것은 가능성의 문제입니다. 그러나 이루어지는 것은 가능성의 문제가 아닙니다. 구원은 세상에서 가능한 것이 아닌 하나님에 의해 약속된 것입니다. 하나님에 의해 약속된 것은 그 가능성에 대해 지성으로 가늠될 수 없습니다. 하나님에 의해 약속된 것의 이루어짐은 하나님의 영으로 인도됩니다. 구원의 이루어짐은 하나님의 영으로 인도됨입니다. 그러므로 구원은 영적으로 서사됩니다.

Salvation is not what is achieved but what is fulfilled. What is achieved is a matter of possibility. But what is fulfilled is not a matter of possibility. Salvation is not something possible in the world, but is promised by God. What is promised by God cannot be measured by the intellectuality as to its possibilities. The fulfillment of what has been promised by God is guided the Spirit of God. Salvation is fulfilled by being guided by the Spirit of God. Therefore, salvation is Spiritually narrated.

『언약: 함께로 그리스도교』는 종교가 아닌 언약, 『지성에서 영성으로』는 지성이 아닌 영성을, 그리고『언약의 구원』은 지혜가 아닌 구원을 보이려고 써졌습니다. 전통 신학은 종교, 지성, 그리고 지혜로 다루어져 왔습니다. 그러나 저의 글은 언약, 영성, 그리고 구원으로 전개되어 왔습니다.

The Covenant: Christianity as Togetherness was written to show the covenant, not a religion, *From Intellectuality to Spirituality* was written to show Spirituality, not intellectuality, and *The Covenant Salvation* was written to show salvation, not wisdom. Traditional theology has been treated as religion, intelligence, and wisdom. However, my writing has developed into covenant, Spirituality, and salvation.

• 순서 •

• Order •

I부

구 원 의

예
정

The Predestination of Salvation

I. 1
- - -

예정 Predestination

I.0101. 예정은 언어적입니다. 언약으로 말해지기 때문입니다. 존재론적으로, 종교적으로, 혹은 신화적으로 말해질 수 없습니다. 존재, 종교, 혹은 신화는 창조 후 타락된 상태에서 제기됩니다. 개인의 의식으로부터 나오기 때문입니다. 그러나 성경에서 예정은 창조 전으로 말해집니다. 하나님의 창조 말씀이나 타락된 인간의 속성으로부터 예정은 말해질 수 없습니다. 창조나 타락으로 이어지는 기술엔 예정의 뜻이 없습니다. 예정은 창조의 운행이나 타락된 과정이 아닙니다. 창조와 타락으로 이어지는 구약에서 나올 수 없습니다. 즉 예정은 창조된 후 타락된 사람에게 적용되는 내용이 아닙니다.

Predestination is linguistic, for it is said in the covenant. It cannot be spoken of ontologically, religiously, or mythologically. Existence, religion, or mythology arises from the fallen state after creation, for it comes from the individual's consciousness. However, in the Bible, predestination is said as pre-creation. Predestination cannot be stated from God's creational word or from the fallen nature of man. There is no meaning of predestination in the account that is led from creation or the fall, Predestination is not an movement of creation or a fallen process. It cannot come from the Old Testament, which is led from creation and the fall. In

other words, predestination is not a content that is applied to people who
fell after creation.

I.0102. 신약은 예정의 시각에서 전개됩니다. 신약은 예수님의 이야기로
서사되기 때문입니다. 예수님은 창조된 사람이 아님으로 예정의 시각으로
서사됩니다. 거꾸로 말하면, 예수님은 예정된 시각으로 서사됨으로 창조된
사람이 아닙니다. 요한복음은 이 점을 분명히 보입니다. 창조된 사람은 타
락하였음으로, 예수님은, 창조된 사람으로 보아지는 한, 타락된 속성으로
이야기될 수밖에 없습니다. 그러면 예수님의 이야기는 구약을 이어가는 것
이 됩니다. 구약에서 보듯이 이스라엘 백성은 아브라함의 후손으로 언약의
백성이긴 하지만 타락된 속성을 벗어나지 못합니다. 아브라함의 후손으로
예수님은 당시 유대인들과 다를 바 없습니다.

The New Testament unfolds from the perspective of predestination,
for the New Testament is narrated as Jesus' story. Because Jesus is not a
created man, He is narrated from the perspective of predestination. Con-
versely, Jesus is not a created man since He is narrated from the perspec-
tive of predestination. The Gospel of John makes this clear. Because cre-
ated man is fallen, Jesus cannot help but be talked about as having fallen
properties as long as He is seen as a created man. Then, the story of Jesus
continues the Old Testament. As seen in the Old Testament, although the
Israelites are the covenant people as the descendants of Abraham, they
cannot escape their fallen nature. As a descendant of Abraham, Jesus is
not different from the Jews of His time.

I.0103. 예수님의 이야기는 예정된 언어로서 복음입니다. 예수님의 이야
기는 예수님으로 하나님의 예정된 뜻을 알리는 것임으로 복음입니다. 타락

된 세상에 구원의 언어로 들리는 복음입니다. 구약의 언어로 특정 지어지는 당시 유대인들에게 구원을 선포하는 복음입니다. 당시 유대인들은 그들이 물려받은 구약의 언어로 그들의 세상이 보다 나아질 수 있길 바랐습니다. 그들이 기다린 메시아는 그들에게 구원을 들려줄 분이 아니라 보다 나은 삶을 이루어 줄 분입니다. 그들은 개혁의 삶을 부르짖었을 뿐 구원에 대한 비전을 갖지 못했습니다. 지금도 일반 사람들은 보수와 진보 사이에서 진동합니다. 지속과 개혁의 언어 사이에서 맴돕니다.

Jesus' story is the gospel as a predestinated language. Jesus' story is the gospel because it announces God's predestinated will through Jesus. It is the gospel heard in the language of salvation in the fallen world. It is the gospel that proclaims salvation to the Jews of that time, as defined in the language of the Old Testament. At that time, the Jews hoped that their world could become better through the language of the Old Testament they had inherited. The Messiah they waited for was not the one who would tell them salvation, but the one who would give them a better life. They only cried for a life of reform but had no vision of salvation. Even now, ordinary people oscillate between conservatives and progressives. They hover between the language of continuation and reform.

I.0104. 복음은 예정된 언어로서 세상에 임합니다. 예수님을 세상에 오신 하나님의 독생자로 서사하는 뜻이 여기 있습니다. 예정된 언어는 세상에 임하지 세상에서 창출되지 않습니다. 예수님이 역사적 인물로 보이는 한, 예정된 시각은 상실됩니다. 아울러 구원의 시각도 상실됩니다. 구원은 타락된 종교적 속성의 연장으로 표현될 수 없습니다. 따라서 구원의 언어는 종교적 언어의 외삽이 아닙니다. 종교는 예정적이지 않습니다. 종교성은 타락된 속성이기 때문입니다. 구원은 이상적인 속성으로 말해질 수 없습니다. 이상적

인 속성도 타락된 사람의 속성입니다. 그러므로 구원은 속성으로 표현될 수 없습니다. 따라서 언어적입니다.

The gospel comes to the world as a predestinated language. Here is the meaning of narrating Jesus as the only begotten Son of God who came to the world. Predestinated language comes into the world and is not produced in the world. As long as Jesus is seen as a historical figure, the predestinated perspective is lost. Additionally, the perspective of salvation is lost. Salvation cannot be expressed as an extension of fallen religious attributes. The language of salvation is, therefore, not an extrapolation of religious language. Religion is not predestination, for religiosity is a fallen attribute. Salvation cannot be said to be an ideal attribute. Ideal attributes are also attributes of fallen man. Therefore, salvation cannot be expressed as an attribute. So it is linguistic.

I.0105. 예정된 구원의 언어는 새로움입니다. 여기서 새로움은 창조 전의 새로움입니다. 창조 전의 새로움이라는 점에서, 새로움은 예정되었습니다. 즉 예정적 새로움은 세상의 변화과정에서 미래로 전개될 새로움과 다릅니다. 보통 사람들은 새로운 시대가 오는 것으로 새로움을 기대합니다. 그렇지만 그런 새로움은 막연한 기대감에 지나지 않습니다. 그러나 예정적 새로움은 이미 설정되었습니다. 예수님이 세상에 오심으로 하나님의 예정된 뜻이 세상에 드러났습니다. 예수님은 하나님의 예정된 뜻으로 서사됩니다. 따라서 예수님의 서사는 복음입니다. 하나님의 예정된 뜻은 구원의 뜻입니다.

The language of predestinated salvation is newness. Newness here is newness before creation. Newness is predestinated in the sense that it was new before creation. In other words, the predestinated newness is different from newness that will unfold in the future during the process of change in the world. Usually, people expect novelty with the coming of a new era. Nevertheless, such novelty is nothing more than a vague expectation. But the predestinated newness has already been set. With the coming of Jesus into the world, God's predestinated will was revealed to the world. Jesus is narrated as God's predestinated will. Therefore, the narrative of Jesus is the gospel. God's predestinated will is the will of salvation.

I.0106. 예정된 새로움은 하나님의 약속의 궁극성을 보입니다. 하나님의 약속은 창조된 세상에서 하나님 말씀으로 제한되지 않습니다. 하나님의 예정된 뜻으로 임하는 하나님 말씀이기도 합니다. 하나님의 약속은 하나님의 예정된 뜻으로 이루어질 새로움입니다. 예정은 하나님의 약속된 뜻입니다. 창조의 운행에 부여된 것이 아닙니다. 예정은 창조에 담아지지 않음으로 새롭습니다. 예정된 새로움은 영원한 새로움입니다. 예수님의 이야기는 영원한 새로움으로 임합니다. 달리 말하면, 예수님의 이야기는 타락된 세상에서 풀이되지 않습니다. 세상의 변화로 설명되지 않습니다. 새로움이 임함은 세상의 효과로 환원되지 않습니다.

Predestinated newness shows the ultimate of God's promise. God's promise is not limited to His word in the created world. It is also God's word that comes according to God's predestinated will. God's promise is a newness that will be fulfilled according to His predestinated will. Predestination is God's promised will. It is not attributed to the operation of creation. Predestination is new because it was not contained in creation. Predestinated newness is eternal newness. Jesus' story comes with eternal newness. In other words, Jesus' story is not meant to be interpreted in the fallen world. It cannot be explained by changes in the world. The coming of newness cannot be reduced to the effects of the world.

I.0107. 예수님의 고침은 세상의 효과로 풀이될 수 없습니다. 고쳐진 병자는 물론 세상에서 온전하게 살아갈 수 있는 혜택을 받습니다. 예수님은 세상에 오심으로 세상에 영향을 줄 수 있습니다. 그러나 예수님의 오심은 그 영향으로 풀이되지 않습니다. 새로움의 임함은 있는 상태에 영향을 줍니다. 그러나 그 영향으로 새로움은 풀이되지 않습니다. 새로움은 세상의 인과관계에서 원인으로 작용하지 않는 점에서 새롭습니다. 예수님은 세상의 원인자原因子일 수 없습니다. 예수님은 하나님의 함께로 세상에 온 분이십니다. 예수님으로 하나님 함께의 예정된 새로움이 보입니다. 구원은 하나님 함께의 드러남이지 세상의 변화가 아닙니다.

Jesus' healing cannot be interpreted as an effect of the world. The healed sick person, of course, receives the benefit of being able to live fully in the world. Jesus can impact the world by coming into the world. However, the coming of Jesus cannot be explained by that effect. The coming of newness affects the state of being. However, the novelty is not resolved by its influence. Newness is new in the sense that it does not act as a cause of in the causal relationship in the world. Jesus cannot be the cause of the world. Jesus is the One who came to the world in God's togetherness. Through Jesus, the predestinated newness of God's togetherness is seen. Salvation is the disclosure of God's togetherness, not the change of the world.

I.0108. 예정은 세상에 둘 수 없는 것으로 보아져야 합니다. 세상을 바꾸는 것이 아닌 구원으로 보아져야 합니다. 구원은 세상에 임하지 세상의 변화가 아닙니다. 타락된 세상이 타락되지 않은 원래 창조된 상태로 되돌아가는 것

이 구원이 아닙니다. 즉 타락이 창조로 되돌아가는 것이 구원이 아닙니다. 위기에 처한 사람은 위기를 벗어나는 것으로 구원을 생각합니다. "구해주세요!"라는 말의 쓰임을 따라 구원을 의식합니다. 그는 구원을 조건적으로 의식합니다. 그렇지만 구원이 세상에 조건적일 수 없다는 것이 구원의 예정된 뜻입니다. 구원은 어떻든 세상에 새롭게 임하는 것으로 여겨져야 합니다. 세상에서 바라는 형태로 설정될 수 없습니다.

Predestination must be seen as what cannot be put in the world. It should be seen as salvation, not as what changes the world. Salvation comes to the world, not a change in the world. Salvation does not mean returning the fallen world to its original created state. In other words, returning from the fall to creation is not salvation. Man in crisis thinks of salvation as escaping the crisis. He is conscious of salvation according to the usage of the expression, "Please save me!" He is conscious of salvation conditionally. However, the predestinated meaning of salvation must be seen as that it cannot be conditional in the world. Salvation must be seen as what newly comes to the world. It cannot be set in the form desired in the world.

I.0109. 구원은, 예정으로 보아짐으로, 타락된 세상에 대한 효과로 여겨지지 않습니다. 즉 구원의 뜻은 타락된 세상에서 설정될 수 없습니다. 타락된 사람은 위기에 처한 사람 같이 "구해주세요!"하고 외치는 상황에 있다고 여기지 않습니다. 타락된 사람은 전혀 문제를 의식하지 않고 타락된 삶을 삽니다. 따라서 구원의 문제는 타락된 세상 사람에 의해 제기되지 않습니다. 구원은 타락된 세상에서 의식될 내용이 아닙니다. 타락된 사람은 처한 조건이 보다 나아지길 바랄 뿐입니다. 따라서 타락된 사람이 "구원"이라고 말하더라도, 그는 처한 조건이 개선되길 바랄 뿐입니다. 병자가 의사에 의해 고

쳐지는 것은 구원으로 말해집니다.

Salvation is seen as predestination, not as an effect on the fallen world. In other words, the meaning of salvation cannot be set in the fallen world. The fallen man does not think of himself as being in a situation where he cries out, "Save me!" like a person in crisis. The fallen man lives his fallen life without any awareness of problems. Therefore, the question of salvation is not raised by the fallen worldly man. Salvation is not a content that is to be conscious of in the fallen world. The fallen man can only hope that his circumstances will become better. Therefore, even if the fallen man speaks of "salvation," he only hopes for an improvement in his condition. When a sick person is healed by a doctor, it is said to be salvation.

I.0110. 구원이 예정됨으로, 예정된 구원의 뜻이 타락된 세상에 임합니다. 세상에 오신 예수님으로 구원과 구원의 뜻이 보입니다. 예수님이 구원자로 보임으로, 예수님의 서사는 세상의 자취로 설명되지 않습니다. 예정의 시각으로 보아져야 합니다. 구원은 구원자로 임하지, 타락된 사람이 바라는 것이 아닙니다. 타락된 사람은 자신의 상태를 자연적이라고 합니다. 구원되어야 할 상태로 생각하지 않습니다. 구원은 예정적임으로 타락된 삶에 대한 보완책이 아닙니다. 그보다 궁극적입니다. 예정적인 것은 궁극적으로 이루어집니다. 따라서 예정은 창조 전 하나님의 뜻으로 말해집니다.

As salvation is predestinated, the meaning of predestinated salvation comes to the fallen world. Through Jesus who came to the world, salvation and the meaning of salvation are seen. Because Jesus is seen as the Savior, His narrative is not explained by traces of the world. It must be viewed from the perspective of predestination. Salvation comes with the

Savior, and is not what the fallen man desires. The fallen man calls his state natural. He does not think of it as a condition from which he must be saved. As the salvation is predestinated, it is not a supplement to the fallen life. it is more ultimate than that. What is predestinated will be fulfilled ultimately. Therefore, predestination is said to be God's will before creation.

I.0111. 구원은 창조에서 다루어지지 않고 창조 전 예정으로 말해짐으로, 새로움으로 보아져야 합니다. 따라서 예수님의 이야기는 새로움으로 보아져야 합니다. 예정으로 보아져야 합니다. 예정은 창조와 타락으로 이어지는 이야기가 아닙니다. 요한복음은 예정된 내용을 예수님의 성육신으로 표현합니다. 예수님으로 서사되는 내용은 창조 전에 하나님과 함께한 말씀의 성육신이 드러나는 것입니다. 즉 성육신의 예수님으로 서사되는 내용은 창조 전에 예정된 하나님과 함께함입니다. 요한복음에 서사된 예수님은 창조 전에 하나님과 함께한 말씀의 성육신입니다. 즉 예수님은 예정된 하나님과 함께한 말씀으로 서사됩니다. 하나님과 함께는 예정된 시각에서 예수님으로 다루어집니다.

Salvation must be seen as new because it is not addressed in creation but is spoken of as pre-creation predestination. Therefore, the story of Jesus must be seen as new. It must be seen as predestinated. Predestination is not a story that succeeded reation and the fall. The Gospel of John expresses the predestinated content as the incarnation of Jesus. The content narrated with Jesus discloses the incarnation of the Word with God before creation. In other words, what is narrated as the incarnate Jesus is togetherness with God, which was predestinated before creation. Jesus, narrated in the Gospel of John, is the incarnation of the Word who was together with God before creation. In other words, Jesus is narrated as the predestinated Word of being together with God. Togetherness with God is dealt with from the perspective of predestination through Jesus.

I.0112. 창조에 담아지지 않는 하나님의 뜻은 예정으로 말해집니다. 하나님의 뜻으로 예정은 창조의 운행에 개입이 아닌 이루어짐을 드러냅니다. 이것이 예수님 이야기의 배경입니다. 예수님의 이야기는 창조의 운행이나 타락으로 진행되는 서술이 아니라 하나님의 뜻으로 이루어지는 서사입니다. 예수님의 활동은 창조 전 예정된 하나님과 함께의 드러남입니다. 타락된 세상에서 하나님과 함께는 온전히 말해질 수 없습니다. 타락된 인간은 하나님의 말씀을 떠났기 때문입니다. 조건적인 속성으로 사는 타락된 인간은 하나님과 함께를 온전히 말할 수 없습니다. 타락된 세상에서 하나님과 함께는 예정으로만 말해집니다.

In terms of predestination, God's will that is not to be contained in creation is told. Predestination with God's will discloses fulfillment that is not an intervention into the operation of creation. This is the background of the story of Jesus. Jesus' story is not a description that processes through the movement of creation or the fall, but a narrative that is fulfilled through the will of God. Jesus' activities are the disclosure of the predestinated togetherness with God before creation. In the fallen world, togetherness with God cannot be told wholly, for the fallen man has departed from the word of God. The fallen man who lives with conditional attributes cannot fully speak of being together with God. In the fallen world, togetherness with God is only spoken of as predestination.

I.0113. 예정적인 것은 창조의 언어로 표현되지 않습니다. 하나님의 창조

기술에 담아질 수 없습니다. 타락된 속성으로 사는 인간에겐 더욱더 전해질 수 없습니다. 예수님께서 하나님의 나라를 가르치시는데 비유로 드신 것은 이 때문입니다. 하나님의 나라는 예정된 하나님의 함께의 드러남입니다. 따라서 타락된 세상에 직접적으로 전해질 수 없습니다. 예정된 하나님의 함께는 독자적인 속성으로 사는 인간에게 직접적일 수 없습니다. 예수님의 비유는 예정된 하나님의 함께가 타락된 인간에게 들려지는 채널입니다. 하나님의 나라는 예정됨으로, 세상 나라로 사는 인간에게 비유로만 언급됩니다.

What is predestinated is not expressed in the language of creation. It cannot be contained in the account of God's creation. It cannot be conveyed, even more, to the fallen man who lives with fallen attributes. This is why Jesus used parables to teach the kingdom of God. The kingdom of God is the disclosure of God's predestinated togetherness. Therefore, it cannot be delivered directly to the fallen world. God's predestinated togetherness cannot be direct to man who lives with independent attributes. Jesus' parable is a channel through which God's predestinated togetherness is heard by the fallen man. As the kingdom of God is predestinated, it is only mentioned parabolically to those who live in the kingdom of the world.

I.0114. 예정된 하나님의 함께는 타락된 세상에 그분 나라로 드러납니다. 그 드러남은 씨의 싹틈에 비유됩니다. 씨는 흙에 덮여 썩으면서 싹이 납니다. 씨는 구조상으로 보아 나무 조각과 다를 바 없지만, 내재된 생명으로 싹 틉니다. 씨의 자람은 씨에 내재된 생명에 의합니다. 예수님은 씨와 같이 예정된 생명으로 세상에 오셨습니다. 그래서 예수님은 자신을 임하는 하나님의 나라의 씨로 비유하십니다. 그리고 예수님의 십자가 죽으심을 씨의 죽음으로 비유하십니다.요한복음 12:24 예정된 하나님의 뜻으로 오신 예수님은 씨

로 십자가에 죽으십니다. 아이러니하게도 예수님이 세상이라는 타락된 토양에 죽으심으로, 구원의 생명이 맺어집니다.

God's predestinated togetherness is disclosed as God's kingdom to the fallen world. The disclosure is likened to the sprouting of a seed. The seeds are covered with soil, rot and sprout. Although the seed is structurally no different from a piece of wood, it sprouts with inherent life. The growth of the seed depends on the life inherent in the seed. Jesus came into the world as a seed, a predestined life. So Jesus likens Himself to the seed of the coming kingdom of God. Then, Jesus' death on the cross is likened to the death of a seed.[John 12:24] Jesus, who came according to the predestinated will of God, dies on the cross as a seed. Ironically, through Jesus dying in the fallen soil of the world, the life of salvation is born.

I.0115. 씨의 비유는 예정을 시사합니다. 씨에 내재된 생명은 예정으로 비유됩니다. 예수님은 씨를 현상적으로 말씀하지 않으십니다. 예수님은 현상적 씨를 예정적인 뜻을 보이기 위해 비유로 쓰십니다. 씨가 씨로 번식하는 것을 예정적 비유로 보이십니다. 콩 씨는 콩 씨로 번식합니다. 콩 씨는 호박을 열매 맺지 않습니다. 콩 씨가 콩 씨를 열매 맺음은 결정적이 아니라 예정적으로 비유됩니다. 결정론엔 인과관계가 반영됩니다. 그러나 예정론에는 인과관계가 반영되지 않습니다. 인과관계는 창조의 영역에서 말해지지, 예정된 영역에서 말해지지 않습니다. 하나님의 뜻은 예정적이지 결정적이 아닙니다. 예수님으로 구원은 예정적이지 결정적이 아닙니다.

The parable of the seed suggests predestination. The life inherent in the seed is likened to predestination. Jesus does not speak of the seed phenomenally. Jesus uses the phenomenal seed as a parable to show His predestinated meaning. The propagation of seeds by seeds is shown as a predestination parable. Soybeans are propagated by soybean seeds. Bean seeds do not produce pumpkins. The bean seed bearing fruit is parabolically not deterministic but predestinated. Determinism reflects causality. However, causality is not reflected in predestination. Causality is spoken of in the realm of creation, not in the realm of predestination. God's will is predestinated, not deterministic. Salvation through Jesus is predestinated, not deterministic.

I.0116. 타락된 세상에 예정은 결정적으로 나타나지 않고 종말론적으로 펼쳐집니다. 씨가 심어져 열매 맺기까지 자라는 것과 같습니다. 예수님으로 임한 내재된 생명은 종말론적으로 열매 맺습니다. 예정은 종말론적 예정입니다. 예정된 예수님은 세상에 종말론적으로 서사됩니다. 예정된 예수님은 역사적으로나 인과적으로 서술되지 않습니다. 예정으로 오신 예수님은 종말론적으로 세상에 사셨습니다. 따라서 예수님의 죽음은 씨와 같이 예정적이고 종말론적 죽음입니다. 하나님과 함께하는 생명을 싹 틔우는 죽음입니다. 예정과 종말은 예수님을 서사하는 처음이고 마지막입니다. 예수님은 창조의 시작과 죽음의 끝이라는 설정으로 말해질 수 없습니다.

In the fallen world, predestination does not appear deterministically but unfolds eschatologically. It is like a seed being planted and growing until it bears fruit. The life inherent in Jesus bears fruit eschatologically. Predestination is an eschatological predestination. The predestinated Jesus is eschatologically narrated to the world. The predestinated Jesus is not described historically or causally. Jesus, who came by predestination, lived in the world eschatologically. Therefore, Jesus' death is a predestinated and eschatological death like the seed. It was a death that sprouts the life of being together with God. Predestination and eschatology are the beginning and the end of the story of Jesus. Jesus cannot be spoken of in the setting of the beginning of creation and the end of death.

I.0117. 예정과 종말은 예수님을 서사하는 전제입니다. 이 전제가 무시되면 예수님은 세상 조건과 죽음의 속박에 의해 설명되게 됩니다. 예수님의 이야기 또한 일반적인 세상 서술의 기본이 되는 인과관계와 죽음을 벗어나지 못하기 때문입니다. 예수님이 종교적으로 말해지더라도, 다를 바 없습니다. 종교성은 인과관계나 죽음과 무관할 수 없습니다. 타락된 세상에선 아무 것도 인과관계와 죽음을 피할 수 없습니다. 타락된 세상에선 모든 것이 속성에 의해 다루어져야 하기 때문입니다. 속성은 인과관계와 죽음에 종속됩니다. 예수님은, 속성으로 다루어지지 않으려면, 씨와 같이 예정과 종말의 생명으로 말해져야 합니다.

Predestination and the end are the premises for narrating Jesus. If these premises are ignored, Jesus becomes explained by the conditions of the world and the bondage of death, for Jesus' story also cannot escape the causal relationship and death that are the basis of general world descriptions. Even if Jesus is spoken of religiously, it makes no difference. Religiosity cannot be unrelated to causality or death. In the fallen world, nothing can avoid causality and death, for in the fallen world everything must be treated by its attributes. Properties are subject to causality and death. If Jesus is not treated by an attribute, He must be spoken of as the life of predestination and the end, like a seed.

I.0118. 예수님의 서사에 예정과 종말의 설정은 예수님을 창조되거나 타락된 세상에 제한하지 않게 합니다. 예수님을 존재론적 선상에 둘 수 없음을 보입니다. 예정이나 종말은 존재론적으로 다루어지지 않습니다. 거꾸로

말하면, 예수님이 존재론적으로 설정되면, 구원이 다루어질 수 없습니다. 구원은 존재론적으로 무의미합니다. 구원은 어떤 존재론적 특성으로도 말해질 수 없기 때문입니다. 구원은 언약에서 제기됩니다. 하나님의 함께로 개시되는 언약에서, 구원은 하나님과 함께하지 못함에서 하나님과 함께로 말해지기 때문입니다. 창조로부터 개시에는 하나님과 함께하지 못하는 타락의 취약점이 보입니다.

The setting of predestination and the end in Jesus' narrative does not limit Jesus to the created or fallen world. It shows that Jesus cannot be placed on an ontological line. Predestination or the end is not to be dealt with ontologically. Conversely, if Jesus is established ontologically, salvation cannot be addressed. Salvation is ontologically meaningless, for it cannot be described in terms of any ontological characteristics. Salvation comes from the covenant, for in the covenant that is initiated by God's togetherness, salvation is said to go from not being together with God to being together with God. From the beginning of creation, the vulnerability of the fall due to not being with God is seen.

I.0119. 창조가 타락으로 운행됨은 타락된 인간에겐 자연적으로 여겨집니다. 타락된 세상을 사는 것이 조건적으로 어렵더라도 자연적으로 여겨지기 때문입니다. 인간은 타락된 세상에 부분적인 역할로 내포됩니다. 인간의 속성은 타락된 세상에 부합됩니다. 이 점에서 자연적으로 여겨집니다. 타락된 세상에 예수님이 오심으로 구원이 알려지게 됩니다. 타락된 세상에 예수님이 오심으로 자연적으로 여겨지는 속성의 삶이 아닌 하나님과 함께하는 삶이 선포됩니다. 하나님과 함께하는 예수님을 따르는 이들은 하나님과 함께하는 삶을 삽니다. 그들은 타락된 세상에 속한 삶을 살지 않고 예정에서 종말로 향한 삶을 삽니다. 예수님이 처음이요 마지막인 삶을 삽니다.

It seems natural to the fallen man that creation proceeds through being fallen. This is because living in the fallen world is considered natural, even if it is conditionally difficult. Man is involved in a partial role in the fallen world. His attribute is congenial to the fallen world. In this respect it is considered natural. Salvation becomes known through the coming of Jesus into the fallen world. Not the life of property that is regarded as natural but the life of being together with God is proclaimed. The followers of Jesus who is together with God come to live the life of being together with God. They do not live the life that belongs to the fallen world but live the life that is directed to the end from predestination. They live the life where Jesus is the first and the last.

I.0120. 예수님을 따르는 삶은 씨의 열매 맺음과 같이 번성합니다. 선교의 뜻은 예수님을 따르는 삶이 씨와 같이 번성하는 것입니다. 그러므로 타락된 속성의 개인들이 모아지는 것이 선교가 아닙니다. 예수님이 세상에서 보이신 것은 예정에서 종말로 향한 영원한 생명입니다. 예수님의 생명에 접하는 이들은 영원한 삶을 삽니다. 영원한 삶은 선교적입니다. 타락된 세상에서 예정된 하나님과 함께로 자라기 때문에 종말론적으로 열매를 맺습니다. 그리고 종말론적으로 자라는 선교를 보입니다. 예정에서 종말로 자라는 영원한 삶이 교회입니다. 교회는 세상에서 선교로 보입니다. 교회는 세상에 존속하지 않고 선교로 드러납니다.

The life of following Jesus prospers like the fruit of a seed. The meaning of mission is for the life of following Jesus to prosper like a seed. Therefore, the gathering of individuals with the fallen attributes is not mission. What Jesus showed in the world is eternal life from predestination to the end. Those who touch the life of Jesus live eternal life. Eternal life is missionary. Eternal life is eschatologically fruitful as it grows into predestinated togetherness with God in the fallen world. And it shows an eschatologically growing mission. The eternal life that grows from predestination to eschatology is the church. The church is seen as the mission in the world. The church is not sustained in the world but is disclosed through missions.

I. 2
· · ·

하나님의 함께 God's Togetherness

I.0201. 하나님을 존재가 아닌 함께로 표현하는 것이 언약의 기본 설정입니다. 언약의 하나님은 존재하는 하나님이 아닌 임마누엘 하나님이십니다. 따라서 성경은 하나님의 함께로 서사하지 하나님의 존재로 상설하지 않습니다. 성경에서 하나님에 대한 담화는 하나님의 함께하심에 대해서입니다. 성경은 하나님과 함께하는 언약의 백성이 그들과 함께하시는 하나님을 서사하는 것을 보이기 때문입니다. 그들은 그들과 상관없는 객관적 존재로 하나님을 다루지 않습니다. 함께하시는 하나님은 함께하는 언약의 백성과 함께 이야기되어야 합니다. 이 때문에 함께하시는 하나님의 서사는 함께하는 언약의 백성의 서사가 됩니다.

The basic setting of the covenant is to express God as not as being but as togetherness. The God of the covenant is not an existing God but Immanuel God. Therefore, the Bible does not explicate God with His existence but narrates God with His togetherness. The discourse about God in the Bible is about His togetherness, for the Bible shows that the covenant people of being together with God narrate God of being together with them. They do not treat God as an objective being independent of them. God of being together must be talked about with the covenant people of being together with God. For this reason, the narrative of God of being together becomes the narrative of the covenant people of being together.

I.0202. 성경에서 하나님의 서사는 그분이 함께하시는 백성의 서사와 같이 갑니다. 하나님과 그분 백성은 분리되어 서사될 수 없습니다. 하나님은 그분 백성을 떠나 객관적인 존재로 서술되지 않습니다. 그보다 하나님은 하나님의 백성을 서사하는 시각에서 그분의 함께로 보입니다. 즉 하나님의 함께는 언약의 시각으로 언약의 백성을 서사하는데 반영됩니다. 성경에서 언약의 서사는 하나님 함께의 근거에서 펼쳐집니다. 성경 처음 나오는 창조 기술은 사람이 창조에 근거하지 않고 하나님의 말씀, 곧 하나님의 함께에 근거한 것을 보입니다. 따라서 언약의 백성은 창조된 세상에 하나님과 함께 삽니다.

In the Bible, the narrative of God goes together with the narrative of the people with whom He is together. God and His people cannot be narrated separately. God is not explicated as an objective entity apart from His people. Rather, God is seen as His togetherness in the perspective of the narrative of His people. In other words, God's togetherness is reflected in the narrative of the covenant people from the perspective of the covenant. In the Bible, the covenant narrative unfolds on the basis of God's togetherness. The first account of creation in the Bible shows that man is not based on creation but based on God's word, that is. God's togetherness. Accordingly, the covenant people live in togetherness with God in the created world

I.0203. 하나님의 함께로 서사된 성경으로부터 세상의 근거에서 존재하는 하나님의 속성이나 상태를 유추하는 것은 문제입니다. 보통 사람들은 세상

을 근거로 살기 때문에 모든 것을 세상의 근거로 파악하려고 합니다. 현대 과학 기술의 발달은 사람들로 모든 것을 세상의 근거에서 설명하게 합니다. 따라서 그들은 성경을 세상에서 설명되는 내용으로 정리하려 합니다. 그들은 하나님도 설명의 대상으로 설정하기 때문에, 그분의 존재를 증명하려 합니다. 이렇게 그들은 세상에 근거에서 언약을 풀이하려 합니다. 이 때문에 그들은 언약의 삶을 살지 않습니다. 그들은 세상에 근거한 세상 삶을 삽니다.

It is problematic to infer the attributes or state of God that exists on the basis of the world from the Bible, which is narrated as God's togetherness. Since ordinary people live based on the world, they try to understand everything based on the world. The development of modern science and technology allows people to explain everything in terms of the world. Therefore, they try to organize the Bible into what is explained in the world. Since they also set God as an object of explanation, they try to prove God's existence. In this way, they want to interpret the covenant based on the world. Because of this, they do not live the covenant life. They live a worldly life based on the world.

I.0204. 종교는 세상에 근거합니다. 종교성은 세상에 근거한 개인의 속성이기 때문입니다. 개인의 종교는 개인이 근거한 세상의 사항입니다. 따라서 종교적인 신도 세상의 근거에서 존재하는 속성으로 의식되게 됩니다. 이 경우 의식의 주체는 물론 개인입니다. 신은 개인의 종교적 성향을 따라 의식되게 됩니다. 개인은 나름대로 신을 의식합니다. 성경을 종교적으로 풀이하면, 성경의 하나님은 개인이 마음에 모시는 신이 됩니다. 성경의 하나님은 세상을 창조하신 창조주이십니다. 그러나 성경을 종교적으로 풀이하면, 하나님은 신으로 창조된 세상의 부분으로 의식될 수밖에 없습니다. 신을 의식

하는 개인은 창조된 세상의 부분이기 때문입니다.

Religion is based on the world, for religiosity is an attribute of an individual based on the world. A person's religion is a matter of the world on which the individual is based. Accordingly, the religious god also becomes conscious as an attribute existing on the basis of the world. In this case, the subject of the consciousness is, of course, the individual. God becomes conscious according to the individual's religious inclination. Each individual is conscious of god in his own way. If the Bible is interpreted religiously, the God of the Bible becomes the god that an individual worships in his mind. The God of the Bible is the Creator who created the world. However, if the Bible is interpreted religiously, God cannot help but be conscious of being a part of the world created as god. Because the god-conscious individual is a part of the created world.

I.0205. 하나님을 존재로 말하는 것은 '나'의 존재에 대한 의식으로부터 나옵니다. 존재에 대한 의식이 기본으로 설정되기 때문에, 하나님도 존재로 말해집니다. 따라서 하나님의 존재는 '나'의 존재에 상응하는 대상으로 여겨지게 됩니다. 그리고 존재하는 '나'와 존재하는 하나님의 관계가 말해지게 됩니다. '나'로 출발하는 담화는 '나'의 존재, 하나님의 존재, 그리고 '나'와 하나님의 관계로 전개될 수밖에 없습니다. 물론 이 경우 관계는 '나'를 중심으로 형성됩니다. '나'는 '나'가 이루는 모든 관계의 구심점입니다. 이렇게 하나님과 관계가 다루어지더라도, '나'는 그 중심으로 남습니다. '나'는 종교적으로 혹은 존재론적으로 중심에 자리잡습니다.

Speaking of God as existence comes from the consciousness of 'my' existence. Because consciousness of existence is set as the default, God is also spoken of as existence. Therefore, the existence of God is regarded as an object corresponding to the existence of 'I'. And the relationship between the existing 'I' and the existing God is spoken. A discourse that starts with 'I' cannot help but develop into the existence of 'I', the existence of God, and the relationship between 'I' and God. Of course, In this case, the relationship is formed around 'me'. 'I' am the central point of all relationships that 'I' form. Even if the relationship with God is treated in this way, 'I' remains at the center. 'I' is located at the center religiously or ontologically.

I.0206. 존재론적 의식의 출발점은 '나'입니다. 그리스 철학에서 존재론은 '나'가 세상에 있는 것을 보면서 그것을 의식하는 과정으로 나옵니다. 그리스 철학은 어떻든 세상에 있는 것에 대한 근원의 질문으로 시작합니다. 그런데 그 질문은 어떻든 철학자인 '나'의 의식에서 나옵니다. 철학은 철학자의 사고의 소산입니다. 세상에 있는 것을 향한 사고는 세상에 있는 것을 향한 존재론으로 전개됩니다. 존재하는 대상은 세상에서 보이지만, 존재론은 존재하는 철학자의 의식의 반영입니다. 세상에 존재하는 대상은 철학자의 의식에 존재론으로 반영됩니다. 존재론은 존재하는 대상과 더불어 존재하는 철학자를 반영합니다.

The starting point of ontological consciousness is 'I'. In Greek philosophy, ontology emerges as the process through which 'I' see what exists in the world and becomes conscious of it. Greek philosophy, at any rate, starts with the question about the origin of what is in the world. But the question somehow begins with questions about the origins of what is in the world. However, the question comes from the consciousness of 'I' as a philosopher. Philosophy is the product of a philosopher's thoughts. Thinking toward what is in the world develops into ontology toward what is in the world. Existing objects are visible in the world, but ontology is a reflection of the existing philosopher's consciousness. Objects that exist in the world are reflected in the philosopher's consciousness as ontology. Ontology reflects the philosopher existing with the objects that exist.

I.0207. 종교적이나 존재론적 의식의 출발점은 '나'입니다. 그러나 언약 의식의 출발점은 하나님입니다. 하나님으로부터 출발하는 담화에는 하나님의 백성이 말해지지 '나'가 말해지지 않습니다. 하나님께서 함께하시는 이들은 하나님의 백성이지 '나'들이 아닙니다. 즉 하나님께서 함께하시는 단위는 그분 백성이지 '나'가 아닙니다. 하나님께서 '나'와 함께한다고 하는 것은 잘못입니다. '나'는 함께함을 의식하지 않습니다. '나'는 독자적인 '나'로만 의식됩니다. 이것이 '나'의 실존적 의미입니다. '나'는 함께할 수 없는 실존입니다. '나'는 말하자면 유아독존으로 의식됩니다. 따라서 실존적인 '나'는 언약에 등장할 수 없습니다.

The starting point of the religious or ontological consciousness is 'I'. However, the starting point of the covenant consciousness is God. In the discourse that starts from God, the people of God, not 'I.' Those with whom God is together are God's people, not 'I.' In other words, the unit with which God is together is His people, not 'me.' It is wrong to say that God is together with 'me.' 'I' am not conscious of being together. 'I' am conscious only as an independent 'me.' This is the existential meaning of 'I.' 'I' is an existence that cannot be together. 'I', so to speak, is conscious of as a solipsist. Therefore, the existential 'I' cannot appear in the covenant.

I.0208. 성경에 등장하는 '나'는 실존적인 '나'가 아닌 "나"라는 일인칭 표현

을 발설하는 이입니다. 언약의 백성은 누구나 "나"를 주어로 표현합니다. 따라서 성경에 나오는 "나"를 실존적으로 풀이하는 것은 잘못입니다. 시편 51편에 나오는 "나"는 다윗이라는 실존적인 '나'를 지칭하지 않습니다. 그보다 언약의 백성으로 죄를 고백하는 누구든 해당합니다. 즉 시편 51편은 언약의 백성이 죄를 고백하는 전형으로 설정됩니다. 성경의 모든 인물은 실존적으로 등장하지 않습니다. 그들은 하나님과 함께하는 언약의 백성으로 하나님의 사역에 동참합니다. 모세, 다윗, 엘리아, 바울과 요한은 하나님과 함께하는 언약의 백성의 예시로 성경에 등장합니다.

The 'I' that appears in the Bible is not an existential 'I', but is a person who speaks in the first person, 'I.' All of the covenant people express 'I' as the subject. Therefore, it is wrong to interpret 'I' in the Bible existentially. The 'I' in Psalm 51 does not refer to the existential 'I' of David. Rather, it applies to anyone who confesses his sin as a covenant people. In other words, Psalm 51 is set as a prototype for the covenant people to confess their sins. Not all characters the Bible appear existentially. They participates in God's ministry as the covenant people of being together with God. Moses, David, Elijah, Paul and John appear in the Bible as examples of the covenant people of being together with God.

I.0209. 성경은 하나님 백성의 이야기입니다. 모세, 다윗, 엘리야, 바울과 요한은 하나님의 백성입니다. 그들의 사역은 하나님께서 함께하시는 사역입니다. 그렇기에 그들의 일은 그들의 독자적인 일일 수 없습니다. 그들의 이름은 존재론적 이름이 아닌 언약의 이름입니다. 사람들은 성경에 등장하는 이름을 언약의 이름으로 의식하지 않기 때문에, 성경에 대한 존재론적 사실성을 집착적으로 규명하려 합니다. "모세"가 존재론적 이름으로 여겨지면, "모세"라는 이름으로 서사된 내용은 역사적 사실성에 대해 질문하게

됩니다. 그렇지만 복음서는 예수님을 그리스도로 서사하지 역사적 인물로 서술하지 않습니다.

The Bible is the story of God's people. Moses, David, Elijah, Paul and John are God's people. Their ministry is a ministry with which God is together. Therefore, their work cannot be their own. Their names are covenant names, not ontological names. Because people are not conscious of the names that appear in the Bible as covenant names, they obsessively try to establish the ontological reality of the Bible. If "Moses" is considered an ontological name, the historical reality of what is written under the name "Moses" is questioned. However, the Gospel narrates Jesus as Christ, not as a historical figure.

I.0210. 성경이 '나'를 중심으로 읽어지니, 하나님의 함께는 하나님의 존재로 의식되게 됩니다. '나'는 세상에 발을 딛고 있으니, '나'의 의식과 움직임은 세상 사실에 근거합니다. '나'는 세상에 존재하는 대상을 보며 그것들을 의식합니다. 따라서 하나님도 '나'의 의식엔 존재로 자리잡아져야 합니다. 그러면 '나'의 의식에 따른 '나'의 움직임은 세상 사실에 근거해서 가능해질 수 있습니다. 모든 것은 '나'의 세상 삶에 근거해서 의식되게 됩니다. 이것은 '나' 중심적인 삶에서 이르게 되는 필연적인 결과입니다. 세상에 사는 '나'가 직면하는 어쩔 수 없는 진행입니다. '나'의 삶은 세상에서 '나'의 구체적인 움직임으로 보이기 때문입니다.

As the Bible is read with 'me' at the center, God's togetherness becomes conscious of God's existence. Since 'I' am setting foot in the world, 'my' consciousness and movement are based on the facts of the world. 'I' see objects that exist in the world and am conscious of them. Therefore, God must also be settled as a being in 'my' consciousness.

Then, 'my' movement according to 'my' consciousness can become possible based on the facts of the world. Everything becomes conscious based on 'my' life in the world. This is an inevitable consequence of a 'me'-centered life. It is an inevitable progress that 'I' living in the world face, for 'my' life is seen as 'my' specific movement in the world.

I.0211. '나'를 중심으로 하는 이해와 앎은 '나'의 세상살이에 필수적입니다. 이해와 앎으로 '나'의 의식과 움직임의 지평이 열리게 되기 때문입니다. '나'로 사는 세상에서 활동 범위는 '나'의 목적의 성취를 뜻합니다. '나'는 세상의 '나'일 수밖에 없습니다. 이것이 실존주의의 핵심입니다. 그렇지만 '나'의 실존은 '나'의 한계이기도 합니다. 세상에서 실존이 '나'의 의미를 주지 않습니다. 의미는 본질로 질문되는데, 실존은 본질에 선행합니다. 세상에서 '나'의 움직임에 어떤 의미도 찾아질 수 없습니다. 세상 자체가 의미 있지 않습니다. 즉 의미는 세상에 내재하지 않습니다. 부조리와 허무가 실존주의에 감도는 것이 그 때문입니다.

Understanding and knowledge centered on 'me' are essential to 'my' life in the world, for understanding and knowledge opens the horizon of 'my' consciousness and movement. In the world where 'I' live, the scope of 'my' activities means the achievement of 'my' purpose. 'I' can only be the 'me' of the world. This is the core of existentialism. However, the existence of 'me' is also the limit of 'me.' Existence in the world does not give 'me' meaning. Meaning is questioned as essence, but existence precedes essence. No meaning can be found in 'my' movements in the world. The world itself is meaningless. In other words, meaning is not inherent in the world. That is why existentialism is filled with absurdity and nihilism.

I.0212. 하나님의 함께가 출발점이 아니면, 세상에서 '나'의 변화나 '나'의 관계만 말해지게 됩니다. 세상에서 '나'의 변화나 '나'의 관계로 구원은 다루어지지 않습니다. 성경에서 제기되는 구원은 '나'를 중심으로 온전히 풀이될 수 없습니다. 성경은 세상에 근거한 구원을 말하지 않기 때문입니다. 그러나 '나'는 세상을 근거로만 의미 있게 의식합니다. 세상을 근거하지 않고 '나'의 실존을 말할 수 없기 때문입니다. 세상에 살면서 '나'가 비록 구원을 바라더라도, 구원은 '나'에게 의미 있게 의식되지 않습니다. 구원이 '나'의 구원으로 이루어지지 않기 때문입니다. 이 때문에 성경은 존재론적으로 풀이될 수 없습니다.

If God's togetherness is not the starting point, only the change of 'me' or the relationship between 'me' will be talked in the world. In the world, salvation is not dealt with as a change in 'me' or as a relationship between 'me.' The salvation presented in the Bible cannot be completely explained by focusing on 'me,' for the Bible does not speak of salvation based on the world. However, 'I' am meaningfully conscious only based on the world, for 'I' cannot talk about 'my' existence without being based on the world. Even if 'I' desire salvation while living in the world, salvation is not meaningfully conscious to 'me.' This is because salvation is not achieved through 'my' salvation. Because of this, the Bible cannot be interpreted ontologically.

I.0213. 언약은 하나님의 함께로 전개되지 세상에 근거하지 않습니다. 따라서 하나님의 함께는 세상에 근거된 내용으로 풀이되지 않습니다. 구원은 하나님의 예정된 함께로 말해집니다. 창조된 세상 내용이 아닙니다. 즉 언약에 근거하지 않고 구원은 의미 있게 말해질 수 없습니다. 세상에 근거한 '나'는 종교적으로 해탈에 이를 수 있지만, 해탈은 성경의 구원이 아닙니다.

'나'는 바라는 이상적 상태에 이를 수 있지만, 그것이 '나'의 구원이 아닙니다. 구원은 언약의 근거에서 의미 있게 다루어집니다. 그러나 '나'는 언약의 근거에 설 수 없습니다. 언약의 백성만이 언약의 근거에 섭니다.

The covenant is generated in God's togetherness and not based on the world. Thus, God's togetherness cannot be interpreted as the content based on the world. Salvation is said to be God's predestinated togetherness. It is not the content of the created world. In other words, salvation cannot be spoken of meaningfully without being based on the covenant. The 'I' based on the world can reach emancipation religiously, but emancipation is not the salvation of the Bible. 'I' can reach the desired ideal state, but that is not 'my' salvation. Salvation is meaningfully addressed on the basis of the covenant. However, 'I' cannot stand on the basis of the covenant. Only the covenant people stand on the basis of the covenant.

I.0214. '나'는 세상에서 추구하며 삽니다. '나'가 추구하는 것으로 '나'의 삶의 의미는 말해질 수 있습니다. '나'의 추구는 '나'의 자유의 사례이기 때문입니다. 그러나 추구하는 '나'가 구원될 '나'는 아닙니다. 추구하는 '나'는 '나'의 독자성을 보입니다. '나'는 독자성을 유지한 채 구원될 수 없습니다. 철학에서 구원이 다루어질 수 없는 이유가 여기 있습니다. 철학은 개인이 추구하는 내용입니다. 추구할 수 없는 구원은 철학이나 종교에서 다루어질 수 없습니다. 철학이나 종교는 '나'의 추구하는 내용에 의해 전개됩니다. 따라서 '나'의 철학이나 '나'의 종교는 말해질 수 있습니다. '나'는 '나' 나름대로 세상을 살 수 있습니다. 그렇지만 '나'는 '나' 나름대로 구원될 수 없습니다.

'I' live in pursuit of something in the world. The meaning of 'my' life can be expressed through what 'I' pursue, for 'my' pursuit is the instance of 'my' freedom. However, the 'I' who pursue is not the 'I' who will be saved. The 'I' who pursues shows 'my' own identity. 'I' cannot be saved while maintaining 'my' identity. Here is why salvation cannot be addressed in philosophy. Philosophy is the content that an individual pursues. Salvation that cannot be pursued cannot be addressed in philosophy or religion. Philosophy and religion develop based on what 'I' pursue. Therefore, 'my' philosophy or 'my' religion can be spoken of. 'I' can live in the world in 'my' own way. Nevertheless, 'I' cannot be saved on 'my' own.

I.0215. 철학이나 종교는 우세한 상태로 세상에서 지속될 수 있습니다. 현존하는 '나'는 철학이나 종교로 '나'의 의식의 지평을 넓히며 삽니다. 그렇게 '나'의 의식의 지평이 철학이나 종교로 넓혀지더라도, '나'는 구원되지 않습니다. 구원되지 못한 '나'는 실존적인 불안과 두려움으로 삽니다. '나'가 부단히 추구하는 가운데 불안이나 두려움을 잠재울 수 있더라도, '나'가 구원에 이르지 않습니다. '나'가 '나'를 의식하는 자체가 불안과 두려움으로부터 옵니다. '나'는 '나'를 세상에 처한 '나'로 의식할 수밖에 없기 때문입니다. '나'가 처한 세상은 부단히 요동할 뿐입니다. 그리고 '나'는 요동하는 세상의 한 부분입니다.

Philosophy or religion can persist in the world in a dominant state. The existing 'I' live by expanding the horizon of 'my' consciousness through philosophy or religion. Even if the horizon of 'I' consciousness is expanded to philosophy or religion, 'I' will not be saved. 'I' who was not saved lives with existential anxiety and fear. Even if 'I' can calm my anxiety or fear through constant pursuit, 'I' will not achieve salvation. 'I' being conscious of 'me' itself comes from anxiety and fear, for 'I' have no choice but to be conscious of 'me' as 'I' who is situated in the world.

The world where 'I' am situated is only ceaselessly agitated. And 'I' am a part of the agitating world.

I.0216. '나'에게 구원은 질문일 뿐입니다. 성경은 분명히 구원이 '나'로 이루어지지 않음을 보입니다. 비록 구원은 '나'로 의식되더라도, 구원은 '나'로 이루어지지 않습니다. 구원은 '나'에게 임합니다. 성경은 구원을 하나님의 함께로 말합니다. 즉 성경은 구원을 언약으로 서사합니다. 구원은 언약의 구원입니다. '나'는 실존으로 말해지지만, '나'의 구원은 언약으로 말해집니다. 구원은 하나님과 함께하는 언약의 삶으로 이루어집니다. 언약의 삶은 '나'가 존속되는 삶이 아닙니다. 따라서 '나'의 구원은 이루어질 수 없습니다. 구원은 '나'가 죽어 언약의 백성으로 사는 것을 뜻합니다. 구원은 함께로 이루어집니다.

To 'me', salvation is just a question. The Bible clearly shows that salvation is not fulfilled through 'me.' Even though salvation is conscious through 'me', it is not fulfilled with 'me'. Salvation comes to 'me'. The Bible speaks of salvation as being together with God. In other words, the Bible narrates salvation as the covenant. Salvation is the salvation of the covenant. 'I' is spoken of as existence, but 'my' salvation is spoken of as the covenant. Salvation is fulfilled into the covenant life of being together with God. The covenant life is not a life in which 'I' persist. Therefore, 'my' salvation cannot be fulfilled. Salvation means that 'I' die and live as the covenant people. Salvation is fulfilled into togetherness.

I.0217. 예수님은 구원을 복음으로 선포하십니다. 복음을 선포하시는 예수님은 실존적인 예수님이 아닙니다. 하나님과 함께하신 하나님의 독생자이십니다. 예수님은 구원을 하나님과 함께로 선포하십니다. 구원을 하나님

나라의 삶으로 선포하십니다. 예수님은 개인의 구원이 아닌 하나님 나라로 구원을 말씀하십니다. 구원은 하나님 나라로 이루어짐이지, 개인의 변화가 아닙니다. 구원은 세상에서 개인으로 사는 삶으로부터 하나님 나라로 사는 삶으로 이루어집니다. 이렇게 예수님은 구원이 세상에 이루어질 수 없음을 보이십니다. 예수님은 보다 좋은 세상을 위해 세상에 오지 않으셨습니다. 예수님은 하나님과 함께하는 구원의 삶으로 세상에 오셨습니다.

Jesus proclaims salvation as the gospel. The Jesus who proclaims the gospel is not the existential Jesus. Jesus is God's only begotten Son who is together with God. Jesus proclaims salvation as being together with God. Jesus proclaims salvation as the life of the kingdom of God. Jesus does not speak of personal salvation but speaks of salvation into the kingdom of God. Salvation is the fulfillment into the kingdom of God, not the transformation of an individual. Salvation is fulfilled into the life of the kingdom of God from the individual life in the world. In this way, Jesus shows that salvation cannot be fulfilled in the world. Jesus did not come to the world to make a better world. Jesus came into the world to live the salvational life of being together with God.

I.0218. 예수님이 십자가를 거친 하나님과 함께로 보아지면, 구원자로 보아집니다. 단지 예수님을 종교적으로 보는 것은 구원으로 이르지 않습니다. 어떻든 예수님은 언약의 예수님으로 보아져야 합니다. 즉 하나님과 함께하는 예수님으로 보아져야 합니다. 복음서는 예수님이 그렇게 보이도록 서사되었습니다. 제자들은 예수님을 그렇게 보고서 복음서를 그렇게 서사하였습니다. 그렇기에 복음서는 예수님의 전기가 아닌 구원으로 읽어지게 됩니다. 복음서는 복음서에 등장하는 제자들과 복음서를 서사하는 제자들을 간접적으로 대조합니다. 복음서는 복음서에 등장하는 제자들로부터 복음서

를 서사하는 제자들에게로 구원이 이루어짐을 보입니다.

If Jesus is seen as being together with God through the cross, Jesus will be seen as the Savior. Just looking at Jesus religiously will not lead to salvation. In any case, Jesus must be seen as the covenant Jesus. That is, Jesus must be seen as Jesus of being together with God. The Gospels were written to make Jesus look like that. The disciples saw Jesus that way and wrote the Gospels that way. Therefore, the Gospels are read as salvation, not as biographies of Jesus. The Gospels indirectly contrast the disciples who appear in the Gospels and the disciples who narrate the Gospels. The Gospels show that salvation is fulfilled into the disciples who narrate the Gospels from the disciples who appear in the Gospels.

I.0219. 복음서가 개인적으로 읽어지면, 종교적인 내용일 수밖에 없습니다. 구원의 내용이 될 수 없습니다. 복음서가 개인적으로 읽어지면, 개인에 의해 쓰진 것으로 인식됩니다. 복음서를 읽는 이들은 복음서를 서사한 이들과 같은 시각을 갖는다고 여깁니다. 따라서 그들은 그들이 이해할 수 없는 기술은 잘못 기술된 것이라고 판단합니다. 이렇게 그들의 시각은 기본적으로 복음서에 등장한 제자들의 시각과 다를 바 없습니다. 그들은 그들의 이해로 예수님을 따르려 합니다. 따라서 그들은 결국 제자들과 같이 예수님을 떠나게 됩니다. 그들은 구원에 이를 수 없습니다. 그들은 예수님을 하나님과 함께로 볼 수 없기 때문입니다.

When the Gospels are read privately, they cannot help but be religious. They cannot be the content of salvation. When the Gospels are read privately, they are perceived as having been written by individuals. Those who read the Gospels are assumed to have the same perspective as those who narrated the Gospels. Therefore, they judge that any account they cannot understand is poorly described. In this way, their perspective is basically no different from that of the disciples in the Gospels. They try to follow Jesus in their understanding. Therefore, they eventually leave Jesus along with the disciples. They cannot attain salvation. Because they cannot see Jesus of being with God.

I.0220. 구원으로 살지 못하는 이들은 개인적으로 부단히 추구하다 소멸될 뿐입니다. 물론 사람들은 세상에서 그렇게 사는 것이 자연스럽거나 당연하다고 할 것입니다. 구원의 의식 없이 세상에서 투쟁하다 소멸되는 것이 인간의 운명이라고 할 수 있습니다. 그런 운명을 생각하는 사람들을 향해 구원의 복음은 선포됩니다. 초대 사도들의 선교 활동은 예수님을 따라 구원의 복음을 선포하는 사례입니다. 구원은 세상에 들려집니다. 그러나 들려지는 구원의 메시지는 언약적이어야 합니다. 종교적으로 해석된 구원은 구원이 아닙니다. 언약을 떠나 풀이된 구원은 사람들이 상상하는 것입니다. 개인의 죽음 후 천국을 말하는 것은 그런 상상입니다.

Those who cannot live by salvation will only perish as they pursue it individually. Of course, people will say that it is natural or inevitable to live like that in the world. It can be said that human fate is to struggle and disappear in the world without a sense of salvation. The gospel of salvation is proclaimed to those who think of such a fate. The missionary activities of the early apostles are the instances of following Jesus and proclaiming the gospel of salvation. Salvation is told to the world. However, the message of salvation heard must be covenantal. Salvation as interpreted religiously is not salvation. Salvation, interpreted apart from the covenant, is what people imagine. It is such an imagination that speaks of the kingdom of heaven after an individual's death.

I. 3
...

하나님의 깊이 The Depths of God

I.0301. 사도 바울은 하나님의 깊이를 언급합니다: "오직 하나님이 성령으로 이것을 우리에게 보이셨으니 성령은 모든 것 곧 하나님의 깊은 것까지도 통달하시느니라."고린도전서 2:10, "깊도다 하나님의 지혜와 지식의 풍성함이여, 그의 판단은 헤아리지 못한 것이며 그의 길은 찾지 못할 것이로다."로마서 11:33 바울은 성령님이 임하심으로 하나님의 깊이를 언급하게 된다고 합니다. 하나님의 깊이를 언급함은 하나님의 깊이를 아는 것을 뜻하지 않습니다. 그보다 하나님의 깊이를 의식하는 것을 뜻합니다. 하나님의 깊이를 의식함은 성령님에 의해 인도되기 때문입니다. 성령님에 의해 인도되는 것은 알게 되는 것으로 주장될 수 없습니다.

Paul the apostle refers to the depths of God: "God has revealed them to us through His Spirit. For the Spirit searches all things, yes, the deep things of God."[1 Corinthians 2:10], "Oh, the depth of the riches both of the wisdom and knowledge of God! How unsearchable are His judgments and His ways past finding out!"[Romans 11:33] Paul says that the coming of the Holy Spirit brings about the depths of God. Mentioning the depths of God does not mean knowing the depths of God. Rather, it means being conscious of the depths of God, for the consciousness of the depths of

God is guided by the Holy Spirit. Being guided by the Holy Spirit cannot claim to be known.

I.0302. 하나님의 깊이는 함께하시는 하나님의 깊이를 뜻합니다. 따라서 하나님의 깊이는 하나님 함께의 깊이로 말해집니다. 즉 하나님의 깊이는 언약적으로 말해집니다. 하나님의 깊이가 언급됨으로 언약의 삶은 피상적으로 표류하지 않습니다. 언약의 함께는 언약의 하나님의 깊이로 드러납니다. 따라서 언약의 함께는 드러남의 시각으로 보아져야 합니다. 보이는 상태로 고정될 수 없습니다. 깊이의 드러남은 세상에 있는 것에 의해 야기되지 않음으로, 설명될 수 없습니다. 하나님의 깊이를 의식하는 이들은 언약의 삶을 삽니다. 언약의 함께를 하나님 깊이의 드러남으로 보기 때문입니다.

The depths of God mean the depths of God who is together. Therefore, the depths of God are told as the depths of His togetherness. In other words, the depths of God are spoken of covenantally. Because the depths of God are mentioned, the covenant life does not drift superficially. The covenant togetherness is disclosed as the depths of the covenant God. Accordingly, the covenant togetherness must be viewed from the perspective of disclosure. It cannot be fixed in a visible state. The disclosure of depths cannot be explained because it is not caused by what is in the world. Those who are conscious of the depths of God live the covenant life, for they see the covenant togetherness as the disclosure of the depths of God.

I.0303. 하나님을 존재로 생각하는 이들은 하나님의 본질을 말합니다. 하나님의 본질은 그분 존재의 속성임으로, 그분의 존재에 수반합니다. 하나님의 본질은 깊이의 뜻이 없습니다. 존재하는 하나님은 깊이의 뜻을 갖지 않

습니다. 언약의 하나님만이 깊이의 뜻을 갖습니다. 깊이는 함께에 깔려 있기 때문입니다. 존재는 깊이와 문제되지 않습니다. 그러나 함께는 깊이와 문제됩니다. 달리 말하면, 존재론은 깊이와 문제되지 않습니다. 그렇지만 언약은 깊이와 문제됩니다. 하나님이 깊이로 관심되지 않으면, 언약의 하나님일 수 없습니다. 하나님의 함께하심은 그분 깊이의 드러남입니다. 하나님의 깊이 때문에 하나님의 담화는 세상에서 소진될 수 없습니다.

Those who think of God as a being speak of God's essence. God's essence is an attribute of His existence, and therefore accompanies His being. The essence of God has no sense of depth. The God who exists has no sense of depth. Only the covenant God has sense of depth, for depth is embedded in togetherness. Being does not matter with depth; nevertheless, togetherness matters with depth. In other words, ontology does not matter with depth. However, the covenant matters with depth. If God is not concerned with His depths, He cannot be the covenant God. God's togetherness is the disclosure of His depths. Because of God's depths, His discourse cannot be exhausted in the world.

I.0304. 하나님의 깊이는 하나님의 본질이 아닌 하나님의 함께로 드러납니다. 하나님이 누구시냐는 질문은 하나님의 본질에 대한 대답으로 이끌어집니다. 그 질문이 지성적임으로, 그 대답은 지성적으로 형성되어야 합니다. 하나님이 누구시냐는 질문을 대답하는 지성적 추구는 그분 본질에 대한 관심으로 이끌어집니다. 그러므로 하나님의 깊이는 하나님이 누구시냐는 질문으로 관심되게 되지 않습니다. 일반적으로 말하면, 하나님의 깊이는 하나님에 대한 지성적 질문과 연관되지 않습니다. 그러므로 하나님에 대한 담화가 지성적인 추구에 의해 이끌어지면, 하나님의 깊이는 전혀 언급되게 되지 않습니다.

The depths of God are disclosed not in God's essence but in God's to-getherness. The question of who God is leads to an answer about God's essence. Since the question is intellectual, the answer must be formed intellectually. The intellectual pursuit of answering the question who God is leads to attention to His essence. Therefore, the depths of God are not of interest in the question of who God is. Generally speaking, the depths of God are not associated with intellectual questions about Him. There-fore, when discourse about God is driven by intellectual pursuits, the depths of God are not mentioned at all.

I.0305. 하나님이 지성적 대상으로 관심되는 한, 다른 지성적 대상으로부터 본질적으로 구별되지 않습니다. 하나님도 그분의 존재와 속성으로 관심되게 됩니다. 그분의 존재와 속성은 특징지어집니다. 그분 존재와 속성의 특징은 다른 대상의 존재와 속성의 특징과 비교해서 독특할 수 있습니다. 그러나 구별되지 않습니다. 성경의 하나님은 비교되지 않고 구별됩니다. 그분은 창조주시기 때문입니다. 지성은 단지 범주로 비교하여 판단하기 때문에 구별됨을 다룰 수 없습니다. 지성은 창조주와 피조물을 비교하지만, 성경은 창조주와 피조물의 비교를 허용하지 않습니다. 성경은 하나님과 인간의 구별됨을 전제합니다.

Insofar as God is concerned as an intellectual object, God is not es-sentially separated from other intellectual objects. God also becomes interested in His existence and attributes. God's being and attributes are characterized. The features of God's being and attributes may be unique compared to the features of the being and attributes of other objects. But the features of God's being and attributes are not separated. The God of the Bible is separated, not comparable, for God is the Creator. Intellectuality cannot deal with separateness because it judges only by comparing categories. It only compares the Creator and the creature, but the Bible does not allow comparison between the Creator and the creature. The Bible presupposes the separateness between God and man.

I.0306. 하나님의 깊이는 그분의 구별됨과 같이 고려되어야 합니다. 창조주는 창조된 인간과 구별됨으로, 창조된 인간은 그분의 깊이에 관심을 갖습니다. 그분의 깊이는 창조된 인간으로부터 그분을 구별하는 깊이입니다. 즉 그분의 깊이는 창조된 인간의 지성적 추구의 한계로부터 구별됩니다. 창조된 인간은 그분 구별됨을 그분 깊이로 생각합니다. 그리고 그분 구별됨을 그분과 함께함으로 생각합니다. 그렇지 않으면 그분의 구별됨을 전혀 생각할 수 없습니다. 그러므로 구별됨은 언약의 통념입니다. 하나님은 그분의 창조된 인간과 그분이 함께함에서 구별됩니다. 언약의 하나님이 창조주십니다.

God's depths must be considered with His separateness. Since the Creator is separated from the created man, created man is interested in God's depths. God's depths are depths that sets God apart from the created man. That is, God's depths are separated from the limitations of the created man's intellectual pursuits. The created man considers of God's separateness as His depths. And he thinks of God's separateness in togetherness with Him. Otherwise, he would have no idea of God's separateness. Therefore, separateness is a covenant notion. God is separated from His created man in God's togetherness with him. The covenant God is the Creator.

I.0307. 구약엔 하나님의 구별됨은 강조되지만, 그분 깊이는 전혀 언급되

지 않습니다. 이것이 구약의 한계이고 문제입니다. 구약은 그분 구별됨을 그분의 깊이로 드러내지 않고, 대신 그분 구별됨을 세상에서 경계로 설정합니다. 즉 구약은 하나님께서 함께하시는 옛 언약의 백성을 세상에서 그들의 경계를 설정함으로 서사합니다. 그들은 종족적으로 아브라함의 후손이고, 지리적으로 가나안 땅에 삽니다. 그들은 하나님의 구별됨을 세상에서 그들의 택해진 지위로 보이려합니다. 그렇지만 그들의 종족과 땅으로 택해진 지위는 하나님 깊이의 드러남이라고 주장될 수 없습니다. 구약은 하나님의 깊이를 서사하지 못합니다.

In the Old Testament, God's separateness is emphasized, but His depths are not mentioned at all. This is the limit and problem of the Old Testament. The Old Testament does not unveil God's separateness in His depths, but instead it sets God's separateness as a boundary in the world. In other words, the Old Testament narrates the old covenant people with whom God is together by setting their boundaries in the world. They are ethnically descendants of Abraham, and geographically they live in the land of Canaan. They seek to show God's separateness by their elected status in the world. Nevertheless, their race and land-chosen status cannot be claimed to be the disclosure of God's depths. The Old Testament cannot narrate God's depths.

I.0308. 언약의 백성의 구별됨은 하나님의 구별됨의 드러남입니다. 하나님의 구별됨의 드러남은 그분의 깊이로 서사됩니다. 그분의 구별됨은 그분 깊이의 펼쳐짐을 떠나 서사될 길이 없습니다. 그분의 구별됨은 세상 상태로 명시되지 않기 때문입니다. 하나님은 그분 깊이를 드러내심으로 스스로 구별하십니다. 따라서 스스로 구별하시는 하나님과 함께하는 이들은 세상으로부터 구별됩니다. 그들은 하나님의 깊이의 드러남으로 세상으로부터 구

별된 언약의 백성입니다. 그들은 하나님의 깊이의 드러남으로 서사되면서 세상에서 구별되게 됩니다. 세상에 드러나는 것은 세상에 있는 것으로부터 구별됩니다.

The separateness of the covenant people is the disclosure of God's separateness. The disclosure of God's separateness is narrated by His depths. There is no way for God's separateness to be narrated apart from the unfolding of His depths, for His separateness is not manifested by worldly conditions. God sets Himself apart by disclosing His depths. Therefore, those who are together with God who sets Himself apart are separated from the world. They are the covenant people separated from the world by the disclosure of God's depths. They become separated from the world by being narrated as the disclosure of God's depths. What is disclosed in the world is separated from what is in the world.

I.0309. 언약의 백성이 하나님의 깊이의 드러남이 없이 그들의 구별됨을 주장하면, 그들의 주장은, 그들의 구별됨을 가장하기 때문에, 피상적이 됩니다. 구약에서 이스라엘 백성이 하나님의 백성이라고 주장하는 것은, 그들의 주장이 출애굽에 근거하기 때문에 피상적입니다. 그들이 언약의 백성으로 하나님의 깊이를 보이지 않는 한, 출애굽은 단지 과거 사건이 됩니다. 언약의 백성은 하나님의 깊이가 드러나면서 보이게 됨으로, 그들이 그렇다고 주장할 필요가 없습니다. 이 점에서 이스라엘 백성이 하나님의 백성이라고 주장하는 것은 그들이 출애굽을 하나님의 깊이의 드러남으로 여기지 않는 것을 반영합니다.

If the covenant people claim their separateness without the disclosure of God's depths, their claims become superficial because they are disguising their separateness. In the Old Testament, the Israelites' claim to be God's people is superficial because their claim is based on the Exodus. Unless they show God's depths as the covenant people, the Exodus becomes just a past event. The covenant people are made visible as God's depths are disclosed, so there is no need to claim that they are. In this respect, the Israelites' claim to be God's people reflects their failure to regard the Exodus as the disclosure of God's depths.

I.0310. 이스라엘 백성이 하나님의 깊이의 드러남이 없이 그들이 하나님의 백성이라고 주장하는 것은 다른 백성을 향합니다. 그들은 그들 주장으로 그들이 하나님의 백성임을 보이려 합니다. 그들은 하나님의 깊이로 향하지 않고, 다른 백성을 향합니다. 이것은 그들이 하나님의 깊이의 시각을 갖지 않음을 시사합니다. 언약의 백성이 하나님의 깊이의 시각을 갖지 않으면, 그들은 다른 백성으로부터 구분하는 경계를 의도적으로 설정합니다. 그들이 자신들의 구분을 주장하는 의도는 세상에서 그들의 특권을 보이려는 것입니다. 그들이 하나님의 깊이의 드러남이 없이 언약의 백성 됨을 주장하려고 하는 한, 그들은 세상에서 그들 특권을 의도적으로 찾습니다.

The Israelites' insistence that they are God's people without the disclosure of His depths is directed at other people. They try to show by their insistence that they are God's people. They do not turn to God's depths, but to other people. This suggests that they do not have the perspective of God's depths. When the covenant people do not have the perspective of God's depths, they intentionally set boundaries that separate them from other people. Their intention in asserting their distinction is to demonstrate their privilege to the world. As long as they seek to insist on being the covenant people without disclosing God's depths, they willfully seek out their privilege in the world.

I.0311. 하나님의 깊이의 시각에서 당대 유대인들을 향한 예수님의 직설적인 비판이 고려되어야 합니다. 예수님은 그들이 다른 사람들에게 보이려고 구제하고, 기도하고, 또 금식하기 때문에 그들을 위선자라고 비판하십니다. "위선자"라는 말은 "배우"를 뜻하는 그리스어, "ὑποκριτής,"로부터 유래됩니다. 배우는 관객에게 보이기 위해 자신의 배역을 이행합니다. 배우는 관객에게 감명을 주기 위해 자신의 배역에서 대사를 발설합니다. 그는 그가 발설하는 텍스트의 깊이는 고려하지 않습니다. 자선, 기도, 그리고 금식은 하나님과 함께로 표현되어야 합니다. 그렇지만 유대인들은 자선, 기도, 그리고 금식을 다른 이들에게 보이기 위해 위선적으로 표현합니다.

Jesus' direct criticism of the Jews of His time must be considered from the perspective of God's depth. Jesus criticizes them as hypocrites because they give alms, pray, and fast to be seen by others. The word "hypocrite" comes from the Greek word "ὑποκριτής," meaning "actor." An actor performs his role to be seen by the audience. He speaks lines in his role to impress the audience. He does not take into account the depth of the text he utters. Charity, prayer, and fasting should be expressed as being with God. However, Jews hypocritically display charity, prayer, and fasting to show off to others.

I.0312. 유대인들을 향한 예수님의 비판은 단순히 그들을 비난하는 것이 아니라 하나님의 깊이에 대한 시각을 갖도록 상기시킵니다. 예수님은 하나님의 뜻을 따라 세상에 오신 것을 말씀하십니다. 이것은 예수님이 하나님의 깊이의 드러남으로 세상에 오신 것을 뜻합니다. 복음서는 예수님을 하나님의 깊이의 드러남으로 서사합니다. 즉 복음서는 예수님을 서사함으로 하나님의 깊이의 드러남을 보이려고 합니다. 복음서는 하나님의 깊이의 드러남이므로, 세상에 새롭고 좋은 소식입니다. 그러므로 복음서를 읽는 이들은

복음서가 그들로 하나님의 깊이의 시각을 갖도록 이끈다는 것을 알아야 합니다.

Jesus' criticism of the Jews is not simply a reproach of them, but a reminder to have the perspective on God's depths. Jesus says that He came to the world according to God's will. This means that Jesus came to the world as the disclosure of God's depths. The Gospel narrates Jesus as the disclosure of God's depths. In other words, the Gospel seeks to unveil God's depths by narrating Jesus. The Gospel is new and good news to the world because it is the disclosure of God's depths. Therefore, those who read the Gospel should know that it leads them to have the perspective of God's depths.

I.0313. 하나님의 깊이의 시각은 예수님의 서사에 나타납니다. 그것은 복음서가 예수님의 서사에서 드러내는 구별된 시각입니다. 복음서의 저자들은 예수님이 하나님의 깊이의 드러남으로만 서사될 수 있음을 확언합니다. 그들은 예수님을 구약 전통에서나 세상 범주로 기술할 수 없음을 봅니다. 그들은 예수님이 세상 현상으로 설명될 수 없음을 인정합니다. 또 그들은 예수님이 창조된 사람들과 연관된 분으로 세상에 설정될 수 없음을 보입니다. 그들은 예수님으로 세상에 임하는 새로움은 하나님의 깊이의 드러남이라고 시인합니다. 이렇게 하여 그들은 하나님의 창조에 감안되지 않는 그분 깊이를 구상합니다.

The perspective of God's depths appears in the narrative of Jesus. That is the separated perspective that the Gospels unveil in the narrative of Jesus. The authors of the Gospels affirm that Jesus can only be narrated as the unfolding of God's depths. They see that Jesus cannot be described in the Old Testament tradition or in worldly categories. They acknowledge that Jesus cannot be explained by worldly phenomena. They also show that Jesus cannot be set in the world as One related to created men. They acknowledge that the newness that comes to the world through Jesus is the disclosure of God's depths. In this way they envision God's depth are not taken into account in His creation.

I.0314. 하나님의 깊이로 말해지는 것은 하나님의 창조에 담아지지 않습니다. 하나님의 깊이의 드러남이 없이 하나님의 창조에 담아지지 않는 것은 감안될 수 없습니다. 따라서 하나님의 창조 언어에 담아지지 않는 새 언약의 언어는 하나님의 깊이의 드러남으로 보이게 됩니다. 하나님의 깊이의 드러남으로 새 언약은 새 언약의 언어로 서사되게 됩니다. 복음서는 하나님의 깊이가 드러나는 새 언약의 언어로 성경에 등장합니다. 이 점에서 복음서는 단지 창조된 세상에서 사실적으로 읽어질 수 있는 예수님의 이야기로 간주될 수 없습니다. 복음서는 예수님의 이야기를 창조된 세상에서 다루어질 수 없는 하나님의 깊이의 시각에서 전개되기 때문입니다.

What is spoken of with God's depths is not contained in His creation. What is not contained in God's creation cannot be considered without the disclosure of His depths. Therefore, the new covenant language, which is not contained in God's created language, is seen as the disclosure of His depths. With the disclosure of God's depths, the new covenant is written in the new covenant language. The Gospel appears in the Bible as the new covenant language of the disclosure of God's depths. In this respect, the Gospel cannot be considered simply Jesus' story that can be read factually in the created world, for the Gospel unfolds Jesus' story from the perspective of God's depths that cannot be addressed in the created world.

I.0315. 하나님의 깊이는 인간의 지성적 사색의 한계 안에 있지 않습니다. 인간은 하나님의 존재와 본질을 사색할 수 있지만, 하나님의 깊이는 그분의 드러남으로 알려집니다. 하나님께서 그분 아들, 예수님과 그분 영, 성령님을 세상에 보내심으로, 그분 깊이를 드러내십니다. 예수님을 성령님의 인도하심으로 서사하는 것은 그분 깊이의 드러남입니다. 하나님의 깊이가 고려되지 않으면, 예수님의 서사는, 성령님의 인도하심으로 써졌더라도, 창조된 세상에서 풀이되게 됩니다. 복음서를 존재론적으로 혹은 종교적으로 풀이하는 것은 하나님의 깊이가 간과되어온 결과입니다. 하나님의 깊이는 존재론적으로나 종교적으로 다루어질 수 없습니다.

God's depths are not within the limit of man's intellectual speculation. Man may speculate on God's existence and essence, but God's depths are known through His disclosure. God unveils His depths by sending His Son, Jesus, and His Spirit, the Holy Spirit, into the world. The narrating Jesus under the guidance of the Holy Spirit is the disclosure of God's depths. If God's depths are not taken into account, Jesus' narrative, even if written under the guidance of the Holy Spirit, is interpreted in the created world. Interpreting the Gospel ontologically or religiously is the result of overlooking God's depths. God's depths cannot be treated ontologically or religiously.

I.0316. 바울은 분명히 성령님은 하나님의 깊이를 통달하신다고 합니다. 그에 따르면 예수님은 성령님의 통달하심으로 하나님의 깊이로 서사될 수 있습니다. 바울이 성령님의 인도하심에 의한 예수님의 서사를 하나님의 깊이와 결합시킨 것은 주목할 만합니다. 하나님의 깊이가 확언되지 않으면, 하나님의 존재와 본질이 단지 문제가 됩니다. 그러면 성령님의 인도하심에 의한 예수님의 서사는 하나님의 존재나 본질과 상관없이 해석되게 됩니다.

예수님이나 성령님이 하나님의 존재나 본질과 상관없기 때문입니다. 즉 하나님의 깊이가 간과되면, 성령님의 인도하심에 의한 예수님의 서사는 지성적으로 풀이되게 됩니다.

Paul clearly says that the Holy Spirit searches the depths of God. According to him, Jesus can be narrated with the depths of God under the search of the Holy Spirit. It is noteworthy that Paul combines the narrative of Jesus under the guidance of the Holy Spirit with the depths of God. If the depths of God is not affirmed, God's existence and essence are simply in question. Then, the narrative of Jesus under the guidance of the Holy Spirit will be interpreted regardless of the existence or essence of God, for Jesus and the Holy Spirit have nothing to do with the existence or the essence of God. In other words, if the depths of God are overlooked, the narrative of Jesus under the guidance of the Holy Spirit is interpreted intellectually.

I.0317. 하나님의 깊이는 진실로 언약적일 뿐만 아니라 영적입니다. 즉 하나님의 깊이는 언약 영성으로 상설됩니다. 영성이 없는 언약은 구약에서 봅니다. 그리고 언약이 없는 영성은 쉬이 종교성으로 이끌어집니다. 복음서는 예수님을 언약 영성으로 서사하면서, 언약 영성을 보입니다. 복음서는 예수님을 언약 영성으로 서사함으로, 예수님을 구원자로 부각합니다. 예수님을 구원자로 서사하는 것은 구원의 내용을 보입니다. 이렇게 하여 복음서는 구원을 언약 영성으로 강술합니다. 달리 말하면 구원은 언약 영성을 떠나 적절하게 언급될 수 없습니다. 구원을 서사하는 복음서는 세상에 사실로 설정될 수 있는 글일 수 없습니다.

The depths of God are truly not only covenantal also Spiritual. In other words, the depths of God are explicated with the covenant Spirituality.

The covenant without Spirituality is seen in the Old Testament. And Spirituality without the covenant easily leads to religiosity. The Gospel shows the covenant Spirituality by narrating Jesus with the covenant Spirituality. The Gospel highlights Jesus as the Savior by narrating Him with the covenant Spirituality. Narrating Jesus as the Savior shows the content of salvation. In this way, the Gospel expounds salvation with the covenant Spirituality. In other words, salvation cannot be properly addressed apart from the covenant Spirituality. The Gospel, which narrates salvation, cannot be a text that can be settled as fact in the world.

I.0318. 구원을 창조된 세상에서 말하는 것은 의미 없습니다. 하나님이 창조하신 세상이 구원적이라고 말하는 것은 무의미합니다. 구원은 창조로부터 분리되어야 합니다. 창조된 세상이 타락됨으로, 세상의 구원이 의미 있게 말해집니다. 따라서 구원은 타락된 세상에 하나님의 깊이의 드러남으로 말해져야 합니다. 세상의 구원은 세상의 변화가 아니기 때문에, 세상에 새롭게 드러납니다. 그러므로 세상의 구원은 창조의 언어로 묘사될 수 없습니다. 구원과 창조는 구별되어야 합니다. 구원은 창조에 통합될 수 없습니다. 그러므로 창조 언어와 구별되는 구원 언어는 하나님의 깊이의 드러남으로 생성됩니다.

It is meaningless to talk about salvation in the created world. It is meaningless to say that God's created word is salvational. Salvation must be separated from creation. As the created world falls, the salvation of the world becomes meaningful. Therefore, salvation must be spoken of as the disclosure of God's depths in the fallen world. Since the salvation of the world is not a change of the world, it is disclosed newly in the world. Therefore, the salvation of the world cannot be described in the language of creation. Salvation and creation must be distinguished. Salvation cannot be integrated into creation. Therefore, the language of salvation, which is distinct from the language of creation, is generated with the disclosure of God's depths.

I.0319. 예수님께서 병자를 고치신 것은 복음서에 표적으로 서사됩니다. 여기서 표적은 구원의 표적을 뜻합니다. 즉 표적은 하나님의 깊이의 드러남을 뜻합니다. 복음서는 예수님의 고침을 세상에서 변화된 사건으로 서사하지 않습니다. 복음서는 예수님의 고침을 세상의 변화로 서술되게 되는 의사의 고침과 구별하기 위해 "표적"이라는 말을 도입합니다. 예수님의 고침이 하나님의 깊이의 드러남의 표적이라는 점에서, 예수님의 고침은 하나님의 깊이로부터 나오는 약속으로 세상에 임합니다. 즉 예수님의 고침은 하나님의 깊이로부터 나오는 하나님의 새로운 약속의 예시입니다.

Jesus' healing of the sick is narrated as a sign in the Gospel. The sign here means the sign of salvation. In other words, a sign means the disclosure of God's depths. The Gospel does not narrate Jesus' healing as an event that changed in the world. The Gospel introduces the word, "sign," to distinguish Jesus' healing from the doctor's healing, which is described as a transformation of the world. In the respect that Jesus' healing is a sign of the disclosure of God's depths, Jesus' healing comes to the world as a promise that comes from God's depths. In other words, Jesus' healing is an instance of God's new promise that comes from God's depths.

I.0320. 구원이 하나님의 깊이의 드러남으로 강술되게 될 때, 그 뜻은 사람의 두뇌에서 조작되지 않습니다. 사람은 자신의 이상이나 각성으로 구원을 해석하려 합니다. 그는 구원을 세상에서 자신의 고양된 상태로 받아들이려

고 합니다. 그는 구원을 자신의 구원을 떠나 생각하지 않습니다. 구원의 뜻이 자신의 두뇌에서 조작되기 때문입니다. 그러므로 구원은 하나님의 깊이로부터 나온 하나님의 약속의 이루어짐으로 보아져야 합니다. 복음서에서 예수님은 세상에 하나님의 깊이에서 나온 하나님의 약속의 이루어짐으로 서사됩니다. 이 점에서 예수님은 구원자로 확언됩니다. 구원은 하나님의 깊이가 타락된 세상에 드러나는 궤적입니다.

When salvation is expounded with the disclosure of God's depths, the meaning is not manipulated in the man's brain. Man likes to interpret salvation through his own ideals or awakenings. He seeks to accept his salvation as his exalted state in the world. He does not think of salvation as apart from his own salvation, for the meaning of salvation is manipulated in his own brain. Therefore, salvation must be seen as the fulfillment of God's promise from His depths. In the Gospel, Jesus is narrated as the fulfillment of God's promise from His depths in the world. In this respect, Jesus is affirmed as the Savior. Salvation is the trajectory through which God's depths are disclosed to the fallen world.

I. 4
· · ·

하나님의 뜻 The Will of God

I.0401. 구원은 하나님의 뜻으로 서사됩니다. 사람의 이상으로 설정되지 않습니다. 하나님이 뜻으로 이루시는 것과 사람이 뜻으로 실현하는 것은 구별됩니다. 하나님의 말씀과 사람의 말은 구별됩니다. 하나님의 뜻과 사람의 뜻이 구별되지 않으면, 하나님의 뜻은 사람의 뜻의 연장선에서 이해되게 됩니다. 자신이 이룰 수 없는 것을 하나님께서 이루어주시길 바라는 이들은 자신의 뜻과 하나님의 뜻을 구별하지 않습니다. 그들은 하나님께서 자신들의 뜻과 구별된 하나님의 뜻을 이루신다고 여기지 않습니다. 그들은 단지 자신들이 뜻하는 것이 이루어지길 바랍니다. 하나님의 뜻이 구별되지 않으면, 하나님의 뜻은 망각되게 됩니다.

Salvation is narrated with God's will. It is not set aside as a man's ideal. There is distinction between what God fulfills through His will and what man realizes through his will. God's word and man's word are separated. If there is no distinction between God's will and man's will, God's will is understood as an extension of man's will. Those who expect God to do what they cannot do not distinguish between their own will and God's will. They do not believe that God fulfills His will separately from their own. They just want what they want to happen. If God's will is not separated, God's will will be forgotten.

I.0402. 하나님의 뜻이 진지하게 의식되지 않으면, 하나님으로부터 개시는 간과되게 됩니다. 하나님은 사람이 개시하는 것에 대해 반응한다고만 여겨지게 됩니다. 사람이 열심히 무얼 하면, 하나님은 단지 복 주신다고 여겨지게 됩니다. 열심히 기도하면 하나님께서 기도를 들어주신다고 생각됩니다. 사람의 열성에 대한 하나님의 반응만 고려하는 것은 하나님의 뜻을 간과하는 것입니다. 하나님께서 뜻하시는 바로 이루신다는 것을 받아들이지 않으면, 사람은 자신이 주체적으로 열심히 추진하는 일에 하나님께서 도와주실 것이라고만 추정합니다. 하나님의 뜻은 하나님의 개시의 근원입니다.

If God's will is not seriously conscious, the initiation from God will be overlooked. God is seen as merely responding to man's initiation. It is thought that if a person works hard at something, God will simply bless him. It is believed that if one prays hard, God will hear his prayer. To consider only God's response to man's eagerness is to overlook God's will. If he does not accept that God will fulfill in accordance with His will, he only assumes that God will help him in what he is working hard to do independently. God's will is the origin of His initiation.

I.0403. 성경을 하나님의 말씀으로 읽는 이들은 그 말씀을 하나님의 뜻으로 받아들여야 합니다. 하나님은 뜻하심으로 그분 말씀을 그분 백성에게 주십니다. 하나님은 그분 뜻으로 그분 백성과 언약을 맺으십니다. 언약의 백성의 삶은 하나님의 뜻으로 이루어집니다. 하나님의 말씀의 이루어짐은 하나님의 뜻을 수반합니다. 그러므로 하나님의 말씀은 그분 뜻과 괴리된 채 받아들여질 수 없습니다. 하나님의 말씀이 하나님의 뜻을 수반하는 점에서, 하나님의 함께는 분명해집니다. 하나님의 뜻이 수반된 하나님의 말씀임으

로, 성경은 문서상으로 읽어질 수 없습니다. 하나님의 뜻은 성경의 추축입니다.

Those who read the Bible as God's word must accept it with God's will. God gives His word to His people as He wills. God makes the covenant with His people by His will. The life of the covenant people is fulfilled according to God's will. The fulfillment of God's word entails with His will. Therefore, God's word cannot be accepted in isolation from His will. God's togetherness becomes clear in that His word accompanies His will. Because it is God's word accompanied by His will, the Bible cannot be read textually. God's will is the pivot of the Bible.

I.0404. 성경은 하나님의 뜻을 추축으로 읽어지지 않으면, 풀이되게 됩니다. 성경이 하나님의 뜻으로 묵상되기보다 쓰진 내용으로 이해되게 됩니다. 성경이 읽는 이의 이해에 맡겨지면, 읽는 이의 능력이 이해에 가미되게 됩니다. 읽는 이의 이해에 읽는 이의 뜻이 반영됩니다. 그러면 성경은 일반 문서와 구별되지 않습니다. 읽는 이의 시각에 따라 성경은 역사적으로, 문학적으로, 혹은 종교적으로 풀이되게 됩니다. 이것은 성경이 사람들이 사는 세상에서 유동되는 것을 뜻합니다. 성경이 하나님의 뜻을 추축으로 하지 않으면, 세상에서 사람의 말과 같이 표류하게 됩니다.

If the Bible is not read with God's will as its pivot, it becomes interpreted. The Bible is understood as written content rather than meditated on as God's will. When the Bible is left to the reader's understanding, the reader's ability is added to the understanding. The reader's meaning is reflected in the reader's understanding. The Bible is, then, not indistinguishable from ordinary documents. Depending on the reader's perspective, the Bible is interpreted historically, literary, or religiously. This means that the Bible is in flux in the world in which people live. If the Bible is not pivoted by God's will, it becomes drifted like man's word in the world.

I.0405. 사람들의 창작품은 삶 가운데 나타남으로 사람들의 삶 가운데 내포되게 됩니다. 따라서 사람들의 삶과 같이 흘러갑니다. 문학이나 예술로 표현된 작품들은 사람들과 같이 삶에 자리잡습니다. 그러므로 창작품은 재현되거나 재창작되면서 삶의 구성체가 됩니다. 교육은 창작품에 대한 습득과 이해로 이어집니다. 이 경우 창작품은 창작자에 고정되지 않습니다. 창작자의 뜻과 상관없이 창작품은 자체적으로 삶에 자리잡습니다. 창작품은 그것들을 접하는 이들의 이해에 따라 삶에 자리잡기 때문입니다. 사람들에 의해 창작된 것은 세상을 사는 이들의 의식에 반영되어 세상 삶에 통합됩니다.

People's creative works appear in people's lives and become embedded in people's lives. So, they go along with people's lives. Works expressed in literature or art have a place in life like people. Therefore, creative works become a construct of life as they are recapitulated or recreated. Education leads to acquisition and understanding of creative works. In this case, the creative works are not tied to the creators. Regardless of the creators' will, the creative works are settled in life in themselves. for the creative works take their place in life depending on the understanding of those who encounter them. What is created by people is in the consciousness of those who live in the world and integrated into world life.

I.0406. 하나님 말씀으로 성경은 하나님의 뜻과 무관하게 세상에 나돌 수 없습니다. 성경이 사람들에 의해 나돌게 된다면, 더 이상 하나님의 말씀으

로 성경이 아닙니다. 세상에 접해지는 하나의 문헌에 지나지 않습니다. 성경을 역사적으로, 문학적으로, 혹은 종교적으로 읽는 것은 역사적으로, 문학적으로, 혹은 종교적으로 세상에 반영되게 됩니다. 성경이라는 문헌도 사람에 의해 쓰진 것으로 보아지기 때문입니다. 성경도 사람의 창작품의 일종으로 보아집니다. 교회가 성경을 하나님의 말씀이라고 하지만, 그것은 교회가 주장하는 것뿐입니다. 그 주장은 교회로 세상에 하나님의 말씀의 관리자로 보이게 됩니다.

The Bible as God's word cannot be circulated in the world independently of His will. If the Bible is circulated by people, it is no longer the Bible as God's word. It is nothing more than a piece of literature that comes into contact with the world. Reading the Bible historically, literary, or religiously reflects on the world historically, literary, or religiously, for the literature called the Bible is also seen as having been written by people. The Bible is also seen as a type of man's creative work. The church claims that the Bible is God's word, but that is only what the church claims. This claim makes the church appear to the world as the custodian of God's word.

I.0407. 하나님 말씀으로 성경은 하나님 뜻으로 읽어져야 합니다. 하나님 말씀은 하나님의 뜻이 추축이 될 때, 임의로 해석되지 않습니다. 하나님의 뜻은 사람의 뜻으로 치환될 수 없기 때문입니다. 하나님의 뜻은 하나님의 함께로 드러납니다. 그러므로 하나님의 뜻은 언약의 뜻입니다. 하나님의 뜻은 하나님께서 언약의 백성과 함께하는 언약의 삶으로 이루어집니다. 따라서 언약의 백성은 하나님의 뜻을 그들 삶의 구심점으로 의식해야 합니다. 그렇지 않으면 그들이 지닌 하나님의 말씀을 자의적으로 풀이할 수 있습니다. 그들이 하나님의 말씀을 자의적으로 풀이하면, 그들의 자의적이 뜻은

하나님께서 함께하시는 내용을 가로막습니다.

The Bible as God's word must be read according to His will. God's word is not arbitrarily interpreted when His will is the pivot, for God's will cannot be replaced by man's will. God's will is disclosed into His togetherness. Therefore, God's will is the covenant will. God's will is fulfilled into the covenant life of His being together with the covenant people. Therefore, the covenant people must be conscious of God's will as the central point of their life. Otherwise, they may interpret God's word which arbitrarily. If they interpret God's word arbitrarily, their arbitrary meaning will block the content of God's togetherness.

I.0408. 하나님의 말씀이 율법으로 주어지는 경우, 율법을 지닌 이들은 자신들이 지켜야 할 것만 생각합니다. 하나님의 뜻의 이루어짐을 생각하지 않습니다. 이 때문에 그들이 지키는 율법의 삶은 하나님께서 함께하시려는 뜻을 이탈할 수 있습니다. 율법을 지키는 그들의 뜻만 부각될 수 있습니다. 그들은 하나님과 함께하기보다 자신들의 행위에 집착하게 됩니다. 하나님의 뜻은 함께로 이루어지지만, 사람들의 기본의식은 자신들의 독자성을 보이는 것입니다. 따라서 하나님의 뜻이 의식되지 않으면, 함께하는 언약의 삶은 이루어지지 않습니다. 하나님의 뜻을 간과하고 사람들이 지켜야 할 바가 강조되면, 함께의 삶은 이루어지지 않습니다.

When God's word is given as the law, those who hold the law only think about what they must keep. They do not think about the fulfillment of God's will. Because of this, the life of they follow of the law may deviate from God's will of togetherness. Only their will to keep the law can be highlighted. They become obsessed with their own actions rather than their being together with God. God's will is fulfilled into togetherness, but people's basic consciousness is to show their identity. Therefore, if God's will is not conscious, the covenant life of togetherness cannot be fulfilled. If God's will is overlooked and what people must do is emphasized, the life of being together will not be fulfilled.

I.0409. 하나님과 함께하는 삶은 하나님의 뜻으로 이루어집니다. 하나님의 뜻이 간과되면, 하나님의 말씀은 언약의 백성이 지켜야 할 바로 받아들여지게 됩니다. 구약의 율법이 그 예입니다. 하나님께서 뜻으로 이루시는 말씀으로 성경을 읽지 못하는 이들은 자신들이 할 바로 성경을 읽게 됩니다. 하나님의 뜻으로는 함께하는 언약의 삶이 이루어지지만, 사람들이 지켜야 할 바로는 사람들이 지키는 것이 부각됩니다. 하나님의 뜻이 의식되지 않으면, 언약의 삶은 이루어지지 않습니다. 이 때문에 옛 언약의 삶이 온전하지 못합니다. 구약은, 하나님의 뜻이 드러나지 않으면, 언약의 삶은 온전하지 않다는 것을 보입니다.

The life of being together with God is fulfilled according to His will. If God's will is overlooked, His word will be accepted as what the covenant people must keep. The Old Testament law is an example. Those who cannot read the Bible as the word that God fulfills with His will will read the Bible as they should. By God's will, the covenant life of being together is fulfilled, but by what men must keep, their keeping is highlighted. If God's will is not conscious, the covenant life cannot be fulfilled. Because of this, the old covenant life is not perfect. The Old Testament shows that if God's will is not disclosed, the covenant life is not wholesome.

I.0410. 구약에서 하나님의 뜻은 직접적으로 표현되지 않습니다. 구약은 기본적으로 아브라함의 후손과 가나안 땅으로 설정되기 때문입니다. 아브

라함의 후손이나 가나안 땅은 세상 조건에 처합니다. 따라서 구약의 삶은 세상 조건을 반영합니다. 세상 조건에 반영된 하나님의 언약은 하나님의 뜻으로보다 하나님의 힘으로 보입니다. 출애굽은 하나님께서 약속을 이루시는 것이지만, 출애굽의 여정에서 보이는 것은 하나님의 힘입니다. 출애굽으로 하나님과 함께하는 언약의 삶은 세상 삶에 구별되게 드러나기보다 우월하게 드러납니다. 하나님의 언약의 백성이 아브라함의 후손으로 명시되기 때문에, 하나님의 함께로 표현되는 하나님의 뜻은 고려되지 않습니다.

In the Old Testament, God's will is not expressed directly, for the Old Testament is basically set on the descendents of Abraham and the land of Canaan. Abraham's descendents and the land of Canaan are subject to worldly conditions. Old Testament life therefore reflects world conditions. God's covenant, reflected in world conditions, is seen as God's power rather than His will. The Exodus is the fulfillment of God's promise, but what is seen in the Exodus journey is God's power. Through the Exodus, the covenant life of being together with God is disclosed in the worldly life surpassingly rather than separately. Because God's covenant people are specified as Abraham's descendents, God's will expressed in His togetherness is not taken into account.

I.0411. 하나님의 뜻은 예수님의 십자가로 세상에 분명히 드러납니다. 예수님의 겟세마네 기도는 예수님의 십자가 죽음을 하나님의 뜻으로 밝힙니다. 예수님의 십자가 죽음은 예수님의 뜻에 의한다고 평가될 수 없습니다. 그리고 예수님의 십자가 죽음은 세상 사람들의 결정에 의해서 라고만 볼 수 없습니다. 예수님의 십자가 죽음은 세상에 완전히 설명될 수 없습니다. 따라서 예수님의 십자가 죽음으로 하나님의 뜻이 명시적으로 세상에 드러난 것이 말해집니다. 하나님의 뜻은 막연한 표현이 아니라, 예수님의 십자가로

명시적입니다. 즉 예수님의 십자가는 하나님의 뜻을 세상에 명시적으로 세웁니다. 하나님의 뜻은 예수님의 십자가로 서사되게 됩니다.

God's will is clearly disclosed to the world through the cross of Jesus. Jesus' Gethsemane prayer reveals that His death on the cross was God's will. Jesus' death on the cross cannot be evaluated as being according to Jesus' will. And Jesus' death of the cross cannot be seen as merely the result of the decisions of worldly people. Jesus' death on the cross cannot be fully explained to the world. Therefore, it is said that God's will was cleary disclosed to the world through Jesus' death on the cross. God's will is not a vague expression, but is made explicit through Jesus' cross. In other words, Jesus' cross explicitly sets God's will in the world. God's will is narrated through Jesus' cross.

I.0412. 예수님은 십자가 죽음 때문에, 하나님의 뜻으로 서사됩니다. 즉 예수님의 생애가 하나님의 뜻으로 서사됩니다. 예수님의 생애가 십자가로 향했다고 볼 수 있기 때문입니다. 예수님의 생애가 하나님의 뜻에 의했더라도, 사람들은 예수님의 생애를 하나님의 뜻으로 보지 않습니다. 그렇지만 예수님의 십자가 죽음은 예수님의 생애를 하나님의 뜻으로 보게 합니다. 즉 예수님은 예수님 자신의 뜻이 아닌 하나님의 뜻으로 사셨다고 말해집니다. 예수님의 십자가 죽음으로, 예수님은 예수님의 뜻이나 하나님의 힘이 아닌 하나님의 뜻으로 말해집니다. 따라서 하나님의 뜻은 예수님의 십자가 죽음과 연계되어 말해집니다.

Jesus is narrated as God's will because of His death on the cross. In other words, Jesus' life is narrated according to God's will, for Jesus' life can be seen as heading toward the cross. Even if Jesus' life was according to God's will, people do not see Jesus' life as God's will. However, Jesus' death on the cross lets His life be seen as God's will. In other words, it is said that Jesus lived according to God's will, not His will. Through Jesus' death on the cross, He is spoken of not as His will or God's power but as God's will. Therefore, God's will is said to be linked to Jesus' death on the cross.

I.0413. 하나님의 뜻으로 서사되는 예수님의 이야기는 구원의 내용입니다. 하나님께서 뜻하시는 구원은 예수님의 삶으로 세상에 드러납니다. 예수님의 십자가 죽음은 이 점을 분명하게 합니다. 예수님의 십자가로 하나님의 뜻은 구원의 뜻으로 분명히 드러납니다. 예수님의 십자가 죽음은 세상에 안주하는 내용일 수 없기 때문입니다. 하나님께서 뜻하시는 하나님의 함께는 예수님의 십자가 죽음으로 이루어집니다. 예수님의 십자가 죽음으로 죄 사함을 말하는 뜻이 여기 있습니다. 예수님의 십자가를 근거로 세상에 하나님과 함께하는 구원의 삶이 이루어집니다. 하나님과 함께하는 구원은 세상이 아닌 예수님의 십자가에 근거합니다.

Jesus' story, narrated by God's will, is the content of salvation. The salvation that God wills is disclosed to the world through Jesus' life. Jesus' death on the cross makes this point clear. Through Jesus' cross, God's will is clearly disclosed as the will of salvation, for Jesus' death on the cross cannot be the content of the settlement in the world. God's togetherness that He wills is fulfilled through Jesus' death on the cross. Here is the meaning of forgiveness of sins through Jesus' death on the cross. The life of salvation of being together with God is fulfilled in the world based on Jesus' cross. Salvation of being together with God is not based on the world but based on Jesus' cross.

I.0414. 예수님을 종교 창시자로 보는 이들은 예수님이 종교적으로 깨닫게 된 것을 사람들에게 가르친다고 믿습니다. 예수님을 종교적으로 바라보는 이들은 예수님이 종교적으로 이른 경지에 달하도록 사람들을 가르친다고 합니다. 종교적으로 이를 수 있는 것은 구원이 아닙니다. 따라서 예수님을 종교적으로 바라보면, 구원의 내용은 상실됩니다. 종교는 세상에 근거합니다. 예수님의 십자가 죽음은 종교적으로 의미를 주지 못합니다. 그냥 세상에서 죽음일 뿐입니다. 종교 창시자로 예수님은 세상에서 박해를 받아 죽을 수 있습니다. 종교 창시자가 십자가에 잔혹하게 죽는 건 종교적 의미를 주지 않습니다.

Those who see Jesus as the founder of religion believe that He taught people what He was religiously enlightened. Those who look at Jesus religiously say that He taught people to reach to the stage that He had reached religiously. What can be reached religiously is not salvation. Accordingly, if Jesus is looked at religiously, the content of salvation is forfeited. Religion is based on the world. Jesus' death on the cross has no religious meaning. It is just death in this world. Jesus as the founder of a religion could be persecuted and killed in the world. The cruel death of the fonder of a religion on a cross gives no religious significance.

I.0415. 예수님의 십자가를 근거로 전개되는 것은 하나님과 함께하는 언약의 삶입니다. 새 언약의 삶은 예수님의 십자가를 근거로 이루어집니다. 따라서 하나님의 뜻으로 이루어집니다. 예수님의 십자가로 하나님의 뜻이 이루어지는 삶이 세상에 드러납니다. 십자가에 죽으신 예수님을 믿는 이들은 하나님의 뜻이 이루어지는 삶을 삽니다. 십자가로 죄 사함을 받은 점에서 그들은 하나님의 구원의 뜻으로 사는 새 언약의 백성입니다. 타락된 사람들은 십자가로 죄 사함을 받고 하나님과 함께하는 언약의 백성으로 구원

됩니다. 이것이 십자가가 타락된 세상에 세워진 뜻입니다. 하나님께서 함께 하시려는 뜻은 타락된 세상에 십자가로 드러납니다.

What unfolds based on Jesus' cross is the covenant life of being together with God. The new covenant life is fulfilled on the basis of Jesus' cross. Therefore, it is fulfilled by God's will. Through Jesus' cross, the life of the fulfillment of God's will is disclosed to the world. Those who believe in Jesus who died on the cross live the life in which God's will is fulfilled. Because they have received forgiveness of their sins through the cross, they are the new covenant people who live according to God's will for salvation. Fallen men receive forgiveness of their sins through the cross and are saved as the covenant people of being together with God. This is the meaning of the cross being set in the fallen world. God's will to be together is disclosed in the fallen world through the cross.

I.0416. 예수님의 십자가에 근거한 삶은 구원의 삶입니다. 세상에 안주하는 삶이 아닙니다. 십자가가 아닌 것은 무엇이든 세상에 안주하는 면을 보일 수밖에 없습니다. 종교적인 삶에서 보는 바입니다. 그러나 십자가에 근거하는 삶은 세상에 안주하는 내용이 없습니다. 십자가는 세상으로부터 제거되는 표현이기 때문입니다. 예수님은 하나님의 뜻에 순종하심으로 십자가에 죽으셨기 때문에, 십자가로 하나님의 뜻이 부각됩니다. 세상에서 제거되는 예수님으로 하나님의 뜻이 부각됩니다. 이렇게 십자가는 세상의 예수님이 아닌 하나님의 예수님을 보입니다. 세상에서 인정되지 않는 예수님으로 하나님의 뜻은 드러납니다.

The life based on Jesus' cross is the life of salvation. It is not a life of settling for the world. Anything other than the cross is bound to show complacency in the world. This is what is seen in religious life. However, the life based on the cross has no content in the world, for the cross is an expression of removal from the world. Since Jesus died on the cross, obeying to God's will, God's will is highlighted by the cross. Because Jesus died on the cross in obedience to God's will, God's will is highlighted through the cross. God's will is highlighted through Jesus being removed from the world. In this way, the cross shows the Jesus of God, not the Jesus of the world. God's will is revealed through Jesus, who was not recognized in the world.

I.0417. 예수님의 십자가로 드러나는 하나님의 뜻은 세상에 개입으로 표현되지 않고 구원을 향합니다. 예수님의 십자가로 하나님의 뜻은 구원으로만 말해집니다. 예수님의 십자가는 세상으로부터 제거를 뜻하기 때문에, 세상에 개입하는 영향은 없습니다. 그러므로 세상에 개입하지 않는 하나님의 뜻은 예수님의 십자가로 말해질 수밖에 없습니다. 예수님의 십자가로 드러나는 하나님의 뜻은 구원을 향합니다. 그러므로 예수님의 십자가는 구원의 십자가입니다. 달리 말하면 예수님의 십자가는 세상으로부터 제거이지만, 세상의 구원을 보입니다. 세상으로부터 단절되는 예수님이 십자가는 오히려 세상의 구원으로 드러납니다. 십자가로 예수님은 세상으로부터 보아지지 않고 하나님으로부터 보아집니다.

God's will, revealed through Jesus' cross, is not expressed through intervention in the world, but is directed toward salvation. Through Jesus' cross, God's will is expressed only through salvation. Since Jesus' cross signifies removal from the world, there is no intervening influence on the world. Therefore, God's will not to intervene in the world can only be expressed through Jesus' cross. God's will revealed through Jesus' cross is toward salvation. Therefore, Jesus' cross is the cross of salvation. In other words, Jesus' cross is removal from the world, but it shows the salvation of the world. Jesus' cross, which is cut off from the world, turns out to be the salvation of the world. Through the cross, Jesus is not seen from the world but from God.

I.0418. 예수님의 십자가를 떠나 하나님의 뜻은 세상에 개입으로 보이기 쉽습니다. 구약은 다분히 그런 점을 보입니다. 출애굽은 구속의 여정이지만 하나님의 개입을 보입니다. 이스라엘 백성은 하나님의 구원보다 하나님의 개입을 원했습니다. 그들은 세상 삶을 원했기 때문입니다. 하나님과 함께하는 언약의 백성이 세상에 안주하려 하면, 하나님의 개입을 바라게 됩니다. 그들이 세상에 거주를 마련하려 하면, 하나님의 개입을 바라게 됩니다. 일반적인 기도는 하나님의 개입을 향해 표현됩니다. 기도자들이 하나님의 뜻으로 기도하지 않고 자신들의 뜻으로 기도하기 때문입니다. 기도자들의 뜻은 구원보다 세상의 축복을 향합니다.

Apart from Jesus' cross, God's will can easily be seen as the intervention in the world. The Old Testament clearly shows this. The Exodus is a journey of redemption, but it shows God's intervention. The Israelites wanted God's intervention more than God's salvation, for they wanted worldly life. When the covenant people of being together with God try to settle down in the world, they hope for God's intervention. When they try to establish a home in the world, they look to God for intervention. Ordinary prayers are expressed toward God's intervention, for the prayers do not pray according to God's will, but according to their own will. The prayers' intention is toward blessings of the world rather than salvation.

I.0419. 예수님의 십자가로 구원은 아이러니하지만 결정적입니다. 예수님

의 십자가가 아니고는 아무도 세상 삶을 벗어날 수 없기 때문입니다. 세상 삶에 머무는 이들은 구원에 무관심할 수밖에 없습니다. 그들은 세상에 머물며 세상에서 위치가 나아지길 바랍니다. 세상 사람들은 어떻든 세상에서 나아짐으로 구원을 생각합니다. 따라서 그들이 하나님의 뜻으로 이루어지는 구원을 진지하게 생각하길 원하면, 세상에서 설정되지 않는 방향으로 접근해야 합니다. 따라서 예수님의 십자가로 눈길이 가게 됩니다. 예수님의 이야기에 나오는 십자가에 집중하게 됩니다. 세상의 구원이 예수님의 십자가로 임한다는 것을 확신하게 됩니다. 따라서 예수님의 십자가로 하나님의 뜻이 이루어지는 구원의 삶을 살게 됩니다.

Salvation through Jesus' cross is ironic but decisive, for no one can escape worldly life except through Jesus' cross. Those who remain in worldly life have no choice but to be indifferent to salvation. They stay in the world and hope to improve their position in the world. No matter what, people in the world think of salvation as getting better in the world. Therefore, if they want to consider salvation fulfilled with God's will seriously, they must approach it in a direction that is not set in the world. Therefore, their eyes are drawn to Jesus' cross. They focus on the cross in Jesus' story. They become convinced that the salvation of the world comes through Jesus' cross. Therefore, through Jesus' cross, they live the life of salvation in which God's will is fulfilled.

I.0420. 하나님의 뜻은 구원의 뜻이고, 예수님의 십자가로 드러납니다. 따라서 예수님의 십자가로 드러나는 하나님의 뜻은 구원의 삶으로 이루어집니다. 예수님의 십자가를 근거로 구원이 말해진다는 것은 역설적이지만 결정적입니다. 예수님의 십자가를 떠나 구원은 세상의 변화로 이해되기 때문입니다. 구원은 세상에 내재되지 않음으로, 세상 변화에 수반되지 않습니

다. 따라서 구원은 세상에 드러나고, 그 드러남은 예수님의 십자가로 분출입니다. 예수님의 십자가는 구원의 분출이라는 점에서, 하나님의 뜻과 아우릅니다. 세상에서 제거되는 예수님으로 하나님과 함께가 극명하게 드러남으로, 예수님의 십자가는 새 언약의 삶의 근거입니다.

God's will is the will of salvation, and it is revealed through Jesus' cross. Therefore, God's will, revealed through Jesus' cross, is fulfilled into salvational life. It is paradoxical, but crucial, that salvation is based on Jesus' cross, for apart from Jesus' cross, salvation is understood as a change in the world. Salvation is not inherent in the world and, therefore, does not accompany world change. Therefore, salvation is disclosed to the world, and that disclosure is erupted through Jesus' cross. Jesus' cross encompasses God's will in that it is outpouring of salvation. The cross is the basis for the new covenant life, as togetherness with God is clearly disclosed with Jesus being removed from the world.

I. 5

· · ·

언약 The Covenant

I.0501. 예수님의 이야기인 복음서는 하나님과 함께로 서사됩니다. 한 개인의 전기와 같이 서술되지 않습니다. 따라서 예수님의 이야기는 역사적 인물에 대해 세상 자취를 고증하듯이 읽어지지 않습니다. 예수님의 이야기는 역사적으로 고증될 수 없는 탄생으로 시작해서 역사적으로 고증될 수 없는 부활로 마무리되기 때문입니다. 예수님의 탄생과 부활은 하나님의 함께로 서사되는 복음서의 처음과 끝입니다. 그렇기에 복음서의 예수님은 존재론적 대상이 아닌 언약의 하나님 아들로 읽어져야 합니다. 복음서의 처음과 끝이 하나님과 함께로 서사되니, 복음서의 예수님의 생애도 하나님과 함께로 서사됩니다. 예수님의 십자가 죽음도 마찬가지입니다.

The Gospel, Jesus' story, is narrated in togetherness with God. It is not written like a personal biography. Therefore, Jesus' story is not read in the way of investigating the traces of a historical figure in the world, for Jesus' story begins with His birth that cannot be historically verified and ends with His resurrection that cannot be historically verified. Jesus' birth and resurrection are the beginning and end of the Gospel, which is narrated as God's togetherness. Therefore, Jesus in the Gospel should be read as the Son of the covenant God, not as an ontological object. As the beginning and the end of the Gospel are narrated in togetherness with God, Jesus' life in the Gospel is also narrated in togetherness with God. The same goes for Jesus' death on the cross.

I.0502. 신약은 예수님의 탄생을 하나님의 영에 의한 잉태, 예수님의 죽음을 하나님의 뜻에 대한 순종, 그리고 예수님의 부활을 하나님께서 죽은 자 가운데서 살리신 것사도행전 13:30으로 서사합니다. 이것은 예수님이 하나님을 떠나 독자적으로 서술될 수 없음을 보입니다. 그렇지만 독자적으로 세상에서 사는 사람들은 자기들과 같이 독자적으로 사신 예수님으로 읽으려 합니다. 그들은 예수님의 이야기를, 하나님과 함께로 전개된 것을 묵살하고, 예수님이 세상에서 산 내용으로 풀이하려고 합니다. 그들은 하나님과 함께 하는 언약의 시각을 갖지 않은 채, 예수님의 이야기를 세상에서 사는 내용으로 받아들이려 합니다.

The New Testament narrates the birth of Jesus as conception of the Spirit of God, the death of Jesus as obedience to the will of God, and the resurrection of Jesus as God raising Him from the dead.[Acts 13:30] This shows that Jesus cannot be described independently from God. Nevertheless, people who live independently in the world try to read Jesus as someone who lived independently like them. They ignore Jesus' story as it unfolded in togetherness with God and try to explain it in terms of what Jesus lived in the world. They try to accept Jesus' story as the content of life in the world without having the perspective of the covenant of being together with God.

I.0503. 하나님의 함께는 언약의 기본 설정입니다. 언약이, 하나님의 함께로 보다 하나님의 존재로 전개되면, 더 이상 언약적이지 않습니다. 하나님

의 존재는 세상에서 사는 보통 사람들이 질문할 수 있는 것입니다. 그들이, 하나님의 존재에 관심을 가지면, 하나님의 함께를 무의미하게 혹은 상징적으로 여기기 쉽습니다. 그렇지만 하나님의 함께로 서사되는 예수님의 이야기는 구원을 보입니다. 세상에서 사실적으로 지속하는 삶은 조건적인 향상을 추구합니다. 그러나 구원은 삶의 조건적 향상으로 말해질 수 없습니다. 비록 하나님의 존재에 대한 질문은, 개인의 실존적 관심이나 변증법적 정신의 고양을 보이더라도, 구원을 향하지 않습니다.

God's togetherness is the default setting of the covenant. If the covenant develops into God's existence rather than God's togetherness, It is no longer covenantal. The existence of God is what ordinary people living in the world can question. If they are interested in the existence of God, it is easy for them to regard God's togetherness meaningless or symbolic. Nevertheless, Jesus' story, narrated in God's togetherness, shows salvation. Factually sustainable factually life in the world seeks conditional improvement. However, salvation cannot be said to be a conditional improvement of life. The question of the existence of God, although it may indicate a personal existential concern or exaltation of the dialectical soul, is not directed toward salvation.

I.0504. 하나님과 함께하는 복음은 예수님으로 선포됩니다. 이것은 구원이 예수님으로 선포되는 것을 뜻합니다. 복음은 하나님께서 함께하시는 구원의 소식입니다. 예수님은 하나님과 함께를 하나님 나라로 선포하시며, 하나님 나라의 삶을 가르치십니다. 하나님 나라로 사는 삶은 세상 나라로 사는 삶으로부터 구원을 뜻합니다. 예수님을 구원자로 고백하는 뜻은 하나님 나라로 이루어집니다. 세상 나라에서 예수님을 구원자라고 하는 것은 뜻이 없습니다. 하나님 나라로 구원은 하나님과 함께로 구원을 뜻합니다. 그러므

로 하나님의 함께가 허구로 배제되면, 구원은 말해질 수 없습니다. 구원 대신 세상에서 나아짐만 말해집니다.

The gospel of being together with God is proclaimed through Jesus. This means that salvation is proclaimed through Jesus. The gospel is the news of salvation of God's togetherness. Jesus proclaims togetherness with God as the kingdom of God and teaches the life in the kingdom of God. Living in the kingdom of God means salvation from living in the kingdom of the world. The meaning of confessing Jesus as the Savior is fulfilled into the kingdom of God. It is meaningless to say that Jesus is the Savior in the kingdom of the world. Salvation in the kingdom of God means salvation of being together with God. Therefore, if God's togetherness is excluded as a fiction, salvation cannot be spoken of. Instead of salvation, only getting better in the world is spoken of.

I.0505. 지성, 도덕성, 종교성은 사람의 속성입니다. 사람이 지닌 속성을 고양하는 것이 구원이 아닙니다. 사람이 어떤 속성을 지니든 세상에 속한 삶을 살 뿐입니다. 즉 지성, 도덕성, 종교성으로 보이는 것은 세상 사실입니다. 구원은 그것으로 보이게 되지 않습니다. 사람이 지성, 도덕성, 종교성으로 복음을 읽으면, 복음을 지성, 도덕성, 종교성을 증진하는 내용으로 받아들이게 됩니다. 그렇게 함으로 자신이 성숙하게 될지 모르지만, 구원되지 않습니다. 종교적인 해탈은 성숙이지 구원이 아닙니다. 복음이 들려주는 구원은 일상적인 혹은 종교적인 삶에서 표현되는 구원과 상관없습니다. 후자는 개인성을 유지합니다. 그러나 전자는 하나님과 함께하는 언약의 내용입니다.

Intellectuality, morality, and religiosity are man's attributes. Salvation does not mean exalting one's attributes. No matter what attributes a person has, he just lives a life belonging to the world. In other words, what appears to be intellectuality, morality, or religiosity is fact of world. Salvation is not made to look like that. When a person reads the Gospel with intellectuality, morality, or religiosity, he accepts the Gospel as content that promotes intellectuality, morality, or religiosity. By doing so, he may mature, but it will not save him. Religious emancipation is maturity, not salvation. The salvation told in the gospel has nothing to do with the salvation expressed in everyday or religious life. The latter retains individuality. However, the former is the content of the covenant of being together with God.

I.0506. 헤겔은 변증법으로 정신영역을 고양하고, 하이데거는 실존으로 의식의 지평을 엽니다. 그들이 보이는 것은 성경을 통한 지성의 신장입니다. 칸트가 실천이성으로 도덕성을 확립한 것은 성경을 통한 도덕성의 확립입니다. 슐라이어마허가 느낌으로 종교성을 주창한 것은 성경을 통한 종교성의 확장입니다. 그러나 이러한 철학적 탐구는, 인간의 속성을 계발할지 모르지만, 구원의 내용을 보여주지 않습니다. 헤겔, 하이데거, 칸트, 그리고 슐라이어마허가 보인 철학적 설명은 어떻든 철학의 기본 설정, 곧 지혜의 사랑을 벗어나지 않습니다. 즉 그들은 복음이라는 구원의 내용을 세상 속성을 신장하는 지혜로 풀이합니다.

Hegel elevates the mental realm through dialectics, and Heidegger opens the horizon of consciousness of through existence. What they see is the expansion of intellectuality through the Bible. Kant's establishment of morality through practical reason is the establishment of morality through the Bible. Schleiermacher's advocacy of religiosity through feeling is an expansion of religiosity through the Bible. But these philosophical investigations, while they may develop human attributes, do not show the content of salvation. Whatever the philosophical explanations given by Hegel, Heidegger, Kant, and Schleiermacher, they do not deviate from the basic setting philosophy, which is the love of wisdom. In other words, they interpret the content of salvation called the gospel as wisdom that enhances the attributes of the world.

I.0507. 과학 시대를 사는 사람들은 과학적 설명 시각으로 복음을 접하려 합니다. 과학이론을 이해하듯 복음을 이해하려 합니다. 따라서 그들은 복음이 과학적으로 설명되지 않으면 허구나 상상의 소산이라고 여깁니다. 과학이론은 사람들로 굳건하게 세상에 서게 하며 그들의 지평을 넓혀줌으로, 그들의 현실적인 삶의 추축이 됩니다. 그들은 과학이론에 근거해서 그들의 삶을 세상에 안착하려 합니다. 과학이론에 대한 그들의 이해는 그들의 활동을 열어줍니다. 성경을 과학적으로 이해하는 만큼 그들의 정신영역도 확장됩니다. 따라서 그들은 과학적으로 이해할 수 없는 복음의 내용을 받아들이지 않습니다.

People living in the scientific era try to access the gospel through the scientific explanation perspective. They try to understand the gospel like they understand scientific theories. Therefore, they consider the gospel to be fiction or a product of imagination if it cannot be explained scientifically. Scientific theories help people stand firm in the world and expand their horizons, becoming the axis of their practical life. They try to settle their lives in the world based on scientific theories. Their understanding about scientific theories opens up their activities. As they understand the Bible scientifically, their mental scope also expands. Therefore, they do not accept the content of the gospel that cannot be scientifically understood.

I.0508. 그리스 철학이 의식을 지배하던 중세 시대, 신학자들은 그리스 철학으로 복음을 이해하려 했습니다. 그래서 그리스 철학으로 풀이된 복음이 교리로 정립되었습니다. 초대 사도들과는 달리 중세 신학자들은 로마 제국의 국교가 된 그리스도교를 전해야 했습니다. 그들은 로마 제국의 종교 기관인 교회를 근거로 복음을 교리로 정립해야 했습니다. 따라서 현실적인 삶의 지혜를 세우는 그리스 철학을 입어 복음을 풀이할 수밖에 없었습니다. 예수님이 선포하신 하나님 나라로 구원의 메시지는 중세 교회에서 보일 수 없었습니다. 로마 제국이라는 세상 나라로 사는 삶의 내용으로 복음은 풀이되어야 했습니다.

In the Middle Ages, when Greek philosophy dominated consciousness, theologians tried to understand the gospel through Greek philosophy. So, the gospel interpreted through Greek philosophy was established as doctrine. Unlike the early apostles, medieval theologians had to spread Christianity, which became the state religion of the Roman Empire. They had to establish the gospel as doctrine based on the church, the religious institute of the Roman Empire. Therefore, they had no choice but to interpret the gospel using Greek philosophy, which established wisdom for practical life. The message of salvation through the kingdom of God proclaimed by Jesus could not be seen in the medieval church. The gospel had to be interpreted through the content of life in the worldly kingdom of the Roman Empire.

I.0509. 로마 제국이라는 세상 나라로 사는 삶엔, 그리스 철학으로 풀이된 복음이 더 적합했습니다. 로마 제국이라는 세상 나라의 삶엔, 실질적인 지

혜를 들려주는 내용이 적절하지만, 하나님 나라의 구원의 내용은 수용되게 되지 않습니다. 따라서 하나님 나라로 구원은 현실적인 내용이 아닌 사후의 내용으로 밀려났습니다. 즉 하나님 나라로 구원은 죽은 후에 갈 곳으로 밀려났습니다. 현실적인 삶에 충실한 이들은 사후에 하나님 나라로 살게 된다는 조건적인 부착이 되게 되었습니다. 이렇게 지금 교회에 다니는 이들이 생각하는 죽은 후의 천국이 구원이 되게 되었습니다. 죽은 후의 구원은 현실적인 삶에 아무런 내용을 줄 수 없습니다.

The gospel interpreted through Greek philosophy was more suitable for life in the worldly kingdom of the Roman Empire. Although the content of practical wisdom was appropriate for life in the worldy kingdom of the Roman Empire, the content of salvation in the kingdom of God was not accepted. Therefore, salvation through the kingdom of God was relegated to a posthumous content rather than a realistic content. In other words, salvation to the kingdom of God was pushed to a place to go after death. It became a conditional attachment that those who were faithful to a realistic life would live in the kingdom of God after death. In this way, the kingdom of heaven after death, which those who attend church today think of, became salvation. Salvation after death cannot give any content to realistic life.

I.0510. 하나님과 함께하는 언약이 영성으로 전개되지 않으면, 예수님의 하나님과 함께는 서사될 수 없습니다. 복음서는 이 점을 분명히 보입니다. 영이신 하나님과 함께는 영적임으로, 구원은 영성으로 서사되어야 합니다. 지성은 하나님의 존재를 다루더라도, 하나님의 함께를 다룰 수 없습니다. 지성적인 추구는 개인의 정신적인 고양이지, 구원이 아닙니다. 하나님과 함께하는 구원의 삶은 지성에 의한 건전한 개인적인 삶으로 말해질 수 없습

니다. 구약은 하나님의 함께를 율법으로 말하려 했지만, 완전하지 못했습니다. 예수님을 서사하는 복음만이 하나님의 함께를 영성으로 온전히 들려줍니다.

If the covenant of being together with God is not developed through Spirituality, Jesus' being together with God cannot be narrated. The Gospel makes this clear. Since togetherness with God who is Spirit is Spiritual, salvation must be narrated as Spirituality. Even if intellectuality deals with God's existence, it cannot deal with God's togetherness. Intellectual pursuit is a personal mental uplift, not salvation. The life of salvation of being together with God cannot be described as a sound personal life by intellectuality. The Old Testament attempted to speak of God's togetherness through the law, but it was not perfect. Only the gospel that narrates Jesus fully tells of God's togetherness through Spirituality.

I.0511. 철학적 지성은 세상의 속성임으로, 하나님의 존재를 다루더라도 하나님의 함께를 다룰 수 없습니다. 하나님과 함께는 하나님과 관계를 뜻하지 않습니다. 관계는 존재하는 개체 사이에서 말해집니다. 하나님과 '나'의 관계는 하나님이라는 존재와 '나'라는 존재의 관계로 말해집니다. 이 경우 하나님과 '나'는 각기 존재하는 속성을 지닙니다. 그러나 하나님과 함께는 함께하시는 하나님의 약속으로 이루어집니다. 하나님과 그분이 함께하시는 그분 백성은 상호적이 아니라 일방적입니다. 하나님의 백성은 하나님에 의해 택해진 백성입니다. 하나님은 그분의 택하신 백성에게 함께하는 그분 약속의 말씀을 주십니다.

Philosophical intellectuality is an attribute of the world, so even if it deals with God's existence, it cannot deal with God's togetherness. Togetherness with God does not mean a relationship with God. Relationships are spoken between existing entities. The relationship between God and 'I' is said to be the relationship between the being called God and the being 'I.' In this case, God and 'I' each has the existing property. However, togetherness with God is fulfilled by the promise of God who is together. God and His people with whom He is together are not bilateral but unilateral. God's people are the people elected by God. God gives His elected people His word of promise of being together.

I.0512. 성경에서 "하나님"은 이름으로 쓰입니다. "신"이라는 개념으로 쓰이지 않습니다. 그러나 하나님이 존재로 말해질 때, "하나님"은 "신"을 뜻합니다. "하나님"이 성경에서와 같이 이름으로 쓰이면, "하나님의 존재"는 적절한 표현이 아닙니다. "하나님"이라는 이름은 하나님에 의해 언약으로 주어집니다. 그러므로 일반적으로 생각되듯 대상에 부여되지 않습니다. 성경은 하나님을 대상으로 설정하지 않습니다. 언약은 하나님으로부터 출발하기 때문에, 하나님을 이야기하는 것 자체가 하나님으로부터 나옵니다. 하나님을 이야기하는 것 자체가 언약으로부터 제기됩니다. 이 때문에 하나님은 언약을 떠나 대상화될 수 없습니다. 하나님의 존재를 다루는 것은 이미 언약을 떠납니다.

In the Bible, "God" is used as a name. It is not used with the concept of "god". But when God is spoken of as being, "God" means "god". If "God" is used as a name, as in the Bible, "God's existence" is not an appropriate expression. The name, "God," is given by God as the covenant. It is, therefore, not assigned to an object, as is commonly thought. The Bible does not set God as its object. Since the covenant starts from God, telling about God itself comes from God. Talking about God itself arises from the covenant. For this reason, God cannot be objectified outside of the covenant. Dealing of God's existence already leaves the covenant.

I.0513. 성경은 하나님을 하나님의 함께로 들려줍니다. 성경 첫 시작은 "태초에 하나님이 천지를 창조하시니라"입니다. 그리고 요한복음은 "태초에 말씀이 계시니라 이 말씀이 하나님과 함께 계셨으니 이 말씀은 곧 하나님이시니라"로 시작합니다. 이 두 구절은 하나님과 함께로 서사됩니다. 언약의 표현이지 신화적 표현이 아닙니다. 하나님은 언약의 백성이 함께하는 하나님이십니다. 구약의 이스라엘 백성은 자신들이 함께하는 하나님께서 세상을 창조하셨다고 하고, 신약의 그리스도인들은 그들이 믿는 예수님은 창조 전에 하나님과 함께한 말씀의 성육신이라고 합니다.

The Bible speaks of God with His togetherness. The Bible begins with, "In the beginning God created the heavens and the earth." And the Gospel of John begins with, "In the beginning was the Word, and the Word was with God, and the Word was God." These two verses are narrated with togetherness with God. They are the covenant expressions, not mythical expressions. God is the God with whom the covenant people are together. The Israelites of the Old Testament say that God with whom they are together created the world, and the Christians of the New Testament say that Jesus, whom they believe in, is the incarnation of the Word who was together with God before creation.

I.0514. 성경은 기본적으로 하나님께서 함께하시기에 하나님에 대해 말한다는 입장입니다. 그러므로 하나님과 함께하는 이들은 하나님의 이름을 알고, 그들은 하나님께서 이루실 약속을 하나님의 이름을 주어로 서사합니다. 이렇게 하나님의 이름으로 하나님의 약속이 이루어지는 것을 서사하는 것이 성경입니다. 구약에 나오는 이스라엘 백성의 이야기는 하나님의 이름을

주어로 사사될 수 있습니다. 신약의 예수님 이야기도 하나님과 함께하는 예수님으로 서사됩니다. 예수님의 이야기는 하나님의 영의 인도하심으로 서사됩니다. 하나님의 영에 의해 인도된 이들만이 예수님을 하나님과 함께하신 분으로 서사할 수 있습니다.

The Bible basically takes the position that it speaks about God because God is together. Therefore, those who are together with God know His name, and they narrate God's promise that will be fulfilled with His name as the subject. The Bible narrates how God's promises are fulfilled in God's name. The story of the Israelites in the Old Testament can be reviewed using God's name as the subject. Jesus' story in the New Testament is also narrated as Jesus of being together with God. Jesus' story is narrated under the guidance of God's Spirit. Only those guided by God's Spirit can narrate Jesus as the One who was together with God.

I.0515. 하나님과 함께는 영성으로 서사됩니다. 하나님이 영이시기 때문입니다. 지성으로 하나님과 함께는 말해질 수 없습니다. 지성은 사람의 속성이기 때문입니다. 영이신 하나님과 함께는 지성에 담아질 수 없습니다. 하나님과 함께는 하나님께서 부어주시는 영으로 인도됨입니다. 그렇지 않으면 하나님과 함께는 조건적으로 표명될 수밖에 없습니다. 율법을 지키면 하나님께서 함께하신다고 하게 됩니다. 그러나 율법은 사람의 속성으로 지켜지고, 사람의 속성은 하나님과 함께를 담을 수 없습니다. 하나님의 함께는 전제이지 조건적인 결과가 아닙니다. 전제된 하나님의 함께는 복음에 내포됩니다.

Togetherness with God is narrated as Spirituality, for God is Spirit. Togetherness with God cannot be spoken of intellectually, for intellectuality is a man's attribute. Togetherness with God who is Spirit cannot be contained in intellectuality. Togetherness with God is being guided by the Spirit whom God pours out. Otherwise, togetherness with God can only be expressed conditionally. If one keeps the law, it is said that God will be together with him. However, the law is kept according to man's attributes, and man's attributes cannot contain togetherness with God. God's togetherness is a premise, not a conditional result. God's togetherness, presupposed, is implied in the gospel.

I.0516. 사람은 세상에 존재함으로, 존재를 기본으로 의식합니다. 그래서 하나님의 존재를 말하려 합니다. 성경의 하나님을 존재로 의식하려 합니다. 이 경우 하나님의 존재를 의식하는 것은 사람의 지성입니다. 그러므로 사람이 지성으로 하나님을 재현하려고 할 때, 하나님의 존재를 다루게 됩니다. 이렇게 하나님을 존재로 다루면서, 하나님을 존재하는 '나'와 관계된 분으로 설정하려 합니다. 이것은 성경의 지성적 재현입니다. 지성적인 재현은 하나님과 함께를 하나님과 관계로 환원하는 것입니다. 성경에서 서사된 함께하시는 하나님을 존재하는 '나'와 관계된 존재하는 하나님으로 이해하는 것입니다.

By existing in the world, man is fundamentally conscious of existence. So, he wants to talk about God' existence. He tries to be conscious of the God of the Bible as a being. In this case, what is conscious of God's existence is man's intellectuality. Therefore, when he tries to recapitulate God with his intellectuality, he deals with God's existence. By treating God as a being in this way, he tries to establish God as the One who is related to the existing 'I.' This is an intellectual recapitulation of the Bible. Intellectual recapitulation is the reduction of togetherness with God to being in relationship with God. It is to understand God of togetherness, narrated

I.0517. 하나님과 함께를 하나님과 관계로 재현함으로, '나'의 지성은 신장됩니다. 그러면서 '나'는 구원으로부터 떠납니다. '나'의 지성은 '나'의 독자성을 신장하더라도, '나'를 구원으로 이끌지 못합니다. 존재는 존재로 머물지 구원되지 않습니다. 구원은 관계의 내용이 아닌 함께의 내용입니다. 구원은 관계에서 함께로 이루어집니다. 구원은 지성에서 영성으로 이루어집니다. 영이신 하나님과 관계를 지성으로 말하는 것은 구원과 상관없습니다. 영이신 하나님은 지성적인 존재로 의식되지 않습니다. '나'가 '나'의 존재로 출발하면, 하나님도 또한 존재로 생각하기 마련입니다. '나'로부터 출발하면, 어쩔 수 없이 '나'는 존재하는 하나님과 관계를 맺는다고 결론내립니다.

Recapitulating togetherness with God in relationship with God, 'my' intellectuality is expanded. At the same time, 'I' leave salvation. Even if 'my' intellectuality enhances 'my' identity, it cannot lead 'me' to salvation. Existence remains as existence, but cannot be saved. Salvation is not the content of relationships, but about the content of togetherness. Salvation is fulfilled into togetherness from relationship. It is fulfilled into Spirituality from intellectuality. It has nothing to do with salvation to say of the relationship with God who is Spirit with intellectuality. God, who is Spirit, is not conscious as an intellectual being. If 'I' start with 'my' existence, 'I' tend to think of God as an existence as well. If 'I' start from 'me,' 'I' inevitably conclude that 'I' have a relationship with the existing God.

I.0518. 성경은 하나님으로부터 개시된 내용입니다. 창세기 시작과 요한복음 첫 부분은 이 점을 보입니다. 하나님으로부터 개시는 하나님의 함께로

전개됩니다. 즉 성경은 하나님으로부터 개시되는 언약입니다. '나'로부터 개시되는 것은 존재론적으로 전개되지만, 하나님으로부터 개시되는 것은 언약으로 전개됩니다. '나'를 실존으로 의식하면, 존재하는 하나님과 관계 설정으로 가기 마련입니다. 틸리히의 실존 신학이 그렇습니다. 그렇지만 '나'의 구원은 하나님과 '나'의 관계로 말해질 수 없습니다. '나'에게 부여되는 구원의 내용은 없습니다. 즉 '나'의 구원은 '나'의 의식에 담아질 수 없습니다. '나'의 구원은 '나'의 실존적 의식일 수 없습니다.

The Bible is the content that is initiated from God. The beginning of Genesis and the first part of the Gospel of John show this. What was initiated from God unfolds into His togetherness. In other words, the Bible is the covenant initiated from God. What is initiated from 'I' unfolds ontologically, but what is initiated from God unfolds through the covenant. If 'I' am conscious of 'me' as existence, 'I' tend to establish a relationship with God who exists. Such is Tillich's existential theology. However, 'my' salvation cannot be said of the relationship between 'me' and God. There is no content of salvation granted to 'me.' In other words, 'my' salvation cannot be contained in 'my' consciousness. 'My' salvation cannot be 'my' existential consciousness.

I.0519. '나'의 의식은 인간 의식의 근거이지만, '나'의 구원은 세상에서 말해질 수 없습니다. 죽음에 속박되어 조건적으로 처해진 세상 삶에서, '나'의 구원이 명시될 수 없습니다. 따라서 죽은 후에 천국으로 '나'의 구원이 말해지게 됩니다. '나'는 세상에서 의식되는 실존이니, '나'는 실존으로만 의식되지 구원으로 의식되지 않습니다. 이렇게 구원이 '나'의 의식에서 탐색되면, 구원의 '나'는 죽음 후로 말해질 수밖에 없습니다. 죽은 후의 천국은 국가 종교의 체제에서 그리스도교가 '나'의 의식에 반영되며 등장하게 됩니다. 국가

종교 체제에서 사는 '나'의 구원은 세상에서 말해질 수 없기 때문입니다. 현실의 하늘나라가 아닌 사후의 하늘나라로 구원이 말해지게 됩니다.

'My' consciousness is the basis of human consciousness, but 'my' salvation cannot be spoken of in the world. In a worldly life conditioned and bound by death, 'my' salvation cannot be made clear. Therefore, after death, 'my' salvation is spoken of in the kingdom of heaven. 'I' am a conscious existence in the world, so 'I' am only conscious of existence and not of salvation. If salvation is sought in the consciousness of 'I' in this way, the 'I' of salvation cannot help but be spoken of after death. The kingdom of heaven after death appears in the national religious system with Christianity reflected in 'my' consciousness, for the salvation of 'I' who live in the national religious system cannot be told in the world. Salvation comes to be spoken of as the kingdom of heaven after death, not as the kingdom of heaven in reality.

I.0520. 구원은 언약에서 제기되게 되지, 존재에서 제기되게 되지 않습니다. 예수님을 구원자로 말하는 것은 구약에서부터 언약으로 이어지기 때문입니다. 하나님과 함께로 서사되는 흐름에서 예수님은 구원자로 말해지게 됩니다. 예수님으로 하나님과 함께가 온전히 말해질 수 있기 때문입니다. 구원은 예수님이 하나님과 함께하는 영성으로 서사됨으로 드러납니다. 예수님의 하나님과 함께함이 영성으로 서사되기에, 예수님은 구원자로 불러집니다. 즉 구원은 사람의 지성에 내포될 수 없고 사람의 지성으로 추구될 수도 없습니다. 따라서 지성에서 영성으로가 구원의 여정입니다. 구원의 여정은 영적으로 인도되는 여정입니다.

Salvation arises from the covenant, not from existence, for speaking of Jesus as the Savior continues from the Old Testament as the covenant.

In the narrative flow of togetherness with God, Jesus is said to be the Savior, for togetherness with God can be fully spoken through Jesus. Salvation is disclosed as Jesus is narrated with Spirituality of being together with God. Because Jesus' being together with God is narrated as Spirituality, Jesus is called the Savior. In other words, salvation cannot be contained in man's intellectuality and cannot be pursued through man's intellectuality. Therefore, from-intellectuality-to-Spirituality is a journey of salvation. The journey of salvation is a Spiritually guided journey.

I. 6

구원자 The Savior

I.0601. 구원은 언약의 내용입니다. 하나님과 함께로 말해지기 때문입니다. 하나님과 함께는 하나님과 함께하는 분으로 말해집니다. 하나님과 함께는 하나님과 함께하는 분으로 증언되기 때문입니다. 하나님과 함께하는 분은 구원자십니다. 그러므로 구원은 하나님과 함께하는 구원자가 세상에 오심으로 세상에 이루어집니다. 하나님과 함께하는 구원자는 세상에서 설정될 수 없습니다. 세상에 있는 것은 관계되지 함께하지 않습니다. 그러므로 하나님과 함께하는 구원자는 하나님으로부터 세상에 와야 합니다. 하나님과 함께하는 구원자는 그분과 함께하시는 하나님으로부터 세상에 보내집니다.

Salvation is the content of the covenant. Because it is said to be togetherness with God. Togetherness with God is said to be One who is together with God, for togetherness God is witnessed with the One who is together with God. The One who is together with God is the Savior. Therefore, salvation is fulfilled in the world through the coming of the Savior who is together with God into the world. The Savior who is together with God cannot be set in the world. Things in the world is related and not together. Therefore, the Savior who is together with God must come to the world from God. The Savior who is together with God is sent to the world from God who is together with Him.

I.0602. 하나님과 함께는 세상에서 말해질 수 없습니다. 세상은 하나님의 창조로부터 타락되었기 때문입니다. 하나님을 떠나 타락된 사람은 하나님과 함께하지 않습니다. 사람이 타락되어 하나님과 함께하지 않음으로 하나님은 타락된 사람과 함께하시려고 구원자를 세상에 보내십니다. 그러므로 구원자는 창조 이전 하나님과 함께한 분이십니다. 그리고 구원자로 하나님과 함께는 창조 이전에 예정되었습니다. 구원자로 예정된 하나님과 함께는 구원자가 세상에 오심으로 세상에 드러납니다. 따라서 세상에 오신 구원자로 하나님과 함께는 하나님과 함께하지 않는 세상에 보이게 됩니다. 구원자의 서사는 하나님과 함께하는 내용입니다.

Togetherness with God cannot be said in the world. Because the world has fallen from God's creation. The fallen man who is away from God is not together with Him. Because man has fallen and is no longer together with Him, God sends the Savior to the world in order for God to be together with the fallen man. Therefore, the Savior is the One who was together with God before creation. And being together with God as the Savior was predestinated before creation. Togetherness with God, predestinated through the Savior, becomes unveiled as the Savior came to the world. Therefore, togetherness with God is seen in the world which is not together with God through the Savior who came to the world. The narrative of the Savior is the content of being together with God.

I.0603. 구원자의 하나님과 함께함은 예정의 시각으로 서사됩니다. 예정은 '미리'의 뜻이 아닌 '이미'의 뜻입니다. '미리'는 대비를 함축하지만, '이미'

는 진행을 함축합니다. 예정된 구원은 창조와 타락 전에 이미 진행됩니다. 하나님의 창조의 말씀은 하나님의 함께하시는 말씀이기 때문입니다. 하나님의 말씀은 언약의 말씀입니다. 하나님은 언약의 말씀으로 세상을 창조하십니다. 하나님은 언약의 하나님이시기 때문입니다. 따라서 창조도 언약의 관점에서 보아져야 합니다. 즉 언약의 하나님이 창조주십니다. 그러므로 언약의 시각에서 언약의 하나님과 함께는 창조 전 예정으로 다루어질 수 있습니다.

The Savior's being together with God is narrated from the perspective of predestination. Predestination does not mean 'in advance' but 'already.' 'In advance' implies preparation, but 'already' implies proceeding. The predestinated salvation has already proceeded before creation and the fall, for God's word of creation is His word of togetherness. God's word is the covenant word. God created the world with His covenant word. Because God is the covenant God. Accordingly, creation must also be viewed from the perspective of the covenant. In other words, the covenant God is the Creator. Therefore, from the covenant perspective, togetherness with the covenant God can be treated as pre-creation predestination.

I.0604. 하나님은 말씀으로 함께하심으로, 하나님의 함께는 그분 말씀의 이루어짐으로 드러납니다. 세상에서 하나님과 함께는 하나님의 말씀의 이루어짐으로 보입니다. 하나님 말씀을 떠난 타락된 세상에서 하나님의 말씀의 이루어짐은 구별됨으로 보입니다. 하나님 말씀의 이루어짐에 의한 구별됨은 타락된 세상에서 판단되지 않고 드러납니다. 즉 하나님의 말씀으로 이루어지는 하나님과 함께는 타락된 사람에 의해 판단될 수 없고 타락된 사람에게 보여 집니다. 타락된 사람은 타락된 것만 판단하기 때문에, 세상에 드러나는 하나님과 함께도 타락된 것으로 판단합니다. 이것은 유대인이 예수

님에게 보인 바입니다.

As God is together through His word, God's togetherness is disclosed through the fulfillment of His word. Togetherness with God in the world is seen through the fulfillment of His word. In the fallen world that has left God's word, the fulfillment of His word is separately seen. The separateness through the fulfillment of God's word is disclosed without being judged in the fallen world. In other words, togetherness with God fulfilled through His word cannot judged by the fallen man, but is seen by the fallen man. Since the fallen man only judge things that are fallen, he also judges togetherness with God, disclosed in the world, as being fallen. This is what the Jews showed Jesus.

I.0605. 예수님으로 하나님의 말씀의 이루어짐이 보입니다. 즉 예수님으로 하나님의 말씀에 대한 순종이 보입니다. 하나님의 말씀에 순종하는 예수님은 하나님과 함께합니다. 이 때문에 예수님은 하나님과 함께하는 구원자로 증언됩니다. 하나님과 함께하는 구원자는 하나님의 말씀에 순종함으로 불순종의 세상에 구원을 보입니다. 하나님과 함께하는 구원자 예수님으로, 구원은 순종으로 말해집니다. 세상에 오신 하나님과 함께하는 구원자 예수님의 순종은 불순종의 세상에 구원으로 드러납니다. 타락된 세상에 구원자의 오심은 그분 순종에 의해 증언됩니다. 불순종의 세상에 순종은 구원으로 드러납니다.

The fulfillment of God's word is seen through Jesus. In other words, obedience to God's word is seen through Jesus. Jesus, who obeys God's word, is together with God. For this reason, Jesus is witnessed as the Savior who is together with God. The Savior who is together with God shows salvation to the world of disobedience by obeying God's word.

With Jesus, the Savior, who is together with God, salvation is said to be obedience. The obedience of Jesus, the Savior of being together with God, who came into the world, is disclosed as salvation in the world of disobedience. The coming of the Savior to the fallen world is witnessed by His obedience. In the world of disobedience, obedience is disclosed as salvation.

I.0606. 구약의 이스라엘 백성은 그들이 하나님과 함께하는 언약의 백성이라고 주장합니다. 그들은 하나님께서 아브라함에게 주신 약속 때문에 하나님과 함께한다고 합니다. 그러나 하나님과 함께는 세상에서 특별한 상태로 말해질 수 없습니다. 하나님과 함께는 아브라함의 후손이 가나안 땅에 사는 삶으로 말해질 수 없습니다. 타락된 세상의 특별한 상태도 타락됩니다. 그러므로 타락된 세상에서 하나님과 함께를 말할 기준이 없습니다. 아브라함의 후손으로 태어난 이들도 아담의 후손으로 태어난 타락된 사람입니다. 따라서 그들은 하나님과 함께하지 못합니다. 하나님과 함께는 하나님 말씀에 대한 순종으로 불순종의 세상에 드러날 뿐입니다.

The Israelites of the Old Testament claim that they are the covenant people of being together with God. They say that they are together with God because of the promise God gave to Abraham. But togetherness with God cannot be said to be in a special state in the world. It cannot be said to be the life of the descendants of Abraham in the land of Canaan. The special state of the fallen world is also fallen. Therefore, there is no standard for talking about being together with God in the fallen world. Those born as descendants of Abraham are also fallen people born as descendants of Adam. Therefore, they cannot be together with God. Togetherness with God is only disclosed to the world of disobedience through obedience to God's word.

I.0607. 순종은 불순종의 세상에 판단되지 않습니다. 예수님 시대 유대인들은 그들이 율법으로 하나님과 함께하는 언약의 백성으로 산다고 주장하며, 예수님이 율법을 범했다고 단언하여 십자가에 처형했습니다. 그렇지만 하나님과 함께는 타락된 세상에서 판단될 수 없습니다. 타락된 세상에서 판단되는 것은 타락된 세상을 사는 내용입니다. 하나님과 함께는 하나님께서 함께하지 않는 타락된 세상에 드러날 뿐입니다. 불순종의 세상에 순종은 구원으로 드러납니다. 하나님과 함께하는 구원자에 의해 타락된 세상에 드러나는 순종입니다. 불순종의 사람은 순종의 구원자와 함께함으로 순종으로 구원됩니다. 불순종의 세상에 순종은 구원자의 순종으로 파급됩니다.

Obedience is not judged by the world of disobedience. The Jews of Jesus' time claimed that they lived as the covenant people of being together with God through the law, and they crucified Jesus for breaking the law. However, togetherness with God cannot be judged in the fallen world. What is judged in the fallen world is the content of living in the fallen world. Togetherness with God is only disclosed to the fallen world where God is not together. In the world of disobedience, obedience is disclosed as salvation. It is the obedience disclosed to the fallen world by the Savior who is together with God. Disobedient man is saved into obedience by being together with the obedient Savior. In the world of disobedience, salvation spreads through the obedience of the Savior.

I.0608. 순종은 불순종에 대한 처방이 아닙니다. 하나님과 함께하는 순종은 예정되었습니다. 예정된 순종이 불순종의 세상에 임합니다. 하나님의 말씀에 대한 순종은 창조 전에 예정되었습니다. 예정된 순종은 불순종의 세상

에 임하여 선교로 파급됩니다. 불순종이 순종으로 바뀌진 않습니다. 불순종을 순종으로 바꿀 요인은 없습니다. 예정된 순종은 창조에 순종이 내포되지 않음을 시사합니다. 피조물은 창조주와 함께할 수 없습니다. 따라서 하나님과 함께하는 순종은 창조된 내용일 수 없습니다. 하나님은 사람을 하나님과 함께하도록 창조하지 않으셨습니다. 창조주 하나님과 함께는 피조물 사람에게 담아질 수 없었습니다.

Obedience is not a prescription for disobedience. Obedience of being together with God is predestinated. Predestinated obedience comes to the world of disobedience. Obedience to God's word was predestinated before creation. Predestinated obedience comes to the world of disobedience and spreads through missions. Disobedience does not change into obedience. There is nothing that can change disobedience into obedience. Predestinated obedience implies that obedience is not entailed in creation. Creatures cannot be together with the Creator. Accordingly, obedience of being together with God cannot be a created content. God did not create man to be together with Him. Togetherness with God, the Creator, could not be contained in the created man.

I.0609. 이것은 성경을 읽는데 결정적입니다. 하나님과 함께하는 순종은 창조된 내용일 수 없습니다. 하나님께서 사람을 그분께 순종하도록 창조하셨다고 할 수 없습니다. 달리 말하면, 하나님께서 사람을 하나님과 함께하도록 창조하셨다고 할 수 없습니다. 하나님과 함께는 창조될 내용일 수 없습니다. 하나님께서 창조하신 것은 하나님으로부터 분리되기 때문입니다. 그러므로 하나님과 함께하는 순종은 창조 전에 예정됩니다. 그리고 불순종은 창조된 세상에 일어납니다. 따라서 불순종이 순종으로 바뀌는 것은 창조된 세상에 일어날 수 없습니다. 불순종은 타락된 사람의 속성임으로, 순종

은 변화된 속성일 수 없습니다. 이 때문에 순종은 예정으로 말해져야 합니다.

This is crucial to the reading of the Bible. Obedience of being together with God cannot be a created content. It cannot be said that God created man to be obedient to Him. In other words, it cannot be said that God created man to be together with Him. Togetherness with God cannot be a content of being created, for what God created was separate from Him. Therefore, obedience of being together with God was predestinated before creation. And disobedience occurred in the created world. Therefore, the transformation of disobedience into obedience cannot occur in the created world. Since disobedience is an attitude of the fallen man, obedience cannot be a changed attribute. For this reason, obedience must be said to be predestination.

I.0610. 순종은 창조된 내용이 아님으로, 창조 전 하나님과 함께한 구원자로 세상에 드러납니다. 창조된 세상에 구원자는 오십니다. 하나님과 함께하는 순종은 예정된 구원자로 세상에 임합니다. 구원자는 불순종의 세상에 드러나는 그분 순종으로 구원자로 증언됩니다. 그러나 순종의 구원자는 불순종의 사람에 의해 증언될 수 없습니다. 유대인들이나 예수님의 제자들은 예수님을 순종의 구원자로 보지 못했습니다. 유대인들은 예수님을 십자가에 처형했고, 제자들은 예수님으로부터 도망갔습니다. 아무도 십자가에 처형된 예수님을 순종의 구원자로 증언하지 않았습니다. 순종과 구원은 창조된 내용이 아니기 때문입니다.

Obedience is not a created content, so it is disclosed to the world through the Savior who was together with God before creation. The Savior came to the created world. Obedience of being together with

God came to the world with the predestinated Savior. The Savior was witnessed as the Savior through His obedience disclosed in the world of disobedience. However, the obedient Savior could not be witnessed by the disobedient man. Neither the Jews nor Jesus' disciples saw Jesus as the obedient Savior. The Jews crucified Jesus, and His disciples ran away from Him. No one witnessed that the crucified Jesus was the obedient Savior, for obedience and salvation were not created contents,

I.0611. 순종의 구원자는 하나님으로부터 오신 성령님에 의해 인도된 이들에 의해 증거 됩니다. 창조 전 예정된 하나님과 함께하는 순종은 성령님에 의해 인도된 이들에 의해서만 증거 될 수 있습니다. 그들은 성령님에 의해 하나님과 함께하는 순종으로 인도됩니다. 그들은 성령님에 의해 인도되기에, 속성으로 빠져들지 않습니다. 창조 전 하나님과 함께하는 순종과 성령님의 인도하심은 잘 어울립니다. 하나님의 영이시니, 하나님과 함께는 하나님의 영으로 인도되어야 합니다. 성령님에 의해 인도되는 이들은 타락된 속성으로 빠져들지 않고, 영이신 하나님과 함께합니다. 영이신 하나님과 함께하는 순종은 불순종의 세상에 영성으로 드러납니다.

The obedient Savior is witnessed by those who led by the Holy Spirit who came from God. Obedience of being together with God, which was predestinated before creation, can only be witnessed by those guided by the Holy Spirit. They are guided by the Holy Spirit into obedience of being together with God. Because they are guided by the Holy Spirit, they are not fallen into their attitude. Obedience of being together with God before creation and the guidance of the Holy Spirit go well together. Since God is Spirit, togetherness with Him must be guided by His Spirit. Those who are guided by the Holy Spirit are not indulged into fallen attitude, but are together with God who is Spirit. Obedience of being together with God who is Spirit is disclosed as Spirituality in the world of disobedience.

I.0612. 순종은 구원자에 의해 불순종의 세상에 보입니다. 순종은 구원자에 의해 보여 질 뿐, 말로 이루어질 수 없습니다. 하나님의 말씀이 사람에게 주어지더라도, 사람은 지키려고 합니다. 하나님과 함께하는 순종은 예시 없이 이루어질 수 없습니다. 그러므로 하나님과 함께하는 순종은 구원자의 순종을 따름으로 이루어집니다. 성령님에 의해 인도되어 구원자를 따름으로 이루어집니다. 이것은 하나님과 함께하는 순종은 문자적일 수 없음을 뜻합니다. 하나님은 영이심으로, 사람은 문자적인 활동으로 하나님과 함께할 수 없습니다. 사람은 하나님의 영에 인도되어야만 영이신 하나님과 함께할 수 있습니다. 하나님은 영이시기 때문입니다.

Obedience is seen by the Savior in the world of disobedience. It can only be shown by the Savior and cannot be done in words. Even when God's word is given to man, he tries to keep it. Obedience of being together with God cannot be fulfilled without instance. Therefore, obedience of being together with God is fulfilled in following the obedience of the Savior. It is fulfilled in the following of the Savior under the guidance of the Holy Spirit. This means that obedience of being together with God cannot be literal. Since God is Spirit, man cannot be together with God through literal activities. He can be together with God, who is Spirit, only if he is guided by His Spirit, for God is Spirit.

I.0613. 구원자의 순종을 따름은 따르는 이에 의해 보여 질 수 없습니다. 불순종의 사람은 구원자의 순종을 따를 수 없습니다. 불순종의 사람은 구원

자의 순종을 모방할 수 있습니다. 그러나 그의 모방은 불순종의 표현입니다. 불순종의 사람이 모방하는 순종은 하나님과 함께하는 순종이 아닙니다. 사람이 하나님 말씀을 지킴은 모방으로 여겨질 수 있습니다. 아이들은 어른들이 하는 것을 모방함으로 사람의 말을 지키는 것을 배웁니다. 따라서 사람들은 하나님의 말씀도 사람의 말과 같이 모방으로 지키려 합니다. 이스라엘 백성이 하나님의 말씀으로 율법을 지킴이 그러합니다. 그러나 이스라엘 백성은 율법을 지켰지만, 하나님과 함께할 수 없었습니다.

Following the Savior's obedience cannot be shown by the follower. The disobedient man cannot follow the obedience of the Savior. He can imitate the obedience of the Savior. But his imitation is an expression of disobedience. The obedience that the disobedient man imitates is not obedience of being together with God. When man keeps God's word, it can be considered imitation. Children learn to keep their word by imitating what adults do. Therefore, people try to keep God's word by imitating it, just like man's word. Thus is the case when the Israelites keep the law according to God's word. But although they kept the law, they could not be together with God.

I.0614. 하나님의 말씀을 지킴은 타락된 세상 기준으로 보여 질 수 있습니다. 그러나 타락된 세상 기준에 부합함이 하나님과 함께함으로 여겨지지 않습니다. 타락된 세상에서 행해진 것은 무엇이든 타락되었습니다. 따라서 하나님과 함께함일 수 없습니다. 타락된 세상에서 하나님의 말씀을 지킴은 하나님과 함께함일 수 없습니다. 타락된 세상에서 하나님의 말씀을 지킴은 타락된 사람의 속성으로부터 나오는 의지의 표현입니다. 타락된 사람이 의지로 하나님과 함께할 수 없습니다. 그의 의지는 그의 개인성을 신장하기 때문입니다. 타락은 하나님을 떠난 개인화를 뜻합니다. 타락된 사람은 개인화

되기에 결코 하나님과 함께할 수 없습니다.

Keeping God's word can be seen by the standards of the fallen world. However, meeting the standards of the fallen world is not considered to be together with God. Anything done in the fallen world is fallen. Therefore, it cannot be togetherness with God. Keeping God's word in the fallen world cannot be togetherness with God. Keeping God's word in the fallen world is an expression of will that comes from the property of the fallen man. The fallen man cannot be together with God by will, for his will enhances his individuality. The fall means individualization away from God. The fallen man is so individualized that he cannot be together with God by all means.

I.0615. 하나님의 말씀은 하나님께서 함께하시는 말씀입니다. 그러므로 하나님의 말씀은 하나님과 함께하는 언약의 백성에게 주어집니다. 언약의 백성은 순종으로 하나님과 함께하는 이들입니다. 따라서 하나님의 말씀은 언약의 백성에게 하나님과 함께하는 순종으로 주어집니다. 하나님과 함께하는 언약의 백성은 하나님의 말씀에 순종으로 구원된 이들입니다. 그들은 성령님의 인도하심으로 순종의 구원자를 순종으로 따르는 이들입니다. 불순종의 사람은 구원자를 순종으로 따를 수 없음으로, 성령님에 의해 인도됩니다. 성령님의 인도하심으로 순종의 구원자를 순종으로 따르는 불순종의 사람은 구원됩니다.

God's word is the word of His togetherness. Therefore, God's word is given to the covenant people with whom God is together. The covenant people are those who are together with God through obedience. Therefore, God's word is given to the covenant people through the obedience of being together with God. The covenant people of being together with

God are those who are saved through the obedience of being together with Him. They are those who obediently follow the obedient Savior under the guidance of the Holy Spirit. The fallen man cannot follow the Savior in obedience, so he is guided by the Holy Spirit. Under the guidance of the Holy Spirit, disobedient man who obediently follows the obedient Savior is saved.

I.0616. 예수님의 이야기는 예수님의 순종으로 서사됨으로 구원자의 이야기입니다. 구원은 구원하시는 하나님의 뜻으로 드러나지, 사람이 바라는 바로 상술되지 않습니다. 하나님의 뜻으로 전개되는 서사는 하나님과 함께하는 언약으로 표현됩니다. 그러므로 하나님의 뜻으로 이루어지는 구원은 하나님과 함께하는 순종입니다. 순종으로 구원은 언약으로만 의미 있게 표현됩니다. 세상 조건에 처한 사람은 세상 조건으로 구원을 의식합니다. 처한 위기 상황으로부터 구원되기를 바랍니다. 따라서 사람은 구원을 이상이나 해탈 같은 추구하는 것으로 여깁니다. 이 때문에 사람이 바라는 구원은 자신의 의식에만 머물 뿐입니다.

Jesus' story is the story of the Savior because it is narrated through His obedience. Salvation is disclosed as God's will to save, and is not expounded as what man hopes for. The narrative that unfolds according to God's will is expressed as the covenant of being together with God. Therefore, salvation fulfilled through God's will is obedience of being together with God. Salvation through obedience is meaningfully expressed only through the covenant. Man in worldly conditions is conscious of salvation through worldly conditions. He hopes for being saved from the crisis he is facing. Therefore, he views salvation as what he pursues like an ideal or emancipation. Because of this, the salvation man hopes for only remains within his own consciousness.

I.0617. 언약을 떠난 구원은 함께의 영역에서 이루어질 수 없습니다. 즉 언약을 떠나서는 함께의 구원이 말해질 수 없습니다. 언약의 삶에서 구원은 순종으로 이루어짐으로, 함께하는 언약의 삶으로 드러납니다. 복음서의 예수님 이야기는 이 점을 보입니다. 복음서는 예수님을 믿는 이들로 이루어지는 구원의 삶을 보입니다. 복음서의 예수님 이야기는 함께하는 언약의 삶을 결정적으로 또한 궁극적으로 보입니다. 하나님과 함께하지 않는 이들로 함께는 이루어지지 않습니다. 이 때문에 성경은 하나님을 떠난 사람의 삶은 타락되었다고 합니다. 타락된 삶은 개인들의 삶이지 함께의 삶이 아닙니다. 언약의 구원은 개인의 구원일 수 없습니다.

Salvation outside of the covenant cannot be fulfilled in the realm of togetherness. In other words, apart from the covenant, salvation of togetherness cannot be spoken of. In the covenant life, salvation is fulfilled through obedience and is unveiled as the covenant life of togetherness. Jesus' story in the Gospels shows this. The Gospel shows the life of salvation fulfilled by the believers in Jesus. Jesus' story in the Gospel definitively and ultimately shows the covenant life of togetherness. Togetherness cannot be fulfilled with those who are not together with God. Because of this, the Bible notes that the life of man who left God has fallen. The fallen life is the life of individuals, not the life of togetherness. The covenant salvation cannot be personal salvation.

I.0618. 복음서의 예수님 이야기는 순종의 언어를 보입니다. 순종의 예수님을 순종으로 따르는 내용은 새로운 순종의 언어에 담아져야 합니다. 타락된 세상 언어로 표현될 수 없습니다. 타락된 세상 언어는 타락된 개인들의

의식과 삶을 반영합니다. 율법, 철학, 종교는 타락된 세상 언어에 담아집니다. 그러므로 타락된 세상 언어로 하나님과 함께하는 순종은 표현될 수 없습니다. 즉 타락된 세상 언어는 하나님과 함께하는 언약의 언어가 될 수 없습니다. 하나님과 함께하는 언약의 삶과 하나님을 떠난 타락된 삶은 같은 언어로 표현될 수 없습니다. 그렇지만 사람들은 언어의 다름에 주의하지 않습니다.

Jesus' story in the Gospel unveils the language of obedience. The content of obediently following the obedient Jesus must be contained in the new language of obedience. It cannot be expressed in the language of the fallen world. The language of the fallen world reflects the consciousness and life of fallen individuals. The law, philosophy, and religion are contained in the language of the fallen world. Therefore, obedience of being together with God cannot be expressed in the language of the fallen world. In other words, the language of the fallen world cannot be the covenant language of being together with God. The covenant life of being together with God and the fallen life of apart from God cannot be expressed in the same language. Nevertheless, people do not pay attention to language differences.

I.0619. 구원의 내용은 타락된 언어로 풀이될 수 없습니다. 구원은 불순종의 세상에 순종으로 이루어집니다. 순종이 불순종의 언어로 풀이되면, 불순종의 내용이 될 수밖에 없습니다. 복음서의 예수님 이야기는 지성, 도덕성, 혹은 종교성으로 풀이되어 왔습니다. 지성, 도덕성, 혹은 종교성으로 풀이된 내용은 하나님과 함께하는 순종을 보이지 않습니다. 개인의 지성, 도덕성, 혹은 종교성을 신장하는 내용이기 때문입니다. 순종의 언어가 풀이되면, 더 이상 순종의 내용이 아닙니다. 언어의 풀이엔 언어에 대한 이해가 반

영됩니다. 복음서의 이해는 순종을 보이지 않습니다. 복음서는 성령님에 의해 인도된 내용임으로 풀이될 수 없습니다.

The content of salvation cannot be interpreted in the fallen language. Salvation is fulfilled through obedience in the world of disobedience. If obedience is interpreted in the language of disobedience, it will inevitably become the content of disobedience. Jesus' story in the Gospel has been interpreted in terms of intellectuality, morality, or religiosity. Anything interpreted as intellectuality, morality, or religiosity does not show obedience of being together with God, for it is about improving an individual's intellectuality, morality, or religiosity. Once the language of obedience is interpreted, it is no longer about the content of obedience. Understanding language is reflected in the interpretation of language. The understanding of the Gospel does not show obedience. The gospel cannot be interpreted as being guided by the Holy Spirit.

I.0620. 그리스도교는 언약의 구원으로 이루어집니다. 하나님과 함께하는 언약의 순종으로 이루어집니다. 성령님의 인도하심으로 구원자 예수님을 그리스도로 고백하는 이들로 이루어지는 하나님과 함께하는 순종의 삶입니다. 타락된 세상에 그리스도교는 구원으로 드러납니다. 타락된 세상에 예수님이 구원자로 오셨기 때문입니다. 그러므로 그리스도교는 타락된 세상에서 종교로 분류될 수 없습니다. 그리스도교가 종교로 분류되면, 구원이 아닌 타락된 종교성을 보입니다. 종교성은 타락된 사람의 속성임으로, 하나님과 함께하는 순종일 수 없습니다. 이 때문에 그리스도교는 종교가 아닌 하나님과 함께하는 언약으로 보아져야 합니다.

Christianity is fulfilled through the covenant salvation. It is fulfilled through the covenant obedience of being together with God. It is the life of obedience of being together with God, fulfilled through those who confess Jesus the Savior as Christ under the guidance of the Holy Spirit. Christianity is disclosed as salvation in the fallen world, for Jesus came to the fallen world as the Savior. Therefore, Christianity cannot be classified as a religion in the fallen world. When Christianity is classified as a religion, it shows the fallen form of religiosity rather than salvation. Since religiosity is an attribute of the fallen man, it cannot be obedience of being together with God. For this reason, Christianity should be viewed not as a religion but as the covenant of being together with God.

창조와 타락 Creation and the Fall

I.0701. 성경의 창조는 하나님의 말씀으로 창조입니다. '말씀과 창조'의 연계를 보입니다. 창조엔 하나님의 말씀이 내재됩니다. 성경의 창조는 하나님 말씀의 이루어지는 단계로 기술됩니다. 따라서 하나님 말씀에 수반된 지혜를 보입니다. 성경의 창조의 창조 기술은 좋음과 생명체에 대한 축복의 표현을 담습니다. 따라서 하나님의 말씀으로 이루어진 창조는 좋음과 축복을 내포합니다. "창조"라는 말은 좋음과 번성의 의미를 함축합니다. 따라서 성경의 창조는 하나님의 말씀으로 사는 삶은 좋고 번성한다는 뜻을 담습니다. 구약에서 창조로 시작된 하나님과 함께하는 삶은 좋음과 축복된 삶으로 반영됩니다. 이 점에서 구약은 전반적으로 지혜로 정리됩니다. 성경의 지혜는 물론 철학적 지혜와 다릅니다.

The creation of the Bible is creation with God's word. It shows the connection between 'Word and Creation.' God's word is inherent in creation. Creation in the Bible is accounted for in terms of the stages in which God's word was fulfilled. Thus, it shows wisdom that accompanies with God's word. The Biblical account of creations contains expressions of goodness and blessing for living things. Therefore, creation through God's word implies goodness and blessing. The word, "creation," connotes goodness and blessing. Therefore, the creation of the Bible contains the meaning that the life lived by God's word is good and prosperous. In the Old Testament, the life of being together with God, which began with creation, is reflected as a good and blessed life. In this respect, the Old Testament as a whole is organized into wisdom. Biblical wisdom is, of course, different from philosophical wisdom.

I.0702. 그렇지만 구약의 이스라엘 백성이 살았던 세상과 지금 사람들이 사는 세상은 하나님의 말씀으로 창조되어 좋음과 축복이 내재된 세상이 아닙니다. 악과 소멸이 범람하는 세상입니다. 죽음이 지배하는 세상에, 악은 도처에 도사리고 있고, 살인은 끊임없이 이어집니다. 사람들은 세상이 하나님의 의해 창조된 좋은 세상이라고 생각하지 않습니다. 항시 부모는 아이에게 세상을 조심하라고 가르칩니다. 개인의 행복은 하나님의 축복과 무관하게 얘기됩니다. 개인의 행복이 언급되는 만큼 개인의 삶은 긴장감을 보입니다. 악과 소멸의 세상에서 살아남기로 행복은 장려됩니다. 세상은 결코 만만하게 살 수 없다는 것을 인정하는 것이 개인이 지니는 지혜입니다.

However, the world in which the Old Testament Israelites lived and the world which people live today are not worlds created by God's word and containing inherent goodness and blessings. It is a world of overflowing with evil and extinction. In a world ruled by death, evil lurks everywhere, and murder continues. People do not think that the world is a good world created by God. Parents always teach their children to be careful about the world. Personal happiness is discussed indifferently of God's blessings. To the extent that personal happiness is mentioned, personal life shows tension. Happiness is encouraged for surviving in a world of evil and extinction. It is the wisdom of an individual to acknowledge that one can never live comfortably in this world.

I.0703. 창조 기술은 이스라엘 백성의 언약의 관점에서 정리됩니다. 창조 기술은 바빌로니아로 종살이 갔던 이스라엘 백성이 돌아온 후 쓰진 것이라고 볼 수 있습니다. 그 점에서 그들은 바빌로니아 창조 신화에 접했다고 할 수 있습니다. 그러나 창조 기술은 이스라엘 백성이 언약의 관점에서 그것을 정리했기 때문에 바빌로니아 창조 신화와 다릅니다. 그들의 언약의 하나님이 천지를 창조하신 창조주라는 것을 확언하는 내용입니다. 그들은 종살이를 통해 그들의 하나님이 가나안 땅에서 사는 삶만 주관하지 않고, 어느 곳에서나 그들과 함께하는 창조주로 확언합니다. 그들이 어디서 살든, 그들이 함께하는 언약의 하나님은 창조주 하나님이십니다.

The creation account is organized from the covenant perspective of the Israelites. It can be said that the creation account was written after the Israelites returned from slavery in Babylonia. In that respect, it can be said that they were exposed to the Babylonian creation myth. However, the creation account differs from the Babylonian creation myth because the Israelites organized it from the perspective of the covenant. It affirms that their covenant God is the Creator of the heavens and the earth. Through their slavery, they affirm that their God was not only in control of their lives in the land of Canaan, but is also the Creator who was together with them everywhere. No matter where they live, the covenant God with whom they are together is God the Creator.

I.0704. 이스라엘 백성은 어디서 살든, 그들이 지닌 창조주 하나님의 말씀은 그들의 삶의 좋음과 축복으로 임합니다. 따라서 그들이 지녀온 율법도 삶의 좋음과 축복의 지침인 지혜로 보아지게 됩니다.^{시편 1편 참조} 그들에겐

하나님의 말씀이 내재된 창조된 세상에선 하나님의 말씀으로 사는 것이 지혜로움입니다. 그 점에서 창조의 기술은 이스라엘 백성의 지혜의 정점입니다. 그들은 세상을 지식으로 살지 않고 지혜로 삽니다. 하나님의 말씀은 지혜이지 지식이 아닙니다. 구약의 지혜는 하나님의 말씀으로 들려지기 때문에, 철학적 지혜처럼 논증으로 보이지 않습니다. 설명은 창조로부터 타락으로 이어집니다.

No matter where the Israelites live, the word of their Creator God, kept by them, brings goodness and blessings to their lives. Therefore, the law they have upheld is seen as wisdom, a guide to the goodness and blessings of life. see Psalm 1 For them, it is wise to live by God's word in the created world where His word is inherent. In that respect, the creation account is the pinnacle of the wisdom of the Israelites. They live in the world not with knowledge, but with wisdom. God's word is wisdom, not knowledge. Because Old Testament wisdom is told through God's word, it does not appear to be an argument like philosophical wisdom. The explanation goes from creation to the fall.

I.0705. 성경에서 타락은 하나님의 말씀이 이루어지는 창조의 여정으로 볼 수 없습니다. 창조, 안식, 결혼은 창조의 여정으로 다루어집니다. 그러나 인간의 타락은 이유에 따른 설명으로 전개됩니다. 하나님은 아담에게 "선악을 알게 하는 나무의 열매는 먹지 말라 네가 먹는 날에는 반드시 죽으리라"창세기 2:17고 하십니다. 하와는 뱀의 유혹을 받고 선악과를 보니 "먹음직도 하고 보암직도 하고 지혜롭게 할 만큼 탐스럽기도 한 나무인지라"창세기 3:6 그녀는 그 열매를 따먹고 아담에게도 주고, 그도 먹습니다. 이렇게 타락으로 이어지는 기술은 설명으로 정리됩니다. 하나님의 창조를 배경으로 인간의 타락은 설명됩니다.

In the Bible, the fall cannot be seen as a journey of creation in which God's word is fulfilled. Creation, rest, and marriage are treated as a journey of creation, However, the fall of man is explained by reasons. God said to Adam: "Of the tree of the knowledge of good and evil you shall not eat, for in the day that you eat of it you shall surely die."Genesis 2:17 Eve was tempted by the serpent and saw that the tree was "good for food, that it was pleasant to eyes, and a tree desirable to make one wise."Genesis 3:6 She took off its fruit and ate and also gave it to Adam, who also ate it. The account that leads to the fall is summarized in explanations. The fall of man is explained against the background of God's creation.

I.0706. 인간의 타락은 하나님의 창조 근거에서 설명됩니다. 타락은 하나님의 말씀의 이루어짐이 아니라 인간의 내면으로부터 나오는 속성의 노출이기 때문입니다. 즉 타락을 주도하는 것은 하나님의 말씀이 아닌 인간의 속성입니다. 이것은 하나님의 말씀으로 이루어지는 언약에서 말해집니다. 세상에 사는 보통 사람들은 자신들의 속성으로 사는 것이 자연적이거나 당연하다고 여깁니다. 그들에겐 자신들의 내적 욕망으로 세상에서 사는 것이 자연스럽고 당연합니다. 세상에 있는 것의 속성은 자연적입니다. 그런 속성을 다룸으로 철학과 과학은 전개됩니다. 사람은 세상에 있는 것을 알아, 그것을 통해 자신의 속성을 표현하는 것으로 삽니다.

The fall of man is explained on the basis of God's creation, for the fall is not the fulfillment of God's word, but the exposure of man's attributes that come from within. In other words, it is man's attributes, not God's word, that drives the fall. This is said in the covenant fulfilled through God's word. Ordinary people living in the world consider it natural or inevitable to live with their own attributes. It is natural and inevitable

for them to live in the world according to their inner desires. The prop-
erties of things in the world are natural. Philosophy and science develop
by dealing with such properties. Man lives by knowing of what is in the
world and expressing his own attributes through it.

I.0707. 사람이 자신의 속성으로 움직이는 것은 자연적으로 설명됩니다.
지성, 도덕성, 또 종교성은 인간의 자연적인 속성의 발로입니다. 사람의 활
동은 어떻든 속성으로 설명됩니다. 그런데 성경은 그런 인간이 지닌 속성의
활동을 타락된 것으로 설명합니다. 성경은 하나님의 말씀으로 이루어진 창
조의 근거에서 그것을 타락된 활동이라고 합니다. 같은 현상에 대해 자연적
인 설명과 타락된 설명이 부연될 수 있습니다. 그러나 자연적인 설명과 타
락된 설명은 다른 시각으로부터 나옴을 잊지 말아야 합니다. 성경에서 보이
는 설명 형태는 타락된 시각으로부터 나옵니다. 따라서 이 설명 형태를 지
성, 도덕성, 혹은 종교성의 시각으로 보지 말아야 합니다.

The movement of a person by his properties is naturally explained.
Intellectuality, morality, and religiosity are expressions of man's natural
properties. A person's activities are somehow explained by his properties.
However, the Bible explains activity of such man's attributes as fallen.
The Bible calls it a fallen activity on the basis of creation fulfilled with
God's word. Natural and fallen explanation can be given for the same
phenomenon. But it should not be forgotten that natural explanations and
fallen explanations come from different perspectives. The form of expla-
nation seen in the Bible comes from the fallen perspective. Therefore,
this form of explanation should not be viewed through the intellectual,
moral, religious perspective.

I.0708. 성경은 세상이 자연적이 아니라 창조되었다고 합니다. 그렇다면 우리가 접하는 현실적인 세상은 타락되었다고 보아져야 합니다. 세상이 자연적이라면 단지 요동할 뿐입니다. 좋아지기도 나빠지기도 합니다. 그러나 세상의 구원은 말해질 수 없습니다. 창조된 세상이 타락되었음으로 구원이 말해집니다. 세상이 지성, 도덕성, 혹은 종교성으로 바라보아지는 한, 세상의 나음은 말해지더라도 세상의 구원은 말해지지 않습니다. 지성, 도덕성, 그리고 종교성도 세상의 변화에 수반됩니다. 나아짐은 변화의 일종이지만, 구원은 변화의 내용이 아닙니다. 자연적인 삶에서 구원은 의미 있는 용어가 아닙니다. 자연적인 삶에선 속성의 계발만이 관심됩니다.

The Bible says that the world was created, not natural. If so, the actual world we encounter must be seen as fallen. If the world is natural, it only fluctuates. It can get better or worse. But its salvation cannot be spoken of. Salvation is spoken of because the created world has fallen. As long as the world is viewed through intellectuality, morality, or religiosity, the salvation of the world cannot be talked about, even if the world's betterment is talked about. Intellectuality, morality, and religiosity also accompany changes in the world. Betterment is a type of change, but salvation is not the content of change. In natural life, salvation is not a meaningful term. In natural life, only the development of attributes is of interest.

I.0709. 자연적인 삶에선 구원이 아닌 지혜가 통용됩니다. 자연적인 변화 가운데 지혜로운 순응이나 적응이 권장됩니다. 서양과 동양의 철학과 종교는 지혜로움을 추구하는 것으로 발원되었습니다. 자연에 처한 인간의 사고는 어떻든 처한 자연에 대한 순응이나 적응으로 반응하기 때문입니다. 지혜는 자연에 대한 인간의 기본 반응으로 보아질 수 있습니다. 배고플 때 먹는 것이나 무서울 때 피하는 것은 자연에 대한 반응입니다. 인간도 자연의 한

부분입니다. 따라서 자신의 입지와 자신의 움직이는 길은 자연에서 찾아져야 합니다. 이렇게 인간의 지혜와 지식은 축적되어 왔습니다. 지혜와 지식은 인간의 자연적 의식입니다.

In natural life, wisdom, not salvation, prevails. Wise accommodation or adaptation is encouraged amidst natural changes. Western and Eastern philosophies and religions originated as a pursuit of wisdom, for man's thinking in nature responds by accommodating or adapting to the nature in which it is placed. Wisdom can be seen as man's basic response to nature. Eating when hungry or avoiding when scared are responses to nature. Man is also a part of nature; therefore, his position and his way to move must be found in nature. In this way, man's wisdom and knowledge have been accumulated. Wisdom and knowledge are man's natural consciousness.

I.0710. 구약도 지혜를 언급하지만, 구약의 지혜는 하나님의 창조에 근거합니다. 구약은 지혜가 하나님을 두려워함으로 나온다고 합니다: "여호와를 경외하는 것이 지혜의 근본이요 거룩하신 자를 아는 것이 명철이니라."잠언 9:10 지혜는 하나님의 말씀으로 창조된 세상에 내재됩니다. 그리고 하나님을 두려워하여 하나님의 말씀을 떠나지 않는 이들은 지혜롭게 삽니다. 그러나 하나님을 두려워하지 않는 이들은 자신들의 충동으로 나아가려 합니다. 하나님의 말씀에 머물러 자신의 충동으로 나아가지 않는 것이 지혜의 근본입니다. 하나님을 두려워하는 이들은 십계명과 율법에 머뭅니다. 그들의 하나님을 두려워함은 그들이 하나님의 말씀에 머물게 합니다.

The Old Testament also mentions wisdom, but Old Testament wisdom is based on God's creation. The Old Testament says that wisdom comes from fear of God: "The fear of the LORD is the beginning of wisdom,

And the knowledge of the Holy One is understanding."[Proverbs 9:10] Wisdom is inherent in the world created by God's word. And those who fear God and do not turn away from His word live wisely. But those who do not fear tend to follow their own impulses. The beginning of wisdom is to stay in God's word not move forward with one's own impulses. Those who fear God remain in the Ten Commandments and the law. Their fear of God lets them abide in His word.

I.0711. 요한복음 3:16, "하나님이 세상을 이처럼 사랑하사 독생자를 주셨으니 이는 그를 믿는 자마다 멸망하지 않고 영생을 얻게 하려 하심이라"에 나오는 "세상"은 창조되었지만 타락된 세상을 지적합니다. 보통 사람들이 사는 자연적인 세상이 아닙니다. 자연적인 세상에 사는 자연인들에게 이 구절은 뜻을 주지 못합니다. 자연인들이 자연적으로 사는 삶에 영생은 의미 없습니다. 그러므로 이 구절은 하나님께서 하나님의 말씀을 떠난 타락된 개인들로 하나님과 함께하는 삶을 살도록 예수님을 세상에 보내신 것을 뜻합니다. 따라서 그리스도인들은 이 구절을 구원의 핵심적인 뜻으로 기억합니다.

The "world" in John 3:16, "For God so loved the world that He gave His only begotten Son, that whoever believes in Him should not perish but have everlasting life," refers to the created but fallen world. This is not the natural world in which ordinary people live. To natural people living in a natural world, this verse has no meaning. Eternal life has no meaning in the lives that natural people live naturally. Therefore, this verse means that God sent Jesus into the world to let the fallen individuals who have left God's word live the life of being together with God. Therefore, Christians memorize this verse as the core meaning of salvation.

I.0712. 요한복음 3:16은 하나님으로부터 개시를 분명히 보입니다. 예수님을 하나님으로부터 오신 분으로 확언합니다. 그리고 예수님을 믿는 믿음은 하나님과 함께하는 하나님의 독생자를 믿는 믿음이라고 합니다. 따라서 예수님을 믿는 믿음은 영원한 생명이지 종교적인 깨달음이라고 하지 않습니다. 예수님을 믿는 이들은 영원한 생명으로 살지 세상의 속성을 신장하는 삶을 살지 않는다고 합니다. 즉 예수님을 믿는 믿음은 영원한 생명이지 종교적 속성, 곧 종교성이 아닙니다. 예수님을 믿는 이들은 더 이상 세상에서 타락된 수명으로 살지 않습니다. 즉 죽음에 속박되어 살지 않습니다.

John 3:16 clearly shows initiation from God. It affirms Jesus as the One who came from God. And it says that faith in Jesus is faith in God's only begotten Son of being together with God. Therefore, it says that faith in Jesus is eternal life, not religious enlightenment. It says that those who believe in Jesus live eternal life and do not live a life that enhances attributes of the world. In other words, faith in Jesus is eternal life, not a religious attribute, religiosity. Those who believe in Jesus no longer live with the fallen lifespan in the world. In other words, they do not live in bondage to death.

I.0713. 사람으로부터 개시는 세상에서 움직임을 보입니다. 사람이 추구하는 것은 세상의 변화를 향합니다. 예수님의 가르침을 종교적으로 읽는 이들은 그 내용으로 자신들의 추구할 바로 받아들입니다. 그들은 예수님의 종교적 성찰이 자신들의 종교적 성찰의 지침을 준다고 여깁니다. 그러나 자기 향상은 자기 구원을 뜻하지 않습니다. 아무도 자신의 고양된 상태를 자신의 구원으로 여기지 않습니다. 고양된 '나'는 '나'로 남습니다. '나'가 종교적으로

해탈하더라도, '나'의 독자성은 그대로 유지됩니다. 그러나 '나'의 구원은 '나'의 독자성을 유지함이 아닙니다. 그래서 구원은 하나님과 함께하는 새 생명으로 말해집니다.

Initiation from man causes movement in the world. What man pursues is toward change in the world. Those who read Jesus' teachings religiously accept its content as their own pursuit. They think that Jesus' religious reflection provides guidance for their own religious reflection. But self-improvement does not mean self-salvation. No one regards his exalted state as his salvation. The exalted 'I' remains 'I.' Even if 'I' am religiously emancipated, 'my' identity remains the same. But 'my' salvation is not about maintaining 'my' identity. So salvation is spoken of as new life of being together with God.

I.0714. '나'는 타락된 '나'입니다. '나'의 독자성은 타락된 의식입니다. 하나님의 말씀을 어기고 '나'의 충동으로 나아가는 것이 '나'의 독자성입니다. 하와는 하나님의 말씀을 거역하고 선악과를 따먹는 만큼 자신의 독자성을 보입니다. '나'의 독자성은 '나'의 주체성이지만, 하나님의 말씀을 거역하는 타락입니다. 그렇게 표현되는 '나'의 속성으로 '나'의 삶은 타락된 세상에서 영위됩니다. 물론 이 얘기는 하나님의 창조에 근거해서 말해집니다. 창조를 배경으로 말해지지 않으면 "타락"이라는 말은 무의미합니다. 창조된 사람은 타락됨으로 '나'로 개인화되게 됩니다. 하나님의 말씀으로 창조된 세상은 타락된 '나'의 세상이 됩니다.

'I' am the fallen 'I'. 'My' identity is a fallen consciousness. Disobeying God's word and following 'my' impulse is 'my' identity. Eve shows her identity to the extent that she disobeys God's word and eats the fruit from the tree of the knowledge of good and evil. 'My' identity is 'my' independence, but it is a fall that disobeys God's word. With 'my' attributes expressed in that way, 'I' lead 'my' life in the fallen world. Of course, this story is told based on God's creation. The word, "fall," is meaningless unless it is spoken against the background of creation. The created man becomes individualized as 'I' through the fall. The world created by God's word becomes the world of the fallen 'I'.

I.0715. 타락된 사람은 죽음을 맞이합니다. 즉 타락은 죽음을 내포합니다. 타락된 속성은 죽음을 반영합니다. 죽음은 '나'가 맞이할 것입니다. '나'는 하나님의 말씀을 거역하여 '나' 자신의 독자성을 보임으로, 죽음에 처해집니다. '나'의 죽음은 '나'의 실존으로 맞이하는 것입니다. '나'의 죽음은 일반적인 죽음의 한 경우로 보아지지 않습니다. 죽음은 '나'로 맞이됩니다. 즉 '나'의 죽음은 대체될 수 없음으로, '나'의 진정성을 보입니다. '나'의 죽음은 시간에 일어납니다. 죽음의 시간성은 맞이하게 되는 것임으로 순수한 의미에서 시간적입니다. 그러나 타락된 사람이 의식하는 시간은 죽음의 끝을 지닙니다. 실존적인 시간성은 죽음의 끝을 향합니다.

The fallen man encounters death. In other words, the fall entails death. Fallen attributes reflect death. Death will be faced by 'me.' 'I' disobey God's word and show 'my' identity, so 'I' am put to death. 'My' death is met with 'my' existence. 'My' death is not seen as a case of general death. Death is met as 'me.' In other words, 'my' death cannot be replaced, showing 'my' authenticity. 'My' death happens in time. The temporality of death is temporal in the true sense because it is what is to be encountered. But the time in the consciousness of the fallen man has an end of death. Existential temporality is directed to the end of death.

I.0716. 하나님의 말씀은 약속의 말씀임으로, 이루어질 것입니다. 그러나 타락된 사람은 죽음에 종속된 속성으로 삽니다. 그가 의식하는 시간은 그의 죽음을 맞이하는 시간입니다. 죽음에 종속된 그의 속성은 죽음에 대한 대처로 반응합니다. 욕망의 기본은 죽음에 대한 대처로 표현됩니다. 죽음이 타락의 기본 설정이니, 타락된 '나'는 '나'의 죽음을 의식하며 삽니다. 타락된 '나'는 죽음에 종속되어 삽니다. 달리 말하면, 죽음에 종속됨이 실존입니다. 죽음에 종속된 실존은 불변의 본질을 말하는 전통 존재론으로부터 벗어납니다. 즉 실존은 본질과 구별됩니다. 타락된 인간은 실존적이지 본질적이지 않습니다.

God's word is a word of promise, so it will be fulfilled. But the fallen man lives with his attribute of being subordinate to death. The time of which he is conscious is the time of his death. His attribute as subject to death responds by coping with it. The basis of desire is expressed in coping with death. Since death is the default setting of the fall, the fallen 'I' live conscious of 'my' death. The fallen 'I' live in subjection to death. In other words, subjection to death is existence. Existence subject to death deviates from traditional ontology that speaks of immutable essence. In other words, existence is distinct from essence. The fallen man is existential, not essential.

I.0717. 하나님의 약속은 앞으로 이루어질 것임으로, 시간성을 내포합니다. 시간의 경과로 설명되지 않습니다. 시간은 하나님의 약속의 이루어짐으로 펼쳐집니다. 이 점에서 하나님의 약속은 시간을 축적하고 있습니다. 하나님의 약속에 축적된 시간은 하나님의 약속이 이루어짐으로 펼쳐집니다. 실타래에서 실이 풀려지듯, 시간은 하나님의 약속에 의해 펼쳐집니다. 씨에 축적된 시간을 봅니다. 씨가 구조로만 보아지면, 나무 조각과 별 다를 바 없

습니다. 그러나 흙에 묻혀 썩으면, 싹이 나서 자라고 열매 맺습니다. 이 점에서 씨의 자람은 축적된 시간의 펼쳐짐으로 볼 수 있습니다. 그래서 예수님은 씨의 비유로 하나님의 나라를 가르치십니다.

God's promise is to be fulfilled afterwards, so it entails temporality. It cannot be explained by the passage of time. Time unfolds as the fulfillment of God's promise. In this respect, God's promise is accumulating over time. The time accumulated in God's promise unfolds as His promise is fulfilled. Just as a thread is unraveled from skein, time unfolds according to God's promise. View the time accumulated in the seed. In terms of structure alone, a seed is no different from a piece of wood. However, if it is buried in the soil and rots, it sprouts, grows, and bears fruit. In this respect, the growth of a seed can be seen as the unfolding of accumulated time. So Jesus teaches the kingdom of God through the parable of the seed.

I.0718. 이렇게 '나'의 시간성과 씨의 시간성을 다룹니다. '나'의 시간성은 '나'의 죽음으로 단절됩니다. 그러나 씨의 시간성은 죽음으로 싹트고 열매 맺음으로 씨에서 씨로 이어지는 영구성을 보입니다. 즉 씨의 시간성은 단절될 수 없습니다. 따라서 하나님의 나라는 씨로 비유되지, '나'들의 모임으로 말해질 수 없습니다. '나'들의 모임은 타락된 세상의 국가로 보입니다. 죽음에 종속된 삶입니다. '나'로부터 의식되는 삶은 죽음을 벗어날 수 없습니다. 타락됨으로부터 벗어날 수 없습니다. 즉 '나'로부터 구원은 의식될 수 없습니다. 구원이 아닌 해탈이 '나'로부터 말해질 수 있습니다.

In this way, 'my' temporality and the seed temporality are different. 'My' temporality is cut off by 'my' death. However, the seed temporality shows permanence from seed to seed, sprouting through death and bearing fruit. In other words, the seed temporality cannot be severed. Accordingly, the kingdom of God is likened to a seed, and cannot be said to be a gathering of 'I.' The gathering of 'I' appears to be a kingdom of the fallen world. It is a life dependent on death. A life conscious 'I' cannot escape death. There is no escape from the fall. In other words, salvation cannot be conscious of 'me.' Emancipation, not salvation, can be spoken of from 'I.'

I.0719. 타락의 결정적 요소는 죽음입니다. '나'의 의식은 죽음을 벗어날 수 없습니다. 따라서 '나'의 속성은 실존이라고 하지 본질이라고 하지 않습니다. 이 점에서 실존주의는 성경의 관점에서 보아 타락된 '나'를 적나라하게 표현한다고 하겠습니다. 창조된 인간이 죽음에 속박되었다는 것이 타락의 결정적 내용입니다. 창조된 인간은 하나님의 말씀으로 좋고 축복되지만, 타락된 인간은 죽음에 처해 소멸됩니다. 창조에는 하나님의 말씀이 내재하지만, 타락에는 죽음에 종속된 속성이 분출됩니다. 죽음을 자연적이라고 보는 것과 타락에 대한 처벌로 보는 것은 전혀 다릅니다. 구원은 타락으로 적절하게 말해지지만, 자연으로 말해질 수 없습니다.

The decisive factor in the fall is death. 'I' consciousness cannot escape death. Therefore, the attribute of 'I' is called existence, not essence. In this respect, existentialism can be said to express explicitly the fallen 'I' from the perspective of the Bible. The decisive content of the fall is that created man is subject to death. Created man is good and blessed by God's word, but fallen man is put to death and annihilated. In creation, God's word is inherent, but in the fall, attributes subordinate to death are unleashed. Viewing death as natural and viewing it as a punishment for the fall are two very different things. Salvation is properly spoken as the fall, but it cannot be spoken of as nature.

I.0720. 하나님의 약속은 타락된 세상에 하나님의 개입된 경과를 보이지 않습니다. 하나님의 말씀은 타락된 세상에 자취로 말해질 수 없습니다. 하나님의 말씀은 타락된 세상의 자취로 이루어지지 않습니다. 따라서 예수님은 세상의 자취로 기술될 수 없습니다. 예수님을 역사적으로 말하는 것은 예수님을 세상의 자취로 보는 것입니다. 예수님을 종교적으로 접근하는 것은 타락된 속성, 곧 종교성으로 바라보는 것입니다. 타락된 속성으로 사는 이들은 예수님도 그들과 같이 종교성을 지닌다고 봅니다. 예수님이 세상의 자취로 말해지는 한, 구원의 내용은 들려지지 않습니다. 구원은 타락된 세상의 자취일 수 없습니다.

God's promise does not show any progress of His intervention in the fallen world. God's word cannot be spoken of as a trace in the fallen world. God's word is not fulfilled as the trace of the fallen world. Accordingly, Jesus cannot be described as a trace of the world. To speak of Jesus historically is to see Him as a trace of the world. To approach Jesus religiously is to view Him as a fallen attribute, that is, religiosity. Those who live with fallen attributes see Jesus as having a religious attribute just like them. As long as Jesus is spoken as a trace of the world, the content of salvation is not heard. Salvation cannot be a vestige of the fallen world.

I. 8
. . .

거룩함 Holiness

I.0801. 하나님의 말씀은 사람의 말로부터 구별됩니다. 이것이 성경을 읽는 전제입니다. 즉 성경을 읽는 기본 시각은 구별됨입니다. 구별됨은 성경을 세상에 많고 많은 문헌 가운데 하나로 읽지 못하게 합니다. 구별됨은 성경을 하나의 종교 경전으로 보아 다른 종교 경전과 비교되지 않게 합니다. 이 구별됨의 시각은 성경을 접하는 전제 조건입니다. "성경聖經"의 "거룩함"은 구별됨을 뜻합니다. 일반적 혹은 종교적으로 말하는 거룩함으로부터 다른 뜻을 지닙니다. 세상에서 거룩함은 비교적으로 말해집니다. 성인聖人은 보통 사람보다 탁월한 사람을 지칭합니다. 그러나 성경에서 거룩함은 비교되지 않는 구별됨을 보입니다.

God's word is separated from man's word. This is the promise for reading the Bible. In other words, the basic perspective for reading the Bible is separateness. Separateness does not let the Bible be read as one of many documents in the world. It does not let the Bible be seen as a religious scripture to be compared with other religious scriptures. This perspective of separateness is the prerequisite for accessing the Bible. "Holy" in "the Holy Bible" means separateness. It has a different meaning from holiness in general or religious terms. In the world, holiness is spoken of comparatively. A saint refers to a person who is superior to the average person. However, in the Bible, holiness is shown to be separate and incomparable.

I.0802. 세상 문헌은 비교해서 분류됩니다. 도서관이나 서점의 책은 분류해서 정리됩니다. 세상에 있는 것은 속성에 따라 분류됩니다. 문헌은 세상 속성이나 그 표현을 다룸으로, 그에 따라 분류되게 됩니다. "정치," "경제," "교육" 같은 말은 분류되는 속성을 따라 표현됩니다. 전문 분야는 특정한 분야에 집중적으로 연구하는 것을 뜻합니다. 삶에 표현되는 다양성은 분류해서 보아지지 않으면, 혼동을 일으킵니다. 따라서 사람들이 직업에 따른 활동에 종사하는 것은 삶의 특정한 분류에 속하는 것을 뜻합니다. 고도화된 전문성을 요하는 직업은 그 만큼 좁은 영역의 활동을 요합니다. 세상의 모든 것은 분류됩니다.

Worldly literature is classified by comparison. Books in the libraries and bookstores are categorized and organized. Things in the world are classified according to their properties. Literature deals with worldly properties or their expressions and is classified accordingly. Words such as "politics," "economics," and "education," are expressed according to the attribute they are classified as. Specialization refers to intensive study in a specific field. The diversity expressed in life causes confusion if it is not categorized. Therefore, when people engage in occupational activities, it means belonging to a particular category of life. Jobs that require advanced expertise require a narrow range of activities. Everything in the world is categorized.

I.0803. 분류는 세상 삶의 기본 의식입니다. 아이들을 향한 교육은 어떻게

분류할지 습득하게 합니다. 자기 것과 남의 것을 분류하고, 부엌에 있을 것과 화장실에 있을 것을 분류하게 합니다. 세상의 복잡한 현상을 분류해서 정리하는 것은 과학 개념을 형성하는 기초입니다. 인과관계를 적용하려면 우선 인과관계로 엮이는 현상이 분류되어야 합니다. 대학에 들어가 전공과목을 택하는 것은 그 분야의 특정된 현상을 인과관계로 설명하는 훈련을 거치려는 것입니다. 세상을 안다고 할 때, 기본적으로 세상의 복잡한 현상을 분류해서 파악하는 능력을 보여야 합니다. 혼동은 제대로 분류하지 못하기 때문에 생깁니다.

Classification is a basic consciousness of life. Education toward children teaches them acquire how to classify: have them sort their own things and others people's things, and what will be in the kitchen and what will be in the bathroom. Classifying and organizing complex phenomena in the world is the basis of for forming scientific concepts. To apply causal relationships, the phenomena involved in causal relationships must first be classified. Entering college and choosing a major subject means going through training in explaining specific phenomena in that field through causal relationships. When one knows the world, he must basically demonstrate the ability to classify and understand complex phenomena in the world. Confusion arises from poor classification.

I.0804. 분류는 범주의 적용을 따른 정리입니다. 따라서 이해가 따라옵니다. 이해는 범주를 적용하는 능력입니다. 즉 이해는 대상을 향한 분류 능력을 보입니다. 이해하는 이들은 일어나는 현상을 분류하며 현상을 따라 적응하거나 현상을 바꾸어 갑니다. 세상에 있는 것을 파악하는 능력은 대상에 대해 적절한 서술을 부여하는 것입니다. "태양이 밝다"는 표현에, "밝다"는 서술이 태양에 부여됩니다. "밝다"라는 서술이 부여될 때, 적절한 범주가 적

용되어야 합니다. "시끄럽다," 혹은 "고상하다" 같은 술어는 태양에 부여되지 않습니다. 범주가 제대로 적용되지 않은 문장은 무의미합니다.

Classification is organization through the application of categories. So, understanding follows. Understanding is the faculty to apply categories. In other words, understanding shows the ability to classify objects. Those who understand classify phenomena that occur and adapt or change them accordingly. The faculty of apprehending what is in the world is to give an appropriate description of that object. In the expression, "the sun is bright," the predicate, "bright," is given to the sun. When the predicate, "bright," is given, the appropriate category should be applied. Predicates such as "noisy" or "noble" are not given to the sun. Sentences without proper application of categories are meaningless.

I.0805. 범주가 제대로 적용된 문장에, 맞다 혹은 틀리다가 언급될 수 있습니다. 대부분 경우 "태양은 밝다"는 맞습니다. 그러나 일식 때 "태양은 어둡다"가 맞습니다. 그렇지만 누가 "태양은 고상하다"고 하면, 그 말이 맞다 혹은 틀리다고 판단되기 전에 그가 무얼 뜻하려 하는지 생각하게 됩니다. 비유나 알레고리는 적절한 범주에 속하지 않는 서술을 주어에 부여하는 표현입니다. 따라서 비유나 알레고리에 맞다 혹은 틀리다는 판단이 적용되지 않습니다. 그러나 그 뜻은 범주를 적용하여 해석되어야 합니다. "태양이 고상하다"는 표현은 태양이 세상 조건으로부터 높이 있다는 것을 뜻한다는 식으로 구체적인 용어로 설명되어야 합니다.

In sentence where the category is applied correctly, it may be stated as true or false. In most cases, "the sun is bright," is correct. But during a solar eclipse, "the sun is dark" is correct. However, when someone says, "The sun is noble," his intended meaning must be thought of before its truth or falsehood is judged. A parable or allegory is an expression that gives the subject a predicate that does not fall into the appropriate category. Therefore, the judgment of right or wrong does not apply to parables or allegories. But its meaning must be interpreted by applying categories. The expression, "the sun is noble," must be explained in concrete terms, such as meaning that the sun is high above the worldly conditions.

I.0806. 범주가 적용된 이해는 세상에 있는 것을 파악하는 능력입니다. 폭넓게 세상을 이해한 이들은 그만큼 세상에 미치는 영향이 큽니다. 이해의 폭이 넓혀지는 만큼 활동 범위가 확장된다는 점에서, 자유의 영역 또한 확장되게 됩니다. 특히 과학 기술의 발전은 이해의 미침을 보다 직접적으로 보입니다. 과학 기술은 힘의 개념을 도입함으로 만연하게 됩니다. 따라서 과학 기술의 이해는 힘의 구사에서 직접적으로 보입니다. 이 때문에 범주를 적용하여 구사하는 힘을 분류하는 것은 중요합니다. 범주에 대한 예리한 의식이 없이 힘을 무분별하게 적용하면 삶은 혼란에 빠져들게 됩니다. 정치적인 힘이 경제나 교육에 무분별하게 개입됨으로 생기는 문제가 자주 보입니다.

Categorized understanding is the faculty of grasping what is in the world. Those who understand the world broadly have a greater impact on the world. As the range of activities expands as the range of understanding expands, the area of freedom also expands. In particular, the advancement of science and technology shows the impact of understanding more directly. Science and technology become prevalent with the introduction of the concept of power. Therefore, the understanding of science and technology is directly seen in the use of power. For this reason, it is important to apply categories to classify the forces at play. If force is applied indiscriminately without a keen awareness of categories, life descends into chaos. Problems arising from the indiscriminate intervention of political power in the economy or education are seen frequently.

I.0807. 거룩함은 분류됨이 아닌 구별됨을 뜻합니다. 따라서 거룩함은 세상에 속한 속성으로 분류될 수 없습니다. 성경은 세상의 문헌으로 분류될 수 없습니다. 종교적인 경전으로 분류될 수 없습니다. 따라서 성경은 범주를 적용해서 이해될 내용이 아닙니다. 거룩함은 세상에서 범주로 이해될 것을 차단합니다. "하나님이 거룩하시다"는 표현은 하나님을 세상 사람들이 의식하는 신에 견주어 말해질 수 없음을 뜻합니다. 하나님은 종교적인 신이 아니라는 뜻입니다. 따라서 거룩함은 사람들이 세상으로부터 추구해서 접근될 수 없는 영역을 알립니다. 거룩함의 영역에선 세상의 범주나 이해는 적용되지 않습니다.

Holiness means separateness, not classification. Therefore, holiness cannot be classified as an attribute of the world. The Bible cannot be classified as worldly literature. It cannot be classified as a religious scripture. Therefore, the Bible is not something to be understood by applying categories. Holiness cuts off what is understood by applying categories in the world. The expression, "God is holy," means that God cannot be compared to the god that people in the world are conscious of. This means that God is not a religious god. Holiness thus signals a realm that cannot be accessed by people seeking it from the world. In the realm of holiness, worldly categories and understanding are not applied.

I.0808. 하나님의 산 호렙에서 두리번거리던 모세는 하나님의 음성을 듣습니다: "이리로 가까이 오지 말라 네가 선 곳은 거룩한 근거이니 네 발에서

신을 벗으라."^{출애굽기 3:5} 하나님은 모세에게 그가 선 곳은 거룩한 근거로 의식하게 하려고 신을 벗게 하십니다. 이것은 출애굽 서사의 기본입니다. 출애굽 서사는 출애굽 여정은 세상 여정의 일종이 아닌 거룩함으로 여정인 것을 보입니다. 즉 출애굽의 여정은 거룩한 근거에서 서사됩니다. 거룩한 근거를 의식하지 않고 출애굽 서사를 읽으면 세상에서 일반적으로 보는 해방 이야기의 일종이라고 여겨지게 됩니다. 출애굽은 이스라엘 백성의 거룩함의 여정이지 해방의 여정이 아닙니다.

Moses, wandering around Horeb, the mountain of God, hears God's voice, "Do not draw near this place. Take your sandals off your feet, for the place where you stand is holy ground."^{Exodus 3:5} God had Moses take his sandals off his feet so that he would be aware that the place he was standing on was holy ground. This is the basis of the Exodus narrative. The Exodus narrative shows that the Exodus journey is not a sort of worldly journey, but a journey of holiness. In other words, the Exodus journey is narrated on holy ground. If one reads the Exodus narrative without being conscious of holy ground, he will think of it as a type of liberation story commonly seen in the world. The Exodus is a journey of holiness for the Israelites, not a journey of liberation.

I.0809. 거룩함이 간과되면, 성경 이야기는 세상 이야기 가운데 이해됩니다. 범주의 적용으로 이해되게 됩니다. 역사적으로 성경은 그렇게 읽혀 왔습니다. 범주를 적용해서 이해될 수 없는 성경 내용은 상징이나 메타포로 넘겨져 왔습니다. 거룩함으로 직접적으로 표현되는 내용은 상징이나 메타포로 넘겨지게 됩니다. 범주를 직접적으로 적용할 수 없는 표현에 대해 "상징"이나 "메타포"라는 말이 쓰입니다. 하나님께서 모세에게 말씀하신 거룩한 근거에 사람들이 범주를 적용하며 들어가려고 할 때, "거룩함" 대신 "상

징"이나 "메타포"를 발설하게 됩니다. 거룩한 근거는 그들이 추구하는 이상적인 영역이 아닙니다.

When holiness is overlooked, the Bible story is understood among the stories of the world. It is understood as an application of categories. Historically, the Bible has been read that way. Biblical content that cannot be understood by applying categories has been passed off as symbols or metaphors. Content that is directly expressed as holiness is transferred to symbols or metaphors. The word, "symbol" or "metaphor," is used for expressions that cannot be directly applied to categories. When people try to apply categories to the holy ground that God spoke to Moses, they end up using "symbols" or "metaphors" instead of "holiness." Holy ground is not the ideal realm they seek.

I.0810. 거룩한 근거에 선 모세는 더 이상 자신의 범주로 이해되는 삶을 살지 않습니다. 그의 사역은 자신이 추구하는 일이 아니라, 하나님에 의해 맡겨진 일입니다. 출애굽으로부터 이어지는 모세의 일은 자신의 의도된 일로 볼 수 없습니다. 모세에 의해 세상에 보이는 것은 하나님으로부터 드러나는 거룩함입니다. 즉 모세를 통해 하나님으로부터 드러나는 거룩함의 분출을 보게 됩니다. 출애굽의 이야기에서 거룩한 근거가 간과되면, 이어지는 하나님께서 보이신 일은 하나님의 개입이라고 하거나 역사적 사건으로 풀이되게 됩니다. 출애굽 이야기에서 역사적 사실로 부여될 수 없는 것은 이스라엘 백성의 상상으로 여겨집니다.

Standing on holy ground, Moses no longer lives a life understood in his own categories. His ministry is not something he pursues on his own, but something entrusted to him by God. Moses' work following the Exodus cannot be seen as his own intentional work. What is shown to the world by Moses is holiness disclosed from God. In other words, the outpouring of holiness disclosed from God through Moses comes to be seen. If holy ground is overlooked in the Exodus story, what God subsequently worked will be interpreted as His intervention or as a historical event. In the Exodus story, what cannot be assigned historical fact is considered the imagination of the Israelites.

I.0811. 출애굽의 거룩함은 출애굽을 역사적이나 종교적 풀이되는 것을 금합니다. 거룩하신 하나님이 세상에 드러남인 거룩함은 세상의 범주로 이해되게 되지 않습니다. 이집트에서 나온 이스라엘 백성은 모세를 따라 거룩한 근거의 여정을 보입니다. 그들의 출애굽의 여정 가운데 자신들의 이해에 따른 판단은 그들 자신의 행위를 보입니다. 그것에 대해 하나님의 진노가 내립니다. 거룩한 근거에서 분출되는 하나님의 진노입니다. 거룩함의 여정에서 이스라엘 백성은 자신들의 판단을 보일 수 없습니다. 그들은 그들의 주체적인 삶을 살 수 없습니다. 그들은 거룩한 근거에선 거룩한 백성입니다. 이것이 출애굽의 기본 관점입니다.

The holiness of the Exodus prohibits historical or religious interpretation of the Exodus. Holiness, which is the disclosure of the holy God to the world, is not understood through worldly categories. The Israelites came out of Egypt and followed Moses on the journey of holy ground. During their journey of the Exodus, their judgment based on their own understanding shows their own actions. God's wrath comes down on that. It is God's wrath erupting from holy ground. On the journey of holiness, the Israelites cannot show their judgment. They cannot live their independent life. They are the holy people on holy ground. This is the basic perspective of the Exodus.

I.0812. 구약에서 거룩함은 갈등을 보입니다. 거룩함이 세상 조건 가운데 표현되기 때문입니다. 출애굽의 여정은 세상 조건 가운데 이루어집니다. 세상 조건 가운데 드러나는 거룩함은 세상 조건을 차단하는 갈등으로 이어집니다. 이 때문에 이스라엘 백성은 외부적인 갈등과 더불어 내부적인 갈등을 겪습니다. 세상 조건 가운데 이루어지는 출애굽의 여정은 외부적으로는 다른 종족의 땅을 거쳐야 했고, 내부적으로는 자신들에 필요한 조건을 갖추어야 했습니다. 그렇지만 출애굽에서 보이는 갈등은 거룩함이 조건적인 세상에 드러나기 때문입니다. 단순히 세상 조건 가운데서 야기되지 않습니다.

In the Old Testament, holiness is in conflict, for holiness is expressed in worldly conditions. The journey of the Exodus is fulfilled amidst worldly conditions. Holiness disclosed in the midst of worldly conditions leads to conflict that blocks out worldly conditions. Because of this, the Israelites experience internal conflict as well as external conflict. The journey of the Exodus, which is fulfilled in the midst of worldly conditions, has to go through the lands of other races externally, and has to meet the conditions necessary for themselves internally. However, the conflict seen in the Exodus is because holiness is disclosed in the conditional world. It is not simply caused by the worldly conditions.

I.0813. 거룩함은 세상에 분류되지 않은 점에서 하나님으로부터 드러납니다. 하나님으로부터 드러나는 것은 거룩합니다. 따라서 성경이 하나님의 말씀이라고 말해질 때, 거룩함이 내재됩니다. 성경에 담아진 말은 하나님으로부터 임하기 때문입니다. 즉 "하나님의 말씀"이 발설될 때, 거룩함이 간과되지 말아야 합니다. 하나님의 말씀은 사람의 말과 비교되어 말해지지 않습니다. 성경이 하나님의 말씀이라고 할 때, 세상 범주를 적용하는 이해는 차단됩니다. 사람들은 성경이 하나님의 말씀이라고 하면서, 성경을 종교적으로

접근합니다. 이 때문에 그들은 성경이 깨달음을 주는 것이라고 생각합니다. 이렇게 성경의 구별됨은 간과되게 됩니다.

Holiness is disclosed from God in that it is not categorized by the world. What is disclosed from God is holy. Therefore, when the Bible is said to be God's word, holiness is inherent because the words contained in the Bible come from God. In other words, when "God's word" is uttered, holiness should not be overlooked. God's word is not spoken in comparison to man's word. When the Bible is said to be God's word, understanding that applies worldly categories is precluded. People say that the Bible is God's word, they approach the Bible religiously. For this reason, they think that the Bible is enlightening. In this way, the separateness of the Bible becomes overlooked.

I.0814. 성경을 그리스 철학으로 풀이하는 것은 문제입니다. 철학은 이해의 내용입니다. "철학"이 지혜의 사랑을 뜻하기 때문에 이 점은 분명합니다. 지혜는 사람들이 세상을 살기 위함입니다. 지혜엔 거룩함이 반영될 수 없습니다. 따라서 성경이 지혜로 풀이되면, 거룩함은 상실됩니다. 교회에서 세운 교리는 성경이 지혜로 풀이된 내용입니다. 즉 교리는 이해를 위함입니다. 따라서 거룩함을 보일 수 없습니다. 사람의 이해한 말은 거룩함을 담을 수 없습니다. 이 때문에 성경은 사람의 이해로 풀이되지 말아야 합니다. 하나님의 말씀으로 성경은 거룩하지만, 사람의 이해로 정리된 교리는 거룩하지 않습니다.

Interpreting the Bible through Greek philosophy is problematic. Philosophy is the content of understanding. This is obvious because "philosophy" means the love of wisdom. Wisdom is for people to live in the world. Wisdom cannot reflect holiness. Therefore, when the Bible is interpreted with wisdom, holiness is forfeited. The doctrines established by the church are the contents of the Bible interpreted with wisdom. In other words, doctrines are for understanding; therefore, they cannot show holiness. The word of man's understanding cannot contain holiness. For this reason, the Bible should not be interpreted through man's understanding. The Bible is holy because it is God's word, but doctrines organized through man's understanding are not holy.

I.0815. 성경은 하나님으로부터 드러남을 거룩함으로 표현합니다. 계시는 종교적인 표현입니다. 따라서 하나님의 계시는 종교적으로 접해집니다. 그러나 거룩함은 종교적인 접근을 차단합니다. 거룩함은 구별된 내용으로 서사됩니다. 이 경우 구별된 내용은 인도되지 이해되지 않습니다. 출애굽으로 전개되는 것은 인도되는 내용입니다. 사람의 이해가 출애굽에 가미되면, 구별이 아닌 혼탁이 보입니다. 구약의 서사는 혼탁을 보입니다. 세상 조건에 처한 이스라엘 백성의 결정이 포함되기 때문입니다. 그 결과 출애굽의 삶은 이스라엘 백성의 왕국의 삶으로 이어지다 망하게 됩니다. 거룩한 삶은 세상에서 망하게 되지 않지만, 세상 왕국의 삶은 세상에서 망해지게 됩니다.

The Bible expresses the disclosure from God as holiness. Revelation is a religious expression. Thus, God's revelation is approached religiously. But holiness blocks religious access. Holiness is narrated as a separated content. In this case, the separated content is guided, not understood. What unfolds through the Exodus is the content of guidance. When man's understanding is added to the Exodus, not separateness but turbidity is seen. The Old Testament narrative shows turbidness, for it involves the decision of the Israelites in worldly conditions. As a result, the Exodus life leads to the life of the kingdoms of Israelites and then falls. The holy life will not be destroyed in the world, but the life of the worldly kingdom will be destroyed in the world.

I.0816. 예수님의 주기도는 "하늘에 계신 우리 아버지여 이름이 거룩히 여김을 받으시오며"^{마태복음 6:9}로 시작합니다. 예수님은 하늘 아버지께 기도가 거룩함으로 드려지는 것을 보이십니다. 기도가 하나님의 이루심을 향해 드려짐으로, 거룩 되어야 합니다. 하나님의 이루심이 거룩하니, 하나님의 이루심의 내용으로 표현된 기도도 거룩 되어야 합니다. 예수님을 따르는 제자들에 의해 발설되는 기도는 거룩 되어야 합니다. 예수님은 기도의 말로 구별된 언어를 가르치십니다. 세상에 구별된 언어가 기도로 표현됨을 보이십니다. 이렇게 신약은 구약과 달리 구별된 언어로 서사됩니다. 구별된 언어는 세상 조건에 처해 구별되지 않음으로, 세상 조건과 충돌되지 않습니다.

Jesus' Lord's Prayer begins with "Our Father in heaven, Hallowed be Your name."^{Matthew 6:9} Jesus shows that prayer is offered with holiness to the Father in heaven. Prayer must be holy as it is offered toward God's fulfillment. Since God's fulfillment is holy, prayer expressed with the content of God's fulfillment must also be holy. The prayer uttered by the disciples who follow Jesus must be holy. Jesus teaches the separated language through the word of prayer. Jesus shows that the separated language is expressed through prayer in the world. In this way, the New Testament is narrated in the separated language, unlike the Old Testament. The separated language is not separated under worldly conditions, so it does not conflict with worldly conditions.

I.0817. 예수님을 서사하는 복음서는 구별된 언어입니다. 복음서는 조건적인 세상에 오신 예수님의 이야기입니다. 그러나 예수님의 이야기는 세상

범주가 적용된 이해로 서사되지 않습니다. 그보다 성령님의 인도하심으로 서사됩니다. 따라서 복음서는 세상에서 구별되게 서사됩니다. 이 때문에 복음서를 이해되는 것으로 읽는 것은 문제입니다. 복음서는 거룩함으로 인도되는 내용입니다. 즉 복음서는 영성으로 인도됨으로 읽어지게 됩니다. 복음서는 사람의 지성에 의해 이해되지 않습니다. 복음서는 영적으로 인도되는 구별됨을 분명히 보입니다. 복음서에 하나님의 영에 의해 인도되는 거룩함이 드러납니다. 구약의 거룩함과 달리 신약의 거룩함은 영성으로 서사됩니다.

The Gospel that narrates Jesus is in the separated language. The Gospel is the story of Jesus coming into the conditional world. But Jesus' story is not narrated through an understanding of worldly categories. Rather, it is narrated under the guidance of the Holy Spirit. Therefore, the Gospel is separately narrated in the world. This is why reading the Gospel as understood is problematic. The Gospel is about leading to holiness. In other words, the Gospel is by being guided by Spirituality. The Gospel is not understood by the man's intellectuality. The Gospel clearly shows the separateness guided Spiritually. In the Gospel, holiness guided by God's Spirit is disclosed. Unlike holiness of the Old Testament, the holiness of the New Testament is narrated as Spirituality.

I.0818. 예수님의 이야기인 복음서는 구원의 서사입니다. 예수님을 구원자로 서사합니다. 예수님이 구원자이심은 영성으로 서사됩니다. 복음서가 하나님의 영에 의해 인도된 서사이기 때문입니다. 따라서 복음서에 표현되는 구원은 영성으로 구별됩니다. 복음서의 구원은 사람의 지성으로 판단되는 내용은 아니지만, 하나님의 영에 의해 영성으로 인도되는 내용입니다. 복음서는 구원의 영성으로 서사됨으로, 그렇게 읽어져야 합니다. 따라서 복

음서의 내용을 사실성에 근거해서 질문하는 것은 잘못입니다. 구원의 내용은 사실적일 수 없습니다. 복음서의 사실성을 찾는 것은 범주로 복음서를 이해하려는 것입니다.

The Gospel, Jesus' story, is a narrative of salvation. It narrates Jesus as the Savior. His being the Savior is narrated through Spirituality since the Gospel is a narrative guided by God's Spirit. Therefore, the salvation expressed in the Gospel is separated by Spirituality. Salvation in the Gospel is not something judged by man's intellectuality, but is guided Spiritually by God's Spirit. The Gospel is narrated with the Spirituality of salvation, and should be read as such. Therefore, it is wrong to question the contents of the Gospel based on factuality. The content of salvation cannot be factual. Finding the factuality of the Gospel means trying to understand it in terms of categories.

I.0819. 구원은 거룩함으로 의식되면, 혼동되지 않습니다. 거룩함을 전제하지 않는 구원은 세상에서 사람들이 추구하는 내용으로 의식되기 쉽습니다. 철학적 이상이나 종교적 깨달음으로 생각되기 쉽습니다. 구원은 하나님이 개시하시는 것임으로 거룩합니다. 구원이 거룩하지 않으면 세상의 변화로 설정될 수 있습니다. 이 때문에 거룩함은 구원의 전제여야 합니다. 거룩하지 않은 구원은 하나님보다 사람으로부터 말해집니다. 구원의 하나님을 의식하지 않고 말해집니다. 따라서 영성으로 표현되지 않은 구원은 사람이 상상하는 구원입니다. 죽은 후에 천국에 가는 것으로 구원을 말하는 것은 상상에 지나지 않습니다.

Salvation, when conscious of holiness, is not confused. Salvation that does not presuppose holiness is easily perceived as something people pursue in the world. It is easy to be thought as a philosophical ideal or religious enlightenment. Salvation is holy because it is initiated by God. If salvation is not holy, it can be set up as a change in the world. For this reason, holiness must be a prerequisite for salvation. Unholy salvation speaks from man rather than from God. It is said without awareness of the God of salvation. Therefore, salvation that is not expressed in Spirituality is the salvation that man imagines. Talking about salvation as going to the kingdom of heaven after death nothing more than imagination.

I.0820. 구별되지 않은 말로 표현하는 기도는 세상에 있을 수 있는 것을 향합니다. 따라서 그런 기도는 구원의 기도일 수 없습니다. 그런 기도는 단지 세상의 변화를 바라는 표현입니다. 반대로 구별된 말로 하는 기도는 기도자의 의도적인 표현일 수 없습니다. 성령님에 의해 인도되는 기도여야 합니다. 성령님에 의해 인도되는 기도로 구원의 언어는 세상에 표출됩니다. 사람들이 이해하고 판단하는 내용으로 구원의 언어는 나올 수 없습니다. 구원은 하나님께서 이루시는 것이니, 기도로만 표현됩니다. 이렇게 기도의 삶과 구원의 삶은 직결됩니다. 거룩함, 구원, 기도의 깊이, 그리고 영적 인도는 같이 의식됩니다.

Prayer expressed in an unseparated word is directed to what can be in the world. Therefore, such a prayer cannot be a prayer of salvation. Such prayer is merely an expression of wish for change in the world. Conversely, prayer expressed in separated words cannot be an intentional expression of the prayer. It must be a prayer guided by the Holy Spirit. Through prayer guided by the Holy Spirit, the language of salvation is manifested to the world. The language of salvation cannot come out from what people understand and judge. Because salvation is what God fulfills, it is only expressed through prayer. In this way, a life of prayer and a life of salvation are directly connected. Holiness, salvation, depth of prayer, and Spiritual guidance are conscious of themselves together.

II부

구원의

임
함

The Coming of Salvation

II. 1

· · ·

성육신 The Incarnation

II.0101. 요한복음은 예수님이 세상에 오신 것을 성육신으로 서사합니다. 요한복음은 성육신을 이렇게 표현합니다: 창조 전 하나님과 함께한 말씀이 육신이 되었다. 성육신은 창조 전 예정의 관점에서 전개된 예수님 서사의 소산입니다. 성육신은 예수님이 창조 전 하나님과 함께한 말씀으로부터 세상에 오신 것을 보이려 합니다. 예수님의 이야기는 창조 전 하나님과 함께한 말씀으로 서사되어야 한다는 것을 보이려 합니다. 이것은 예수님의 이야기는 세상에 보이는 현상으로 서술될 수 없다는 것을 시사합니다. 이것은 예수님의 이야기는 창조 전 하나님과 함께하는 말씀의 재현이어야 하는 것을 시사합니다.

The Gospel of John narrates Jesus' coming into the world as the incarnation. It expresses the incarnation this way: the Word who was with God before creation became flesh. The incarnation is the outcome of the narrative of Jesus developed from the perspective of predestination before creation. The incarnation seeks to show that Jesus came to the world from the Word whom God was together with before creation. It is to show that Jesus' story must be narrated with the Word whom God was together with before creation. This implies that Jesus' story cannot be described as a phenomenon visible to the world. This implies that Jesus' story must be a recapitulation of the Word whom God was together with before creation.

II.0102. 요한복음의 성육신은 마태복음과 누가복음에 나오는 예수님의 탄생 이야기와 비교됩니다. 마태와 누가는 예수 그리스도는 동정녀에 성령님으로 잉태되셨고 그분 백성을 죄로부터 구원하실 것이라고 서사합니다. 마태와 누가는 분명히 예수님은 구원자, 그리스도로 서사됨을 보입니다. 따라서 그들은 동정녀에게 성령님의 잉태를 환기합니다. 그들이 구상하는 동정녀에게 성령님의 잉태는 사실이 아닌 구원입니다. 그들은 구원이 성령님으로 태어남을 시사합니다. 그들은 구원이 세상의 변화가 아닌 성령님으로 새로 태어남을 암시합니다. 이렇게 그들은 성령님에 의한 예수님의 잉태로 구원의 태어남을 구상합니다.

The incarnation in the Gospel of John is compared to the stories of Jesus' birth in the Gospels of Matthew and Luke. Matthew and Luke narrate that Jesus Christ was conceived of the Holy Spirit in a virgin and He would save His people from their sins. Matthew and Luke clearly show that Jesus is narrated as Christ, the Savior. Thus, they evoke the conception of the Holy Spirit in a virgin. Their envision of the conception of the Holy Spirit in a virgin is not a fact, but salvation. They imply that salvation is born of the Holy Spirit. They insinuate that salvation is not a change of the world but a new birth by the Holy Spirit. In this way, they envision the birth of salvation through the conception of Jesus of the Holy Spirit.

II.0103. 잉태나 출생은 세상에 출현을 함축합니다. 세상의 근거로 언급됩니다. 따라서 잉태나 출생으로 퇴고된 내용은 보통 사람들과 쉬이 소통됩니다. 그들은 잉태와 출생으로 세상에 나타납니다. 그렇지만 잉태나 출생으로 퇴고된 내용은 은연중 세상으로부터 바라보는 시각을 세웁니다. 보통 사람들은 세상을 근거로 모든 것을 봅니다. 따라서 그들은 세상을 근거로 예수님의 이야기를 읽을 수 있습니다. 이런 세상 설정에서 예수님을 구원자로 서사하는 것은 온전할 수 없습니다. 구원은 세상 설정에 담아질 수 없기 때문입니다. 따라서 예수님을 구원자로 말하기 위해 세상이 아닌 새로운 근거가 고려되어야 합니다.

Conception or birth implies emergence into the world. It is mentioned as the basis of the world. Therefore, elaboration related to conception or birth is easily communicated to ordinary people. They appear in the world through conception and birth. However, the elaborated content of conception and birth implicitly sets up a perspective from the world. Ordinary people see everything based on the world. So they can read Jesus' story based in the world. In this world setting, it cannot be complete to narrative Jesus as the Savior, for salvation cannot be entailed in worldly settings. Accordingly, a new ground other than the world must be considered to speak of Jesus as the Savior.

Ⅱ.0104. 요한복음은 예정의 시각으로 시작합니다. 세상이 아닌 예정의 근거에서 예수님의 이야기를 퇴고합니다. 예정의 근거에서 예수님은 창조 전 하나님과 함께한 말씀의 성육신으로 세상에 오신 분으로 확언됩니다. 예수님은 창조 전으로부터 창조된 세상에 성육신으로 오셨습니다. 이렇게 요한복음은 창조 전 예정의 근거를 구상합니다. 요한복음의 예수님 서사는 세상의 근거에서 펼쳐지지 않고 예정의 근거에서 펼쳐집니다. 예수님은 세상에 탄생하신 예수님이기보다 예정된 성육신의 예수님이십니다. 요한복음은

세상 사람들이 직접적으로 바라볼 수 없는 성육신의 예수님을 부각합니다.

The Gospel of John begins with the perspective of predestination. It elaborates Jesus' story from the ground of predestination, not the world. On the ground of predestination, Jesus is affirmed as the One who came into the world as the incarnation of the Word whom God was together with before creation. Jesus came as incarnation into the world created before creation. In this way, The Gospel of John envisions the ground for predestination before creation. The narrative of Jesus in the Gospel of John unfolds not on the basis of the world, but on the ground of predestination. Rather than born into the world, Jesus is the predestinated incarnation of Jesus. The Gospel of John highlights the incarnate Jesus who cannot be seen directly by worldly people.

II.0105. 성령님으로 잉태된 예수님은 성령님의 인도하심으로 서사됩니다. 그리고 창조 전 하나님과 함께한 말씀의 성육신으로 오신 예수님은 창조 전 하나님과 함께한 말씀의 드러남으로 서사됩니다. 창조 전 하나님과 함께한 말씀은 단지 자체로 드러날 뿐입니다. 성육신은 단지 드러남으로 보이지 세상의 사태로 서술되지 않습니다. 마태복음과 누가복음에 나오는 예수님의 이야기는 성령님에 의해 인도됨으로 서사됩니다. 그리고 요한복음에 나오는 예수님의 이야기는 성육신된 창조 전 하나님과 함께한 말씀으로 서사됩니다. 어느 경우에도 예수님의 이야기는 하나님과 함께로 서사됩니다.

Jesus, conceived of the Holy Spirit, is narrated under the guidance of the Holy Spirit. And Jesus, who came as the incarnation of the Word of being together with God before creation is narrated as the disclosure of the Word of being together with God, for the Word of being together with God before creation is only disclosed in Himself. The incarnation is seen merely as a disclosure and is not described as a state of affairs in the world. Jesus' story in the Gospels of Matthew and Luke is narrated under the guidance of the Holy Spirit. And Jesus' story in the Gospel of John is narrated as the incarnated Word of being together with God before creation. In either case, Jesus' story is narrated in togetherness with God.

II.0106. 요한복음에서 성육신은 말씀이 육신으로 드러남으로 구상됩니다. 예수님이 말씀의 육신으로 드러남은 예수님이 세상에 부분으로 속하지 않음을 뜻합니다. 즉 성육신된 예수님은 세상의 구성요소가 아닙니다. 예수님은 세상에 드러남으로 세상의 부분으로 보이지 않습니다. 예수님이 성육신으로 세상에 드러남은 요한복음이 창조 전 예정으로 시작함으로 의미 있게 서사됩니다. 창조 전 예정은 창조 후 행선 가운데 드러난다고 말해질 수 있습니다. 창조 후 행선이 타락되었음으로, 예수님의 성육신은 창조 전 예정으로 타락된 세상에 드러납니다. 요한복음은 창조 전 예정된 말씀이 성육신된 예수님으로 세상에 드러나는 것을 분명하게 합니다.

In the Gospel of John, the incarnation is envisioned as the disclosure of the Word in flesh. Jesus being disclosed of the Word in flesh means that He does not belong to the world as a part. In other words, the incarnate Jesus is not a component of the world. Because Jesus is disclosed to the world, He is not seen as its part. Jesus' disclosure to the world through the incarnation is meaningfully narrated in the Gospel of John as it begins with predestination before creation. It can be said that predestination before creation was disclosed amid the destination after creation. Because the destination after creation has fallen, Jesus' incarnation is disclosed to the fallen world as predestination before creation. The Gospel of John makes it clear that the Word predestinated before creation was disclosed to the world as the incarnate Jesus.

II.0107. 이 시점에서 "성육신"이라는 말은 구원의 뜻으로 도입된 것이 분명해집니다. 타락된 세상에 드러난 창조 전 예정된 말씀은 타락된 세상의 구원으로 서사되어야 합니다. 그것은 타락된 세상 속성을 묘사하는 말일 수 없습니다. "성육신"이라는 말은 말씀과 하나님의 예정된 함께를 지닙니다. 말씀과 하나님의 예정된 함께는 타락된 세상의 속성 가운데 구원으로 드러납니다. 세상은 속성으로 타락되었습니다. 더 이상 하나님의 말씀으로 이루어지지 않습니다. 즉 타락된 세상에서 하나님의 창조의 말씀은 하나님의 함께를 반영하지 않습니다. 하나님의 함께로 드러나지 않는 하나님의 말씀은 사람의 말과 다르지 않습니다.

At this juncture, it becomes clear that the word, "incarnation," was introduced with the sense of salvation. The Word that was predestinated before creation disclosed to the fallen world must be narrated as the salvation of the fallen world. It cannot be a word that depicts the fallen property of the world. The word, "incarnation," carries the predestinated togetherness of the Word with God. The predestinated togetherness of the Word with God is disclosed as salvation amidst the properties of the fallen world. The world has fallen by its properties. It is no longer fulfilled through God's word. In other words, God's word of creation does not reflect God's togetherness in the fallen world. God's word, which is not disclosed through His togetherness, is no different from man's word.

II.0108. 하나님의 함께로 그분 말씀은 타락된 세상에 이루어지게 되지 않습니다. 타락된 사람들이 자신의 속성으로 살기 때문입니다. 그러면 하나님의 함께로 그분 말씀은 그분과 함께하는 예정된 말씀이어야 합니다. 그리고 그 말씀은 육신이 되어 하나님과 함께하는 성육신된 말씀으로 타락된 세상에 드러납니다. 이렇게 하여 하나님과 함께하는 말씀은 타락된 세상에서 발설됩니다. 세상에 오신 예수님은 다양한 시각에서 서사될 수 있습니다. 요한복음에서 예수님은 성육신의 시각에서 서사됩니다. 이렇게 하여 요한복음은 세상에 태어난 보통 사람들에게 적용될 수 없는 성육신의 언어를 생성합니다.

God's word with His togetherness cannot be fulfilled in the fallen world, for the fallen men live by their own attributes. Then, God's word with His togetherness must be the predestinated Word of being together with Him. And the Word becomes flesh and is disclosed as the incarnate Word of being together with Him to the fallen world. In this way, the Word of being together with God is uttered in the fallen world. Jesus who came to the world can be narrated from various perspectives. In the Gospel of John, Jesus is narrated from the perspective of the incarnation. In this way, the Gospel of John generates a language of incarnation that cannot be applied to ordinary people born in the world.

II.0109. 예수님이 성육신으로 서사됨으로, 예수님의 서사는 창조 전 하나님과 함께하는 말씀의 드러남이 됩니다. 예수님의 서사는 타락된 세상에서 하나님과 함께로 전개됩니다. 성육신된 예수님의 서사는 하나님과 함께의 서사입니다. 성육신된 예수님의 드러남은 타락된 세상 속성과 잘 대조됩니다. 요한복음은 타락된 세상에서 하나님과 함께는 성육신된 예수님의 서사에만 내포될 수 있음을 분명히 보입니다. 하나님의 말씀을 떠난 타락된 세상의 어떤 언어도 하나님과 함께를 전할 수 없습니다. 그러므로 하나님과 함께를 전하는 성육신의 언어는 타락된 세상의 어떤 언어와도 구별됩니다.

As Jesus is narrated as the incarnation, Jesus' narrative becomes the disclosure of the Word of being together with God before creation. Jesus' narrative unfolds in togetherness with God in the fallen world. The narrative of the incarnate Jesus is the narrative of being together with God. The disclosure of the incarnate Jesus contrasts well with the attribute of the fallen world. The Gospel of John clearly shows that togetherness with God in the fallen world is only entailed in the narrative of the incarnate Jesus. No language in the fallen world that separates from God's word can convey togetherness with God. Therefore, the language of incarnation that conveys togetherness with God is separated from any language of the fallen world.

II.0110. 하나님과 함께가 타락된 세상에 조건적으로 주장될 수 없으면, 창조 전 예정으로 전제되어야 합니다. 그러면 하나님과 함께가 타락된 세상에 드러남은 성육신으로 확언되게 됩니다. 성육신은 창조 전 예정된 하나님과 함께가 타락된 세상에 드러남입니다. 성육신은 예수님을 하나님과 함께로 서사하기 위해 도입됩니다. 이것은 예수님이 타락된 세상 속성으로 묘사될 수 없음을 시사합니다. 따라서 성육신의 사실성을 질문하는 것은 적절하지 않습니다. 즉 성육신의 예수님은 역사적일 수 없습니다. 성육신의 예수님을 서사하기 위해 요한복음은 새로운 생명의 언어를 도입합니다.

If togetherness with God cannot be conditionally asserted in the fallen world, it must be presupposed by predestination before creation. Then, the disclosure of togetherness with God in the fallen world will be confirmed through the incarnation. The incarnation is the disclosure of the predestinated togetherness with God before creation in the fallen world. The incarnation is introduced to narrate Jesus of being together with

God. This implies that Jesus cannot be portrayed with the attributes of the fallen world. Accordingly, it is improper to question the factuality of the incarnation. In other words, the incarnate Jesus cannot be historical. To narrate Jesus of incarnation, the Gospel of John introduces a new language of life.

II.0111. 요한복음은 창조 전 하나님과 함께한 말씀에 생명이 있었다고 확언합니다.[3:4] 말씀이 육신이 됨으로, 말씀 안의 생명은 육신 안에 생명이 됩니다. 따라서 성육신은 창조 전 하나님과 함께한 생명을 내포합니다. 여기서 창조 전 생명은 창조 후 수명과 대조됩니다. 창조 후 수명은 타락되어 죽음에 속박됩니다. 수명은 하나님의 말씀을 떠났음으로 자체의 속성을 보입니다. 자체의 독자성과 독립성을 지닙니다. 따라서 개인성으로 특정지어집니다. 개인은 자신의 수명을 향유합니다. 자신의 수명으로 타락된 세상에서 삽니다. 그는 타락된 세상에서 자신의 수명으로 사는 것을 자연스럽다고 생각합니다.

The Gospel of John affirms that in the Word of being together with God before creation was life.[3:4] As the Word became flesh, the life in the Word became life in the flesh. Therefore, the incarnation entails life of being together with God before creation. Here, life before creation is contrasted with lifespan after creation. Lifespan after creation has fallen to bound to death. It shows its own attributes by departing from God's word. It has its own identity and independence; thus, it is characterized by individuality. An individual cherishes his own lifespan. He lives in the fallen world with his lifespan. He takes it natural that he lives his lifespan in the fallen world.

II.0112. 성육신된 예수님은 하나님과 함께하는 생명을 지님으로, 타락된 세상에서 하나님과 함께로 서사됩니다. 예수님의 생명은 예수님 주위의 개인들이 지닌 수명과 대조됩니다. 예수님의 생명은 수명을 누리는 개인들에 의해 묘사될 수 없습니다. 이것은 예수님의 생명이 세상에 있는 보통 사람들이 쉬이 접해질 수 없다는 것을 뜻합니다. 공관복음에서 예수님 이야기는, 예수님께서 베푸시는 표적은 믿기지 않더라도, 접해집니다. 그러나 요한복음에서 예수님 이야기는 좀처럼 접해지지 않습니다. 요한복음은 독자들로 하여금 거리감을 갖게 합니다. 독자들로 하여금 서사하는 이가 그들과는 다른 근거에 선 것을 알아차리게 합니다.

The incarnate Jesus has life of being together with God and is narrated in togetherness with God in the fallen world. Jesus' life contrasts with the individuals' lifespan around Jesus. Jesus' life cannot be described by individuals cherishing their lifespan. This means that Jesus' life is not easily accessible to ordinary people in the world. In the Synoptic Gospels, Jesus' story is accessible even though the signs Jesus gives are unbelievable. However, Jesus' story in the Gospel of John is rarely touchable. The Gospel of John lets the readers have a sense of distance from it. It makes the readers notice that the narrator stands on a different ground from them.

II.0113. 예수님이 성육신된 예수님으로 보아지면, 세상에서 예수님의 활동은 창조 전 하나님과 함께하는 생명의 드러남으로 보아집니다. 예수님의 이야기는 타락된 세상에 대한 예수님의 반응이나 반항으로 읽어지지 않고 예수님 생명의 드러남으로 읽어집니다. 요한복음이 예수님의 생명을 사람의 수명으로부터 구별함으로, 예수님의 이야기는 타락된 세상의 사람의 수명 가운데 예수님의 생명의 드러남으로 전개됩니다. 즉 요한복음의 서사는 타락된 세상에 하나님과 함께하는 예수님 생명의 드러남에 초점이 맞춰집니다. 요한복음은 예수님의 생명이 사람 수명의 어두움 가운데 빛난다고 합니다.

If Jesus is seen as the incarnate Jesus, His activities in the world are seen as the disclosure of His life of being together with God before creation. Jesus' story is not read as His response and reaction to the fallen world, but read as the unveiling of His life. As the Gospel of John distinguishes Jesus' life from man's lifespan, Jesus' story unfolds as the disclosure of His life amidst man's lifespan in the fallen world. In other words, the narrative of the Gospel of John focuses on the disclosure of Jesus' life of being together with God in the fallen world. The Gospel of John notes that Jesus' life shines in the darkness of man's lifespan.

II.0114. 성육신된 예수님의 생명은 수명으로 사는 타락된 사람에 의해 묘사될 수 없습니다. 세상에서 객관적으로 서술될 수 없습니다. 즉 전기적인 이야기로 여겨지지 않습니다. 그러므로 예수님의 진술로만 드러납니다. 예수님의 진술은 세상에 성육신된 예수님의 생명이 임함에 대한 선포입니다. 세상에 좋은 소식으로 들려집니다. 요한복음은 성육신된 예수님의 생명을 복음으로 서사합니다. 성육신된 예수님의 생명은 하나님과 함께를 내포하기 때문입니다. 이 성육신은 요한복음이 서사를 펼치는 핵심 용어입니다. 요한복음은 성육신된 예수님을 세상에 복음으로 서사합니다.

The incarnate life of Jesus cannot be depicted by the fallen man of lifespan. It cannot be described objectively in the world. In other words, it is not considered a biographical story. Therefore, it is unveiled only through Jesus' statement. Jesus' statement is the proclamation of the coming of the incarnate life of Jesus into the world. It will be heard as good news to the world. The Gospel of John narrates the incarnate life of Jesus as the gospel, for the incarnate life of Jesus entails togetherness with God. This incarnation is a key term in the narrative of the Gospel of John. The Gospel of John narrates the incarnate Jesus as the gospel to the world.

II.0115. 성육신된 예수님은 자신의 생명을 일인칭 진술로 들려줍니다. 요한복음에서 성육신을 도입한 것은 예수님의 육신 때문이 아니라 예수님의 생명 때문입니다. 예수님은 생명을 보이시려고 일인칭으로 말씀하십니다. "나는 생명의 빵이다"[6:48], "나는 선한 목자다"[10:11], "나는 부활이요 생명이다"[11:25], "나는 길이요 참이요 생명이다"[14:6], 그리고 "나는 포도나무요 너희는 가지라"[15:5]와 같은 생명의 표현이 여기저기 나옵니다. 이 표현들은 선포적입니다. 세상에 좋은 소식으로 알려집니다. 하나님과 함께하는 생명의 좋은 소식으로 세상에 전파됩니다.

The incarnate Jesus tells His life in first-person statements. The introduction of the incarnation in the Gospel of John is not because of Jesus' flesh but because of Jesus' life. Jesus speaks in the first person to show His life. "I am the bread of life"[6:48], "I am the good shepherd"[10:11], "I am the resurrection and the life"[11:25], "I am the way, the truth, and the life"[14:6], and "I am the vine, you are the branches"[15:5] appear here and there. These expressions are proclamatory. These are announced as good news to the world. These are preached as good news of life of being together with God to the world.

II.0116. 성육신된 예수님 생명은 구원으로 드러납니다. 따라서 예수님의 일인칭 진술은 구원의 선포입니다. 그 진술은 예수님이 세상에 구원자로 임하심을 분명이 보입니다. 즉 그 진술은 구원의 내용을 명시적으로 드러냅니다. 그러므로 그 진술은 세상 사태로 풀이되지 말아야 합니다. 요한복음은 구원을 하나님과 함께하는 생명으로 분명하게 하기 때문에, 창조 전 하나님과 함께하는 말씀으로 시작합니다. 따라서 세상에 구원의 임함은 성육신된 예수님으로 서사됩니다. 요한복음은 예수님을 성육신으로 서사하는 점에서, 구원의 서사로 확언됩니다. 이 때문에 요한복음의 서두는 전반적인 서사의 지침입니다.

The incarnate life of Jesus is disclosed as salvation. Therefore, Jesus' first-person statements are the proclamations of salvation. The statements clearly exhibit Jesus has come to the world as the Savior. In other words, they explicitly disclose the content of salvation. Therefore, they should not be interpreted as states of affairs in the world. Because the Gospel of John makes it clear that salvation means life of being together with God, it begins with the Word of being together with God before creation. Therefore, the coming of salvation to the world is narrated through the incarnate life of Jesus. In that the Gospel of John narrates Jesus as the incarnation, it is confirmed as a narrative of salvation. For this reason, the prologue of the Gospel of John serves as the guiding theme of the overall narrative.

II.0117. 예수님은 세상에 구원자로 임하심으로, 예수님의 일인칭 진술은 구원의 내용입니다. 구원의 내용은 서술적으로 형성될 수 없습니다. 구원자에 의해 알려져야 하기 때문입니다. 구원자가 가르치고 보이는 것이 구원입니다. 세상 현상으로 이해될 수 없습니다. 그러므로 성육신과 구원은 연계됩니다. 둘 다 예정적이기 때문입니다. 성육신은 구원을 위함이고, 구원은 성육신으로 임합니다. 이 양상은 성육신된 예수님이 구원자시다는 확언에 잘 보입니다. 이 확언은 요한복음에 특별히 상술됩니다. 즉 요한복음은 예정된 구원을 성육신으로 분명하게 합니다. 성육신이 세상 사건이 아니듯, 구원도 세상 사건이 아닙니다.

Because Jesus came to the world as the Savior, Jesus' first-person statements are the content of salvation. The content of salvation cannot be formed descriptively, for it should be announced by the Savior. What the Savior teaches and shows is salvation. It cannot be understood as a worldly phenomenon. Therefore, incarnation and salvation are linked, for both are predestinated. Incarnation is for salvation, and salvation comes through incarnation. This aspect is clearly visible in the affirmation that the incarnate Jesus is the Savior. This affirmation is specifically expounded in the Gospel of John. In other words, the Gospel of John makes the predestinated salvation clear through the incarnation. Just as the incarnation was not a worldly event, salvation is not a worldly event.

II.0118. 구원은 하나님과 함께하는 언약을 함축함으로, 성육신은 언약의 성육신입니다. 하나님과 함께는 구원의 핵심입니다. 구원은 타락으로부터 하나님과 함께로 구속이기 때문입니다. 예수님의 성육신은 세상에 하나님과 함께하는 생명이 육신으로 임함을 뜻합니다. 따라서 성육신은 언약적으로만 서사됩니다. 예정된 하나님과 함께로 파생되기 때문입니다. 그러므로 성육신은 존재론적으로 특정지어질 수 없습니다. 성경의 구원은 존재론적이나 종교적인 통념이 아님으로, 성육신으로 구원의 드러남은 존재론적으로나 종교적으로 다루어질 수 없습니다. 성육신은 언약적으로만 접근됩니다.

As salvation connotes the covenant of being together with God, the incarnation is the incarnation of the covenant. Being together with God is the core of salvation, for salvation is for the redemption of being together with God from the fall. The incarnation of Jesus means that life of being together with God came to the world in flesh. Therefore, the incarnation is only narrated covenantally, for it is derived from the predestinated togetherness with God. Therefore, the incarnation cannot be specified ontologically. Since salvation in the Bible is not an ontological or religious notion, the disclosure of salvation through the incarnation cannot be treated ontologically or religiously. The incarnation is approached only covenantally.

II.0119. 성육신된 예수님은 언약의 예수님이십니다. 이 확언은 언약으로 전개되는 예수님 서사의 근거입니다. 즉 예수님을 따르는 제자들은 언약의 제자들입니다. 그들의 언약의 제자임은 성육신된 예수님의 생명을 누리는 것을 뜻합니다. 이것은 예수님께서 제자들에게 하신 말씀에서 보입니다: "나는 포도나무요 너희는 가지라."요한복음 15:5 그들의 제자도는 그들이 예수님의 생명, 곧 하나님과 함께하는 생명을 누리는 것을 뜻합니다. 그들은 하나님과 함께하는 언약의 제자들입니다. 언약의 제자들은 하나님과 함께하는 생명으로 세상에 드러납니다. 그들은 포도나무인 예수님의 가지입니다.

The incarnate Jesus is the covenant Jesus. This affirmation is the basis on the narrative of Jesus, which unfolds as the covenant. In other words, the disciples who follow Jesus are the covenant disciples. Being the covenant disciples means cherishing the life of the incarnate Jesus. This is seen in Jesus' saying to His disciples: "I am the vine, you are the branches."John 15:5 Their discipleship means that they cherish the life of Jesus, life of being together with God. They are the covenant disciples of being together with God. The covenant disciples are disclosed with life of being together with God to the world. They are the branches of the vine, Jesus.

II.0120. 요한복음은 제자도가 창조 전 하나님과 함께하는 예정된 생명에 뿌리내림을 보입니다. 요한복음은 예수님의 성육신을 상설함으로, 예수님의 제자들도 하나님과 함께하는 예정된 생명을 누림을 서사합니다. 그들이 예정된 하나님과 함께에 뿌리내리지 않으면, 타락된 세상에서 부유하기 마련입니다. 요한복음은 창조 전 예정과 창조 후 타락의 상관성을 위해 성육신을 구상합니다. 요한복음은 예정된 하나님과 함께로 시작하는 만큼, 타락을 심각하게 고려합니다. 요점은 타락된 세상에 하나님과 함께를 어떻게 드러내는가 하는 것입니다. 그 요점은 성육신으로 집약됩니다. 예수님이 성육신으로 서사되는 만큼, 예수님의 사실성은 고려되지 않습니다.

The Gospel of John shows that the discipleship is rooted in the predestinated life of being together with God before creation. As the Gospel of John expounds the incarnation of Jesus, it narrates that Jesus' disciples also cherish predestinated life of being together with God. If they are not rooted in the predestinated togetherness with God, they are destined to float in the fallen world. The Gospel of John envisions the incarnation as a correlation between predestination before creation and the fall after creation. Since the Gospel of John begins with the predestinated togetherness with God, it takes the fall seriously. The key point is how to disclose togetherness with God in the fallen world. It is condensed in the incarnation. To the extent that Jesus is narrated as the incarnation, the factuality of Jesus is not taken into consideration.

복음 The Gospel

II.0201. 그리스도교는 종교적이기 보다 언어적입니다. 복음이라는 언어로 이루어지기 때문입니다. "복음"은 "εὐαγγέλιον좋은 소식, 알림, 말"의 번역입니다. 예수님은 하나님의 복음을 선포하시며 사역을 시작하십니다.마가복음 1:14 예수님께서 하나님의 복음, 혹은 하나님 나라의 복음을 선포하신 것을 이은 사도들의 복음 선포로 그리스도교가 세상에 나타납니다. 사도들의 복음 선포를 따라, 그리스도인들로 교회가 세상 곳곳에 이루어집니다. 그러므로 그리스도교의 출현은 복음의 출현으로 말해져야 합니다. 복음은 예수님으로 임한 것이지 종교성과 같은 세상의 속성으로 표현된 것이 아닙니다.

Christianity is linguistic rather than religious, for it is fulfilled with a language, i.e., the gospel. "Gospel" is a translation of "εὐαγγέλιονgood news, tidings, word." Jesus, proclaiming the gospel of God, begins His ministry.Mark 1:14 Christianity appears in the world through the apostles' proclamation, succeeded from Jesus' proclamation of God's gospel, or the gospel of the kingdom of God. Following the apostles' proclamation of the gospel, the church of Christians is fulfilled all over the world. Therefore, the emergence of Christianity must be said to be the emergence of the gospel. The gospel came through Jesus and not expressed through worldly attributes such as religiosity.

II.0202. 신약에 나오는 처음 4권은 복음서로 불러지는 예수님의 이야기입니다. 구약에 나오는 처음 5권, 모세5경에 견주어집니다. 창조, 언약, 출애굽과 율법을 담은 모세5경은 창조된 세상에서 이스라엘 백성의 삶의 근간입니다. 율법은 창조된 세상에 출애굽한 이스라엘 백성이 하나님과 함께하는 언약의 삶을 사는 지침입니다. 즉 구약의 이스라엘 백성의 삶은 율법에 의해 집약됩니다. 그들은 율법을 지킴으로 하나님과 함께하는 언약의 삶을 산다고 확신합니다. 이 때문에 이스라엘 백성의 삶은 율법의 삶으로 규정됩니다. 이 경우 율법은 단순히 지금의 법과 같지 않습니다. 창조, 언약, 그리고 출애굽을 반영한 지혜의 내용입니다.

The first four books of the New Testament tell the story of Jesus, called the Gospels. They are compared to the first five books of the Old Testament, the Pentateuch. The Pentateuch of Moses, which contains creation, the covenant, the Exodus, and the law, is the basis of the life of the Israelites in the created world. The law is the direction for the Israelites who came out of Egypt to live the covenant life of being together with God in the created world. In other words, the life of the Israelites in the Old Testament is condensed by the law. They are convinced that they live the covenant life of being together with God by keeping the law. Because of this, the life of the Israelites is prescribed as the life of the law. In this case, the law simply would not be like the same as it is now. It is the content of wisdom that reflects creation, the covenant, and the Exodus.

II.0203. 이스라엘 백성은 율법을 지킴으로 창조주 하나님과 함께하는 언약의 삶을 산다고 여겼습니다. 율법은 지금의 법과 같이 사람이 지키는 행위를 요구하지만, 율법의 지킴은 지금 법의 지킴과 같지 않습니다. 지금 법의 지킴은 공동의 삶을 위한 기본 규범을 유지하기 위함이지만, 율법의 지킴은 율법을 지키는 속성을 장려하기 위함입니다. 따라서 지금 법은 법을 지키지 않는 이들을 보이게 하지만, 율법은 지키는 이들을 보이게 합니다. 율법을 지키는 행위는 사람들 가운데서 판단되고 모범으로 칭송되게 됩니다. 즉 율법은 율법을 지키는 이들을 의나 지혜로 돋보이게 합니다. 이 때문에 율법은 이스라엘 백성을 의인과 죄인으로 가릅니다.

The Israelites considered that by keeping the law, they would live the covenant life of being together with God, the Creator. The law requires people's activity of keeping it like the current law, but keeping of the law is not the same as keeping the current laws. Now, the purpose of keeping the law is to maintain the basic norms for common life, but the purpose of keeping the law is to encourage the attitude of keeping the law. Therefore, the law now makes visible those who do not follow the law, but the law makes visible those who do. The act of keeping the law is judged among people and praised as an example. In other words, the law makes those who keep it stand out for their righteousness and wisdom. For this reason, the law divides the Israelites into righteous and sinners.

II.0204. 율법은 지켜야 될 사항을 규정함으로, 율법을 지키는 이들과 지키지 않는 이들을 분명히 보이게 합니다. 그렇지만 율법을 지키는 사람과 하나님께서 함께하신다는 것은 율법으로 보장될 수 없습니다. 모세는 율법을 지키면 하나님께서 함께하신다는 율법 외적 조건을 율법과 더불어 이스라엘 백성에게 들려줍니다. 모세는, 하나님의 함께는 율법에 내포될 수 없기 때문에, 율법의 지킴에 부여되는 내용으로 언급합니다. 따라서 율법은 지키는 이들은 하나님과 함께 율법을 지킨다고 할 수 없습니다. 하나님의 함께는 율법에 내포되지 않고 율법의 지킴에 부여되기 때문입니다. 이것은 율법이 하나님과 함께하는 언약을 온전히 담을 수 없음을 보입니다.

The law stipulates matters that must be observed, making it clear to those who keep the law and those who do not. Nevertheless, it cannot guarantee that God is together with those who keep it. Moses tells the Israelites, along with the law, the external condition that God will be together with them if the keep it. Moses refers to the complementary content as being given to the keeping of the law, since God's togetherness cannot be included in the law. Therefore, those who keep the law cannot be said to keep the law of being together with God, for God's togetherness is not entailed in the law but given to the keeping of the law. This shows that the law cannot fully contain the covenant of being together with God.

II.0205. 구약엔 이스라엘 백성이 하나님과 함께하는 언약의 삶을 산다고 주장하지만, 그들의 결과는 그렇지 않습니다. 그들의 나라는 망했고, 그들의 삶은 붕괴됐고, 그들은 종살이로 끌려갔습니다. 그 때 하나님께서 그들과 함께하실 예언의 소리가 나왔습니다. 하나님께서 그들과 함께하실 것에 대한 예언은 메시아의 도래로 집약됩니다. 메시아의 예언은 율법을 지키는 이스라엘 백성과 하나님께서 함께하지 않으심을 시사합니다. 구약은 하나님 함께의 언약으로 출발하지만, 하나님께서 그들과 함께하실 것에 대한 예언으로 끝맺습니다. 즉 구약은 구약에서 전개되는 언약이 온전하지 않음을 보입니다.

In the Old Testament, the Israelites claim that they live the covenant life of being together with God, their outcome is not like that. Their nations were destroyed, their life collapsed, and they were dragged into slavery. At that time, the prophecy came out that God would be together with them. The prophecy about God's togetherness with them is condensed in the coming of the Messiah. Messianic prophecy implies that God is not together with the Israelites who keep the law. The Old Testament begins with the covenant of God's togetherness but ends with the prophecy that God will be together with them. In other words, the Old Testament shows that the covenant generated in the Old Testament is not wholesome.

II.0206. 사람들이 부여된 조건을 이행하는 것은 하나님께서 함께하심에 대한 충분조건이 되지 못합니다. 구약은 사람 편에서 무얼 해야 하는 것을 강조하지만, 하나님께서 함께하지 않으신 것을 보입니다. 구약은 대부분 하나님께서 이스라엘 백성을 징벌하시는 서사로 이어집니다. 그렇지만 그들을 향한 하나님의 징벌은 하나님의 함께 라는 언약의 근거에서 말해집니다. 율법과 종교성은 어떻든 사람의 속성으로 표현됨으로, 하나님 함께의 충분조건이 되지 못합니다. 즉 율법이나 종교성으로 표현되는 사람의 속성은 하나님의 함께를 보이는 것이라고 주장될 수 없습니다. 그렇다면 사람의 속성으로 표현되지 않는 하나님의 함께가 말해져야 합니다.

People's doing the conditions given is not a sufficient condition for God's togetherness. The Old Testament emphasizes what people should do, but it shows that God is not together with them. The Old Testament mostly continues the narrative of God punishing the Israelites. However, God's punishment for them is said on the basis of the covenant of God's togetherness. In any case, the law and religiosity are expressed as man's attributes, so they are not sufficient conditions for God's togetherness. In other words, it cannot be claimed that a man's attributes expressed through the law or religiosity show God's togetherness. Then, God's togetherness, which is not expressed through man's attributes, must be said.

Ⅱ.0207. 예수님의 서사를 복음이라 함은 예수님의 이야기가 하나님께서 함께하시는 좋은 소식이라는 뜻입니다. 예수님을 이야기함은 하나님께서 함께하시는 소식의 알림입니다. 따라서 복음으로 예수님의 이야기는 하나님과 함께함의 언어입니다. 복음은 표면상 예수님의 이야기로 전개되지만, 내용은 하나님의 함께를 들려줍니다. 하나님의 함께는 세상에서 설정될 수 없음으로, 좋은 소식으로 들려옵니다. 비록 예수님이 세상에 사셨지만, 예수님은 세상 인물로 서술되지 않고 하나님의 함께를 알리는 좋은 소식으로 서사됩니다. 예수님을 하나님으로부터 오신 하나님의 독생자라고 확언하는 것은 복음의 전제입니다.

To call the narrative of Jesus the gospel means that the story of Jesus is good news of God's togetherness. Talking about Jesus is announcing the news of God's togetherness. Therefore, the story of Jesus as the gospel is the language of being together with God. On the surface, the gospel unfolds as the story of Jesus, but the content tells of God's togetherness. This comes as good news because God's togetherness cannot be set in the world. Even though Jesus lived in the world, He is not described as a worldly figure but narrated as good news announcing God's togetherness. It is the premise of the gospel to affirm that Jesus is the only begotten Son of God who came from God.

Ⅱ.0208. 사람들은 자신이 무얼 함으로 하나님께서 그들과 함께하실 것을 생각합니다. 구약의 율법이나 일반 종교적 명상은 이 점을 반영합니다. 사

람들은 하나님의 함께가 그들의 개시에 대한 조건적 반응이라고 여깁니다. 자신들을 중심으로 의식하는 한, 이 점을 피할 수 없습니다. 그러나 앞에서 언급했듯이, 그들의 개시는 하나님과 함께의 충분조건이 되지 못합니다. 이 것이 율법이나 종교가 보이는 한계입니다. 복음은 하나님의 함께가 사람의 개시에 대한 하나님의 반응이라 여기는 통념을 부정합니다. 복음은 하나님의 개시를 들려줍니다. 하나님께서 함께하시려고 예수님을 세상에 보내신 것이 세상에 들려지는 좋은 소식입니다.

People think that God will be together with them by what they do. Old Testament law and general religious meditation reflect this. People see God's togetherness as a conditional response to their initiation. As long as they are conscious of themselves as the center, they cannot avoid this point. However, as mentioned earlier, their initiation is not a sufficient condition for being together with God. This is the limit that the law and religion show. The gospel denies the common belief that God's togetherness is His response to man's initiation. The gospel announces God's initiation. It is good news heard in the world that God sent Jesus into the world for God's togetherness.

II.0209. 사람들이 형성하는 언어는 사람이 주체적으로 개시함으로 전개됩니다. 일상적 언어 외에도 종교, 철학, 과학 언어는 사람들의 의식이 진전되면서 생성됩니다. 종교 창시자, 철학 선구자, 과학 탐구자에 의해 새로운 언어가 창출됩니다. 새로운 언어가 창출되면서, 전반적 사람들의 의식은 진전됩니다. 교육은 그렇게 창출된 언어를 습득하는 과정입니다. 배움에 의한 앎은 언어 습득을 뜻합니다. 시험은 언어를 제대로 구사하는지 조사하는 과정입니다. 인공지능은 언어를 적절하게 구사하도록 프로그램 됩니다. 지능은 언어를 적절하게 구사하는 능력입니다. 언어는 공동의 언어입니다. 사적이 아님으로, 교육을 통해 공동의 언어를 습득함으로 공동의 삶이 형성됩니다.

The language that people form develops as they autonomously initiate. In addition to everyday language, religious, philosophical, and scientific language are created as people's consciousness progresses. New languages are created by religious progenitors, philosophical pioneers, and scientific explorers. As new languages are created, overall people's consciousness progresses. Education is the process of acquiring the language thus created. Knowing by learning means acquiring language. The test is a process to check whether language is properly used. Artificial intelligence is programmed to use language appropriately. Intelligence is the faculty to use language appropriately. Language is a common language. By not being private, a common life is formed by acquiring a common language through education.

II.0210. 성경에 나오는 복음도 어떻든 언어로 접해집니다. 종교, 철학, 혹은 과학에 익숙한 이들은 복음을 종교, 철학, 혹은 과학적 시각으로 복음을 접근하려 합니다. 역사적으로 복음은 그렇게 읽어져왔습니다. 복음서는 율법을 배경으로 전개되었습니다. 구약에 나오는 율법의 언어에 대조되어 복음이 부각되었습니다. 바울이나 요한의 서간문은 이 점을 분명히 보입니다. 율법의 언어에 담아질 수 없는 하나님과 함께하는 내용을 복음이 내포한다고 보입니다. 따라서 율법이 아닌 복음으로 하나님께서 함께하시는 언약이 온전히 표현된다고 밝힙니다. 이 때문에 복음은 예수님을 세상의 예수님이 아닌 언약의 예수님으로 서사합니다.

The gospel in the Bible is also accessed through language. Those who are familiar with religion, philosophy, or science try to approach the gospel from a religious, philosophical, or scientific perspective. Historically, the gospel has been read that way. The Gospel unfolded against the background of the law. The gospel stands out in contrast to the language of the law in the Old Testament. The epistles of Paul and John clearly show this. The epistles show that the gospel entails the content of God's togetherness, which cannot be contained in the language of the law. Therefore, the epistles enunciate that the covenant of God's togetherness is wholly expressed through the gospel, not the law. For this reason, the gospel narrates Jesus as the Jesus of the covenant, not the Jesus of the world.

II.0211. 종교, 철학, 그리고 과학은 속성을 다룸으로 전개됩니다. 세상에 있음은 속성으로 표현되니, 종교, 철학, 그리고 과학은 세상에 있거나 있을 수 있는 내용으로 전개됩니다. 따라서 종교, 철학, 그리고 과학적 시각으로 복음을 읽으면, 예수님은 어쩔 수 없이 역사적 인물이 됩니다. 그리고 복음은 역사적 인물, 예수님의 활동과 가르침으로 풀이됩니다. 세상 사람들은 세상의 예수님으로 시각을 고정하고, 복음서를 읽으려 합니다. 따라서 그들은 세상에서 일어날 수 있는 가능성을 근거로 예수님을 믿거나 믿지 않거나 합니다. 그러면 복음서는 세상에 일어날 수 있는 뉴스로 읽어집니다. 일상으로 접하는 뉴스와 근본적으로 다를 바 없어집니다.

Religion, philosophy, and science develop by dealing with properties. Being in the world is expressed as a property, so religion, philosophy, and science unfold in terms of what is or can be in the world. Therefore, if the gospel is read from a religious, philosophical, and scientific perspective, Jesus inevitably becomes a historical figure. And the gospel is interpreted through the activities and teachings of the historical figure, Jesus. People in the world fix their eyes on the Jesus of the world and try to read the

Gospel. Therefore, they either believe in Jesus or not, based on what may happen in the world. Then, the Gospel is read as news that can happen in the world. It is fundamentally no different from the news in daily life.

II.0212. 복음서의 예수님은 하나님으로부터 오신 하나님의 아들입니다. 즉 복음서는 예수님을 하나님으로부터 세상에 오신 예수님으로 서사합니다. 따라서 예수님은 예수님으로 하나님께서 함께하심을 선포하십니다. 선포는 선포된 '사건'의 경우를 뜻합니다. 대통령의 전쟁 선포는 나라의 전쟁입니다. 판사가 "죄 있다"고 선포하면 피고인은 죄인입니다. 야구 심판이 "아웃"이라고 선포하면 선수는 아웃입니다. 예수님께서 하나님 나라의 복음을 선포하심으로, 하나님의 나라는 경우입니다. 예수님이 복음을 선포하시니, 복음의 삶이 경우입니다. 예수님이 "죄 사함을 받았다"고 선포하시니 죄가 사해집니다.

Jesus in the Gospel is the Son of God who came from God. In other words, the Gospel narrates Jesus as Jesus who came to the world from God. Therefore, Jesus proclaims that God is together through Jesus. The proclamation refers to a proclaimed 'event.' A president's proclamation of war is a war for the country. If the judge proclaims "guilty," the defendant is guilty. When the baseball umpire proclaims "out," the player is out. This is the case of the kingdom of God, as Jesus proclaimed the gospel of the kingdom of God. Since Jesus proclaims the gospel, living the gospel is the case. When Jesus proclaims, "Your sins are forgiven," your sins are forgiven.

II.0213. 선포된 것을 받아들이지 않고 반항하는 이들은 선포된 삶으로부터 제외됩니다. 심판이 "아웃"이라고 하는데 받아들이지 않고 계속 버티는 선수는 경기로부터 퇴출됩니다. 선포된 복음을 받아들이지 않고 제 나름 대로 생각하는 이들은 복음의 삶을 살지 못합니다. 그들은 물론 자기 나름의 세상 삶을 삽니다. 예수님을 믿는 믿음은 예수님에 의해 선포된 하나님 나라의 삶입니다. 복음은 선포된 점에서 언어적입니다. 거기에 풀이되거나 판단될 내용이 없습니다. 재판받는 피고인은 판사의 선고를 풀이하거나 판단하지 않습니다. 경우로 받아들일 뿐입니다. 복음을 경우로 받아들이지 않는 이들은 선포된 복음의 삶을 살지 못합니다.

Those who do not accept and rebel against what is proclaimed are excluded from the proclaimed life. Any player who refuses to accept the umpire's proclamation of "out" and continues to do so will be ejected from the game. Those who do not accept the proclaimed gospel and think in their own way cannot live the life of the gospel. They, of course, live their own life in the world. Faith in Jesus is the life of the kingdom of God proclaimed by Jesus. The gospel is linguistic in that it is proclaimed. There is nothing to be explained or judged there. The defendant on trial does not interpret or judge the judge's sentence. Just accept it as a case in point. Those who do not accept the gospel as a case cannot live the life of the gospel that has been proclaimed.

II.0214. 복음의 기본적인 뜻은 하나님 함께의 선포입니다. 예수님으로 하나님께서 함께하신다는 선포입니다. 따라서 복음의 믿음은 종교적일 수 없습니다. 믿는 이의 재량이 아닙니다. 선포된 삶은 자신이 판단하는 삶이 아닙니다. 예수님으로 선포된 복음은 개인의 종교적 재량에 속하지 않습니다. 선포된 복음의 믿음은 복음에 내재되지, 개인의 마음에서 나오지 않습니다. 복음을 믿는 이들은 복음의 선포된 뜻을 모르기 때문에, 자신들의 결정으로 믿는 것처럼 여깁니다. 선포된 뜻은 선포된 말에 내재되지, 듣는 이의 능력에 좌우되지 않습니다. 그러므로 선포된 내용은 개인의 내적 체험이나 고양과 상관없습니다. 선포된 언어는 경우인 삶을 보입니다.

The basic meaning of the gospel is the proclamation of God's togetherness. It is the proclamation that God is together through Jesus. Therefore, the gospel faith cannot be religious. It is not at the discretion of the believer. The life proclaimed is not the life judged. The gospel proclaimed by Jesus is not subject to individual religious discretion. The belief of the proclaimed gospel is inherent in the gospel and does not come from the heart of an individual. Since those who believe in the gospel do not the proclaimed meaning of the gospel, they think that it is their own decision. The proclaimed meaning is inherent in the proclaimed words and does not depend on the ability of the hearer. Therefore, what is proclaimed has nothing to do with inner experience or elevation of the individual. Proclaimed language shows life as a case.

II.0215. 종교적 삶과 언어적 삶은 다릅니다. 종교적 삶은 개인적입니다. 종교성이 개인의 속성이기 때문입니다. 따라서 개인의식은 종교로부터 벗어나질 수 없습니다. 그 때문에 종교는 개인들의 모임일 수밖에 없습니다. 그러나 언어적 삶은 공동체적입니다. 언어가 공동체적이기 때문입니다. 공동체적 언어를 습득한 개인들은 공동체적 언어로 공동체적 삶을 삽니다. 습득된 공동체적 언어는 공동체적 기준에 부합되어야 되기 때문입니다. 복음은 언약의 언어임으로 복음을 구사하는 이들은 함께하는 언약의 삶을 삽니다. 초대 교회는 복음이라는 언어로 함께하는 삶을 보입니다. 그리스도교는 복음이라는 언약의 언어로 함께하는 언약의 삶을 보입니다.

Religious life and linguistic life are different. Religious life is personal, for religiosity is an individual attribute. Therefore, individual consciousness cannot be escaped through religion. That is why religion can only be a gathering of individuals. But linguistic life is communal, for language is communal. Individuals who have acquired a communal language live a communal life using the communal language, for the acquired communal language must be conformed with community standards. Since the gospel is the covenant language, those who speak the gospel live the covenant life of togetherness. The early church demonstrated the life of togetherness with the language of the gospel. Christianity shows the covenant life of togetherness with the covenant language of the gospel.

II.0216. 복음으로 하나님 함께의 선포는 율법을 지킴으로 하나님 함께를 주장함과 다릅니다. 복음에는 하나님의 함께가 전제됩니다. 그러나 율법을 지킴엔 하나님의 함께는 첨가됩니다. 복음은 하나님의 함께를 선포함으로 좋은 소식입니다. 그러나 율법은 명시된 규정을 보이지만, 그 규정을 지킴이 하나님의 함께를 보장하지 못합니다. 하나님의 함께가 율법에 명시될 수 없기 때문입니다. 복음을 듣는 이들은 복음을 하나님의 함께로 듣습니다. 그러나 율법을 지키는 이들은 하나님의 함께로 율법을 지키진 않습니다. 율법을 지키는 이들은 단지 자신들의 행위만 보입니다. 언약의 삶은 개인들의 행위로 이루어질 수 없습니다.

Proclaiming God's togetherness through the gospel is different from claiming God's togetherness through keeping the law. The gospel presupposes God's togetherness. However, God's togetherness is added to keeping the law. The gospel is good news because it proclaims God's togetherness. However, although the law shows specified regulations, keeping those regulations does not guarantee God's togetherness, for His togetherness cannot be specified in the law, Those, who hear the gospel hear it with God's togetherness. However, those who keep the law do not keep it with God's togetherness. Those who keep the law only see their own actions. The covenant life cannot be fulfilled through the actions of individuals.

II.0217. 예수님 시대 유대인들이 기다린 메시아는 세상의 왕으로 군림해야 하니, 세상 소식으로 알려져야 했습니다. 세상 왕의 출현은 세상의 소식일지라도, 복음의 좋은 소식일 수 없습니다. 그러나 예수님은 하나님의 복음, 혹은 하나님 나라의 복음을 선포하시며 사역을 시작하십니다. 하나님께서 함께하시는 삶, 곧 하나님 나라를 선포하시며 예수님은 사역을 시작하십니다. 그러나 메시아의 도래를 기다리는 유대인들의 삶은 세상의 정치적 내용을 벗어나지 않습니다. 그들의 삶은 세상 속성으로 서술됩니다. 그러나 예수님을 그리스도로 서사하는 내용은 복음서에 보듯이 세상 속성으로 서술되지 않습니다. 세상 속성을 반영하지 않는 영적 언어로 서사됩니다.

The Messiah whom the Jews of Jesus' time were waiting for must reign as a king of the world, so he must be known through worldly news. Although the appearance of a king of the world is news of the world, it cannot be good news of the gospel. However, Jesus begins His ministry by proclaiming the gospel of God, or the gospel of the kingdom of God. Jesus begins His ministry by proclaiming the kingdom of God, the life of God's togetherness. However, the life of the Jews waiting for the coming of the Messiah do not escape the political content of the world. Their life is described in terms of worldly attributes. However, the narrative of Jesus as Christ is not described in terms of worldly attributes as seen in the Gospel. It is narrated in the Spiritual language that does not reflect the property of the world.

II.0218. 교회 설교는 사도들의 복음 선포를 이어갑니다. 설교는 하나님의 함께를 선포합니다. 따라서 설교는 종교적으로 혹은 율법적으로 전개될 수 없습니다. 듣는 이들에게 어떻게 하면 하나님께서 함께하신다고 할 수 없습니다. 즉 설교로 선포되는 내용은 조건적일 수 없습니다. 종교적이나 율법적인 가르침은 조건적인 움직임을 들려줍니다. 듣는 이들이 어떻게 하면 좋아지리라는 교훈의 형태를 취합니다. 그런 설교를 듣는 이들은 자신들의 향상을 염두에 둡니다. 그들은 자신들이 무엇을 하면 하나님과 함께하게 되는지 듣고 싶어 합니다. 그런 의도에 맞추어지는 설교는 복음의 선포일 수 없습니다.

The church's sermon continues the apostles' proclamation of the gospel. The sermon proclaims God's togetherness. Therefore, it cannot be developed religiously or in a legalistic way. It cannot be told to the listeners that if they do something, God will be together with them. In other words, the content proclaimed in a sermon cannot be conditional. Religious or legal teachings speak of conditional movements. It takes the form of a lesson telling the listener how to get better. Those who hear such sermons have their own improvement in mind. They want to hear what they can do to be together with God. A sermon tailored to that intention cannot be a proclamation of the gospel.

II.0219. 하나님의 말씀이 하나님께서 함께하시는 말씀이면, 조건적으로 주어지지 않습니다. 따라서 사람이 무얼 함으로 하나님과 함께한다고 할 수 없습니다. 이것은 율법에서 보는 바입니다. 복음은 좋은 소식으로 전해오니, 듣는 이들은 하나님과 함께합니다. 복음이 들려지면 하나님께서 함께하실 것이라 와 같이 조건적으로 말해질 수 없습니다. 들음이 사람이 무엇을 하는 것이 아니기 때문입니다. 복음의 들음은 복음이라는 언어의 습득입니다. 예수님을 믿는 믿음은 복음이라는 언어의 습득입니다. 아무도 언어의 습득을 결단이라 하지 않습니다. 언어를 습득하지 못하는 이들은 언어를 따라 살지 못합니다. 복음의 습득은 이해가 아닌 들음입니다.

If the word of God is the word of His togetherness, it is not given conditionally. Therefore, it cannot be said that, if a man does something, he can be together with God. This is seen in the law. The gospel is preached as good news, and those who hear it are together with God. It cannot be said conditionally, such as, "If the gospel is heard, God will be together with the hearer," for hearing is not something the hearer does. Hearing the gospel is acquiring the language of the gospel. Faith in Jesus is the acquisition of the language of the gospel. No one calls learning a language a decision. Those who cannot master the language cannot live according to the language. Acquiring the gospel is through hearing, not understanding.

II.0220. 그리스도교는 복음이라는 언어의 파급으로 드러나기 때문에 언어적입니다. 그리스도교는 언어적임으로, 또한 선교적입니다. 여기서 선교는 사람들을 모으는 뜻이 아닙니다. 그보다 복음이라는 언어의 파급을 뜻합니다. 따라서 그리스도교는 종교적이라기보다 선교적이라고 해야 합니다. 그리스도교는 사람의 속성을 진작시키기 위함이 아니라 복음이라는 언어의 파급을 위함입니다. 그리스도인들은 복음이라는 언어로 하나님 나라를 삽니다. 그들은 복음이라는 언어를 의식하여, 그 언어에 준한 삶을 삽니다. 복음의 언어는 영적입니다. 따라서 복음의 언어에 준하는 것은 영적으로 인도되는 뜻입니다. 복음으로 교회이지, 교회로 복음이 아닙니다.

Christianity is linguistic because it is disclosed through the spread of the language of the gospel. Christianity is linguistic and, thus, missionary. Mission, here, does not mean gathering people. Rather, it means the spread of the language of the gospel. Therefore, Christianity should be said to be missionary rather than religious. It is not intended to promote man's attributes, but to spread the language of the gospel. Christians live the kingdom of God through the language of the gospel. They are conscious of the language of the gospel and live the life in accordance with that language. The language of the gospel is Spiritual. Therefore, following the language of the gospel means being Spiritually guided. The church is through the gospel, not the gospel is through the church.

II. 3
· · ·

하나님의 나라 The Kingdom of God

II.0301. 예수님은 하나님과 함께하는 언약의 삶을 하나님 나라로 선포하십니다. 따라서 예수님의 이야기인 복음서는 하나님 나라의 시각으로 읽어져야 합니다. 예수님이 세상에 오신 뜻이 하나님 나라로 통합되기 때문입니다. 예수님을 바라보는 시각이 하나님의 나라로 고정되지 않으면, 예수님은 역사적 인물로 보아지고, 따라서 예수님은 그리스도교라는 종교의 창시자로 여겨집니다. 예수님께서 선포하신 하나님 나라가 간과되면, 그리스도교는 하나의 종교로 고려됩니다. 예수님이 하나님 나라의 그리스도로 고려되지 않으면, 예수님은 세상에서 종교적 의미로 반영될 수밖에 없습니다.

Jesus proclaims the covenant life of being together with God as the kingdom of God. Therefore, the Gospel, the story of Jesus, must be read from the perspective of the kingdom of God, for the significance of Jesus' coming to the world is integrated into the kingdom of God. If the perspective of seeing Jesus is not fixed on the kingdom of God, He is viewed as a historical figure, and, thus, He is regarded as the progenitor of the religion called Christianity. When the kingdom of God proclaimed by Jesus is overlooked, Christianity is considered a religion. If Jesus is not considered the Christ of the kingdom of God, He cannot help but be reflected in a religious sense in the world.

II.0302. 하나님의 나라는 하나님께서 다스리시는 나라입니다. 사람이 다스리는 세상 나라에 대조됩니다. 세상엔 사람이 다스리는 세상 나라만 보입니다. 그러나 예수님은 하나님 나라를 선포하시며 복음의 사역을 시작하십니다. 세상에 하나님의 나라가 임함이 세상에 선포되는 복음, 곧 좋은 소식입니다. 복음은 하나님의 나라를 선포하는 점에서 복음입니다. 사람이 다스리는 세상 나라 가운데 하나님께서 다스리시는 하나님의 나라가 임한다는 것이 좋은 소식입니다. 따라서 예수님이 복음으로 말해지려면, 하나님 나라로 서사되어야 합니다. 즉 하나님의 나라는 예수님을 복음으로 서사하는 기본 내용입니다.

The kingdom of God is the kingdom ruled by God. It is contrasted to the kingdom of the world ruled by man. In the world, the kingdom of the world ruled by man is only seen. However, Jesus begins the ministry of the gospel by proclaiming the kingdom of God. The coming of the kingdom of God to the world is the gospel that is proclaimed to the world, that is, good news. The gospel is the gospel in that it proclaims the kingdom of God. The good news is that the kingdom of God, ruled by God, has come amidst of the kingdom of the world ruled by man. Therefore, for Jesus to be spoken of as the gospel, He must be narrated as the kingdom of God. In other words, the basic content of the kingdom of God is to narrate Jesus as the gospel.

II.0303. 예수님께서 하나님 나라의 복음을 선포하신 것은 언약에 근거합니다. 하나님과 함께하는 언약의 삶은 하나님 나라로 사는 삶입니다. 하나님 나라가 아닌 세상 나라로 사는 이들은 하나님과 함께를 온전히 보일 수 없습니다. 이 양상은 구약의 이스라엘 백성에서 보입니다. 그들이 세상 나라로 세상 문제를 우선적으로 처리하려는 한, 그들의 하나님과 함께는 차후로 밀리게 됩니다. 구약의 열왕기엔 대부분 왕들이 하나님의 눈에 악을 행했다고 결론 납니다. 세상 나라를 통치하는 대부분의 왕들은 하나님과 함께하지 않습니다. 그런 왕들로 다스려지는 삶은 하나님과 함께하는 언약의 삶이라고 할 수 없습니다.

Jesus' proclamation of the gospel of the kingdom of God is based on the covenant. The covenant life of being together with God is the life in the kingdom of God. Those who live in the kingdom of the world rather than the kingdom of the God cannot fully show themselves who are together with God. This feature is seen in the Israelites of the Old Testament. As long as they try to put worldly affairs first in the kingdom of the world, their togetherness with God will take a backseat. In the Book of Kings in the Old Testament, it is concluded that most kings did evil in the eyes of God. Most kings who rule the kingdom of the world are not together with God. The life ruled by such kings cannot be said to be the covenant life of being together with God.

II.0304. 예수님의 하나님 나라는 하나님께서 함께하시는 삶은 하나님께서 다스리시는 하나님 나라라는 것을 뜻합니다. 하나님과 함께하는 언약의 백성은 하나님 나라로 삽니다. 이것이 예수님께서 복음을 선포하신 기본 뜻입니다. 개인적으로 율법을 잘 지키는 이들은 하나님과 함께한다는 모세의 주장은 그렇지 않은 것으로 드러납니다. 하나님은 율법을 지키는 조건으로 함께하지 않으십니다. 세상에서 사람들이 제시하는 어떤 조건도 하나님께서 함께하시는 충분조건이 되지 못합니다. 하나님의 함께는 하나님에 의해 개시됩니다. 예수님께서 하나님 나라를 선포하신 것은 하나님 함께의 알림입니다.

The kingdom of God of Jesus means that the life of God's togetherness is the kingdom of God ruled by God. The covenant people of being together with God live in the kingdom of God. This is the basic meaning of Jesus proclaiming the gospel. Moses' claim that those who keep the law personally are together with God turns out not to be the case. God does not condition His togetherness on keeping the law. Any conditions that people present in the world are not sufficient conditions for God's togetherness. God's togetherness is initiated by God. Jesus' proclamation of the kingdom of God is the announcement of God's togetherness.

II.0305. 예수님의 하나님 나라가 간과되면, 하나님의 함께는 다시 조건적으로 환원되게 됩니다. 하나님 나라가 간과되면, 하나님의 개시가 간과됩니다. 따라서 사람이 무얼 하면 하나님께서 그와 함께하신다고 하게 됩니다. 즉 하나님 나라가 간과하면, 사람을 하게 하는 내용이 강조됩니다. 이렇게 하여 사람은 율법 혹은 종교로 가게 됩니다. 하나님의 개시는 하나님 나라로 선포되지만, 사람의 개시는 조건적으로 부여됩니다. 사람의 조건적인 삶은 세상 나라의 삶입니다. 하나님 나라로 살지 않는 이들은 세상 나라로 삽니다. 그들은 세상 나라에서 율법적으로 혹은 종교적으로 삽니다.

If Jesus' kingdom of God is overlooked, God's togetherness becomes reduced to conditions again. When the kingdom of God is overlooked, His initiation is overlooked. Therefore, it is said that, if a man does something, God will be together with him. In other words, if the kingdom of God is overlooked, the content that allows man to do something is emphasized. In this way, man comes to the law or religion. God's initiation is proclaimed to be His kingdom, but man's initiation is granted conditionally. Man's conditional life is the life of the kingdom of the world. Those who do not live in the kingdom of God live in the kingdom of the world. They live in the kingdom of the world legally or religiously.

II.0306. 예수님 당시 예수님과 유대인들의 극단적인 대립은 하나님 나라와 세상 나라의 대립입니다. 예수님이 선포하신 하나님 나라는 유대인들에게 생소했습니다. 세상 나라로 사는 유대인들은 예수님이 선포하신 하나님 나라도 세상 나라의 일종이라고 볼 수밖에 없었습니다. 예수님을 따라간 제자들도 그렇게 보았습니다. 하나님과 함께하는 언약을 예수님께서 하나님 나라로 선포하심은 전혀 새로움이었습니다. 따라서 그들은 하나님 나라를 받아들일 수 없었습니다. 율법을 지킴으로 하나님과 함께한다고 여긴 그들은 하나님께서 하나님 나라로 함께하신다는 것이 납득되지 않았습니다. 그들에게 예수님은 어떻든 그들과 같은 유대인이었습니다.

The extreme conflict between Jesus and the Jews at the time was the conflict between the kingdom of God and the kingdom of the world. The kingdom of God that Jesus proclaimed was unfamiliar to the Jews. Jews living as a kingdom of the world had no choice but to view the kingdom of God proclaimed by Jesus as a type of the kingdom of the world. The disciples who followed Jesus also saw it that way. Jesus' proclamation of the covenant of being together with God as the kingdom of God was something completely new. Therefore, they could not accept the kingdom of God. They who thought that they were together with God by keeping the law were not convinced that God would be together with them in His kingdom. To them, Jesus was a Jew like them.

II.0307. 예수님의 하나님 나라 선포는 하나님과 함께하는 언약을 새롭게 합니다. 따라서 예수님의 하나님 나라로 새 언약이 말해집니다. 세상 나라의 불완전한 옛 언약을 배경으로 하나님 나라로 온전한 새 언약의 삶이 열립니다. 이렇게 예수님의 하나님 나라는 옛 언약의 배경에서 보아져야 합니다. 하나님의 나라는 언약의 배경으로 말해집니다. 하나님의 언약은 세상 나라가 아닌 하나님 나라로 온전히 이루어집니다. 하나님과 함께하는 언약의 삶이 세상 나라가 아닌 하나님 나라로 이루어짐은 온전한 하나님의 함께를 분명히 보이게 합니다. 구약은 어떻든 언약의 백성은 세상 나라로 살 수 없다는 것을 결론내립니다.

Jesus' proclamation of the kingdom of God renews the covenant of being together with God. Therefore, the new covenant is spoken of as Jesus' kingdom of God. Against the backdrop of the imperfect old covenant of the kingdom of the world, the perfect new covenant life begins in the kingdom of God. In this way, Jesus' kingdom of God must be seen in the background of the old covenant. The kingdom of God is spoken of as the background of the covenant. God's covenant is wholly fulfilled into the kingdom of God, not into the kingdom of world. It makes the wholesome togetherness with God clearly visible that the covenant life of being together with God is fulfilled into the kingdom of God, not into the kingdom of the world. No matter what the Old Testament says, it concludes that the covenant people cannot live as the kingdom of the world.

II.0308. 그렇다고 하나님과 함께하는 언약은 개인적으로 말해질 수 없습니다. 사람이 개인적으로 하나님과 함께한다면, 언약의 백성이라는 의미는 없어집니다. 모아진 종교적인 개인들은 하나님의 백성이 아닙니다. 개인들은 어떻든 자신들의 독자성을 지닌 독립된 개체들입니다. 그러므로 하나님과 함께하는 백성이 될 수 없습니다. 하나님과 함께는 언약의 백성으로 말해지지 종교적인 개인들로 말해지지 않습니다. 언약의 백성은 함께 살지 개체로 살지 않습니다. 달리 말하면, 하나님의 언약의 말씀은 언약의 백성에게 주어지지 종교적인 개인들에게 주어지지 않습니다. 따라서 언약은 언약의 백성의 삶으로 말해져야 합니다.

However, the covenant of being together with God cannot be said individually. If a man is together with God individually, the meaning of the covenant people disappears. Gathered religious individuals are not God's people. Individuals are independent entities with their own identity. Therefore, they cannot become the covenant people of being together with God. Togetherness with God is spoken of as the covenant people and not as religious individuals. The covenant people live in togetherness and not as individuals. In other words, God's covenant word is given to the covenant people and not to religious individuals. Therefore, the covenant must be expressed through the life of the covenant people.

II.0309. 하나님의 언약이 언약의 백성으로 말해지면, 언약으로 이루어지는 언약의 백성의 삶이 부각됩니다. 언약의 백성의 삶은 구약에 보이듯 종족적인 삶이나 세상 나라의 삶으로 보입니다. 그렇지만 언약의 백성의 삶은 종교적이지 않습니다. 종교는 개인의 종교성으로 표현되기 때문입니다. 언약의 백성의 삶은 언약의 하나님의 말씀으로 이루어집니다. 따라서 개인들의 삶일 수 없습니다. 하나님의 백성의 시각으로 성경이 읽어지지 않으면, 성경은 하나님의 말씀일 수 없습니다. 하나님의 말씀은 언약의 내용입니다. 언약을 떠나 "하나님의 말씀"에 대한 어떤 의미도 줄 수 없습니다. 하나님의 말씀은 언약의 백성이 지니는 그들 하나님 말씀이기 때문입니다.

When God's covenant is spoken of as the covenant people, the life of the covenant people that is fulfilled through the covenant is highlighted. The life of the covenant people appears to be a racial life or a life of the kingdom of the world, as seen in the Old Testament. Nevertheless, the life of the covenant people is not religious, for religion is expressed through individual religiosity. The life of the covenant people is fulfilled with the word of the covenant God. Therefore, it cannot be individuals' life. If the Bible is not read from the perspective of God's people, it cannot be God's word. God's word is the covenant content. Apart from the covenant, any meaning cannot be given to the "God's word," for God's word is the word of the God of the covenant people who hold His word.

II.0310. 언약의 백성이 부정되면, 성경은 하나님의 말씀일 수 없습니다. 개인들이 종교적으로 읽는 경전이 됩니다. 구약에서 이스라엘 백성과 예수님 시대 유대인들로부터 잘못된 하나님의 백성에 대한 의식을 봅니다. 그 때문에 언약의 백성을 부정하려는 경향이 생깁니다. 그러나 그 부정은 더 큰 문제를 가져옵니다. 이스라엘 백성과 유대인들의 잘못된 의식은 하나님의 말씀인 성경에 반영됩니다. 그들의 문제는 성경을 하나님의 말씀으로 읽음에 보입니다. 그러나 하나님의 백성이 부정되고 성경이 종교적으로 풀이되면, 그 문제조차 간과되게 됩니다. 중세 교회부터 언약의 백성은 간과된 채 성경이 읽어져 왔습니다.

If the covenant people are denied, the Bible cannot be God's word. It becomes a scripture that individuals read religiously. From the Israelites of the Old Testament and Jews of Jesus' time, a wrong consciousness about God's people is seen. For this reason, there is a tendency to deny the covenant people. But that denial leads to bigger problems. The wrong consciousness of the Israelites and Jews is reflected in the Bible, God's word. Their problem appears in the reading of the Bible as God's world.

However, when God's people are denied and the Bible is interpreted religiously, even that problem is overlooked. since the medieval church, the Bible has been read while the covenant people have been overlooked.

Ⅱ.0311. 하나님의 나라는 하나님 백성의 나라입니다. 하나님이 다스리시는 그분 백성의 삶으로 이루어집니다. 따라서 하나님의 나라와 하나님의 백성은 서로 대체될 수 있습니다. 하나님 나라가 간과되면, 하나님의 백성이 간과됩니다. 거꾸로도 마찬가지입니다. 하나님의 나라가 없으면, 하나님의 백성이 있을 수 없습니다. 하나님의 백성이 없는 하나님의 나라는 이루어질 수 없습니다. 성경이 하나님의 나라나 하나님의 백성을 생각하지 않고 읽어지면, 언약의 책으로 접해지지 않습니다. 종교적인 경전으로 접해집니다. 거꾸로, 성경이 종교적인 경전으로 읽어지면, 하나님의 나라나 하나님의 백성은 고려되지 않습니다.

The kingdom of God is the kingdom of God's people. It is fulfilled into the life of God's people who are reigned by God. Therefore, the kingdom God and the people of God can be substituted each other. When the kingdom of God is overlooked, the people of God are overlooked, vice versa. Without the kingdom of God, there can be no people of God. The kingdom of God cannot be fulfilled without the people of God. If the Bible is read without considering the kingdom of God or the people of God, it is not read as the covenant book. It is accessed as a religious scripture. Conversely, when the Bible is read as religious scripture, neither the kingdom of God nor the people of God are taken into account.

Ⅱ.0312. 하나님의 백성이 하나님의 나라로 말해지면, 구약에서 아브라함의 후손과 같은 종족으로 하나님의 백성이 명시되지 않습니다. 세상에서 지

닌 특정한 속성으로 하나님의 백성은 말해질 수 없습니다. 따라서 회개한 이들로 하나님 나라의 하나님의 백성이 말해집니다. 하나님의 백성은 세상에서 아브라함의 후손으로 태어남이 아니라 물과 성령으로 다시 태어남으로 말해집니다. 하나님의 나라에 하나님의 백성으로 사는 이들은 물과 성령으로 다시 태어납니다. 이렇게 예수님은 하나님의 나라와 하나님의 백성을 같이 말씀하십니다. 하나님의 나라와 하나님의 백성은 분리될 수 없습니다. 구약에서 제대로 제기되지 않은 이 문제는 예수님에 의해 분명해집니다.

When God's people are spoken of as God's kingdom, His people are not specified as being the race as Abraham's descendants in the Old Testament. God's people cannot be described in terms of specific worldly attributes, Therefore, those who repent are said to be God's people in His kingdom. God's people are not said to be born as Abraham's descendants in the world, but to be born of water and the Spirit. Those who live as God's people in His kingdom are reborn of water and the Spirit. In this way, Jesus speaks of God's kingdom and God's people together. God's kingdom and His people cannot be separated. This issue. not properly raised in the Old Testament, is made clear by Jesus.

II.0313. 그리스도교가 로마제국의 국가 종교가 됨에 따라, 예수님이 선포하신 하나님의 나라와 하나님의 백성은 간과되게 되었습니다. 하나님의 나라가 아닌 로마 제국과 로마 제국의 시민으로 성경은 풀이되었기 때문입니다. 하나님의 나라와 하나님의 백성이라는 언약의 내용은 로마 제국과 로마 시민 뒤로 가려지게 되었고, 성경은 종교적인 내용으로 풀이되었습니다. 로마 시민이 종교적으로 사는 내용으로 풀이되었습니다. 로마 시민이 로마 제국에 사는 삶은 예수님이 선포하신 하나님의 나라로 임하는 구원의 내용을 다룰 필요가 없었습니다. 세상 나라는 육적인 삶이지 영적인 삶이 아닙니다. 따라서 성경은 육적인 삶을 위해 그리스 철학으로 풀이되어야 했습니다.

As Christianity became the national religion of the Roman Empire, God's kingdom and His people proclaimed by Jesus were overlooked, for the Bible was interpreted as referring to the Roman Empire and citizens of the Roman Empire, not the kingdom of God. The covenant content of God's kingdom and His people became hidden behind the Roman Empire and Roman citizens, and the Bible was interpreted as religious content. It could be interpreted as a story about the religious life of Roman citizens. The life of a Roman citizen living in the Roman Empire did not need to deal with the content of salvation which would come to the kingdom God proclaimed by. The kingdom of the world is a physical life, not a Spiritual life. Therefore, the Bible had to be interpreted through Greek philosophy for physical life.

II.0314. 종교 개혁을 거쳐도 이 문제는 그리 변하지 않습니다. 루터나 칼뱅의 나라에서도 그리스도교가 국교이기 때문입니다. 따라서 영성이 반영되지 않은 채 지성으로 교리를 점검해야 별 다를 바가 없습니다. 어떻든 그들의 국가를 위한 교리여야 했기 때문입니다. 대립적인 국가 사이에 대립적인 교리는 피상적일 뿐입니다. 기본적으로 언약의 영성이 반영되지 않는 지성적인 체계입니다. 종교 개혁은 패권 문제로 부각될 뿐이고, 그리스도교는 국가 종교의 틀을 벗어나지 않습니다. 바울은 언약의 근거에서 유대인들로부터 벗어나는 새 언약을 전개했지만, 종교 개혁자들은 그런 근거를 찾을 수 없습니다. 그들의 교리는 그들이 속한 세상 국가를 위함입니다.

Even after the Reformation, this problem does not change much, for Christianity is the state religion even in the countries of Luther and Calvin. Therefore, the intellectual inspection of the doctrine without reflecting Spirituality makes not much difference, for the doctrine has to be a doctrine for their country anyway. The doctrines of opposition between opposing nations are only superficial. Basically, it is an intellectual system that does not reflect the covenant Spirituality. The Reformation only emerges as a hegemonic issue, and Christianity does not escape the framework of a state religion. Paul generates the new covenant that breaks away from the Jews on the basis of the covenant, but the reformers cannot find such a basis. Their doctrines are for the worldly nation to which they belong.

II.0315. 종교 개혁 당시 루터의 개신 전통이나 칼뱅의 개혁 전통이 아닌 근본적 개혁을 부르짖는 재세례파들도 있었습니다. 그들은 국가 종교 체제를 벗어나려고 했기에, 근본적 개혁자로 불려졌습니다. 그러나 그들은 국가라는 보호막이 없었음으로, 가톨릭과 개신교 양쪽으로부터 박해를 받고 유럽 전역을 유랑했습니다. 결국 미국에 건너와서 활발하게 터전을 마련했습니다. 침례교인들은 국가로부터 분리됨을 보였지만, 온전히 성경으로 돌아가지 못했습니다. 그들은 성경에서 보인 하나님의 백성의 모습을 찾을 수 없었기 때문입니다. 그들도 하나님 나라와 하나님 백성의 모습을 갖추지 못했습니다.

At the time of the Reformation, there was the Radical Reformation by Anabaptists, which was different from Luther's protestant tradition or Calvin's reformed tradition. Since they sought to break away from the state-religious system, they were called radical reformers. However, because they did not have the protection of a nation, they were persecuted by both Catholics and Protestants and wandered throughout Europe.

Eventually, they came to the United States and actively established themselves there. Although Baptists showed separation from the state, they could not fully return to the Bible since they could not find the image of God's people shown in the Bible. They also did not have the form of God's kingdom and His people.

II.0316. 그리스도교가 국교가 되면, 그리스도인들이 서로 싸웁니다. 독일 그리스도인들은 영국 그리스도인들과 싸워야 합니다. 그러나 하나님 나라 의 그리스도인들은 서로 싸우지 않습니다. 하나님 나라는 영적이니, 영적으로 싸울 이유는 없습니다. 한 국가의 시민은 싸울 수 있습니다. 그 경우 그들의 세상 나라로 싸웁니다. 그들은 그리스도인들이 아닌 세상 나라의 시민으로 싸웁니다. 하나님 나라는 영적 함께로 향하니, 싸울 일이 없습니다. 그러나 세상 나라는 육적 삶을 위함이니, 그 안에 갈등이 피해질 수 없습니다. 영적으로 하나님 나라를 사는 이들도 육적으로 세상 나라의 시민으로 할 바를 해야 합니다.

When Christianity becomes the state religion, Christians fight each other. German Christians must fight against English Christians. However, Christians in God's kingdom do not fight with each other. God's kingdom is Spiritual, so there is no reason to fight Spiritually. Citizens of a country can fight. In that case, they fight as their worldly kingdom. They fight as citizens of a worldly kingdom, not as Christians. God's kingdom is headed toward Spiritual togetherness, so there is no need to fight. However, since the kingdom of the world is for physical life, conflict cannot be avoided within it. Those who live in God's kingdom Spiritually must also physically do what ought do as citizens of the worldly kingdom.

II.0317. 그리스도인들이 영적으로 혹은 육적으로 일반화되면, 문제가 제기됩니다. 그리스도인들은 원수를 사랑하기 때문에 전쟁에 종사할 수 없다고 주장됩니다. 사랑은 영적이지만, 전쟁은 육적입니다. 원수를 사랑하는 것은 영적으로 인도됩니다. 영적인 내용을 세상 삶에 일반화하는 것은 문제입니다. 영적인 것은 육적인 것으로 일반화할 수 없습니다. 세상 나라의 의무를 수행하지 않는 이들은 하나님 나라를 살 수 없습니다. 회개로 하나님 나라로 사는 것은 세상 삶의 간과를 뜻하지 않습니다. 전쟁은 세상 나라의 시민들 사이에 일어납니다. 그리스도인들도 세상 나라로 살기 때문에 싸웁니다. 그러나 그들은 그리스도인으로 싸우지 않습니다. 각기 속한 세상 나라를 위해 싸웁니다.

When Christians become generalized as either Spiritual or physical, a problem arises. It is claimed that Christians cannot engage in war because they love their enemies. Love is Spiritual, but war is physical. Loving enemies is Spiritually guided. Generalizing Spiritual content to worldly life is problematic. The Spiritual cannot be generalized to the physical. Those who do not perform the duties of the kingdom of the world cannot live in the kingdom of God. Living into the kingdom of God through repentance does not mean overlooking worldly life. Wars occur between citizens of worldly nations. Christians also fight because they live as worldly nations. But they do not fight as Christians. They fight for the worldly kingdom to which they belong.

II.0318. 예수님은 "가이사의 것은 가이사에게, 하나님의 것은 하나님에게 바치라"마가복음 12:17고 하십니다. 바울은 "각 사람은 위에 있는 권세들에게 복종하라"로마서 13:1고 합니다. 회개함으로 하나님 나라로 사는 그리스도인들은 세상 삶을 바꾸거나 부정하지 않습니다. 하나님 나라로 사는 그리스도인들은 세상 나라로 사는 삶에 개입하지 않습니다. 그리스도인들은 성령님에 인도되어 하나님 나라로 살지, 세상 나라를 바꾸기 위해 살지 않습니다. 영적으로 인도되는 것과 의도적인 속성으로 보이는 것은 전혀 다릅니다. 하나님 나라로 사는 것은 영적으로 인도되지만, 세상 나라로 사는 것은 의도적입니다.

Jesus says: "Render to Caesar the things that are Caesar's, and to God the things that are God's."Mark 12:17 Paul says: "let every soul be subject to the governing authorities."Romans 13:1 Christians who live in the king-dom of God through repentance do not change or deny the worldly life. Christians who live in the kingdom of God do not intervene in the life of the kingdom of the world. Christians are led by the Holy Spirit and live into the kingdom of God, not to change the kingdoms of the world. Being Spiritually guided and being seen as an intentional attribute are two very different things. Living in the kingdom of God is Spiritually guided, but living in the kingdom of the world is intentional.

II.0319. 그리스도인들로 자처하며 일으키는 문제는 대부분 영적인 것과 육적인 것을 혼동하기 때문입니다. 이 때문에 그들은 영적인 것을 육적인 것으로 일반화합니다. 국가 종교는 영적인 것을 거부하고, 여호와 증인은 성경 내용을 무차별적으로 일반화합니다. 영적인 내용을 육적으로 일반화하는 것은 영적이지 않고 의도적입니다. 세상 나라로 표현되거나 세상 나라를 향해 표현되는 것은 의도적입니다. 세상 나라에서 요구하는 바에 대항하는 것은 의도적입니다. 영적이지 않습니다. 예수님의 십자가 행은 인도됨이지 의도적이 아닙니다. 유대인들이 예수님이 율법을 지키지 않았다고 지적한 것은 예수님의 의도적인 행위가 아닙니다.

Most of the problems caused by self-proclaimed Christians are due to confusion between Spirituality and physicality. Because of this, they generalize the Spiritual to the physical. National religions reject Spirituality, and Jehovah's Witnesses generalize indiscriminately from the Bible. Physical generalizations of Spiritual content are not Spiritual, but intentional. Expressions of worldly kingdoms or towards worldly kingdoms are intentional. The opposition to the demands of the worldly kingdom is intentional. It is not Spiritual. Jesus' walk on the cross was guided, not intentional. What the Jews pointed out that Jesus did not keep the law was not an intentional act on His part.

II.0320. 그리스도인들은 영적이지 의도적이지 않습니다. 영적으로 인도된 표현은, 세상에서 어떻게 드러나든, 세상을 바꾸려고 의도되지 않습니다. 하나님과 함께하는 하나님 나라의 삶은, 세상에 어떻게 드러나든, 세상 기준으로 판단되지 않습니다. 물론 예수님의 일에 대해 유대인들이 판단하듯이, 그리스도인들의 일에 대해 세상 사람들이 판단할 수 있습니다. 그러나 그리스도인들은 판단의 대상이 되길 의도하지 않습니다. 영적인 삶의 자취가 세상의 지성으로 판단될 수 있습니다. 그렇더라도 영적인 것은 지성적인 것과 구별되어야 합니다. 그리스도인들의 삶은 예수님의 이야기와 같이 세상에 자취를 남깁니다.

Christians are Spiritual, not intentional. Spiritually guided expression, no matter how it manifests itself in the world, is not intended to change the world. The life of God's kingdom of being together with Him is not judged by worldly standards no matter how it appears to the world. Of course, just as Jews judge Jesus' work, people in the world can judge Christians' work. But Christians do not intend to be judgmental. Traces of Spiritual life can be judged by worldly intellectuality. Even so, the

Spiritual must be separated from the intellectual. The Christian life leaves a trace on the world like Jesus' story.

II. 4
. . .

예수님의 가르침 The Teaching of Jesus

　II.0401. 예수님의 가르침은 구원의 가르침입니다. 구약의 율법이나 일반 종교의 가르침과 다릅니다. 지혜나 지식의 가르침과도 다릅니다. 구원의 가르침은 세상에 있는 것으로부터 파생되는 것을 향할 수 없습니다. 구원은 세상에 있는 것으로 말해지지 않기 때문입니다. 율법, 종교, 지혜 혹은 지식은 세상의 속성을 향합니다. 세상에 사는 사람들은 어떤 가르침이든 자신들의 속성을 배양하는 것으로 듣습니다. 가르침을 통해 어떠하든 자신들이 향상되길 바랍니다. 따라서 사람들은 어느 가르침에 대해서든, 자신들이 세상에서 사는 데 유익함으로 받아들입니다. 자신들에게 유익하지 않은 가르침은 필요하다고 여기지 않습니다.

　Jesus' teaching is the teaching of salvation. It is different from the Old Testament law or the teachings of general religions. It is also different from the teachings of knowledge or wisdom. The teaching of salvation cannot be directed to something derived from what is in the world, for salvation is not said to be something in the world. Law, religion, wisdom are knowledge are directed to the worldly attribute. People living in the world listen to any teaching as cultivating their own attributes. They hope that through the teachings, they will improve themselves in some way. Therefore, they accept any teaching as beneficial to their life in the world. They do not consider teachings that are not beneficial to them to be necessary.

II.0402. 예수님은 군중에게 하나님 나라를 비유로 가르치십니다. 하나님 나라는 세상 나라가 아님으로 직접적으로 가르쳐질 수 없습니다. 세상 나라는 현실적으로 혹은 이상적으로 가르쳐질 수 있습니다. 그 가르침은 세상 나라로 사는 사람들로선 들어야 할 것입니다. 그러나 예수님은 하나님 나라를 가르치십니다. 하나님의 나라는 세상 나라가 아님으로, 예수님은 비유로 가르칠 수밖에 없습니다. 그리고 세상 나라로 사는 군중은 하나님 나라를 들어야 필요가 없습니다. 따라서 예수님은 군중 가운데 "들을 귀 있는 자"마가복음 4:9에게 듣게 하려 하십니다. 세상 나라로 사는 군중에게 하나님의 나라의 비유는 자신들의 삶에 도움이 되지 않습니다.

Jesus teaches the multitudes about the kingdom of God through parables. The kingdom of God cannot be taught directly because it is not a kingdom of the world. The kingdom of the world can be taught realistically or ideally. That teaching is something that people living in worldly countries must listen to. But Jesus teaches the kingdom of God. Since the kingdom of God is not a kingdom of the world, Jesus has no choice but to teach through parables. And the multitudes who live in the kingdom of the world do not need to hear about the kingdom of God. Therefore, Jesus wants "he who has ears"Mark 4:9 among the multitudes to hear. For the multitudes living in the kingdom of the world, the parable of the kingdom of God is not helpful to their life.

II.0403. 예수님은 군중에게 하나님의 나라가 임함을 가르치십니다. 하나님의 나라는 세상에 있을 수 있는 나라이거나 세상에서 이상적으로 실현할 수 있는 나라가 아니라 세상에 임하는 나라입니다. 예수님은 하나님의 나라가 세상에 임함을 선포하시면서, 하나님 나라를 가르치십니다. 하나님의 나라는 예수님이 선포하심으로 세상에 이루어집니다. 따라서 예수님의 하나님 나라의 가르침은 가르침을 듣는 이들로 그 나라에 살게 하려 함입니다. 예수님은 세상 나라에 안주한 군중으로 하여금 하나님 나라로 살게 하려 하십니다. 따라서 예수님의 가르침은 하나님의 나라가 임하는 소식의 알림이기도 합니다. 예수님은 세상에서 볼 수 없는 하나님의 나라를 보게 하십니다.

Jesus teaches the multitudes that the kingdom of God has come. The kingdom of God is not a kingdom that can exist in the world or can be realized ideally in the world, but a kingdom that comes to the world. As Jesus proclaims that the kingdom of God has come to the world, He teaches about the kingdom of God. The kingdom of God is fulfilled in the world through the proclamation of Jesus. Therefore, Jesus' teaching about the kingdom of God is directed toward those who hear His teaching to live in that kingdom. Jesus wants to make the multitudes who have settled in the kingdom of the world live in the kingdom of God. Therefore, Jesus' teaching is also the announcement of the coming of the kingdom of God. Jesus lets the kingdom of God that cannot be seen in the world be seen.

II.0404. 하나님의 나라는 세상에 있을 수 없는 나라이지만, 이상이나 공상의 나라가 아닙니다. 예수님으로 세상에 임하는 나라입니다. 예수님의 가르침은 임하는 하나님 나라로 사는 삶에 대해서입니다. 예수님이 부르신 제자들은 예수님의 가르침을 따라 하나님 나라로 삽니다. 예수님의 가르침의 핵심은 예수님 자신입니다. 예수님의 가르침은 하나님의 나라로 사는 예수님의 삶에 수반됩니다. 예수님은 하나님 나라에 사심으로 하나님 나라의 삶을 보이시면서, 또한 하나님 나라의 삶을 제자들에게 가르치십니다. 그들로 하나님의 나라에 살게 하려 하십니다. 이렇게 제자들을 향한 예수님의 가르침은 하나님 나라로 사는 삶입니다.

The kingdom of God is a kingdom that cannot exist in the world, but it is not a kingdom of ideals or fantasies. It is the kingdom that comes to the world through Jesus. Jesus' teaching is about the living in the coming kingdom of God. The disciples called by Jesus live in the kingdom of God in accordance with Jesus' teaching. The core of Jesus' teaching is Jesus Himself. Jesus' teaching is accompanied with the life of Him who lives in the kingdom of God. By living in the kingdom of God, Jesus shows the life of the kingdom of God and also teaches His disciples how to live in the kingdom of God. Jesus wants them to live in the kingdom of God. Jesus' teaching to His disciples is to live in the kingdom of God.

II.0405. 복음서의 예수님 서사는 예수님이 하나님 나라로 사는 이야기입니다. 예수님은 하나님 나라를 선포하시며 복음의 사역을 시작하십니다. 예수님은 군중을 향해 그들이 하나님 나라에 들어오도록 하나님 나라를 비유로 가르치시지만, 예수님을 따르는 제자들에겐 하나님 나라에서 사는 삶을 가르치십니다. 하나님의 나라는 예수님의 가르치심의 핵심입니다. 예수님은 종교적인 삶을 가르치지 않으십니다. 예수님의 하나님 나라는 군중이 종교적으로 깨닫게 되는 삶이 아닙니다. 예수님이 하나님의 나라를 가르치심은 군중의 종교적인 추구를 차단합니다. 예수님의 가르침은 종교적인 가르침일 수 없습니다.

Jesus' narrative in the Gospel is the story of Jesus living in the kingdom of God. Jesus, proclaiming the kingdom of God, begins His ministry of the gospel. Jesus teaches the multitudes about the kingdom of God through parables so that they can enter the kingdom of God, but Jesus also teaches His disciples how to live in the kingdom of God. The kingdom of God is the core of Jesus' teaching. Jesus does not teach a religious life. Jesus' kingdom of God is not the life that the multitudes are awakened religiously. Jesus' teaching of the kingdom of God blocks the religious pursuits of the multitudes. Jesus' teaching cannot be a religious teaching.

II.0406. 예수님은 구원자로 하나님 나라를 사십니다. 따라서 예수님을 구원자로 따르는 제자들은 하나님 나라로 삽니다. 하나님 나라의 구원자이신 예수님은 세상에서 종교적 지도자일 수 없습니다. 하나님 나라의 구원자는 세상 나라의 종교 창시자와 구별되어야 합니다. 예수님의 하나님 나라 선포는 세상으로부터 추론을 차단합니다. 즉 하나님 나라를 선포하시는 예수님은 세상에 설정될 수 있는 분일 수 없습니다. 예수님은 하나님 나라에서 하나님의 아들과 그리스도로 고백됩니다. 하나님의 아들이나 그리스도는 종교적인 용어가 아닙니다. 예수님이 하나님의 아들, 그리스도로 가르치신 내용은 종교적일 수 없습니다.

Jesus as the Savior lives the kingdom of God. Therefore, the disciples who follow Jesus as the Savior live in the kingdom of God. Jesus, the Savior of the kingdom of God, cannot be a religious leader in the world. The Savior of the kingdom of God must be differentiated from the religious progenitor of the kingdom of the world. Jesus' proclamation of the kingdom of God blocks reasoning from the world. In other words, Jesus, who proclaims the kingdom of God, cannot be someone who can be set in the world. Jesus is confessed as the Son of God and the Christ of the kingdom of God. Son of God and Christ are not religious terms. What Jesus taught as the Son of God and Christ cannot be religious.

II.0407. 하나님의 나라는 구원의 나라입니다. 예수님께서 하나님 나라로 가르치신 것은 구원입니다. 세상에서 추구될 수 있는 내용이 아닙니다. 즉 사람의 지성, 도덕성, 혹은 종교성을 신장하는 내용이 아닙니다. 세상 속성으로 추구될 수 있는 것은 구원이라고 할 수 없습니다. 예수님이 가르치신 구원은 사람이 추구해서 이를 수 있는 것이 아닙니다. 구원은 예수님이 오심으로 세상에 임합니다. 구원은 하나님의 나라로 임합니다. 세상에서 하나님 나라로 사는 구원의 삶은 세상에서 훌륭한 삶이 아닙니다. 세상에 오신 예수님에 의한 하나님 나라를 선포는 복음서가 서사하는 예수님의 기본 설정입니다.

The kingdom of God is the kingdom of salvation. What Jesus taught about the kingdom of God is salvation. It is not something that can be pursued in the world. In other words, it is not about improving a person's intellectuality, morality, or religiosity. What can be pursued through worldly attributes cannot be called salvation. The salvation that Jesus taught is not something that people can achieve by pursuing it. Salvation comes to the world with the coming of Jesus. Salvation is coming into the kingdom of God. The life of salvation lived in the kingdom of God in the world is not a great life in the world. The proclamation of the coming kingdom of God by Jesus who came to the world is the basic setting of Jesus which the Gospel narrates.

II.0408. 보통 사람들은 예수님을 세상에 오신 분으로 보지 않고 세상에 속한 분으로 여깁니다. 따라서 예수님의 가르침은 보통 사람들의 가르침과 구별되지 않는다고 생각합니다. 예수님의 가르침을 종교적 가르침의 일환으로 봅니다. 그리고 예수님이 가르치신 구원은 종교적으로 다루어진다고 봅니다. 그러나 구원이 세상에 오신 예수님이 선포하신 하나님 나라로 임한다면, 종교적으로 접근될 수 없습니다. 역사적으로 종교는 세상에 늘 있어왔습니다. 그렇지만 각 종교마다 나름대로 추구하는 깨달음을 설정하더라도, 그것은 세상의 구원으로 다루어지지 않습니다. 개인의 종교적인 깨달음은 그의 구원이 아닙니다.

Ordinary people do not see Jesus as the One who came to the world, but regard as someone who belongs to the world. Therefore, they believe that Jesus' teaching is not separated from the ordinary people's teaching. They view Jesus' teaching as part religious teaching. And they think that the salvation that Jesus taught is treated religiously. However, if salvation comes through the kingdom of God proclaimed by Jesus who came to the world, it cannot be approached religiously. Historically, religion has always existed in the world. However, even if each religion pursues enlightenment in its own way, it is not treated as the salvation of the world. A person's religious enlightenment is not his salvation.

II.0409. 예수님이 종교로부터 보아지면, 예수님의 구원의 가르침은 종교적으로 추구되는 것입니다. 이것은 복음서에 서사된 내용과 상반됩니다. 구원이 종교적으로 추구되는 것이면, 예수님께서 제자들을 부를 필요가 없습니다. 예수님은 군중에게 직접 종교적인 가르침을 들려줄 수 있습니다. 제자들이 군중으로부터 나와 예수님을 따르는 과정이 설정되어야 할 이유가 없습니다. 예수님과 군중은 같이 세상에서 종교적으로 추구하면 됩니다. 예수님은 군중보다 종교적으로 우월할 뿐이고, 군중은 예수님을 따라야 필요가 없습니다. 예수님은 세상의 예수님이니, 예수님과 군중이 선 근거는 같습니다. 따라서 예수님을 따르는 뜻은 없습니다.

If Jesus is viewed from religion, Jesus' teaching of salvation pursued religiously. This is contrary to what is narrated in the Gospel. If salvation is a religious pursuit, there is no need for Jesus to call His disciples. Jesus can speak religious teachings directly to the multitudes. There is no reason why a process should be set up for the disciples to come out of the crowd and follow Jesus. Jesus and the multitudes can pursue religiously in the world together. Jesus is only religiously superior to the multitudes, and the multitudes do not have to follow Jesus. Jesus is the Jesus of the world, so the basis on which Jesus and the multitudes stand is the same. Therefore, there is no meaning of following Jesus.

II.0410. 세상에서 예수님이 따라지면, 예수님의 여정은 세상에 속하지 않습니다. 이 때문에 복음서는 예수님을 처음부터 하나님과 함께하시는 분으로 서사합니다. 복음서는 하나님과 함께하신 하나님의 독생자로 세상에 오신 분이라고 서사합니다. 즉 복음서는 예수님을 처음부터 언약으로 서사하지 종교적으로 기술하지 않습니다. 예수님은 하나님 나라의 복음을 선포하시고 제자들을 따르도록 부르십니다. 예수님은 제자들을 예수님을 따르도록 가르치십니다. 그들을 깨달음에 이르도록 가르치지 않으십니다. 제자들이 예수님을 따르려면, 예수님이 어떤 분이신지 알아야 합니다. 그러나 예수님의 깨달음은 예수님의 삶과 무관합니다.

If Jesus is followed in the world, His journey does not belong to the world. For this reason, the Gospel narrates that Jesus is together with God from the beginning. The Gospel narrates that Jesus came into the world as God's only begotten Son who was together with God. In other words, the Gospel narrates Jesus covenantally from the beginning and does not describe Him religiously. Jesus proclaims the gospel of the kingdom of God and calls His disciples to follow Him. Jesus teaches them to follow Him. Jesus does not teach them to be enlightened. If Jesus' disciples are to follow Him, they must know who He is. However, Jesus' enlightenment has nothing to do with His life.

II.0411. 예수님은 제자들에게 예수님을 십자가로 따르라고 하십니다. 예수님의 십자가는 깨달음의 목표일 수 없습니다. 예수님은 제자들에게 "누구든지 나를 따라오려거든 자기를 부인하고 자기 십자가를 지고 나를 따를 것이니라"마가복음 8:34고 하십니다. 예수님을 따름에는 십자가가 결정적입니다. 그러나 예수님의 깨달음은 예수님의 십자가와 상관없습니다. 종교 창시자는 십자가에서 죽어야 하진 않습니다. 세상 군중은 누구나 종교인이 될 수 있습니다. 그들에게 십자가는 세상에 일어나는 우연적인 일일 뿐 자신들과 상관없습니다. 즉 종교적인 삶에 십자가는 아무런 의미를 주지 않습니다.

Jesus tells His disciples to follow Him to the cross. The cross of Jesus cannot be the goal of enlightenment. Jesus tells His disciples: "Whoever desires to come after Me, let him deny himself, and take up his cross, and follow Me."Mark 8:34 The cross is crucial to following Jesus. However, Jesus' enlightenment has nothing to do with Jesus' cross. A religious progenitor does not have to die on a cross. Anyone of the multitudes in the world can become a religious person. To them, the cross is just an accidental thing that happens in the world and has nothing to do with them. In other words, the cross has no meaning in religious life.

II.0412. 예수님의 가르침은 예수님의 십자가를 내포합니다. 예수님의 가르침을 들은 이들은 십자가로 가시는 예수님을 따라야 하기 때문입니다. 예수님은 구원자로 십자가로 가십니다. 그리고 복음서는 십자가를 죄 사함을 위한 예수님의 피 흘림으로 서사합니다. 예수님은 십자가를 거쳐 하나님 나라의 그리스도로 고백됩니다. 십자가를 거치지 않으면 예수님은 세상에서 현존하는 인물로 생각됩니다. 그러면 예수님은 세상 나라의 메시아는 될 수 있어도 하나님 나라의 그리스도는 될 수 없습니다. 십자가를 거치지 않는 예수님은 세상의 예수님으로 기술될 수밖에 없습니다. 즉 예수님은 세상에 사신 분으로밖에 기술될 수 없습니다.

Jesus' teaching entails His cross, for those who have heard Jesus' teaching must follow Him on His way to the cross. Jesus goes to the cross as the Savior. And the Gospel narrates the cross as the shedding of Jesus' blood for the forgiveness of sins. Jesus is confessed as the Christ of the kingdom of God through the cross. Without going through the cross, Jesus is thought of as an existent person in the world. Then, Jesus can be the Messiah of the kingdom of the world, but He cannot be the Christ of the kingdom of God. Jesus who does not go through the cross can only be described as the Jesus of the world. In other words, Jesus can only be described as someone who lived in the world.

II.0413. 예수님의 십자가는 예수님을 따르는 내용, 곧 구원의 내용으로 설정됩니다. 십자가는 복음서에 우연적인 사건으로 기술되지 않습니다. 십자가가 우연적인 사건이면, 예수님은 제자들로 자기 십자가를 지고 예수님을 따르라고 하지 않을 것입니다. 복음서는 예수님이 십자가를 지기 위해 세상에 오신 것 같이 서사합니다. 십자가가 세상에 오신 구원자 예수님이 향한 것이면, 세상의 구원으로 드러납니다. 즉 십자가는 구원자 예수님의 구원의 사역의 정점입니다. 그래서 예수님은 십자가에서 죽으실 때 "다 이루었다"요한복음 19:30고 하십니다. 즉 예수님의 십자가 죽음으로 하나님은 예수님을 세상에 보내신 구원의 뜻을 이루십니다.

Jesus' cross is set as the content of following Him, that is, the content of salvation. The cross is not described in the Gospel as an accidental event. If the cross were an accidental event, Jesus would not call His disciples to take up their cross and follow Him. The Gospel narrates Jesus as coming into the world to bear the cross. If the cross is directed to Jesus, the Savior who came to the world, it is unveiled as the salvation of the world. In other words, the cross is the pinnacle of the saving mission of Jesus, the Savior. So when Jesus dies on the cross, He says, "It is finished."John 19:30 In other words, through the death of Jesus on the cross, God fulfills His will of salvation by sending Jesus to the world.

II.0414. 예수님을 따름은 예수님의 십자가로 명백하게 부각됩니다. 즉 예수님을 따르는 제자들이 예수님의 십자가로 부각됩니다. 그렇지 않으면 예수님의 제자들도 종교 창시자의 제자들과 같이 깨달음의 가르침을 전해 받을 것입니다. 예수님이 십자가로 가시기에, 제자들은 예수님을 버리고 도망갑니다. 그 때문에 예수님을 따름이 부각됩니다. 십자가는 제자들을 향한 예수님의 가르침의 핵심이 됩니다. 예수님의 가르침이 예수님의 십자가 죽음에 부합되는 점에서, 예수님의 가르침은 종교적인 가르침과 구별된 구원의 가르침입니다. 구원의 십자가를 향하는 구원자 예수님이 들려주시는 구원의 가르침입니다.

Following Jesus is clearly highlighted by Jesus' cross. In other words, the disciples who follow Him are highlighted by His cross. Otherwise, Jesus' disciples would receive the teaching of enlightenment like the disciples of a religious progenitor. As Jesus goes to the cross, His disciples abandon Him and run away. Because of this, following Jesus is highlighted. The cross becomes the core of Jesus' teaching to His disciples. In that Jesus' teaching correspond to Jesus' death on the cross, Jesus' teaching is teaching of salvation that is separated from religious teaching. This is the teaching of salvation taught by Jesus the Savior heading to the cross of salvation.

II.0415. 세상에 예수님의 십자가가 세워졌기 때문에, 예수님의 가르침은 단순히 깨달음의 내용일 수 없습니다. 즉 종교적인 내용일 수 없습니다. 종교적인 깨달음으로 살면서 십자가에 처형될 수 있지만, 십자가 죽음은 깨달음의 경지가 될 수 없습니다. 십자가 죽음은 세상에서 개인으로 부딪치는 엄연한 사건입니다. 다른 사람들에 의해 강압적으로 당하게 되는 것임으로, 자신의 내면적인 깨달음과는 무관합니다. 즉 종교인의 깨달음은 종교인의 죽음과 무관합니다. 깨달음은 종교적으로 가르쳐질 수 있더라도, 십자가 죽음은 종교적으로 가르쳐질 수 없습니다. 따라서 예수님의 십자가 죽음은 종교적인 접근을 차단합니다.

Since Jesus' cross was set in the world, Jesus' teaching cannot simply be the content of enlightenment. In other words, it cannot be religious content. Although one may be crucified while living in religious enlightenment, his death on the cross cannot become the state of enlightenment. Crucifixion is a stark event that confronts individuals in the world. Since it is something that is coerced by others, it has nothing to do with one's own inner awakening. In other words, the enlightenment of a religious person has nothing to do with the death of a religious person. Even though enlightenment can be taught religiously, death on the cross cannot be taught religiously. Therefore, Jesus' death on the cross blocks religious access.

II.0416. 세상에서 십자가 죽음이 가르침의 대상이 된다면, 부정적인 교훈일 수밖에 없습니다. 세상에서 십자가는 피해야 될 것입니다. 세상에 살려고 태어난 사람들 가운데 아무도 세상으로부터 제거되는 걸 원치 않습니다. 십자가 죽음은 어쩔 수 없이 강요되니, 그것이 주는 교훈은 그렇게 되지 않게 준비하는 것입니다. 십자가를 피하는 길은 가르쳐지더라도, 십자가로 가는 길은 가르쳐지지 않습니다. 십자가 죽음은 죽이는 편에서 기술되지, 죽임을 당하는 편에서 기술되지 않습니다. 사람들은 죽이는 편에 서서 십자가 죽음을 봅니다. 그들은 세상에서 살고 있기 때문입니다. 그들은 죽임을 당한 편에서 십자가 죽음을 볼 수 없습니다.

If death on the cross becomes an object of teaching in the world, it can only be a negative lesson. The cross should be avoided in this world. No one born to live in the world wants to be removed from it. Since death on the cross is inevitable, the lesson it teaches is to prepare so that it does not happen. Although the way to avoid the cross is taught, the way to the cross is not taught. The death of the cross is described in terms of killing, not in terms of being killed. People stand on the side of killing and see death on the cross. Because they live in a world. They cannot see the crucifixion from the side that was killed.

II.0417. 십자가 죽음을 내포한 가르침은 세상에서 나아짐을 위한 지혜의 가르침일 수 없습니다. 그보다 세상의 구원을 향한 가르침입니다. 십자가 죽음은 자체로 세상의 나아짐을 향한 지표가 될 수 없습니다. 기껏 지배자가 반란자를 십자가에 처형함으로 세상을 나빠지지 않게 한다고 주장될 수 있습니다. 십자가 죽음은 지혜로 말해질 수 없습니다. 십자가 죽음이 가르쳐진다면, 그 가르침은 세상의 구원을 향합니다. 이렇게 예수님의 십자가 죽음은 예수님의 가르침을 구원의 가르침으로 보게 합니다. 거꾸로 말하면, 예수님의 십자가 죽음은 구원의 임함으로 세상에 가르쳐져야 합니다.

The teaching that involves death on the cross cannot be teaching of wisdom for betterment in the world. Rather, it is a teaching toward the salvation of the world. Death on the cross cannot in itself be an indicator for the betterness of the world. At best, a ruler can claim to keep the world from becoming worse by crucifying rebels. The death of the cross cannot be spoken of with wisdom. If death on the cross is taught, that teaching is directed to the salvation of the world. In this way, Jesus' death on the cross lets Jesus' teachings be seen as teachings of salvation. Conversely, Jesus' death on the cross must be taught to the world as the coming of salvation.

II.0418. 예수님의 십자가 죽음이 가르쳐지는 것은 역설적입니다. 그것이 역설적임으로, 그 가르침은 예수님을 따름에 수반됩니다. 세상 사람들에게 가르쳐질 수 없지만, 예수님을 따르는 이들에게 가르쳐져야 합니다. 십자가에 죽임을 당한 예수님을 따르는 제자들은 세상에 안주한 이들과 같은 시각을 가질 수 없습니다. 그렇지만 그들은 세상에 안주하는 이들에 대한 적대적인 시각을 갖지 않습니다. 십자가에 죽임을 당한 반란자를 따르는 이들은 세상에 안주하는 이들에 대해 적대감을 표출할 수 있습니다. 십자가 죽음을 혁명적인 반항 기치로 내세울 수 있습니다. 그러나 십자가 죽음 자체가 혁명적인 반항의 목표는 아닙니다. 반항의 목표는 세상을 지배하려는 것입니다.

It is paradoxical that Jesus' death on the cross is taught. Paradoxically, that teaching accompanies following Jesus. It cannot be taught to the world, but it must be taught to those who follow Jesus. The disciples who follow Jesus who was crucified cannot have the same perspective as those who have settled in the world. However, they do not have a hostile view toward those who are complacent in the world. Followers of crucified rebels may express hostility toward those who are complacent in the world. Death on the cross can be used as a banner of revolutionary defiance. But crucifixion itself is not the goal of revolutionary rebellion. The goal of rebellion is to rule the world.

II.0419. 예수님의 십자가 죽음은 예수님의 하나님의 뜻에 순종으로 가르쳐집니다. 하나님과 함께하는 순종의 삶으로 가르쳐집니다. 따라서 예수님의 십자가 죽음을 가르치는 뜻은 세상으로부터 제거됨보다 하나님과 함께하는 순종입니다. 하나님과 함께하는 순종으로 하나님의 뜻이 예수님의 십자가 죽음으로 이루어집니다. 따라서 예수님의 십자가 죽음으로 하나님과 함께하는 삶 혹은 하나님의 뜻에 순종하는 삶이 세상에 드러납니다. 예수님의 십자가 죽음으로 하나님의 나라가 세상에 드러납니다. 따라서 예수님을 십자가로 따르는 제자들은 하나님 나라로 삽니다. 이렇게 예수님의 십자가 죽음은 하나님과 함께하는 순종의 삶으로 가르쳐집니다.

Jesus' death on the cross is taught as Jesus' obedience to God's will. It is taught as the obedient life of being together with God. Therefore, the meaning of Jesus' death on the cross is obedience of being with God rather than removal from the world. Through the obedience of being together with God, God's will is fulfilled through Jesus' death on the cross. Therefore, through Jesus' death on the cross, the life of being together with God or the life of being obedient to God's will is disclosed to the world. Through Jesus' death on the cross, the kingdom of God is disclosed to the world. Therefore, the disciples who follow Jesus to the cross live in the kingdom of God. In this way, Jesus' death on the cross is taught as the obedient life of being together with God.

II.0420. 세상에 안주하는 내용이 없는 예수님의 십자가 죽음으로 하나님의 나라로 사는 구원이 부각됩니다. 세상에 안주하는 한, 타락된 세상 속성의 삶을 지속합니다. 타락된 세상 삶으로부터 구원은 세상 삶으로부터 단절되어야 합니다. 이것이 예수님의 십자가 죽음으로 보입니다. 따라서 예수님의 십자가 죽음으로 하나님의 뜻을 따라 사는 순종의 삶이 가르쳐지고, 하나님과 함께하는 언약의 삶이 가르쳐집니다. 예수님의 가르침의 궁극적인 뜻은 하나님과 함께하는 언약의 백성의 삶입니다. 예수님은 따르는 제자들로 하나님과 함께하는 언약의 백성이 되게 합니다. 이것이 예수님이 가르치시는 구원의 내용입니다.

The salvation of living in the kingdom of God is highlighted through the death of Jesus on the cross, which does not involve settling for the world. As long as one remains complacent in the world, he continues to live a life with the attributes of the fallen world. Salvation from the fallen worldly life has to be severed from the worldly life. This appears to be Jesus' death on the cross. Therefore, through Jesus' death on the cross, the obedient life according to God's will is taught, and the covenant life of being together with God is taught. The ultimate meaning of Jesus' teaching is the life of the covenant people of being together with God. Jesus lets the disciples following Him be the covenant people of being together with God. This is the content of salvation that Jesus teaches.

II. 5
· · ·

예수님의 고침 The Healing of Jesus

II.0501. 예수님의 이야기인 복음서에 예수님께서 병자를 고치시는 서사가 자주 보입니다. 예수님의 고침은 예수님의 가르침과 같은 비중으로 서사됩니다. 고침과 가르침은 예수님의 사역의 두 개의 추축입니다. 그렇지만 예수님의 가르침은 강조되어왔지만, 예수님의 고침은 구마 혹은 기적으로만 말해져왔습니다. 복음서가 종교적으로 읽어져 왔기 때문입니다. 종교 창시자는 깨달음을 가르치지, 병자를 고치는 기적을 베풀어야 하진 않습니다. 고침은 종교적인 내용이 아닙니다. 예수님의 사역이 종교적으로 다루어지는 만큼, 예수님의 고침은 간과됩니다. 즉 예수님의 사역은 예수님의 고침의 시각으로 보아지지 않습니다.

In the Gospel, Jesus' story, the narrative of Jesus healing the sick is frequently seen. Jesus' healing is narrated as the same weight as His teaching. Healing and teaching are the two pillars of Jesus' ministry. However, although Jesus' teaching has been emphasized, Jesus' healing has only been said to be an exorcism or a miracle, for the Gospel has been read religiously. The founder of a religion teaches enlightenment, not performs miracles to heal the sick. Healing is not a religious thing. To the extent that Jesus' ministry is treated religiously, Jesus' healing is overlooked.

In other words, Jesus' ministry is not seen from the perspective of Jesus' healing.

II.0502. 예수님의 고침은 예수님 자신으로 보아져야 합니다. 세상에서 보는 고침의 현상을 예수님도 야기하신 것이 아닙니다. 보통 병자는 의사들에 의해 고쳐집니다. 따라서 예수님은 의사들에 의해 고쳐질 수 없는 불치의 병자를 고치신다고 하게 됩니다. 이 때문에 예수님의 고침은 구마나 기적으로 말해집니다. 사람들은 예수님의 가르침을 종교적 가르침의 일환으로 읽듯이, 예수님의 고침도 일반 고침의 일환으로 봅니다. 세상에서 일어나는 가르침이나 고침의 시각으로 예수님의 가르침이나 고침을 봅니다. 그들은 예수님의 가르침이나 고침을 세상에 일어날 수 있는 특별한 경우로 평가합니다.

Jesus' healing must be seen as Jesus Himself. Jesus did not cause the phenomenon of healing seen in the world. Usually, the sick is cured by doctors. Therefore, it is said that Jesus heals incurable patients who cannot be cured by doctors. For this reason, Jesus' healing is said to be an exorcism or a miracle. Just as people read Jesus' teaching as part of religious teaching, they also see Jesus' healing as part of general healing. They see Jesus' teaching and healing from the perspective of teaching and healing that occur in the world. They evaluate Jesus' teachings and healing as special cases that could happen in the world.

II.0503. 예수님의 고침은 예수님의 가르침과 같이 복음의 시각으로 보아져야 합니다. 단순히 세상에 일어나는 일로 보아질 것이 아닙니다. 예수님의 고침과 가르침은 예수님 복음 선포의 추축입니다. 즉 복음 선포로 이루어지는 일입니다. 예수님이 선포하시는 좋은 소식의 파급으로 병자들은 고쳐지고 하나님의 나라는 가르쳐집니다. 예수님으로 좋은 소식이 세상에 임함으로, 병자는 고쳐지고 하나님 나라로 사는 삶은 열립니다. 그러나 사람들은 예수님의 고침이 과학적 시각으로 설명되지 않음으로 구마나 기적이라고 합니다. 구마는 과학적 지식에 의하지 않은 주술적인 평가이고, 기적은 과학적으로 불가능함에 대한 평가입니다.

Jesus' healing must be viewed from the perspective of the gospel, like Jesus' teaching. It is not simply seen as matter occurring in the world. Jesus' healing and teaching are the pivots of His proclamation of the gospel. In other words, they are works that are fulfilled through the proclamation of the gospel. Through the spread of good news that Jesus proclaims, the disabled are healed, and the kingdom of God is taught. As good news comes to the world through Jesus, the sick is healed and life in the kingdom of God begins. However, people say that Jesus' healing is an exorcism or a miracle because it is not explained from a scientific perspective. An exorcism is a magical evaluation that is not based on scientific knowledge, and a miracle is an evaluation of scientific impossibility.

II.0504. 복음서는 예수님의 고침을 표적으로 서사합니다. 단순히 세상에서 일어나는 변화로 다루지 않습니다. 도로 표시가 의미를 주듯 예수님의 고침도 의미를 줍니다. 예수님의 고침에는 예수님이 보이고자 하는 의미가 있습니다. 그것은 예수님의 능력이 아닌 하나님의 뜻입니다. 도로 표시가 가로수와 같이 사물로 길에 세워져 있지 않듯이, 예수님의 고침도 일반 고침과 같이 세상에 보이지 않습니다. 도로 표시를 보고 운전자는 운전하듯, 예수님의 고침을 보고 예수님을 따르는 이들은 믿음의 삶을 삽니다. 도로 표시를 알지 못하는 이들은 운전할 수 없듯이, 예수님의 고침을 표적으로 보지 못하는 이들은 믿는 삶을 살 수 없습니다.

The Gospel narrates Jesus' healing as a sign. It does not deal with Jesus' healing as a simple change taking place in the world. Jesus' healing gives meaning just as street signs give meaning. Jesus' healing has a meaning that Jesus wants to show. It is God's will, not Jesus' power. Just as road signs, like street trees, are not placed on the road, Jesus' healing is not visible to the world like ordinary healing. Just as a driver sees road signs and drives, those who see Jesus' healing and follow Him live their believing life. Just as those who do not know the road signs cannot drive, those who do not see Jesus' healing as a sign cannot live the life of faith.

II.0505. 예수님의 주위로 모여든 군중은 병이 나아지는 혜택을 받기 바랍니다. 그들은 그들의 상태가 세상에서 나아지길 바랍니다. 그들은 세상에서 삶의 조건이 향상되길 바랍니다. 그들의 고쳐짐도 세상에서 좋아짐입니다. 그들은 예수님이 그들의 왕으로 먹을 것을 베풀어주고 병을 고쳐주기를 바랍니다. 그들이 원하는 것은 그들의 문제를 해결해줄 기적이지 표적이 아닙니다. 그들은 예수님이 그들의 삶의 목표를 실현해줄 분이길 바랍니다. 세상에 근거한 사람들은 세상 조건에 처한 문제를 해결하기 바쁩니다. 따라서 그들은 세상 문제의 해결 이상을 생각하지 않습니다. 그들이 원하는 것은 복음이 아닌 병의 고침과 빵입니다.

The multitudes gathered around Jesus want to benefit from healing. They hope their condition will improve in the world. They want living conditions to improve in the world. Their healing also means improvement in the world. They hope that Jesus, as their king, will provide them with food and heal their illnesses. What they want is a miracle that will solve their problems, not a sign. They hope that Jesus will be the One who will make their life goals come true. World-based people are busy solving problems in world conditions. Therefore, they think of nothing more than solving the world's problems. What they want is healing and bread, not the gospel.

II.0506. 의사에게 고침은 목적입니다. 그러나 예수님에게 고침은 표적입니다. 예수님이 보이신 고침의 뜻은 세상에서 설정될 수 없습니다. 즉 세상상태의 변화로 설명될 수 없습니다. 예수님으로 고쳐진 병자가 세상에서 보다 나은 삶을 사는 것이 예수님께서 고치신 뜻이 아닙니다. 예수님의 고침의 뜻은 예수님의 능력에 의한 변화된 세상이 아니라 하나님 함께의 임함입니다. 예수님은 고침으로 하나님께서 함께하시는 하나님의 나라가 임한 것을 보이십니다. 따라서 예수님의 고침의 이야기는 복음입니다. 예수님의 고침은 세상에서 일어날 수 있는 사건으로보다 하나님의 나라가 임함으로 이루어지는 '사건'으로 보아져야 합니다.

For a doctor, healing is the goal. But for Jesus, healing is a sign. The meaning of healing shown by Jesus cannot be set in the world. In other words, it cannot be explained by changes in the state of the world. Jesus did not mean that the sick who were cured by Jesus would live a better life in the world. The meaning of Jesus' healing is not the world changed by the power of Jesus, but the coming of God's togetherness. Through Jesus' healing, Jesus shows that the kingdom of God of God's togetherness has come. Therefore, the story of Jesus' healing is the gospel. Jesus' healing should be viewed as an 'event' that is fulfilled through the coming of the kingdom of God rather than as an event that can happen in the world.

II.0507. 예수님의 고침은 시술을 수반하지 않고 말을 수반합니다. 예수님은 중풍병자에게 "네 죄 사함을 받았느니라"마가복음 2:5, 나병환자에게 "내가 원하노니 깨끗함을 받으라"마태복음 8:3, 또 땅에 누워있는 병자에게 "일어나 네 자리를 들고 걸어가라"요한복음 5:8고 하십니다. 예수님의 말씀은 고침의 선포입니다. 예수님은 고치시는데 세상 변화를 야기하지 않고 복음을 선포하십니다. 예수님의 선포된 복음은 표적을 보이게 합니다. 예수님의 고침은 선포된 복음의 이루어짐입니다. 말의 우선성과 말의 이루어짐을 보입니다. 즉 예수님의 고침은 언어적입니다. 과학적인 상태 변화로 설명될 수 없습니다.

Jesus' healing involves words, not procedures. Jesus said to a paralytic "Your sins are forgiven"Mark 2:5, to a leper "I am willing; be cleansed," and to a sick man lying on the ground "Rise, take up your bed and walk." John 5:8 Jesus' saying is the proclamation of healing. In Jesus' healing, He does not bring about change in the world, but He proclaims the gospel. The gospel proclaimed by Jesus makes signs visible. Jesus' healing is the fulfillment of the proclaimed gospel. It shows the priority of words and the fulfillment of words. In other words, Jesus' healing is linguistic. It cannot be explained by a scientific change of state.

II.0508. 예수님께서 병자를 고치실 때 말씀하신 죄 사함은 하나님의 함께를 들려줍니다. 하나님께서 함께하심으로 병자가 고쳐지기에, 예수님은 죄 사함을 받았다고 하십니다. 그러나 유대인들은 예수님의 고침을 하나님의 함께로 보지 못하기 때문에, 예수님이 그 말을 할 수 없다고 주장합니다. 그들은 군중과 같이 예수님의 고침을 단지 예수님의 일로 봅니다. 그러나 예수님이 고치실 때 선포된 말씀은 표적을 보이게 하는 내용입니다. 죄를 사하시는 하나님께서 함께하심의 선포입니다. 유대인들에게 걸림이 되는 예수님의 말씀은 오히려 고침의 표적을 분명하게 합니다.

The forgiveness of sins that Jesus spoke of when He healed the sick shows God's togetherness. Because the sick was healed through God's togetherness, Jesus said that his sins were forgiven. However, the Jews claim that Jesus could not have said that because they do not see Jesus' healing as God's togetherness. Like the multitudes, they see Jesus' healing as just Jesus' work. However, the words proclaimed when Jesus healed were those that made a sign visible. The words are the proclamation of togetherness of God who forgives sins. Jesus' words, which were a stumbling block to the Jews, actually make the sign of healing clear.

II.0509. 고침은 종교적 내용이 아닙니다. 종교는 내적 깨달음으로 이끌지만, 외부로 미치는 영향을 다루지 않습니다. 아무도 고침을 종교인의 일이라고 여기지 않습니다. 이점은 거꾸로 예수님의 고침은 예수님의 사역을 종교적으로 보이지 않게 함을 지적합니다. 즉 예수님은 종교적인 일로 병자를 고치지 않으셨습니다. 예수님은 종교의 창시자로 세상에 일하지 않으셨습니다. 예수님의 고침은 예수님 사역의 중심이 됩니다. 따라서 예수님의 고침으로 예수님의 사역은 바로 보아져야 합니다. 예수님은 고치시는 분으로 세상에 오셨습니다. 세상의 나아짐이 아닌 세상의 고침으로 오셨습니다.

Healing is not a religious thing. Religion leads to inner enlightenment, but does not address the outward impact. No one considers healing to be the work of religious people. This point, conversely, points out that Jesus' healing does makes Jesus' ministry invisible as religious. In other words, Jesus did not heal the sick as a religious work. Jesus did not work in the world as the founder of a religion. Jesus' healing is central to His ministry. Therefore, Jesus' work must be seen rightly through His healing. Jesus came into the world as a healer. Jesus came to heal the world, not to make it better.

II.0510. 예수님은 병자를 고치심으로 세상에 고침을 보이십니다. 예수님은 세상 사람이 생각하듯 세상의 나아짐을 보이지 않으시고 세상의 고침을 보이십니다. 세상의 변화는 세상에 속한 사람들에 의해 초래됩니다. 세상은 그들에 의해 좋게 혹은 나쁘게 변하게 됩니다. 그들은 고침이 세상을 좋게 변하게 하는 과정으로 생각합니다. 의사의 고침은 환자를 보다 나은 상태에 있게 합니다. 세상에 사는 기본 의식이 있음과 변화이니, 모든 것은 있음과 변화를 근거로 설명됩니다. 이 경향 때문에, 예수님의 고침도 있음과 변화의 근거에서 설명되게 됩니다. 그 경향 때문에, 사람들은 예수님의 고침에 대해 가능성의 문제로부터 벗어나질 수 없습니다.

Jesus shows healing to the world by healing the sick. Jesus does not show the world getting better, as people in the world think, but shows the healing of the world. Changes in the world are brought about by the people in the world. The world changes for better or worse because of them. They think of healing as a process by which the world changes for the better. A doctor's cure leaves the patient in a better condition. The basic consciousness of living in the world is existence and change, so everything is explained based on existence and change. Because of this tendency, Jesus' healing is also explained on the basis of existence and change. In other words, people cannot escape the question of possibility regarding Jesus' healing.

II.0511. 예수님의 고침은 세상이 보다 나은 상태로 바뀜을 뜻하지 않습니다. 하나님의 함께로 세상에 오신 예수님은 하나님의 함께로 고침을 보이십니다. 예수님의 고침은 함께의 고침이지 변화의 고침이 아닙니다. 세상에서 고침은 어떻든 좋은 상태로 바뀜을 뜻합니다. 병의 나음은 몸이 좋아짐을 뜻합니다. 삶이 나쁨으로부터 나아질 때, 고쳐진다고 여겨집니다. 그러나 성경은 언약의 책입니다. 성경에서 고침은 언약의 함께로 보입니다. 하나님과 함께로 구속됨은 고쳐짐으로 말해집니다. 변화하는 세상에서 진화가 다루어질 수 있습니다. 그러나 성경은 진화를 다루지 않습니다. 하나님과 함께가 궁극으로 설정됩니다. 따라서 성경은 종말론적입니다.

Jesus' healing does not mean that the world is changed for the better. Jesus who came into the world with God's togetherness shows healing with God's togetherness. Jesus' healing is a healing of togetherness, not a healing of change. In the world, healing means changing to a good state, no matter what. Healing of sickness means the betterment of the body. Life is regarded as being healed when it comes to be better from worse. However, the Bible is the covenant book. In the Bible, healing is seen as the covenant togetherness. Redemption of being together with God is said to be healing. Evolution can be addressed in a changing world. However, the Bible does not address evolution. Togetherness with God is set as the ultimate. Therefore, the Bible is eschatological.

II.0512. 예수님은 고쳐지는 병자로 하나님의 함께를 보입니다. 예수님은 병자를 고치심으로 예수님의 능력을 보이지 않습니다. 예수님의 능력을 보임은 결국 세상에 의도된 목적을 이루는 것입니다. 그러면 모든 것이 세상에 설정됩니다. 병자가 고쳐짐이 예수님의 일로 보입니다. 그러나 예수님은 하나님의 나라, 곧 하나님의 함께의 임함을 드러내려 하십니다. 예수님은 병자를 고치심으로 하나님의 함께를 표적으로 보이십니다. 예수님의 고침은 세상에 속한 예수님이 세상의 변화를 야기한 것이 아닙니다. 사람들은 그렇게 이해하더라도, 복음서에 서사된 것은 그렇지 않습니다.

Jesus shows God's togetherness as a sick person being healed. Jesus does not show His power by healing the sick. Demonstrating Jesus' power is eventually to accomplish the intended purpose in the world. Then, everything is set in the world. The healing of the sick appears to be Jesus' work. However, Jesus seeks to disclose the kingdom of God, i.e., the coming of God's togetherness. Jesus shows God's togetherness as a sign by healing the sick. Jesus' healing does not mean that Jesus, who belongs to the world, brings about change in the world. Even though people understand it that way, that is not what is narrated in the Gospel.

II.0513. 예수님의 고침은 변화가 아닌 구원을 관심 갖게 합니다. 예수님의 고침은 새로운 고침의 뜻을 보게 합니다. 변화의 고침으로보다 구원의 고침으로 보게 합니다. 달리 말하면 구원이 세상에 고침으로 드러난 것을 보게 합니다. 예수님이 세상에 고치는 분으로 오신 것을 보게 합니다. 사람들은 예수님의 고침을 예수님의 사역으로 볼 뿐만 아니라 세상의 변화에 의한 것이 아님으로 보아야 합니다. 고침이 예수님으로 구원이 세상에 임하여 일어난 것으로 보아야 합니다. 예수님은 세상에 속하여 세상 변화를 야기하지 않으십니다. 세상에 오셔서 세상을 고치십니다. 세상의 구성체로 사는 사람들은 세상 변화에 수반됩니다.

Jesus' healing brings attention to salvation, not change. Jesus' healing lets the new meaning of healing be seen. It lets the healing of salvation rather than the healing of change be seen. Speaking differently, it shows the disclosure of salvation as healing in the world. It lets Jesus be seen as the One who came to the world as the Healer. People must see Jesus' healing not only as Jesus' mission but as not due to changes in the world. They must see healing taking place as salvation came to the world through Jesus. Jesus does not belong to the world and cause change in the world. Jesus, coming to the world, heals the world. People who live as constituents of the world are accompanied by changes in the world.

II.0514. 세상의 구성체는 세상의 변화를 이끌 수 있어도, 세상의 구원을 관심 갖게 할 수 없습니다. 종교는 해탈을 보이더라도, 구원을 보일 수 없습니다. 세상 속성으로 종교는 세상의 변화로 해탈을 말할 수 있습니다. 그러나 구원은 해탈의 경지가 아닙니다. 개인은 해탈로 세상의 연緣으로부터 벗어난다고 할지 모르지만, 그것은 구원의 뜻이 아닙니다. 구원은 세상에 임함이지, 세상의 변화가 아닙니다. 예수님의 고침은 복음 선포의 일환입니다. 즉 예수님의 고침에서 선포되는 복음을 듣게 됩니다. 예수님의 고침은 인과적이 아니라 언어적입니다. 즉 예수님의 고침은 복음의 경우로 보입니다. 온전함은 복음의 경우로 보입니다. 구원의 의미로 보입니다.

The constituents of the world may lead to changes in the world, but they cannot bring attention to the salvation of the world. Even if religion shows emancipation, it cannot show salvation. As a worldly attribute, religion can speak of emancipation through change in the world. However, salvation is not the state of emancipation. It may be said that an individual escapes from the bonds of the world through emancipation, but that is not the meaning of salvation. Salvation comes to the world, not a change in the world. Jesus' healing is part of the proclamation of the gospel. In other words, the proclaimed gospel is heard through Jesus' healing. Jesus' healing is linguistic, not causal. In other words, Jesus' healing appears to be a case of the gospel. Wholeness is seen as the case of the gospel. It is seen as the meaning of salvation.

II.0515. 예수님의 고침은 세상에 좋아지는 변화로 설정되지 않고 언약의 내용으로 드러납니다. 즉 예수님의 고침은 세상의 변화가 아닌 하나님과 함께하는 언약의 드러남입니다. 하나님과 함께하는 언약의 삶은 고침을 내포합니다. 달리 말하면 하나님과 함께하는 언약의 삶은 세상에 고침으로 드러납니다. 하나님과 함께하는 언약의 삶은 세상에 복음으로 파급됩니다. 그 파급은 고침을 보입니다. 세상에서 병자와 예수님께 나온 병자는 다릅니다. 전자는 세상의 변화과정에 종속됩니다, 그러나 후자는 예수님의 복음을 듣습니다. 이 대조됨은 예수님의 군중과 제자들의 대조됨을 직접적으로 반영합니다.

Jesus' healing is not set as a change for the better in the world, but is disclosed as the covenant content. In other words, Jesus' healing is not a change in the world, but the disclosure of the covenant of being together with God. The covenant life of being together with God involves healing. In other words, the covenant life of being together with God is unveiled to the world as healing. The covenant life of being together with God spreads in the world through the gospel. The ripple effect shows healing. There is a difference between the sick in the world and the sick who come to Jesus. The former are subject to the changing processes of the world, but the latter hear Jesus' gospel. This contrast directly reflects the contrast between the multitudes and Jesus' disciples.

II.0516. 예수님의 고침에서 언어의 우선성이 보아져야 합니다. 예수님의 고침은 하나님과 함께하는 예수님의 말씀의 이루어짐으로 보아져야 합니다. 따라서 예수님의 고침은 새 언약의 내용입니다. 즉 복음엔 고침이 내재됩니다. 예수님의 고침은 하나님과 함께의 고침입니다. 세상 변화로 야기된 고침이 아닙니다. 세상의 혜택이 아닌 세상의 구원을 보입니다. 의사의 고침은 변화를 야기하는 원인을 이용합니다. 세상의 인과관계 얽힘의 설정에서 고침의 변화를 유도할 방법을 적용합니다. 그러나 예수님의 고침은 세상 변화를 매개로 이루어지지 않습니다. 예수님의 말씀이 직접 병자에게 임합니다. 예수님의 말씀은 병자에게 선포됩니다.

The priority of language must be seen in Jesus' healing. Jesus' healing must be seen as the fulfillment of Jesus' words of being together with God. Therefore, Jesus' healing is the content of the new covenant. In other words, healing is inherent in the gospel. Jesus' healing is the healing of being together with God. It is not a fix brought about by a change in the world. It shows the salvation of the world, not the benefit of the world. The doctor's cure takes advantage of the cause that precipitates the change. It applies methods that will induce healing change in the setting of causal entanglements in the world. However, Jesus' healing is not fulfilled through the medium of the change of the world. Jesus' word directly comes to the sick. Jesus' word is proclaimed to the sick.

II.0517. 표적으로 고침은 구원을 보게 합니다. 복음 선포를 따른 고침은 구원을 뜻합니다. 예수님의 복음 선포는 구원의 선포입니다. 복음으로 구원은 예수님의 고침으로 보게 되고, 예수님의 가르침으로 듣게 됩니다. 구원은 세상에서 다루어질 수 없습니다. 구원이 세상의 상태로 말해질 수 없기 때문입니다. 종교적인 해탈의 경지는 구원이 아닙니다. 해탈도 세상 변화된 상태를 뜻하기 때문입니다. 예수님이 복음으로 선포하신 구원은 언어적입니다. 복음서는 구원을 서사합니다. 세상에서 예수님의 사역은 구원을 보입니다. 구원은 세상에 임하지, 세상의 변화가 아닙니다. 복음은 구원의 말입니다.

Healing as a sign lets salvation be seen. Healing in accordance with the proclamation of the gospel means salvation. Jesus' proclamation of the gospel is the proclamation of salvation. Salvation as the gospel is seen through Jesus' healing and heard through the Jesus' teachings. It cannot be dealt with in the world, for it cannot be talked about in terms of the state of the world. The state of religious emancipation is not salvation. for emancipation also means a changed state of the world. The salvation that Jesus proclaimed through the gospel is linguistic. The Gospel narrates salvation. Jesus' ministry in the world shows salvation. Salvation comes to the world, it is not a change in the world. The gospel is the word of salvation.

II.0518. 세상 사람들은 자신들의 처한 상태의 변화로 고침을 말합니다. 그러나 예수님으로 고침은 구원의 고침입니다. 구원은 고침의 표적으로 볼 수 있어야 합니다. 그렇지 않으면 단지 바라는 상태로 변화로 말해집니다. 복음서는 예수님 주위로 모인 군중이 예수님의 고침을 바라보는 시각과 예수님이 고침으로 보이시는 뜻이 다른 것을 보입니다. 예수님은 예수님의 고침을 표적으로 보게 하시지만, 군중은 예수님의 고침을 혜택으로만 받아들입니다. 구원의 고침은 새로움이지만, 나아짐의 고침은 혜택입니다. 세상에 안주하는 이들은 혜택의 시각을 벗어날 수 없습니다. 세상에 안주는 조건적이기 때문입니다.

People in the world talk about healing as a change of their condition. However, healing through Jesus is the healing of salvation. Salvation must be seen as a sign of healing. Otherwise, it is only told as the change to a desired state. The gospel shows that the perspective of seeing Jesus' healing from the multitudes gathered around Him and the meaning that Jesus shows with His healing are different. Jesus lets His healing be seen as a sign, but the multitudes only accept His healing as a benefit. The healing of salvation is newness, but healing of betterment is benefit.

Those who are settled in the world cannot escape the perspective of benefit, for the settlement in the world is conditional.

II.0519. 예수님께서 병자를 고치심은 구원을 보이게 합니다. 예수님은 병자를 구원으로 고치십니다. 예수님의 고침은 구원의 사역이고, 예수님의 가르침은 구원의 내용입니다. 예수님으로 선포된 복음은 세상을 고치는 내용입니다. 세상의 고침은 나빠지는 세상을 좋아지게 바꾸는 것이 아닙니다. 그런 시도는 세상 정치가들에 의해 보일 수 있습니다. 세상의 변화가 아닌 세상의 고침을 예수님은 병자를 고침으로 보이십니다. 변화가 아닌 하나님과 함께로 세상은 고쳐지게 됩니다. 예수님은 병자를 고치심으로 하나님께서 함께함을 보이십니다. 복음은 세상을 고치는 구원의 언어입니다.

Jesus' healing of the sick let salvation be seen. Jesus heals the sick into salvation. Jesus' healing is a salvational mission, and His teaching is salvational content. The gospel proclaimed by Jesus is about healing the world. Healing the world is not about changing a bad world into a better one. Such attempts may be seen by worldly politicians. Jesus shows healing of the world, not change of the world, by healing the sick. The world comes to be healed not through change but through being together with God. Jesus, healing the sick, shows God's togetherness. The gospel is the language of salvation that heals the world.

II.0520. 구약의 서사에서 고침은 보이지 않습니다. 세상의 고침은 이스라엘 백성의 가나안 땅에서 풍요로움으로 말해질 수 없습니다. 구약은 세상살이로 서사됨으로, 쉽게 읽어질 수 있습니다. 구약이 전개되는 방향은 세상살이를 유지하는 것입니다. 그러므로 구약 전개의 깔린 주제는 지혜입니다. 이 때문에 구약은 구원을 다룰 수 없습니다. 구약은 지혜의 삶을 보이기 때문에, 구원의 삶을 보일 수 없습니다. 구원은 창조된 세상에 이루어지지 않습니다. 창조된 세상은 속성으로 타락되기 때문입니다. 타락된 속성이 나타나는 한, 하나님과 함께는 드러나지 않습니다. 타락된 세상에 오신 예수님은 고침으로 하나님과 함께하는 구원을 보이십니다.

Healing is not visible in the Old Testament narrative. The healing of the world cannot be described as the abundance of the Israelites in the land of Canaan. Since the Old Testament is narrated as the worldly life, it can be easily read. The direction in which the Old Testament unfolds is to maintain life in the world; therefore, the underlying theme of the Old Testament is wisdom. Because of this, the Old Testament cannot deal with salvation. Because the Old Testament shows a life of wisdom, it cannot show the life of salvation. Salvation is not fulfilled in the created world, for the created world became fallen by its attributes. Insofar as the fallen attributes appear, togetherness with God is not disclosed. Jesus, who came to the fallen world, shows salvation of being together with God through healing.

II. 6

참 The Truth

II.0601. 요한복음은 예수님의 생명을 참으로 서사합니다. 예수님을 성육신으로 세상에 드러난 생명으로 서사합니다. 마치 씨가 생명으로 토양에 싹트는 것 같이 서사합니다. 요한복음은 성육신으로 오신 예수님의 생명을 세상 사람들의 수명에 비추어 참 생명이라고 합니다. 이렇게 요한복음이 예수님의 생명을 서사하는 기본 술어는 참입니다. "예수님의 생명은 참이다"라는 확언이 요한복음의 기본 설정입니다. 예수님의 생명은 창조 전 하나님과 함께한 말씀에 내재됩니다. 말씀에 내재된 생명은 성육신으로 세상에 드러납니다. 성육신의 생명은 세상에 현존하는 수명에 비추어 참입니다.

The Gospel of John narrates the life of Jesus as the truth. It narrates Jesus as the life disclosed in the world through the incarnation. It narrates Jesus like a seed sprouting on the soil. The Gospel of John calls the life of Jesus, who come incarnate, the true life in the light of the lifespan of people of the world. In this way, the basic predicate in which the Gospel of John narrates the life of Jesus is true. The affirmation that "the life of Jesus is true," is the basic setting of the Gospel of John. The life of Jesus is inherent in the Word that was together with God before creation. The life inherent in the Word is disclosed in the world through incarnation.

The life of the incarnation is true in the light of lifespan present in the world.

II.0602. 요한복음이 예수님의 성육신의 생명을 참으로 서사하는 예수님의 이야기는 보통 사람들의 이야기와 다릅니다. 공관복음의 예수님의 이야기는 보통 사람들의 이야기 같이 읽어질 수 있습니다. 예수님이 하신 일이 보통 사람들이 생각하기 어렵긴 하지만, 예수님이 하신 일이 무엇인지 분명합니다. 따라서 그들은 힘으로 무얼 하기 때문에, 예수님도 힘으로 일하시는 것으로 생각합니다. 예수님이 그들이 보일 수 없는 능력으로 불치의 병자를 고친다고 생각합니다. 그들의 삶이 힘으로 서술되듯, 예수님의 삶도 힘으로 서사된다고 여깁니다. 세상을 바라보는 기본 시각은 힘입니다. 세상 현상은 힘에 따라 일어납니다.

The story of Jesus, which the Gospel of John narrates the life of Jesus' incarnation as the truth, is different from the stories of ordinary people. The story of Jesus in the Synoptic Gospels can be read like the stories of ordinary people. Although it is difficult for ordinary people to think about what Jesus did, it is clear what Jesus did. Therefore, since they do things with their power, they think that Jesus also works with power. They believe that Jesus heals the incurable with a power that they cannot see. Just as their lives are described by power, they believe that Jesus' life is also described by power. The basic perspective on the world is power. Phenomena in the world occur according to power.

II.0603. 요한복음은 힘의 시각으로 예수님을 서사하지 않습니다. 비록 세상은 힘의 시각으로 서술되지만, 요한복음은 예수님이 힘의 시각으로 서사될 수 없음을 보입니다. 요한복음은 힘의 빌라도 앞에선 참의 예수님을 부각함으로, 하나님의 나라가 세상 나라와 구별됨을 분명하게 합니다.^{요한복음} 18:36-37 예수님의 생명은 하나님 나라라는 참의 삶으로 드러납니다. 따라서 참의 삶은 세상 사람들이 세상 나라로 표현하는 힘의 삶과 구별됩니다. 요한복음은 예수님이 생명으로 세상에서 구별되어야 예수님의 드러남이 완연하다는 것을 보입니다. 그래서 힘이 아닌 참으로 예수님을 서사합니다. 결과적으로 하나님 나라의 삶이 분명해집니다.

The Gospel of John does not describe Jesus from the perspective of power. Even though the world is described from the perspective of power, the Gospel of John shows that Jesus cannot be described from the perspective of power. The Gospel of John makes it clear that the kingdom of God is distinct from the kingdoms of the world, highlighting the true Jesus before the mighty Pilate.^{John 18:36-37} The life of Jesus is disclosed as the true life, the kingdom of God. Therefore, the life of truth is separated from the life of power that people in the world express as worldly kingdoms. The Gospel of John shows that Jesus' disclosure is definitive if Jesus is separated by His life in the world. Thus, it narrates Jesus not with power but with truth. As a result, life in the kingdom of God becomes clear.

II.0604. 요한복음이 예수님의 생명을 서사하는 참은 세상에서 의식되는 참과 구별됩니다. "예수님의 생명이 참이다"라는 확언에서 "참"은 구원으로 표현됩니다. 힘의 세상에 드러나는 예수님의 참 생명은 구원을 뜻합니다. 힘의 삶이 예수님의 생명으로 참의 삶으로 구원됩니다. 물론 힘의 세상 사람이나 말에 대해서 참이 부여됩니다. "참된 사람" 혹은 "참된 말"은 일상적으로 쓰입니다. 그러나 그 말은 서술적으로 표현될 뿐 구원을 들려주지 않습니다. 이 경우 "참"은 세상에서 상태를 들려줍니다. 세상에는 거짓된 사람과 거짓 된 말이 보입니다. 거짓된 말로 사는 거짓된 사람의 삶은 거짓된 삶입니다.

The truth that the Gospel of John narrates the life of Jesus is separated from the truth that is conscious in the world. In the affirmation, "The life of Jesus is the truth," "truth" is expressed as salvation. The true life of Jesus disclosed in the world of power means salvation. A life of power is saved to true life truth through the life of Jesus. Of course, truth is attributed to people and words in the world of power. "True people" or "true words" are used every day. However, those are only descriptive and do not tell about salvation. In this case, "truth" tells about a state in the world. In the world, false people and false words are seen. The life of a false person who lives with false words is a false life.

II.0605. 일상적으로 참은 사실에 맞는 말로 생각됩니다. 사실에 맞지 않는 말에 비추어 사실에 맞는 말은 참입니다. 따라서 거짓에 비추어 참이 부각됩니다. 이렇게 참은 사실을 근거로 의식됩니다. 생각이든 말이든 사실에 근거하면 참되고 그렇지 않으면 거짓됩니다. 그런데 세상은 늘 변합니다. 아침엔 해가 뜨지만, 저녁엔 해가 집니다. 상황에 따라 같은 말이 참될 수도 거짓될 수도 있습니다. 따라서 참말과 거짓말은 상황에 따라 사실에 부합되는지 판단되게 됩니다. 그리고 판단 자체도 상황에서 이루어집니다. 따라서 참말로 참은 언제나 판단의 문제가 됩니다. 맞다고 여기던 이론도 틀리다고 판단되기도 합니다.

In everyday life, true is considered to be a statement that fits to the facts. In light of statements that do not fit the facts, statements that fits the facts are true. Thus, the truth stands out in light of the lie. In this way, truth becomes conscious based on facts. Any thought or word is true if it is based on facts, otherwise it is false. But the world is always changing. The sun rises in the morning, but the sun sets in the evening. Depending on the situation, the same statement may be true or false. Therefore, truth and lies are judged depending on the situation to determines whether they correspond to the facts. And the judgment itself is made in the situation. Therefore, truth is always a matter of judgment. Even theories that were considered correct may be judged to be incorrect.

II.0606. 참은 또한 사실에 근거하지 않는 참된 이치라는 뜻을 갖습니다. 참이 참된 이치로 여겨지면, 참은 사실을 표상하지 않습니다. 참된 이치는 변하는 현상 세계가 아닌 불변의 이상 세계로 말해집니다. "참"이 "참말"이라는 구체적인 현상을 표상하지 않고, "진리"라는 깨달음의 말로 표현되면, 그 뜻은 아리송해집니다. 사람들은 진리를 말하고 또 듣고 싶어 합니다. 가르침의 궁극을 진리에 대해서라고 생각합니다. 종교적인 가르침이나 성현의 가르침은 진리로 여겨지지만, 그 뜻은 명시되기 어렵습니다. 종교적인 가르침과 성현의 가르침은 진리라고 등식화할 뿐입니다. 참을 향한 지침을 줄 뿐입니다.

Truth also has the sense of true principle which is not based on fact. If truth is considered to be a true principle, it does not represent fact. True principles is spoken of in the immutable ideal world, not in the changing world of phenomena. If "true" does not represent a specific phenomenon called "true word" but is expressed as a word of enlightenment called "true principle," its meaning becomes ambiguous. People want to speak and hear the true principle. They think that the ultimate teaching is about the true principle. Although religious teaching or sages' teaching is considered true principles, its meaning is difficult to specify. Religious teaching and sages' teaching are merely equated to true principles. They merely give the direction to truth.

II.0607. 이 경우 진리는 판단의 영역에 있지 않습니다. 궁극적으로 이르는 것은 판단의 영역을 벗어납니다. 사람이 알려고 할 때, 궁극적인 앎은 진리를 향합니다. 즉 진리는 사람이 추구하는 앎의 궁극적인 목표로 설정됩니다. 앎은 진리를 향한다고 합니다. 앎의 궁극적인 대상은 진리라는 것입니다. 그렇지만 이렇게 표현되는 참은 현대 과학이 일어나기 전에 설정됩니다. 현대 과학은 사실과 그 원인을 탐구하기 때문입니다. 초월적으로 혹은 형이상학적으로 앎을 전개하거나, 삶의 지혜로 앎이 다루어지게 될 때, 진리를 향한다고 하게 됩니다. 즉 지식의 궁극이 아닌 지혜의 궁극으로 참이 말해집니다.

In this case, true principle is not in the realm of judgment. What ultimately leads to is beyond the realm of judgment. When a person seeks to know, ultimate knowledge is directed toward true principle. In other words, true principle is set as the ultimate goal of knowledge pursued by people. It is said that knowledge leads to true principles. The ultimate object of knowledge true principle. However, the truth expressed in this way was established before the rise of modern science. Because modern science explores facts and their causes. When knowledge is developed transcendentally or metaphysically, or when knowledge is treated with the wisdom of life, it is said to be heading towards true principle. In other words, the truth is said to be the ultimate of wisdom, not the ultimate of knowledge.

II.0608. 과학은 현상을 다루니, 결국 이론이 사실에 부합하는지 조사하는 실험 과정을 거칩니다. 이점에서 과학 이론은 '참말'이어야 합니다. 그러나 지혜는 사실의 부합을 근거로 전개되지 않습니다. 아무도 지혜로운 말을 사실에 부합한 말이라고 여기지 않습니다. 지혜는 어떻든 변화하는 세상에서 미래 지향적입니다. 지혜롭게 사는 것은 현실에 잘 적응하는 것이 아닙니다. 따라서 사람들은 지혜를 진리의 궁극성으로 고려하며 지닙니다. 이 때문에 지혜는 보이는 현상에 대한 집착을 금합니다. 고대 그리스 철학에서 초월적이나 형이상학적으로 다루어진 것은 진리를 향한 지혜입니다. 동양에서 제기된 도^道는 진리를 추구하는 지혜입니다.

Since science deals with phenomena, it eventually goes through an experimental process to check whether the theory conforms to the facts. In this respect, scientific theory must be 'true word'. But wisdom is not generated on the basis of the conformity with facts. No one considers words of wisdom to be words of fact. Wisdom is somehow future-oriented in the changing world. Living wisely is not about adapting well to reality. Therefore, people consider wisdom to be the ultimate of true principle. For this reason, wisdom forbids attachment to visible phenomena. In ancient Greek philosophy, what was treated transcendentally or metaphysically was wisdom toward true principle. The way proposed in the East is wisdom that pursues true principle.

II.0609. 보통 사람들이 사실이나 지혜로 참을 말하는 것과 달리, 요한복음은 예수님으로 참을 말합니다. 따라서 요한복음이 전개하는 예수님의 이야기는 면밀히 살펴져야 합니다. 요한복음은 단순히 예수님이라는 개인의 이야기가 사실에 기반한다는 것을 보이지 않습니다. 요한복음은 예수님의 전기가 아닙니다. 예수님의 전기는 사실로 전개될 것입니다. 그러면 예수님의 이야기는 세상에 산 한 개인의 이야기가 됩니다. 따라서 요한복음은 세상에서 보는 많은 전기물 가운데 사실적으로 기술된 전기로 보이게 됩니다. 그러면 예수님의 이야기는 사실적이지, 참이라고 말해질 수 없습니다. 즉 예수님은 참으로 서사되지 않습니다.

Unlike ordinary people's saying of truth in terms of fact or wisdom, the Gospel of John says of truth with Jesus. Unlike ordinary people who speak truth through facts or wisdom, the Gospel of John speaks the truth through Jesus. Therefore, the story of Jesus as told in the Gospel of John must be closely examined. The Gospel of John simply does not show that the personal story of Jesus is based on fact. The Gospel of John is not a biography of Jesus. The biography of Jesus will unfold as fact. Then, the story of Jesus becomes the story of an individual living in the world. Therefore, the Gospel of John is seen as a realistically written biography among many biographies seen in the world. Then, the story of Jesus is factual, but it cannot be said to be truth. In other words, Jesus is not narrated as truth.

II.0610. 요한복음에서 예수님은 "내가 곧 길이요 진리요 생명이니"요한복음 14:6라고 하십니다. 따라서 요한복음은 참이신 예수님을 서사합니다. 예수님이 참으로 서사되려면, 예수님은 개인으로 설정될 수 없습니다. 참을 술어로 수식되는 주어는 개인일 수 없습니다. 사실적인 술어는 개인에게 적용되더라도, 참은 개인에게 술어로 적용되지 않습니다. 따라서 예수님은 개인으로 보다 생명으로 보아져야 합니다. 생명으로 예수님이 주어로 설정될 때, 참이 술어로 적용되게 됩니다. 요한복음에 "예수"라는 이름은 개인이 아닌 생명으로 표현됩니다. 따라서 요한복음의 전개는 공관복음의 전개와 다른 시각으로 보아져야 합니다.

In the Gospel of John, Jesus says "I am the way, the truth, and the life."

^{John 14:6} Thus, it narrates Jesus who is the truth. If Jesus is narrated as the truth, He cannot set up as an individual. The subject that is qualified by truth as predicate cannot not an individual. Factual predicate is applied to individuals, but truth is not applied as predicate to individuals. Therefore, Jesus should be seen as life rather than as an individual. When Jesus is set as life as the subject, truth is applied as the predicate. In the Gospel of John, the name "Jesus" is expressed as life, not as an individual. There-fore, the development of the Gospel of John must be viewed from a dif-ferent perspective than the development of the Synoptic Gospels.

II.0611. 요한복음은 서두에 성육신을 설정합니다. 요한복음은 예수님을 개체의 예수님이 아닌 성육신의 예수님으로 부각합니다. 그러면서 성육신의 예수님을 참으로 서사합니다. 요한복음에서 예수님의 일인칭 표현은 객관적인 개인으로 서술될 수 없는 내용을 보입니다. 예수님께서 "내가 곧 길이요 진리요 생명이니"라고 하신 것은 "예수님이 길이요 진리요 생명이라"라고 표현될 수 없습니다. 예수님이라는 객관적인 개체에 부여되는 내용이 아니기 때문입니다. 개관적인 개체에 부여되는 서술은 언제나 사실성의 판단에 처해집니다. 예수님이 정말 길이고 참이고 생명이냐는 질문이 제기됩니다.

The Gospel of John sets the incarnation in the prologue. It highlights Jesus as the incarnate Jesus, not as the individual Jesus. In doing so, it narrates the incarnate Jesus as the truth. In the Gospel of John, Jesus' first-person expression shows content that cannot be described as an objective entity. What Jesus said, "I am the way, the truth, and the life," cannot be expressed as "Jesus is the way, the truth, and the life," for it is not something given to an objective individual called Jesus. A predication given to an objective individual is always subjected to the judgment of factuality. The question arises as to whether Jesus is really the way, the truth, and the life.

II.0612. 예수님의 참은 여기서 예수님의 선포입니다. 예수님이 스스로 "나는 길이요 참이요 생명이라"고 선포하십니다. 요한복음은 예수님이 선포하신 내용을 예수님의 일인칭 표현에 담아 서사합니다. 즉 참은 예수님이 스스로 세상에 드러내시는 것입니다. 성육신의 예수님은 세상에 길과 참과 생명으로 세상에 드러납니다. 이 경우 참은 드러남으로 말해집니다. 사실에 부합되거나 궁극적인 지혜로 말해지지 않습니다. 그리스어 "참^{ἀλήθεια}"은 "α^{아닌}"와 "λήθεια^{감춤}"의 합성입니다. 참은 있는 것에 대해 주어와 술어로 서술하는 판단 이전의 드러남을 뜻합니다. 예수님의 성육신으로 드러남이 참입니다.

The truth of Jesus is Jesus' proclamation here. Jesus Himself proclaims, "I am the way, the truth, and the life." The Gospel of John narrates what Jesus proclaimed using Jesus' first-person expression. In other words, the truth is what Jesus reveals Himself to the world. The incarnated Jesus is disclosed to the world as the way, the truth, and the life. In this case, the truth is said to be disclosure. It is not told according to fact or the ultimate wisdom. The Greek word, "truth^{ἀλήθεια}," is the compound of "α^{not}" and "λήθεια^{hidden}." Truth means disclosure before judgment, which describes what exists with subjects and predicates. Jesus' disclosure as the incarnation is the truth.

II.0613. 성육신의 예수님으로 선포된 참은 참의 드러남입니다. 선포된 참으로 참의 삶이 이루어집니다. 예수님으로 참의 드러남은 참 생명의 드러남입니다. 참은 예수님의 생명의 술어입니다. 수명의 세상에 생명의 드러남이 참으로 말해집니다. 이렇게 요한복음은 성육신을 서사함으로, 참의 드러남으로 전개됩니다. 이에 비추어 마태복음과 누가복음의 예수님의 탄생 서사는 세상에서 출생의 시각을 견지하기 때문에, 사실성의 논란에 빠져듭니다. 예수님의 탄생이 사실인가 아닌가는 기본적인 판단의 문제입니다. 그렇지만 요한복음에서 보이는 성육신의 서사는 아예 사실성의 시각을 배제합니다. 그러면서 참의 시각을 열어줍니다.

The truth proclaimed by the incarnate Jesus is the disclosure of the truth. Life of the truth is fulfilled through the proclamation of the truth. The disclosure of the truth through Jesus is the disclosure of the true life. Truth is the predicate of the life Jesus. The disclosure of life in the world of lifespan is told as the truth. In this way, the Gospel of John unfolds as the disclosure of the truth by narrating the incarnation. In light of this, the narratives of the birth of Jesus in the Gospels of Matthew and Luke fall into the controversy of factuality because they maintain the perspective of birth in the world. Whether or not the birth of Jesus is fact is a matter of basic judgment. However, the narrative of the incarnation seen in the Gospel of John completely excludes the perspective of factuality. In doing so, it opens the perspective of the truth.

Ⅱ.0614. 요한복음은 세상의 사실 가운데 참을 말하지 않고, 참으로 세상의 사실을 보게 합니다. 요한복음이 창조 전 예정으로 시작한 뜻이 여기 있습니다. 창조 전 예정의 시각으로 창조된 세상을 보게 합니다. 요한복음은 창조 전 예정의 시각으로 참을 전개합니다. 세상을 참의 시각으로 보게 합니다. 즉 요한복음은 사실로부터 참이 아니라, 참으로부터 사실을 보게 합니다. 이것이 예수님을 따라 세상을 보는 시각입니다. 세상에서 예수님을 바

라보는 시각과 전혀 반대입니다. 창조 전 말씀이 성육신된 예수님에 대한 서사는 예정된 시각을 형성합니다. 참은 예정된 시각으로 형성됩니다.

The Gospel of John does not tell truth among the facts of the world but leads to seeing the fact of the world with the truth. Here is the meaning of the Gospel of John, which begins with predestination before creation. It leads to seeing the created world from the perspective of predestination before creation. The Gospel of John unfolds the truth from the perspective of predestination before creation. It leads to seeing the world from the perspective of the truth. In other words, it leads to seeing facts from the truth, not truth from facts. This is the perspective of seeing the world in accordance with Jesus. It is completely opposite to how the world views Jesus. The narrative of Jesus as the incarnation of the Word before creation shapes the predestinated perspective. The truth is shaped from the predestinated perspective.

II.0615. 세상의 관점으로부터 예수님이 이야기되는 한, 예수님은 사실적인 시각으로 서술될 수밖에 없습니다. 세상 사람들은 세상에 설정된 예수님을 바라볼 수밖에 없습니다. 그러나 예수님으로부터 세상을 이야기하는 것은 사실이 아닌 참의 시각으로 전개됩니다. 참의 시각으로 세상은 사실이라고 하지 않고 참이 아니라고 하게 됩니다. 참의 근거에서 말하는 것과 사실의 근거에서 말하는 것은 다릅니다. 참의 근거에서, 사실은 참 되어야 한다고 할 수 있습니다. 그러나 사실의 근거에선 참되지 않은 사실도 있습니다. 거짓으로 사는 삶도 세상 삶입니다. 이것은 사실에 근거하는 이들은 참의 시각을 가질 수 없다는 것을 뜻합니다.

As long as Jesus is talked about from the perspective of the world, He cannot help but be described from the factual perspective. The people in the world cannot help but see Jesus as Jesus is set in the world. However, talking about the world from Jesus unfolds from the perspective of the truth, not from the perspective of fact. The world from the perspective of truth is not said to be fact but said to be non-truth. There is a difference between speaking on the basis of the truth and speaking on the basis of fact. On the basis of the truth, it can be said that facts should be truth. However, there are facts that are not truth on the basis of facts. Life of falsehood is also a worldly life. This means that those who are based on facts cannot have the perspective of the truth.

II.0616. 그리스도인의 삶은 참에 근거합니다. 사실에 근거하지 않습니다. 그리스도인들이 사실에 근거하면, 세상 사람들과 다를 바 없습니다. 달리 말하면 사실에 근거한 그리스도인의 삶은 세상 삶과 구별되지 않습니다. 그리스도인의 삶을 사실에 근거해서 분류할 때, 종교적인 삶이라고 합니다. 세상 삶 가운데 일종의 종교성을 보이는 삶으로 분류됩니다. 그리스도인들도 세상 속성 가운데 일종의 종교성을 보이는 이들로 분류됩니다. 그러나 요한복음은 성육신의 예수님을 서사함으로, 예수님을 따르는 그리스도인들은 세상 속성이 아닌 성육신의 생명을 보인다고 시사합니다. 그리스도인들은 참의 삶을 살지 사실의 삶을 살지 않습니다.

The Christian life is based on truth. It is not based on facts. If Christians are based on facts, they are no different from people in the world. In other words, the Christian life based on facts is not separated from the life of the world. When the Christian life is classified based on facts, it is called a religious life. It is classified as a life that shows some kind of religion among worldly lives. Christians are also classified as those who show a type of religion among their worldly attributes. However, the

Gospel of John, narrating Jesus of the incarnation, implies that Christians who follow Jesus do not show the attributes of the world but show the life of the incarnation. Christians live the life of the truth, not a life of facts.

II.0617. 예수님으로 참은 구원의 내용입니다. 참 생명에로 구원입니다. 참 생명으로 드러나는 참은 전제이지 이상이 아닙니다. 참으로 구원은 전제이지 이상이 아닙니다. 세상에서 사실적으로 사는 이들은 구원을 바라기에, 구원을 추구하는 이상으로 여길 수 있습니다. 그러나 예수님을 따르는 그리스도인들은 구원의 참을 전제로 받아들입니다. 이 점에서 그리스도인들은 예정되었습니다. 그들은 세상으로부터 유추될 수 없기 때문입니다. 그리스도인들은 세상으로부터 변화된 이상적인 상태로 예상될 수 없습니다. 그리스도인들에게 참은 전제이지 결과가 아닙니다. 그들에게 구원은 전제이지 결과가 아닙니다.

The truth through Jesus is the content of salvation. It is salvation into the true life. The truth disclosed as the true life is a premise, not an ideal. Salvation through the truth is a premise, not an ideal. Those who live factually in the world hope for salvation, so they may see it as an ideal to pursue. However, Christians who follow Jesus accept the truth of salvation as a premise. In this respect, Christians are predestinated, for they cannot be inferred from the world. They cannot be expected to be in an ideal state of change from the world. For Christians, the truth is a premise, not a result. For them, salvation is a premise, not a result.

II.0618. 예수님으로 구원은 선포됩니다. 즉 구원은 선포됩니다. 조건적으로 주어지지 않습니다. 구원을 위한 조건적인 전제는 없습니다. 구원이 참으로 고려되면, 이 점이 분명합니다. 참에 대한 전제된 조건은 없습니다. 참이 아닌 것이 어쩌다 참이 될 수 없습니다. 예정된 구원의 참은 예수님으로 드러납니다. 따라서 예수님의 생명으로 자란 그리스도인들은 참으로 드러납니다. 참을 보이지 않는 그리스도인은 있을 수 없습니다. 즉 그리스도인들을 수식하는 기본 술어는 참입니다. 그들은 참으로 구원되기 때문입니다. 참과 구원은 같이 말해집니다. 구원은 참으로 드러나고, 참은 구원으로 파급됩니다.

Salvation is proclaimed through Jesus. In other words, salvation is proclaimed. It is not given conditionally. There is no conditional prerequisite for salvation. If salvation is considered with the truth, this point is clear. There is no prerequisite for truth. Something that is not truth cannot happen to be truth. The truth of predestinated salvation is disclosed with Jesus. Therefore, Christians who grow up in the life of Jesus are disclosed as truth. There cannot be a Christian who does not show truth. That is, the basic predicate that describes Christians is truth, for they are saved with truth. Truth and salvation are spoken of together. Salvation is disclosed as truth, and truth spreads into salvation.

II.0619. 참과 구원은 예수님의 생명과 더불어 고려되어야 합니다. 참과 구원이 세상 삶에서 이해되면, 조건적으로 추구하는 내용이 됩니다. 사실적인 삶 자체로 참과 구원이 말해질 수 없기 때문에, 참과 구원에 이르는 조건이 언급됩니다. 세상에서 움직임은 조건적으로 서술됩니다. 따라서 참과 구원을 조건적으로 언급함으로 사람을 움직이게 합니다. 그러나 참과 구원은 조건적으로 말해질 수 없습니다. 세상의 어떤 것도 참과 구원을 위한 조건일 수 없습니다. 그러므로 참과 구원은 전제로만 말해집니다. 예수님이 참과 구원자로 서사되는 뜻이 여기 있습니다. 그렇기에 요한복음은 예수님의 이야기를 창조 전 예정으로 시작합니다.

Truth and salvation should be considered along with the life of Jesus. Once truth and salvation are understood in worldly life, they become conditional pursuits. Since truth and salvation cannot be said through actual life itself, the conditions for achieving truth and salvation are mentioned. The movements in the world are described conditionally. Therefore, truth and salvation are conditionally mentioned in order for people to move. However, truth and salvation cannot be said conditionally. Nothing in the world can be a condition for truth and salvation. Therefore, truth and salvation are spoken only as a premise. Here is the meaning of Jesus being narrated as the truth and the Savior. That is why the Gospel of John begins the story of Jesus with predestination before creation.

II.0620. 구원은 참의 말로 주어지고, 참은 구원의 내용입니다. 사실적인 삶 가운데 참의 드러남은 구원입니다. 참의 드러남은 우선 참의 말로 들려집니다. 복음의 선포가 그렇습니다. 복음은 참으로 선포됩니다. 복음의 삶은 참의 삶이고 구원의 삶입니다. 예수님께서 하나님 나라를 선포하신 것이 그렇습니다. 참의 말과 참의 삶은 요한복음에서 보는 예수님의 말씀과 삶입니다. 참은 선포로 들려집니다. 그리스도인의 삶은 선포됨으로 참입니다. 세상 기준으로 참이 아닙니다. 그리스도인의 삶은 참으로 드러나지 참으로 판단되지 않습니다. 예수님으로 참은 드러나지 판단되지 않습니다.

Salvation is given by the word of truth, and truth is the content of salvation. The disclosure of the truth in factual life is salvation. The disclosure of truth is first heard as word of truth. The proclamation of the gospel is like that. The gospel is proclaimed with truth. The life of the gospel is life of truth and salvation. This is what Jesus proclaimed the kingdom of God. Word of the truth and life of the truth are the word and life of Jesus seen in the Gospel of John. The truth is heard through proclamation. The Christian life is truth because it is proclaimed. It is not truth by worldly standards. The Christian life is disclosed as truth, not judged as truth. The truth through Jesus is disclosed, not judged.

II. 7

순종 Obedience

II.0701. 언약에서 순종은 하나님과 함께의 기본 표현입니다. 하나님은 그 분 백성과 그분 말씀으로 함께하심으로, 그들은 그분 말씀에 순종해야 합 니다. 언약의 백성이 언약의 하나님과 함께하는 표현은 그분 말씀에 순종입 니다. 언약의 백성은 순종으로 언약의 하나님과 함께합니다. 따라서 언약의 백성의 삶은 순종으로 서사됩니다. 순종의 시각에서 언약의 백성의 삶은 하 나님의 말씀으로 서사됩니다. 순종으로 하나님과 함께하는 언약의 백성의 이야기는 하나님의 말씀으로 서사됩니다. 성경은 이 점을 분명히 보입니다. 구약의 이스라엘 백성의 이야기나 신약의 예수님의 이야기와 사도들의 활 동은 하나님의 말씀입니다.

In the covenant, obedience is the primary expression of togetherness with God. Since God is together with His people through His word, they must obey His word. The expression of the covenant people of being together with the covenant God is obedience to His word. The covenant people are together with the covenant God through obedience. There-fore, the life of the covenant people is narrated in obedience. From the perspective of obedience, the life of the covenant people is narrated as God's word. The story of the covenant people who are together with God through obedience is narrated through His word. The Bible makes this clear. The story of the Israelites in the Old Testament and the story of Jesus and the activities of the apostles in the New Testament are God's word.

II.0702. 순종은 속성의 표현이 아닙니다. 복종은 속성의 표현입니다. 세상 명령에 복종은 의지적으로 표현됩니다. 그러나 하나님의 말씀에 순종은 언어적입니다. 순종은 하나님의 말씀으로 이루어집니다. 순종은 하나님과 함께하는 언약의 백성이 아닌 보통 사람들에 의해 표현되지 않습니다. 그들은 하나님의 말씀을 지니지 않기 때문입니다. 그들은 주어지는 명령에만 복종합니다. 그들의 법 지킴이 그렇습니다. 개인들은 그들 속성으로 세상 삶을 삽니다. 그들이 표현하는 속성은 언약의 순종이 아닙니다. 속성으로 사는 개인들은 언약의 삶을 살지 않습니다. 즉 개인들의 삶은 언약의 삶일 수 없습니다.

Obedience is not a property expression. Submission is a property expression. Submission to the worldly order is willfully expressed. Obedience is not an expression of an attribute. Submission is an expression of an attribute. Submission to worldly commands is expressed willingly. However, obedience to God's word is linguistic. Obedience is fulfilled through God's word. Obedience is not expressed by ordinary people who are not the covenant people, for they do not have God's word. They are only submitted to the order given to them. They are law keepers. Individuals live a worldly life according to their attributes. The property they express is not the covenant obedience. Individuals who live by attributes do not live the covenant life. In other words, individuals' life cannot be the covenant life.

II.0703. 구약의 율법은 개인들의 속성으로 지켜지기 때문에 순종을 보이지 못합니다. 구약의 이스라엘 백성은 율법으로 단지 복종을 보입니다. 그들은 순종을 보이지 않습니다. 그들이 율법에 복종하는 한, 율법은 그들에게 하나님의 말씀이 되지 못합니다. 따라서 그들은 하나님과 언약의 삶을 살지 못합니다. 개인들의 복종하는 말은 하나님의 말씀일 수 없습니다. 즉 복종하는 개인들은 하나님과 함께할 수 없습니다. 개인은 속성으로 특정지어 짐으로, 독자성이 두드러집니다. 율법을 지키는 것은 개인의 독자성을 드러나게 합니다. 하나님과 함께를 보이지 못하고 율법을 지키는 개인들을 보이게 합니다. 즉 율법으로는 함께의 삶이 아닌 개인의 삶이 보입니다.

Because the Old Testament law is observed by individuals as an attribute, it does not show obedience. The Israelites in the Old Testament only show submission through the law. They show no obedience. As long as they are submitted to the law, the law cannot be God's word to them. Therefore, they cannot live the covenant life with God. The word of individual submission cannot be God's word. That is, the submitted individuals cannot be together with God. Individuals are characterized by attributes, so their identity stands out. Keeping the law exhibits one's individuality. It lets individuals who keep the law without showing togetherness with God be seen. In other words, through the law, not life of togetherness but individual life is seen.

II.0704. 세상에선 모두 개인으로 살기 때문에, 세상 삶은 개인의 속성으로 이루어집니다. 이스라엘 백성의 율법의 삶도 다른 이웃 종족의 삶과 같이 속성의 삶입니다. 그들은 서로 다른 속성으로 살기 때문에 충돌이 잦을 수밖에 없습니다. 세상 속성으로 이루어지는 세상 나라들이 서로 갈등으로 치달을 수밖에 없는 것은 이 때문입니다. 세상 나라는 무엇보다 우선 의식주를 해결할 땅을 구비해야 합니다. 구약에서 보는 여러 문제는 이스라엘 백성이 속성의 삶을 살기 때문에 제기됩니다. 그들의 번성과 그들의 살 땅을 기반으로 그들의 삶이 서사됩니다. 즉 구약의 삶은 속성으로 사는 세상 삶의 일종입니다.

Because everyone in the world lives as an individual, life in the world is made up of individual attributes. The life of the Israelites according to the law is a life of attributes, just like the lives of other neighboring races. Because they live with different attributes, it is inevitable that there will be frequent conflicts. This is why worldly nations, made up of worldly attributes, inevitably end up in conflict with each other. A worldly kingdom must, first of all, have land to provide food, clothing, and shelter. Many of the problems seen in the Old Testament are raised because the Israelites live a life of attributes. Their life is narrated based on their prosperity and the land they live on. In other words, the life of the Old Testament is a kind of worldly life lived with attributes.

II.0705. 구약은 언약의 시각으로 서사됩니다. 구약은 하나님의 말씀으로 읽어집니다. 하나님의 말씀으로 언약은 거기에 담아진 이스라엘 백성의 구체적 삶으로 표현됩니다. 거기엔 하나님의 말씀과 이스라엘 백성의 속성이 같이 엮여져 있습니다. 이스라엘 백성의 속성이 하나님의 말씀에 불순종으로 나타남에 따라, 구약은 그들을 향한 하나님의 징벌로 이어집니다. 결국 이스라엘 백성의 삶은 망하게 되고, 그들은 흩어지게 됩니다. 그들의 속성이 나타나는 한, 그들의 삶은 하나님의 말씀으로 주어지는 언약의 삶일 수 없습니다. 속성의 삶은 세상 조건에 따라 흥하기도 망하기도 합니다. 이렇게 구약은 하나님의 말씀이 이루어지는 순종의 삶이 아닌 이스라엘 백성의 속성의 삶을 보입니다.

The Old Testament is narrated from the perspective of the covenant. It is read as God's word. The covenant as God's word is expressed in the concrete life of the Israelites contained in it. There, God's word and their property are intertwined. As their attributes appear as disobedience to God's word, the Old Testament leads to God's punishment for them. In the end, their life is ruined, and they are scattered. As long as their attributes appear, their life cannot be the covenant life given by God's word. The life of attributes can rise or fall depending on the conditions of the world. In this way, the Old Testament shows the Israelites' attributes life. which is not the obedient life of the fulfillment of God's word.

II.0706. 순종은 언약의 삶의 기본 표현입니다. 언약의 삶은 하나님의 말씀으로 이루어지는 삶이기 때문입니다. 언약의 하나님은 말씀을 주시고, 언약의 백성은 그 말씀에 순종합니다. 하나님의 말씀과 언약의 백성의 순종으로 언약의 삶은 서사됩니다. 하나님은 말씀을 주시더라도 언약의 백성이 자신들의 속성만 드러내면, 하나님의 말씀을 떠나 타락된 삶을 살게 됩니다. 순종이 아닌 속성은 하나님의 말씀에 반하는 타락된 성향입니다. 구약에서 보는 이스라엘 백성의 삶의 기본 문제는 여기 있습니다. 하나님의 말씀을 율법으로 받아들이려 하니, 그들은 율법을 지키는 속성을 보입니다. 그들은 자신들의 율법을 속성을 순종으로 여깁니다.

Obedience is the basic expression of the covenant life, for the covenant life is the life that is fulfilled by God's word. The covenant God gives His word, and the covenant people are obedient to it. The covenant life is narrated through God's word and the obedience of the covenant people. If the covenant people show their own attributes even if God gives His word, they, departing from God's word, live the fallen life. An attribute which is not obedience is the fallen propensity against God's word. Here is the basic problem of the life of the Israelites as seen in the Old Testament. Since they try to accept God's word as the law, they show their attribute of keeping the law. They regard their attribute of keeping the law as obedience.

II.0707. 사람이 세상에서 개인으로 살고 개인의 표현이 개인의 속성이면, 순종은 어떻게 표현될까요? 순종은 구약 전반에서 볼 수 없는데, 언약의 책인 성경에서 어떻게 보이게 될까요? 복음서는 예수님의 생애를 순종으로 서사합니다. 복음서는 예수님의 생애를 순종으로 보게 하는 결정적 근거를 십자가에 둡니다. 예수님은 십자가로 예수님의 속성을 보인다고 할 수 없습니다. 예수님은 자신의 원함이나 의지를 십자가로 표현하지 않습니다. 물론 예수님은 세상에서 십자가에 처형당하셨습니다. 그러나 예수님의 십자가 처형에 수반된 예수님의 속성은 표현되지 않습니다. 복음서는 예수님의 십자가 죽음이 사람들에 의해 저질러진 것으로만 보지 않습니다.

If a person lives as an individual in the world and individual expression is an individual attribute, how is obedience expressed? Obedience is not seen throughout the Old Testament, so how does it appear in the Bible, the covenant book? The Gospel narrates Jesus' life in obedience. The Gospel places the decisive basis for viewing Jesus' life as obedience on the cross. It cannot be said that Jesus shows His attributes through the cross. Jesus does not express His own desire or will with the cross. Of course, Jesus was crucified in the world. However, Jesus' attribute that accompanied His crucifixion is not expressed. The Gospel does not view Jesus' death on the cross as something that was committed solely by people.

II.0708. 복음서는 예수님의 십자가에 하나님의 뜻이 드러난 것을 서사합니다. 예수님은 하나님의 뜻에 순종함으로 십자가를 지십니다. 즉 복음서는 예수님의 십자가 죽음을 하나님의 뜻과 예수님의 순종으로 서사합니다. 예수님의 독자적 표현은 순종을 보일 수 없습니다. 예수님을 따르는 제자들은 예수님의 일을 예수님의 독자적 일로 봅니다. 그들은 예수님을 개인으로 따르다가 십자가에 처형될 때 도망갔습니다. 아무도 예수님의 세상 일을 예수님의 순종으로 보지 않습니다. 그보다 예수님의 십자가 죽음으로 예수님은 순종으로 보아집니다. 제자들은 예수님의 십자가 죽음을 예수님의 독자적인 결정으로 보지 않게 됩니다.

The Gospel narrates that God's will is disclosed on Jesus' cross. Jesus carries the cross in obedience to God's will. In other words, the Gospel narrates Jesus' death on the cross as God's will and Jesus' obedience. Jesus' independent expression cannot show obedience. The disciples who follow Jesus view His work as His independent work. They followed Jesus as individuals and fled when He was crucified. No one sees Jesus' work in the world as Jesus' obedience. Rather, Jesus is seen as obedience through His death on the cross. The disciples no longer view Jesus' death on the cross as His own independent decision.

II.0709. 예수님의 십자가 죽음은 세상에 드러난 예수님의 순종입니다. 예수님의 십자가로 예수님은 순종의 예수님으로 서사됩니다. 예수님의 십자가로 예수님을 순종의 예수님으로 믿는 이들은 예수님을 따라 순종의 삶을 삽니다. 즉 그들은 하나님과 함께하는 새 언약의 삶을 삽니다. 이렇게 예수님의 십자가로 순종의 삶이 구체적으로 세상에 드러납니다. 교회에 세워진 십자가는 그렇게 보입니다. 교회로 순종의 삶이 세상에 드러납니다. 이렇게 십자가는 순종의 명시적 사건입니다. 세상에 순종의 삶이 열리는 관문입니다. 예수님의 십자가로 새 언약이 말해지는 것은 이 때문입니다. 예수님의 십자가를 거쳐 속성이 삶이 아닌 순종의 삶이 말해집니다.

Jesus' death on the cross is His obedience disclosed in the world. Through Jesus' cross, He is narrated as the Jesus of obedience. Those who believe in Jesus as the Jesus of obedience through His cross live the obedient life in accordance with Jesus. In other words, they live the new covenant life of being together with God. In this way, the obedient life is concretely disclosed to the world through Jesus' cross. The cross erected in the church looks like that. Through the church, the obedient life is disclosed to the world. In this way, the cross is an explicit event of obedience. It is the gateway that opens the obedient life to the world. This is why the new covenant is spoken of through Jesus' cross. Through Jesus' cross, not the life of property but the life of obedience is spoken of.

II.0710. 타락된 속성의 세상에 순종의 십자가는 세워집니다. 십자가가 아니고는 속성의 세상에 순종이 보일 수 없습니다. 속성을 죽이지 않고 순종이 보일 수 없습니다. 세상의 위대함은 속성으로 표현됩니다. 세상에 어떤 형태로든 안착하는 것은 속성의 표현입니다. 속성의 세상으로부터 제거됨이 속성에서 벗어나는 것입니다. 세상이 하나님의 말씀을 떠나 타락되었기 때문에, 이 점은 받아들여질 수 있습니다. 구약의 아브라함의 후손도 타락된 아담의 후손이니, 이 점은 분명합니다. 타락된 삶이 유지되는 한, 하나님과 함께하는 언약은 불완전합니다. 따라서 예수님의 십자가 죽음은 예정된 하나님의 뜻으로 말해집니다.

In the world of the fallen attribute, the obedient cross is erected. Without the cross, obedience cannot be seen in the world of attributes. Without killing the attributes, obedience cannot be seen. The greatness of the world is expressed in its attributes. It is an expression of an attribute that settles in the world in any form. The expulsion from the world of attributes is to escape from attributes. This can be accepted because the world has become fallen from God's word. The descendants of Abraham in the Old Testament are also descendants of the fallen Adam, so this point is clear. As long as the fallen life is maintained, the covenant of being together with God is incomplete. Therefore, Jesus' death on the cross is said to be God's predestinated will.

II.0711. 예수님의 십자가 순종은 구속을 뜻합니다. 하나님과 함께로 돌아가는 것입니다. 순종은 구속의 시각으로 보아져야 합니다. 덕행의 시각으로 보아지지 말아야 합니다. 그리스 철학은 개인의 덕행을 장려합니다. 성경이 그리스 철학으로 풀이되면, 개인의 덕행을 장려하는 것으로 여겨집니다. 언약의 함께가 보이지 않게 되기 때문입니다. 언약의 시각에서 개인의 덕행은 타락된 속성입니다. 개인이 순종을 함께로 돌아감이 아닌 고귀함의 추구로 여기는 것은 자신의 속성을 계발하려는 뜻입니다. 언약의 성경이 철학적으로 혹은 종교적으로 풀이되면, 성경의 내용은 개인의 초월이나 해탈로 말해질 수밖에 없습니다. 초월성이나 종교성은 언약과 부합하지 않습니다.

Jesus' obedience to the cross means redemption. It is the return to being together with God. Obedience should be viewed from the perspective of redemption. It should not be viewed from the perspective of virtue. Greek philosophy promotes individual virtue. When the Bible is interpreted in Greek philosophy, it is believed to encourage individual virtue, for the covenant togetherness becomes invisible. From the covenant perspective, personal virtue is a fallen attribute. When an individual sees obedience as the pursuit of nobility rather than the return to togetherness, it means that he is trying to develop his own attributes. If the Bible of the covenant is interpreted philosophically or religiously, its content cannot help but be said to be individual transcendence or emancipation. Neither transcendence nor religiosity are consistent with the covenant.

II.0712. 플라톤의 초월성이나 아리스토텔레스의 형이상학으로 성경을 풀이하는 것은 개인성의 추구를 장려하는 것입니다. 개인들을 세우는 것으로 이끕니다. 초월성이나 형이상학은 플라톤이나 아리스토텔레스의 개인적인 사고의 증진으로부터 나옵니다. 그것에 의해 성경이 풀이되면, 성경은 개인을 증진하는 내용이 됩니다. 개인으로 사는 세상 삶에서 개인을 증진하는 것은 보편적입니다. 그러나 개인적인 보편성은 성경의 관점이 아닙니다. 성경은 언약으로 함께하는 언약의 백성을 세웁니다. 구약에서 언약의 백성은 아브라함의 후손으로 제한되지만, 신약에서 언약의 백성은 예수님을 그리스도로 고백하는 이들을 향해 선교적입니다.

Interpreting the Bible through Plato's transcendence or Aristotle's metaphysics encourages the pursuit of individuality. It leads to building up individuals. Transcendence or metaphysics comes from the enhancement of individual thought by Plato or Aristotle. When the Bible is interpreted through that, it becomes the content of enhancing individuals. It is universal to enhance individuals in the world where people live as individuals. But individualistic universality is not the perspective of the Bible. The Bible builds up the covenant people who are together through the covenant. In the Old Testament, the covenant people are restricted to the descendants of Abraham, but in the New Testament, the covenant people are missionary toward those who confess Jesus as Christ.

II.0713. 성경의 언약이 개인적인 보편 의식으로 보아지면, 제한적으로 여겨질 수 있습니다. 그러나 성경은 개인적인 보편 의식은 하나님과 함께하는 언약의 시각으로 보아 타락된 속성의 표현이라고 단언합니다. 개인적인 보편성은 속성으로 표현되지만, 하나님과 함께하는 언약은 순종으로 표현됩니다. 속성의 세상에 순종의 드러남은 보편적이라고 할 수 없습니다. 속성의 세상에 순종의 삶은 선교적입니다. 속성의 개인들은 선교적인 순종의 삶을 제한적이라고 합니다. 그러나 순종은 제한적인 속성을 뜻하지 않습니다. 구약의 이스라엘 백성은 아브라함의 후손이라는 속성을 보임으로 제한적입니다.

If the Biblical covenant is viewed as the consciousness of individualistic universalism, it may be regarded as restrictive. However, the Bible asserts that the consciousness of individualistic universalism is the expression of the fallen property from the perspective of the covenant of being together with God. Individualistic universalism is expressed in attributes, but the covenant of being together with God is expressed in obedience. The disclosure of obedience in the world of attributes cannot be said to be universal. The obedient life in the world of attributes is missionary. Individuals with attributes say that the missionary obedient life is restrictive. But obedience does not mean the restrictive attribute. The Israelites of the Old Testament were restrictive by their attributes as descendants of Abraham.

II.0714. 예수님을 믿는 그리스도인들은 순종을 보이지 속성을 보이지 않습니다. 그러므로 그리스도인들은 속성의 세상에 제한적이라고 할 수 없습니다. 그들은 속성으로 특정되지 않습니다. 그들이 종교인들로 보아지면, 그들의 종교성으로 제한적이라고 말해질 수 있습니다. 그러나 그리스도인들은 종교인들이 아닙니다. 순종은 일종의 종교성이 아닙니다. 하나님의 말씀에 순종은 그 말씀으로 이루어집니다. 속성으로 표현되지 않습니다. 예수님은 세상 속성으로 서술되지 않습니다. 속성의 예수님이 아니면, 예수님을 믿는 믿음은 속성으로 보일 수 없습니다. 세상 속성을 보이는 것과 십자가는 상반됩니다.

The Christians who believe in Jesus do not show attribute but show obedience. Therefore, they cannot be said to be restrictive to the world of attributes. They are not characterized by properties. If they are seen as religious people, they can be said to be restrictive by their religiosity. But they are not religious people. Obedience is not a form of religiosity. The obedience to God's word is fulfilled with it. It is not expressed as an attribute. Jesus is not described with worldly attributes. If Jesus is not Jesus of attribute, the belief in Jesus cannot be shown by attribute. Showing worldly attributes and the cross are contradictory.

II.0715. 개인적 시각으로 십자가는 소멸입니다. 세상으로부터 제거입니다. 따라서 개인의 속성을 추구하는 삶에서 십자가는 의미를 줄 수 없습니다. 지혜나 종교의 견지에서 의미 있는 사건이라 볼 수 없습니다. 십자가의 죽음은 개인이 절실하게 피하려는 것입니다. 그러므로 십자가는 개인의 처단이면서 또한 개인의식의 차단입니다. 즉 십자가는 개인의식으로부터 접근하는 것을 차단합니다. 개인의 죽음을 보입니다. 십자가에서 개인적인 의미를 찾으려는 것은 가식이나 허구입니다. 개인이 그리스도인이 되려고 할 때 보이는 가식이나 허구입니다. 개인이 예수님의 십자가를 믿는다고 주장하는 것은 가식이고 허구입니다.

From the individual perspective, the cross is extinction. It is exclusion from the world. Therefore, the cross cannot give meaning in the life of pursuing individual attributes. It cannot be considered a meaningful event from the perspective of wisdom or religion. Death on the cross is something that individuals desperately try to avoid. Therefore, cross is the punishment of an individual and also the severance of his consciousness. In other words, the cross blocks access from individual consciousness. It shows personal death. Trying to find personal meaning in the cross is a pretense or a fabrication. It is a pretense or fabrication that appears when an individual tries to become a Christian. It is pretense and fabrication for an individual to claim that he believes in Jesus' cross.

II.0716. 예수님의 십자가는 개인적 시각이 아닌 언약의 시각에서 보아져야 합니다. 하나님의 뜻에 순종은 언약으로 표현됩니다. 개인으로 추구될 수 없는 내용이고, 언약의 이루어짐으로 보입니다. 예수님께서 십자가에 죽으심으로 하나님과 함께하는 순종을 보이신다는 것은 언약으로 뜻있습니다. 개인적인 삶에서 뜻있다고 할 수 없습니다. 예수님의 십자가로 의미 있게 말해질 수 있는 것은 언약으로 전개되지 개인들로 전개되지 않습니다. 언약의 시각에서 서사된 복음서에서 예수님의 십자가는 의미 있게 전개됩니다. 예수님의 십자가로 순종이나 구속을 말하는 것은 언약의 내용입니다.

Jesus' cross should be seen from the covenant perspective, not from the individual perspective. The obedience to God's will is expressed in the covenant. It is not the content that can be pursued by individuals, and it is seen in the fulfillment of the covenant. It is meaningful in the covenant that Jesus, dying on the cross, shows His obedience of being together with God. It cannot be said to be meaningful in the individual life. What can be meaningfully said about Jesus' cross unfolds not as individuals but as the covenant. In the Gospel, narrated from the perspective of the covenant, Jesus' cross unfolds meaningfully. Telling of obedience or redemption through Jesus' cross is the covenant content.

II.0717. '나'로 시작하는 철학과 하나님으로 시작하는 성경은 전혀 다릅니다. 성경을 철학적으로 풀이한 것은 '나'의 의식을 확장하는 내용이 됩니다. 중세 교회가 세운 교리에서 보는 바입니다. 교리는 '나'가 성경을 이해하는 기본 틀입니다. 로마 제국의 국교로서 그리스도교는 로마 제국의 기본 구성원인 '나'를 세우는 종교가 되어야 했습니다. 즉 성경의 언약의 내용은 개인 의식을 장려하는 내용으로 집약되어야 했습니다. 로마 제국의 시민으로 태어난 '나'는 그리스도교라는 종교를 의식해야 했습니다. 로마 시민으로 태어난 '나'는 로마 시민으로 살면서 그리스도교의 교리를 지녀야 했습니다.

Philosophy that begins with 'I' and the Bible that begins with God are completely different. The philosophical interpretation of the Bible becomes the content that expands 'my' consciousness. This is what is seen in the doctrine set by the medieval church. The doctrine is the basic framework through which 'I' understand the Bible. Christianity as the state religion of the Roman Empire had to become the religion that established 'I' as the basic member of the Roman Empire. In other words, the covenant content of the Bible had to be condensed into the content that encouraged individual consciousness. 'I,' born as a citizen of the Roman Empire should be conscious of the religion called Christianity. 'I,' born as a Roman citizen, should have the Christian doctrine, living as a Roman citizen.

II.0718. 하나님과 함께하는 언약의 삶으로 이루어진 초대 교회는 로마 제국에서 용인되지 않았습니다. 영적으로 태어난 그리스도인들로 이루어진 교회는 지성적으로 판단될 수 없었습니다. 영적으로 인도되는 언약의 삶은 지성적으로 판단하는 로마 제국에 용인되지 않았습니다. 로마 제국의 그리스도인들은 로마 제국의 기관인 교회에 다니는 개인들이었습니다. 로마 제국의 그리스도인들은 개인의식을 벗어나지 않았습니다. 따라서 그리스도인들은 성경에서 보는 언약의 백성이 아니었습니다. 성경은 언약의 책으로 서사되었지만, 그들은 언약의 백성으로 성경을 읽지 않았습니다. 따라서 언약의 내용은 상실되었습니다. 개인으로 읽는 성경은 일종의 종교 서적이었습니다.

The early church, which was fulfilled as the covenant life of being together with God, was not tolerated in the Roman Empire. The church that was fulfilled with Christians who were born Spiritually could not be judged intellectually. The covenant life which is guided Spiritually was not tolerated in the Roman Empire which judged intellectually. The Christians of the Roman Empire were individuals who attended the church, the institute of the Roman Empire. The Christians of the Roman Empire did not deviate from their individual consciousness. Therefore, they were not the covenant people as seen in the Bible. The Bible was narrated as the covenant book, but they did not read the Bible as the covenant people. Therefore, the covenant content was lost. The Bible read by individuals was a kind of religious book.

II.0719. 하나님과 함께하는 언약의 백성은 하나님의 말씀에 순종합니다. 그러나 개인들은 세상에 태어난 대로 삽니다. 그들은 세상 나라로 사니, 세상 나라의 법을 지키기만 하면 됩니다. 언약의 백성은 순종으로 태어나지만, 개인들은 속성으로 세상에 태어납니다. 로마 제국의 시민은 태어난 자신의 속성으로 로마 제국의 그리스도인들이 됩니다. 그들은 순종으로 태어나야 하진 않습니다. 로마 제국의 시민이 되는 것과 그리스도인이 되는 것엔 이질점이 없습니다. 국가 종교 체제에선 이점이 분명합니다. 구약의 이스라엘 백성도 그러했습니다. 그들은 율법을 지키는 삶을 살았지만, 하나님께 순종하는 삶을 살지 않았습니다.

The covenant people of being together with God are obedient to His word. But individuals live as they were born into the world. Since they live in the kingdom of the world, all they have to do is to keep the laws of the kingdom of the world. The covenant people are born in obedience, but individuals are born into the world with attributes. The citizens of the Roman Empire become Christians of the Roman Empire by their born attributes. They do not have to be born in obedience. There is no difference between being Roman citizens and being Christians. This is clear in a state religion system. So were the Israelites in the Old Testament. They lived the life of keeping the law, but did not live the obedient life to God.

II.0720. 세상에 태어난 개인들은 종교를 가지게 되더라도, 구원의 내용을 지닐 수 없습니다. 세상을 사는 개인들은 그들의 구원에 대해 관심을 갖지 않습니다. 그들은 단지 세상에서 풍요로운 삶에 관심을 갖습니다. 그들은 세상 조건이 좋아지는 것을 바라지만, 세상의 구원에 대한 의미를 갖지 않습니다. 구원은 하나님과 함께하는 언약에서 제기됩니다. 개인으로부터 제기되지 않습니다. 구원은 언약의 책인 성경에 쓰인 용어이지, 개인들이 의식하는 용어가 아닙니다. 개인들은 속성으로 의식하지 순종으로 의식하지 않습니다. 따라서 순종의 언약의 백성은 속성의 개인들로부터 구별되어야 합니다.

Even if individuals born into the world have religion, they cannot have the content of salvation. Individuals living in the world do not care about their salvation. They only care about a prosperous life in the world. They are only concerned with their prosperous life. They wish for the betterness of the worldly condition, but they have no sense of salvation for the world. Salvation is raised by the covenant of being together with God. It is not raised by individuals. Salvation is a term written in the Bible, the covenant book, but it is not a term that individuals are conscious of. Individuals are conscious as attribute, not as obedience. Therefore, the covenant people of obedience should be differentiated from the individuals of attribute.

II. 8

· · ·

구속 Redemption

II.0801. 바울은 예수님의 십자가 죽음을 구속으로 전개합니다. 예수님의 십자가 죽음은 피를 흘리는 구속이라고 합니다. 구약에서 내려오는 속죄제는 짐승의 피를 제단에 뿌려야 했습니다. 의도하지 않게 율법의 규정을 지키지 못한 죄인들은 속죄제로 죄 사함을 받습니다. 율법의 규정을 지키지 못한 이들은 어떻든 하나님과 함께하지 못합니다. 그들은 속죄제에 의해 하나님과 함께하게 됩니다. 바울은 타락한 사람들은 예수님의 십자가 죽음으로 하나님과 함께하게 된다고 합니다. 이것이 바울의 구속론입니다. 하나님의 말씀을 떠난 사람들은 예수님을 믿는 믿음으로 하나님과 함께 되도록 구속됩니다.

Paul generates Jesus' death on the cross as redemption. He says that Jesus' death on the cross is redemptive, shedding blood. In the Old Testament, the sin offering required the blood of animals to be sprinkled on the altar. Sinners who unintentionally fail to keep the provisions of the law are atoned by the sin offering. Those who fail to keep the provisions of the law cannot be together with God in any way. They come to be together with God through the sin offering. Paul says the fallen men can be together with God through Jesus' death on the cross. This is Paul's theory of redemption. Those who have left God's word are redeemed to be together with God through the belief in Jesus.

II.0802. 구속은 언약에 근거합니다. 하나님은 아브라함에게 두 가지 약속을 주십니다. 그의 후손이 헤아릴 수 없는 하늘의 별들과 같이 번성하리라는 것과 가나안 땅이 그들의 유업으로 주어질 것이라는 것입니다. 하나님의 약속을 받을 당시 아브라함에게 적자가 없었고, 그는 우르에서 나와 가나안 땅에서 유랑하고 있었습니다. 이 두 약속은 구약의 이스라엘 백성의 삶의 두 추축을 이룹니다. 국가를 이루는 세 구성 요소가 여기 반영됩니다: 언약, 아브라함의 후손, 그리고 가나안 땅. 민주 공화국, 대한민국 백성, 그리고 한반도와 도서에 해당합니다. 이렇게 구약은 언약, 백성, 그리고 땅으로 전개되는 삶을 보입니다.

Redemption is based on the covenant. God gives Abraham two promises. His descendants will be prosperous like an uncountable number of stars in heaven, and the land of Canaan will be given as their inheritance. At the time of receiving God's promise, Abraham had no heir, and he, coming out of Ur, was wandering in the land of Canaan. These two promises form the two pillars of the life of the Israelites in the Old Testament. The three components of the nation are reflected here: the covenant, the descendants of Abraham, and the land of Canaan. They correspond to the Democratic Republic of Korea, the people of the Republic of Korea, and the Korean Peninsula and islands. In this way, the Old Testament shows the life unfolding through the covenant, the people, and the land.

II.0803. 언약의 백성과 언약의 땅이 문제를 겪는 경우가 있습니다. 언약의 백성이 이민족에 의해 지배되거나 종살이로 끌려갈 수 있습니다. 혹은 언약의 백성의 땅이 이민족에게 박탈당해 그들은 쫓겨날 수 있습니다. 이렇게 되면 하나님께서 약속으로 이루신 것이 무효가 될 수 있습니다. 언약의 백성이 번성하지 못하고 언약의 땅이 뺏기면, 하나님의 약속은 무효가 됩니다. 따라서 하나님께서 주신 약속을 유효하기 위해 하나님은 언약의 백성과 언약의 땅을 도로 찾아야 합니다. 하나님의 원래 약속의 이루어짐이 복원되어야 합니다. 이것은 구약에서 구속이라고 불러졌습니다. 구속은 언약에 근거해서 원래 언약의 이루어짐으로 회복을 뜻합니다.

There can be the case that the covenant people and the covenant land are faced with problems. There are times when the covenant people and the covenant land experience problems. The covenant people may be ruled by foreigners or taken into slavery. Or, the land of the covenant people may be taken away by foreigners and they may be driven out. If this happens, what God has accomplished through promise may become invalid. If the covenant people do not prosper and the covenant land is taken away, God's promise becomes null and void. Therefore, in order for God's promise to be intact, God must restore the covenant people and the covenant land. The fulfillment of God's original promise must be restored. This is called redemption in the Old Testament. Redemption means restoring to the original covenant fulfillment based on the covenant.

II.0804. 세상 조건에 처한 언약의 삶은 구속을 내포해야 합니다. 그렇지 않으면 하나님의 약속이 세상 조건에 처해 와해될 수 있습니다. 언약의 삶은 타락된 조건적인 세상에서 구속적이어야 합니다. 타락된 세상에서 언약의 삶은 언제나 언약의 회복으로 말해집니다. 세상 삶처럼 나아짐으로 말해지지 않습니다. 세상은 변화로 말해지지만, 언약은 회복으로 말해집니다.

타락된 세상 삶은 하나님의 말씀에 불순종하여 하나님을 떠난 삶임으로, 언약의 삶에 위협적입니다. 따라서 세상에서 언약의 삶은 유지되기보다 회복되어야 합니다. 즉 언약의 삶은 타락된 세상에서 언제나 구속적입니다.

The covenant life situated under worldly conditions entails redemption. Otherwise, God's promise may be dissolved by worldly conditions. The covenant life must be redemptive in the fallen conditional world. The covenant life in the fallen world is always spoken of as the restoration of the covenant. It is not said to be for betterness like the worldly life. The world is spoken of as its change, but the covenant is spoken of as restoration. The fallen worldly life is a threat to the covenant life, since it departs from God in the disobedience to His word, Therefore, the covenant life in the world must be restored rather than maintained. That is, the covenant life is always redemptional in the fallen world.

II.0805. 바울이 말하는 예수님의 십자가 구속은 구약에서 보는 옛 언약의 구속에 담아질 수 없습니다. 아브라함의 후손과 가나안 땅으로 주어진 하나님의 약속에 대한 구속이 아니기 때문입니다. 예수님으로 주어지는 새 언약에 대한 구속입니다. 달리 말하면 예수님의 십자가 구속은 새로운 언약으로 이끕니다. 새 언약으로 구속을 보도록 이끕니다. 즉 하나님께서 예수님으로 새로운 약속을 주신 것을 보도록 이끕니다. 예수님의 십자가로 새 언약의 삶으로 구속되게 이끕니다. 예수님의 십자가로 보이는 것은 창조되었으나 타락된 세상에 설정되지 않습니다. 아브라함의 후손이 가나안 땅에 사는 삶 같지 않습니다.

The redemption of Jesus on the cross that Paul talks about cannot be included in the redemption of the old covenant seen in the Old Testament, for it is not the redemption of God's promise for Abraham's descendants and the land of Canaan. It is the redemption for the new covenant given through Jesus. In other words, Jesus' redemption on the cross leads to the new covenant. It leads to seeing the redemption to the new covenant. That is, it leads to seeing that God has given a new promise through Jesus. It leads to being redeemed to new covenant life with Jesus' cross. What is seen through Jesus' cross is not set in the created but fallen world. It is not like the life of Abraham's descendants living the land of Canaan.

II.0806. 예수님의 십자가 죽음으로 주어지는 새 언약의 내용은 창조로 주어지는 언약의 변형일 수 없습니다. 즉 창조된 세상에서 구약과 다른 타락된 삶을 살게 하기 위함이 아닙니다. 예수님의 십자가 죽음은 세상으로부터 소멸이지 세상 삶의 변형이 아닙니다. 예수님의 십자가 죽음으로 주어지는 하나님의 약속은 세상 삶의 유형을 보이는 것일 수 없습니다. 예수님의 십자가 구속은 세상에서 온전한 삶을 살게 하기 위함이 아닙니다. 즉 일종의 세상살이로 주어지는 것일 수 없습니다. 그보다 창조된 세상에서 온전한 언약의 삶이 이루어질 수 없음을 보입니다. 타락된 세상에선 예수님의 십자가 외에 하나님과 함께가 온전히 드러날 수 없음을 보입니다.

The new covenant content given through Jesus' death on the cross cannot be a modification of the covenant given through creation. In other words, it is not to make people live a fallen life different from the Old Testament in the created world. Jesus' death on the cross is extinction from the world, not transformation of worldly life. God's promise given through Jesus' death on the cross cannot be a reflection of the type of life in the world. Jesus' redemption on the cross was not for the wholesome life in the world. In other words, it cannot be what is given as a kind of life in the world. Rather, it shows that the wholesome covenant life cannot be fulfilled in the created world. It shows that in the fallen world God's togetherness cannot be wholly disclosed except through Jesus' cross.

II.0807. 예수님의 십자가 구속은 창조 전에 예정된 구원의 약속을 보게 합니다. 구원의 언약으로 주어지는 예수님으로 새로운 언약을 보게 합니다. 세상에서 설정되지 않고 창조 전에 하나님께서 예정하신 구원의 약속을 보게 합니다. 거꾸로 말하면 하나님은 예정된 구원의 약속을 예수님의 십자가 죽음으로 세상에 드러나게 하십니다. 하나님의 예정된 뜻은 예수님의 십자가 죽음으로만 세상에 드러납니다. 하나님의 예정된 뜻은 하나님의 구원의 뜻으로 드러납니다. 즉 구원으로 이루어질 것입니다. 예수님의 십자가 죽음은 세상 사람들의 뜻이 아닌 창조 전의 하나님의 뜻을 보게 합니다. 세상에 설정될 수 없는 하나님의 뜻을 보게 합니다.

Jesus' redemption on the cross lets the predestinated salvation promise before creation be seen. It lets the new covenant with Jesus, given as the salvation covenant, be seen. It lets the promise of salvation that was not set in the world but predestinated by God before creation be seen. Speaking reversely, God unveils His predestinated promise of salvation through Jesus' death on the cross in the world. God's predestinated will is unveiled to the world only through Jesus' death on the cross. God's predestinated will is unveiled as God's will for salvation. That is, it is what will be fulfilled as salvation. Jesus' death on the cross let not the worldly people's will but God's will before creation be seen. It lets God's will that cannot be set in the world be seen.

II.0808. 궁극적인 구속은 하나님과 함께로 회복을 뜻합니다. 창조가 아닌 창조 전의 하나님과 함께로 구속입니다. 이것이 구원의 뜻입니다. 하나님으로부터 떠난 타락된 세상에서 구원은 하나님과 함께로 돌아가는 구속으로 말해질 수밖에 없습니다. 하나님과 함께는 창조된 상태로 온전히 보일 수 없습니다. 아담과 하와의 에덴동산의 삶은 하나님과 온전히 함께하는 삶이 아니었습니다. 창조주와 피조물 사이에 온전한 함께는 보일 수 없습니다. 창조주와 피조물은 구별되기 때문입니다. 피조물의 구속은 창조된 세상에서만 말해집니다. 피조물은 세상에 속하기 때문입니다. 그렇지만 예수님의 십자가 죽음은 단적으로 세상에서 하나님과 함께가 온전히 드러날 수 없음을 보입니다.

The ultimate redemption means the restoration of being together with God. It is the redemption of being together with Him not in creation but before creation. This is the meaning of salvation. Salvation cannot help but be told as the redemption to be restored to togetherness with God in the fallen world departed from Him. Togetherness with God cannot be wholly shown as the created state. The life of Adam and Eve in the garden of Eden was not the life of being together with God wholly. The wholesome togetherness cannot be seen between the Creator and the creature, for the Creator and the creature are separated. The redemption of the creature is only told in the created world, for the creature belong to the world. However, Jesus' death on the cross directly shows that togetherness with God cannot be wholly unveiled in the world.

II.0809. 예수님으로 하나님의 예정된 구원의 약속이 주어집니다. 이것이 새 언약을 말하는 뜻입니다. 예수님으로 구속은 피조물이 아닌 하나님의 자녀로 구속입니다. 예수님은 하나님의 아들로 세상에 오셨습니다. 예수님은 피조물이 아닌 하나님의 아들로 하나님과 함께하십니다. 예수님의 십자가 죽음은 아이러니하게 하나님의 아들로 보게 하는 열림입니다. 예수님의 십자가는 예수님을 세상으로부터 절단함으로 하나님의 아들로 보게 합니다. 예수님의 십자가는 세상에서 설정될 수 없는 하나님과 함께를 보게 합니다. 이것이 예수님의 십자가 죽음으로 하나님의 뜻을 말하는 이유입니다. 예수님의 십자가 순종은 궁극적인 하나님과 함께를 보입니다.

God's predestinated promise of salvation is given through Jesus. This is the meaning of telling of the new covenant. The redemption through Jesus is redemption not as the creature but as children of God. Jesus came into the world as the Son of God. Jesus is together with God not as a creature but as the Son of God. Jesus' death on the cross is ironically the opening to see Him as the Son of God. Jesus' cross, severing Him from the world, lets Him be seen as the Son of God. Jesus' cross lets togetherness with God which cannot be set in the world be seen. This is why God's will is spoken through Jesus' death on the cross. Jesus' obedience to the cross shows the ultimate togetherness with God.

II.0810. 십자가는 사람이 만든 형틀임으로, 예수님의 십자가 죽음은 사람들에 의해 결정된 것으로 말해집니다. 복음서는 예수님을 십자가로 몰아가는 사람들의 음모, 배신, 모략, 심판을 명시적으로 언급합니다. 세상에서 일어나는 사건에 대한 일반적인 설명 형태를 보입니다. 어떻든 사람들이 예수님을 세상으로부터 제거하는 이유와 과정을 보입니다. 그러나 복음서는 사람들이 제기하는 이유와 결정하는 과정만이 아니라 하나님의 예정된 뜻을 언급합니다. 즉 예수님의 십자가 죽음에 수반된 사람들의 결정과 더불어 하나님의 예정된 뜻을 보입니다. 하나님의 예정된 뜻은 사람들의 결정에 대한 개입이 아닙니다.

Since the cross is a frame of punishment made by man, Jesus' death on the cross is said to have been decided by people. The Gospel explicitly mentions the conspiracy, betrayal, plot, and judgment of those who drove Jesus to the cross. It takes the form of a general description of events that occur in the world. In any case, it shows the reason and process by which people eliminate Jesus from the world. However, the Gospel refers not only to the reasons people give and the decision making process, but also to God's predestinated will. In other words, it shows God's predestinated will along with the decisions of people involved in Jesus' death on the cross. God's predestinated will is not intervention in people's decisions.

II.0811. 예수님의 십자가 죽음은 하나님의 뜻이 개입이 아님을 단적으로 보입니다. 즉 하나님의 뜻은 타락된 사람들의 삶에 개입으로 드러나지 않습니다. 따라서 하나님의 뜻은 예정의 시각으로 보아져야 합니다. 하나님의 뜻은 예정된 구원의 뜻이라고 보아져야 합니다. 하나님의 말씀으로 이루어진 창조에 하나님의 뜻은 말해질 수 없습니다. 즉 옛 언약의 내용은 하나님의 뜻으로 말해지지 않습니다. 창조의 섭리와 창조 전의 예정은 구별됩니다. 창조 전의 예정은 하나님의 뜻으로 말해집니다. 그러나 창조의 섭리는 하나님의 일함입니다. 옛 언약은 하나님의 창조 섭리로 주어집니다.

Jesus' death on the cross clearly shows that God's will is not intervention. In other words, God's will is not disclosed through intervention in the life of the fallen people. Therefore, God's will must be viewed from the perspective of predestination. God's will must be seen as the predestinated will of salvation. God's will cannot be told in the creation fulfilled by His word. That is, the old covenant content is not spoken of God's will. The providence of creation and the predestination before creation are separated. The predestination before creation is said to be God's will. But the providence of creation is God's work. The old covenant was given through God's creation providence.

II.0812. 예수님께서 병자를 고치신 것도 하나님과 함께하는 언약의 시각으로 보아져야 합니다. 예수님의 고치심엔 예수님으로 임한 구속적인 뜻이 반영됩니다. 예수님의 고치심엔 하나님과 함께로 회복이 반영됩니다. 병자의 상태의 호전된 변화를 뜻하지 않습니다. 예수님은 하나님의 함께를 표적으로 보이는 고침에 몰두하십니다. 예수님께서 안식일에도 병자를 고치심은 병자가 고쳐짐으로 하나님께서 함께하시는 안식을 누리게 하기 위함입니다. 예수님께서 죄인들과 함께하시고 병자들을 고치심은 하나님과 함께로 돌아감을 보입니다. 또 예수님은 탕자의 비유^{누가복음 15:11-32}로 하나님과 함께로 돌아감을 가르치십니다.

Jesus' healing of the sick must also be seen from the perspective of the covenant of being together with God. The meaning of the redemption through Jesus is reflected in Jesus' healing. Jesus' healing reflects the restoration to togetherness with God. It does not mean a favorable change in the patient's condition. Jesus is devoted for healing to show God's togetherness as a sign. Jesus' healing of the sick even on the Sabbath is for them to cherish the sabbath of God's togetherness by being healed. Jesus' being together with sinners and healing of sick show the returning to togetherness with God. Also, Jesus teaches about returning to togetherness with God through the parable of the lost son.^{Luke 15:11-32}

II.0813. 타락은 하나님과 함께를 떠남입니다. 하나님과 함께하지 않는 인간은 개인적인 독자성을 강조합니다. 인간은 독자성의 계발로 지성, 도덕성, 또 종교성의 신장으로 나아갈 수 있습니다. 그러면서 의식의 진전을 행위로 보일 수 있습니다. 그러나 개인은 어떻든 자신의 독자성으로 주체적인 삶을 삽니다. 그는 하나님의 존재를 인정하더라도 하나님의 함께를 의식하지 못합니다. 따라서 독자성으로는 사는 개인에게 구원은 새로운 언어로 선포됩니다. 복음이 선포되는 것이 그렇습니다. 타락으로 독자성에 갇힌 개인이 하나님과 함께로 구속되는 것이 구원이기 때문입니다. 타락된 개인에겐 구원이 복음으로 선포되지 어떤 가르침의 형태로 주어지지 않습니다.

The fall is the departure from togetherness with God. Man who is not together with God emphasizes his individual identity. He can go toward the enhancement of intellectuality, morality, and religiosity through the development of his identity. At the same time, he can show the progress of his consciousness by his activity. However, an individual lives his independent life with his identity. Even though he recognizes God's existence, he is not conscious of God's togetherness. Therefore, salvation is proclaimed in a new language for an individual who live with his identity. This is how the gospel is proclaimed. for it is salvation for an individual trapped in his identity due to the fall to be redeemed to be together with God. For the fallen individual, salvation is not given in the form of any teaching but proclaimed as the gospel.

II.0814. 십자가에 죽으신 예수님을 하나님과 함께하는 복음으로 선포되는 것은 결정적입니다. 예수님의 십자가 죽음은 독자성을 유지하는 개인이 받아들이기 난해합니다. 독자성의 절단이기 때문입니다. 개인은 개인의식의 종식을 개인의식으로 받아들일 수 없습니다. 예수님의 십자가 죽음은 개인의식의 신장으로 이해될 수 없습니다. 예수님의 십자가 죽음은 개인의식을 고양하는 내용으로 이해될 수 없습니다. 즉 예수님의 십자가 죽음은 지성, 도덕성, 혹은 종교성의 고취로 풀이될 수 없습니다. 예수님이 자신의 고양으로 십자가로 향했다고 하는 것은 무의미합니다. 따라서 예수님은 내적 고양이 아닌 외적 요인으로 죽음을 맞이했다고 말해집니다.

It is decisive to proclaim Jesus who died on the cross as the gospel of being together with God. Jesus' death on the cross is difficult for an individual who maintains his identity to accept, for it undercuts his identity. He cannot accept the end of individual consciousness as personal consciousness. Jesus' death on the cross cannot be understood as the enhancement of personal consciousness. Jesus' death on the cross cannot be understood as the content of elevating personal consciousness. In other words, Jesus' death on the cross cannot be interpreted as an advocation of intelligence, morality, or religion. It is meaningless to say that Jesus went to the cross because of His own exaltation. Therefore, it is said that Jesus died due to external factors rather than internal uplift.

II.0815. 예수님의 십자가 죽음이 세상에서 정해진 것으로만 보아지면, 소크라테스의 죽음 같이 보아질 것입니다. 예수님이 세상에 훌륭한 가르침의 업적으로 남겼지만, 사람들은 거절했다고 하게 됩니다. 그러면 예수님으로부터 구원의 내용은 들려지게 되지 않습니다. 그러나 복음서는 예수님으로 구원의 내용을 들려줍니다. 플라톤이 소크라테스를 얘기함으로 들려지게 되지 않습니다. 따라서 예수님의 이야기가 구원으로 읽어지게 되려면, 언약의 시각으로 새롭게 접근되어야 합니다. 거꾸로 소크라테스, 플라톤, 아리스토텔레스의 연장선에서 복음서가 읽어지면, 구원의 내용은 상실됩니다. 즉 성경이 그리스 철학으로 풀이되면, 구원의 내용은 상실됩니다.

If Jesus' death on the cross is seen as what has been decided in the world, it will be seen like Socrates' death. It may be said that although

Jesus left behind great teachings to the world, people rejected Him. Then, the salvation content is not to be heard from Jesus. However, the Gospel tells of the salvation content through Jesus. It is not to be heard by Plato's talking about Socrates. Therefore, if Jesus' story is to be read as salvation, it must be approached anew from the perspective of the covenant. Conversely, if the Gospel is read as an extension of Socrates, Plato, and Aristotle, the salvation content is lost. In other words, if the Bible is interpreted through Greek philosophy, the salvation content is lost.

II.0816. 구원은 개인의식의 고취로 표현될 수 없습니다. 해탈이 구원이 되지 못함이 이 때문입니다. 구원이 개인의식의 고취로 추구되면, 해탈로 향해질 수밖에 없습니다. 구원이 정신의 고양으로 여겨지면, 불교적인 해탈이 매력적입니다. 헤겔 후 정신세계로 빠져드는 독일의 사상이 불교에 접근하는 것이 그 이유입니다. 헤르만 헤세에서 그 예를 봅니다. 독일의 철학자들은 성경을 개인의 정신세계로 풀이함으로, 그들 정신세계가 고양된다고 생각합니다. 어떤 글이든 개인 정신의 고양으로 읽어지면, 그렇게 가기 마련입니다. 지금도 유신론의 글을 읽으며 자신의 정신세계를 신장하려는 이들은 결국 성경의 구원과 멀어집니다.

Salvation cannot be expressed through the advocacy of individual consciousness. This is why emancipation cannot be salvation. If salvation is pursued through the advocacy of individual consciousness, it will inevitably lead to emancipation. If salvation is seen as the elevation of the soul, Buddhistic emancipation is attractive. This is why German thought, which immersed in a post-Hegelian mental realm, approaches Buddhism. An example is seen in Hermann Hesse. German philosophers believe that by interpreting the Bible through the individual mental world, their mental world is elevated. If any piece of writing is read to elevate one's personal soul, it tends to do so. Even today, those who try to improve their mental world by reading theistic texts ultimately distance themselves from the salvation of the Bible.

II.0817. 예수님의 십자가 죽음은 개인의 죽음보다 하나님과 함께로 죽음으로 보아져야 합니다. 그러면 세상의 예수님도 예수님의 십자가를 통해 하나님과 함께의 예수님으로 보여 지게 됩니다. 예수님을 세상의 예수님으로만 본 제자들은 예수님이 십자가로 가실 때 도망갔습니다. 그러나 그들은 하나님과 함께하는 예수님을 보게 될 때, 그들은 사도로서 하나님과 함께하는 예수님을 증거합니다. 예수님을 하나님과 함께하는 예수님의 복음으로 전파합니다. 개인의식은 예수님의 십자가를 거칠 수 없습니다. 개인 예수님은 십자가 죽음으로 끝나기 때문입니다. 십자가를 거친 예수님의 이야기는 새 언약의 내용이 됩니다.

Jesus' death on the cross should be viewed as the death into togetherness with God rather than an individual death. Then, the Jesus of the world will also be seen as Jesus of being together God through Jesus' cross. The disciples who only saw Jesus as the Jesus of the world ran away when Jesus went to the cross. However, when they see Jesus of being together with God, they witness Jesus of being together with God as the apostles. They preach Jesus as the gospel of His being together with God. Individual consciousness cannot go through Jesus' cross, for the individual Jesus ends with death on the cross. Jesus' story going through the cross becomes the new covenant content.

II.0818. 그리스 철학은 그리스 철학자들의 사고의 소산입니다. 즉 그들의 개인적인 정신세계를 반영합니다. 따라서 그들의 철학적 언어로 성경이 풀이되면, 개인의 정신을 고양하는 내용이 됩니다. 중세 신학자들이 정립한 교리는 개인의 정신에 반영되게 됩니다. 그들로부터 이어지는 신학의 조류는 개인의 정신세계를 양육하는데 맞춰집니다. 그러나 개인의 정신세계는 개인의 내면에 머물 뿐입니다. 성경의 언어가 교리와 같이 말해지면, 그 뜻은 개인의 의식에만 머뭅니다. 개인이 각기 삼위일체 하나님을 믿는다고 하더라도, 그 믿음은 개인의 의식에만 머뭅니다. 아무도 삼위일체 하나님을 믿는 이들이 삼위일체 하나님의 백성이라고 하지 않습니다.

Greek philosophy is the product of the thinking of Greek philosophers. In other words, it reflects their personal mental world. Therefore, when the Bible is interpreted in their philosophical language, it becomes content that uplifts the individual's soul. The doctrines established by medieval theologians are reflected in the individual's soul. The theological trend that follows from them is geared towards nurturing the individual's mental world. However, an individual's mental world only remains inside the individual. It the language of the Bible is spoken with doctrine, its meaning remains only in the individual's consciousness. Even if each individual believes in the Trinity God, that belief remains only in the individual's consciousness. No one says that those who believe in the Trinity God are the people of the Trinity God.

II.0819. 언약의 하나님에게 회귀는 구속적입니다. 언약의 하나님은 함께 하시는 하나님이시기 때문입니다. 그러나 삼위일체 하나님에게 회귀하는 구속은 없습니다. 개인의 의식에 머무는 삼위일체 하나님께 돌아가는 것은 뜻이 없습니다. 아버지 하나님께 돌아감은 의미 있습니다. 그러나 삼위일체 하나님께 돌아감은 의미 없습니다. 삼위일체 하나님은 개인의 정신에 세워집니다. 교리는 개인의 의식을 구축하기 위함입니다. 교리는 개인의 내면에 머물 뿐입니다. 이 점에서 교리는 율법과 반대입니다. 율법은 행위로 보여야 합니다. 교리에 반하는 이단은 행위의 문제가 아닌 표현의 문제입니다. 어떻게 생각하든 교리에 반하는 말만 하지 않으면 됩니다.

The return to the covenant God is redemptive, for He is God of togetherness. However, there is no redemption returning to the Trinity God. There is no point in returning to the Trinity God who remains in individual consciousness. Returning to God, the Father, is meaningful. However, returning to the Trinity God is meaningless. The Trinity God is set in the individual soul. The doctrine is meant to build an individual's consciousness. The doctrine only remains within the individual. In this respect, the doctrine is the opposite of the law. The law must be shown by act. The heresy against the doctrine is not the matter of action but the matter of expression. If one, however he thinks of the doctrine, does not express against it, he has no problem.

II.0820. 하나님과 함께로 구속은 영적입니다. 하나님이 영이시기 때문입니다. 이 경우 구속으로 표현되는 언어는 영적입니다. 지성으로 표현되는 언어는 개인의 정신세계를 반영합니다. 따라서 함께로 표현되지 않습니다. 개인들이 지성으로 표현되는 언어는 나누어지게 될 뿐입니다. 따라서 그런 언어로선 함께가 이루어질 수 없습니다. 그렇지만 영적 언어는 함께로 표현됩니다. 하나님의 영으로 인도되는 말이고, 한 분 하나님의 영에 의해 파급되는 말이기 때문입니다. 타락된 개인이 영적 언어를 표현하면, 이미 함께로 표현됩니다. 개인에서 함께로 구속된 표현입니다. 바울은 영적 언어로 구속된 삶을 교회라고 합니다.

The redemption into togetherness with God is Spiritual, for God is

Spirit. In this case, the language expressed with redemption is Spiritual. The language expressed through intellectuality reflects the individual mental world. Thus, it is not expressed in togetherness. The language through which individuals express their intellects is only shared. Therefore, togetherness cannot be fulfilled through such language. However, the Spiritual language is expressed in togetherness, for it is the word guided by the Spirit of God, and spread by the one Spirit of God. If a fallen individual expresses Spiritual language, it is already expressed into togetherness. It is the redemptive expression into togetherness from individuals. Paul calls the redeemed life in the Spiritual language the church.

십자가 The Cross

II.0901. 십자가는 사람을 잔혹하게 죽이는 형틀입니다. 그런데 복음서에서 서사되는 예수님의 십자가는 단순히 예수님을 죽이는 형틀만은 아닙니다. 예수님이 십자가에서 죽으신 것은 세상에서 일어난 사건이지만, 복음서는 예수님의 십자가 죽음을 단순히 세상에 일어난 사건으로 다루지 않습니다. 한 개인의 십자가 죽음은 세상에서 개인의 종식을 뜻합니다. 그리고 그는 역사적 자취로만 기억됩니다. 죽은 사람은 누구나 역사적 기억으로 말해집니다. 그러나 복음서의 예수님은 역사적 기억으로 다루어지지 않습니다. 복음서는 세상에서 없어진 예수님을 기억하는 내용이 아닙니다.

A cross is a scaffold that brutally kills people. However, the cross of Jesus narrated in the Gospel is not simply a scaffold to kill Jesus. Jesus' death on the cross was an event that occurred in the world, but the Gospel does not treat Jesus' death on the cross as simply an event that occurred in the world. An individual's death on the cross means the individual's end in the world. And he is remembered only by historical traces. Anyone who dies is spoken of as a historical memory. However, the Jesus of the Gospel is not treated as a historical memory. The Gospel is not about remembering Jesus, who has disappeared from the world.

II.0902. 한 개인의 십자가 죽음은 그의 생애의 종결입니다. 따라서 그의 이야기는 십자가 죽음으로 끝납니다. 그러나 복음서에서 예수님의 십자가 죽음은 예수님의 이야기의 전제입니다. 복음서는 십자가에 죽으신 예수님을 서사합니다. 복음서는 십자가에 죽으신 예수님을 그리스도로 고백하는 서사입니다. 달리 말하면 복음서는 십자가에 죽으신 예수님을 그리스도로 들려주는 내용입니다. 복음서는 예수님을 역사적으로 서술하지 않고 그리스도로 서사합니다. 예수님은, 그리스도로 서사됨으로, 세상 속성으로 서술되지 않습니다. 이 점에서 예수님의 십자가 죽음은 예수님을 그리스도로 서사하는데 결정적입니다.

An individual's death on the cross is the termination of his life. Thus, his story ends with death on the cross. However, in the Gospel, Jesus' death on the cross is the premise of His story. The Gospel narrates Jesus who died on the cross. The Gospel is the narrative that confesses Jesus who died on the cross as Christ. In other words, the Gospel is the content that Jesus, who died on the cross, is Christ. The Gospel does not describe Jesus historically, but as Christ. By being narrated as Christ, Jesus is not described with worldly attributes. In this respect, Jesus' death on the cross is crucial to narrating Jesus as Christ.

II.0903. 예수님이 십자가에 처형되지 않고 자연적으로 죽었으면, 예수님은 평생 수명을 누렸으니 죽음이 문제되지 않습니다. 그러면 그냥 역사적 인물로 서술될 것입니다. 종교 지도자로 여겨질 것입니다. 그러나 예수님이 십자가에 처형되었기 때문에, 처형된 이유가 대두되게 됩니다. 예수님의 십자가 죽음이 세상 변화를 야기하기 위한 반란의 결과라면, 그 자체가 세상 변화의 과정으로 여겨질 수 있습니다. 예수님의 십자가 죽음은 로마 제국에서 노예 반란을 일으키다 죽은 이들의 경우와 같이 다루어질 것입니다. 세상에서 보는 여러 저항 운동의 결과로 당한 죽음의 의미는 저항 운동으로 이어지는 세상 변화 가운데 찾아집니다.

If Jesus died naturally without being crucified, His death would not be problematic because He cherished His whole lifespan. If Jesus had died naturally instead of being crucified, His death would not be a problem because Jesus would have enjoyed His whole lifespan. Then, He will just be described as a historical figure. He would be considered a religious leader. But because Jesus was crucified, the reason for His execution comes to the fore. If Jesus' death on the cross was the result of a rebellion to bring about change in the world, it could itself be considered a process of world change. Jesus' death on the cross would be treated like those who died in slave revolts in the Roman Empire. The meaning of death as a result of various resistance movements seen in the world is found in the changes in the world that lead to resistance movements.

II.0904. 복음서는 예수님의 십자가 죽음을 세상의 저항 운동의 결과로 보지 않기 때문에, 예수님을 그리스도로 서사합니다. "그리스도"는 하나님 나라로 말해지는 직위입니다. 세상 삶에 아무 의미도 주지 않는 말입니다. 예수님을 그리스도라는 서사는 예수님을 세상의 예수님이라는 서술과 전혀 다릅니다. 예수님을 그리스도라는 서사는 예수님을 하나님 나라의 그리스도로 고백하고 따르는 내용입니다. 하나님 나라에 사는 삶으로 예수님을 따르는 내용입니다. 그러므로 예수님을 향한 유대인들의 음모나 로마인들의 방조와 동조는 고려되지 않습니다. 예수님에 대한 세상 사람들의 판단은 예수님을 하나님 나라의 그리스도로 따르는데 문제되지 않습니다.

Because the Gospel does not view Jesus' death on the cross as the result of a worldly resistance movement, it narrates Jesus as Christ. Christ is the title referred to in the kingdom of God. It is a word that gives no meaning to life in the world. The narrative that Jesus is Christ is completely different from the description that Jesus is the Jesus of the world. The narrative that Jesus is Christ is about confessing and following Jesus as the Christ of the kingdom of God. It is about following Jesus through the life in the kingdom of God. Therefore, the Jews' conspiracy against Jesus or the Romans' aiding and sympathizing are not taken into account. The judgment of the world about Jesus is not a problem in following Jesus as the Christ of the kingdom of God.

II.0905. 세상에서 예수님의 십자가 죽음이 아닌 하나님 나라에서 예수님의 십자가 죽음이 보아져야 합니다. 이것이 예수님을 그리스도로 서사하는 복음서의 핵심입니다. 복음서는 세상 사람들이 보일 반응을 위해 예수님을 서술하지 않고, 예수님을 그리스도로 따를 이들의 삶의 내용으로 예수님을 서사합니다. 따라서 예수님의 십자가 죽음은 하나님 나라에 사는 삶의 내용으로 복음서에 수록됩니다. 그러므로 예수님의 십자가 죽음은 세상에서 일어날 수 있는 사고로 보아지지 말아야 됩니다. 하나님 나라로 사는 삶의 관문으로 보아져야 합니다. 세상 삶의 닫힘이지만, 하나님 나라로 사는 삶의 드러남입니다.

Not Jesus' death on the cross in the world but Jesus' death on the cross in the kingdom of God should be seen. This is the gist of the Gospel which narrates Jesus as Christ. The Gospel does not describe Jesus for the reactions of the people of the world, but narrates Jesus through the content of the life of those who will follow Jesus as Christ. Therefore, Jesus' death on the cross is recorded in the Gospel as the content of life in the kingdom of God. Therefore, Jesus' death on the cross should not be viewed as an accident that could happen in the world. It must be seen as the gateway to the life in the kingdom of God. It is the closure of the worldly life, but it is the disclosure of the life of the kingdom of God.

II.0906. 예수님의 십자가 죽음은 세상 나라로 사는 삶과 하나님 나라로 사는 삶의 갈림을 분명히 보입니다. 예수님의 십자가 죽음은 예수님이 세상 나라로 사는 것이 용인되지 않는다는 표현입니다. 유대인들과 로마인들은 예수님을 세상 나라로 살지 못하도록 십자가에 죽입니다. 그러므로 예수님의 십자가 죽음을 통해 예수님이 보아지면, 예수님은 세상 나라로 살지 않으셨다는 것이 인정됩니다. 예수님은 하나님 나라로 사셨지만, 세상 사람들은 그렇게 보지 않았습니다. 예수님이 십자가에 죽으신 후, 예수님의 제자들은 예수님이 하나님 나라로 사신 것을 보게 됩니다. 예수님의 십자가 죽음이 없으면 세상 나라와 하나님 나라는 구별되지 않습니다.

Jesus' death on the cross clearly shows the demarcation of the life of the kingdom of the world and the life of the kingdom of God. Jesus' death on the cross is the expression that it is not permissible for Jesus to live in the kingdom of the world. The Jews and the Romans crucify Jesus so that He may no longer live in the kingdom of the world. Therefore, if Jesus is seen through His death on the cross, it is recognized that He did not live as a worldly kingdom. Jesus lived in the kingdom of God, but people in the world did not see it that way. After Jesus died on the cross, His disciples came to see that He lived in the kingdom of God. Without Jesus' death on the cross, there is no distinction between the kingdom of the world and the kingdom of God

II.0907. 예수님의 십자가를 세상 나라의 십자가로보다 하나님 나라의 십자가를 말하는 것이 복음의 시각입니다. 예수님의 십자가 죽음은 세상 나라와 하나님 나라의 접점입니다. 예수님의 십자가가 하나님 나라의 십자가로 말해짐으로, 예수님은 하나님 나라의 그리스도로 서사됩니다. 세상 나라로 십자가 죽음은 '속성의 죽음'입니다. 세상에서 속성으로 살던 개인의 죽임이기 때문입니다. 십자가 죽음을 거친 예수님의 이야기는 세상 속성으로 표현될 수 없습니다. 따라서 복음서의 예수님 이야기는 종교적일 수 없습니다. 십자가 죽음을 거친 예수님을 그리스도로 고백하는데 예수님의 세상 속성이 반영되지 않습니다.

It is the perspective of the gospel to speaks of Jesus' cross as the cross of the kingdom of God rather than the cross of the kingdom of the world. Jesus' death on the cross is the point of contact between the kingdom of the world and the kingdom of God. As Jesus' cross is said to be the cross of the kingdom of God, Jesus is narrated as the Christ of the kingdom of God. Death on the cross in the kingdom of the world is 'death of attribute,' for it is the death of an individual who lived with his attributes in the world. Jesus' story through His death on the cross cannot be expressed in terms of worldly attributes. Therefore, Jesus' story in the Gospel cannot be religious. Jesus' worldly attributes are not reflected in the confession that Jesus, through His death on the cross, is Christ.

II.0908. 하나님 나라로 예수님을 서사할 때, 예수님의 십자가 죽음은 결정적입니다. 예수님을 하나님 나라의 그리스도로 서사하는 데, 세상의 변화 과정을 따른 설명이 필요하지 않습니다. 즉 예수님을 하나님 나라의 그리스도로 서사하는 데, 세상 힘이 도입되지 않습니다. 세상 힘에 따른 인과관계로 예수님은 그리스도로 서사될 수 없습니다. 따라서 하나님 나라의 그리스도로 예수님을 서사하는 데, 새로운 '요인'이 등장되게 됩니다. 예수님을 그리스도로 서사하는 주제로 맥락을 이어가는 것입니다. 예수님을 이야기하는 복음서가 지니는 주제입니다. 예수님이 세상에 처한 예수님으로 서술되지 않을 때, 예수님의 이야기를 다른 시각으로 이끌어갈 주제입니다.

When Jesus is narrated as the kingdom of God, His death on the cross is crucial. In the narrative of Jesus as the Christ of the kingdom of God, there is no need for the explanation according to the process of the change of the world. In other words, in the narrative of Jesus as the Christ of the kingdom of God, the power of the world is not introduced. Jesus cannot be narrated as Christ by the causal relationship according to the worldly power. Therefore, when Jesus is narrated as the Christ of the kingdom of God, a new 'factor' appears. It continues the context with the theme of narrating Jesus as Christ. This is the theme of the Gospel that talk about Jesus. It is the theme of maintaining Jesus' story from a different perspective when He is not described as Jesus situated in the world.

II.0909. 예수님은 붙잡히시기 전 겟세마네에서 이렇게 기도하십니다: "아빠 아버지여 아버지께는 모든 것이 가능하오니 이 잔을 내게서 옮기시옵소서 그러나 나의 원대로 마옵시고 아버지의 원대로 하옵소서."마가복음 24:36 예수님은 예수님의 뜻이 아닌 하나님의 뜻으로 모든 일이 이루어지길 기도하십니다. 세상 나라로 사는 삶에선 예수님의 뜻으로 일이 전개되지만, 하나님 나라로 사는 삶에선 하나님의 뜻으로 일이 이루어집니다. 하나님의 뜻을 떠난 하나님의 나라는 생각될 수 없습니다. 하나님의 나라는 하나님의 뜻으로 이루어집니다. 그러므로 하나님 나라로 예수님의 이야기는 하나님의 뜻으로 서사됩니다.

Before Jesus was arrested, He prayed in Gethsemane in this way: "Abba, Father, all things are possible for You. Take this cup away from Me; nevertheless, not what I will, but what You will." ^{Mark 14:36} Jesus prayed that all things would be fulfilled not in accordance with Jesus' will but in accordance with God's will. In the life of the kingdom of the world, things unfold according to Jesus' will, but in the life of the kingdom of God, things are fulfilled according to God's will. The kingdom of God cannot be thought of apart from God's will. The kingdom of God is fulfilled with God's will. Therefore, Jesus' story in the kingdom of God is narrated according to God's will.

II.0910. 하나님의 뜻으로 예수님을 서사하는 것은 예수님을 세상의 인과관계를 따라 서술하는 것이 아닙니다. 하나님의 뜻으로 서사되는 예수님의 이야기는 세상의 인과관계로 설명되지 않습니다. 따라서 복음서의 예수님 이야기를 세상의 가능성으로 질문하는 것은 적절하지 않습니다. 예수님의 가르침이나 고침엔 하나님의 뜻이 드러납니다. 예수님이 보이신 표적은 예수님의 능력으로보다 하나님의 뜻으로 보아져야 합니다. 하나님께서 함께 하시는 뜻으로 이루어집니다. 예수님의 표적이 세상의 변화로 보아지지 않고 하나님의 뜻으로 보아지면, 불가능으로 단정하기보다 하나님 함께의 예시로 받아들여질 것입니다.

Narrating Jesus according to God's will is not describing Jesus according to the causal relationships of the world. Jesus' story narrated with God's will is not explained by the causal relationship in the world. Therefore, it is not proper to question Jesus' story in the Gospel as the possibility of the world. God's will is disclosed in Jesus' teaching and healing. The sign that Jesus showed should be seen as God's will rather than Jesus' power. It is fulfilled with the will with which God is together. If Jesus' sign is not seen as the change in the world but as God's will, it will be accepted as the instance of God's togetherness rather than the conclusion of impossibility.

II.0911. 세상의 가능성에서 하나님의 뜻으로 시각이 바뀜으로, 예수님의 이야기는 하나님과 함께하는 언약으로 읽어집니다. 예수님의 이야기인 복음서는 예수님으로 하나님께서 함께하시는 언약의 내용으로 읽어집니다. 십자가로 드러나는 하나님의 뜻은 하나님께서 함께하시는 뜻입니다. 예수님이 그리스도로 전개됨에 따라, 예수님은 하나님과 함께하는 언약으로 서사됩니다. 예수님의 이야기는 언약의 삶의 내용입니다. 즉 하나님과 함께하는 내용입니다. 예수님의 십자가 죽음이 세상에 일어난 사건임으로, 하나님과 함께는 예수님의 십자가 죽음으로 세상에 구체성으로 들려집니다. 종교적인 가르침으로 하나님과 함께를 들려주는 것과 전혀 다릅니다.

As the perspective is shifted from the possibility of the world to the will of God, Jesus' story is read as the covenant of being together with God. The Gospel, Jesus' story, is read as the covenant content of God's togetherness through Jesus. God's will disclosed through the cross is the will of His togetherness. As Jesus unfolds as Christ, He is narrated with the covenant of being together with God. Jesus' story is the story of the covenant life. In other words, it is the content of being together with God. Since Jesus' death on the cross is an event occurred in the world, togetherness with God is heard in the world as concreteness with Jesus' death on the cross. It is quite different from telling about togetherness with God through religious teaching.

II.0912. 예수님께서 하나님 나라의 임함을 복음으로 선포하시며 시작하신 사역은 예수님의 십자가 죽음이 하나님의 뜻의 이루어짐이라는 구체성을 띠게 합니다. 따라서 예수님의 십자가 죽음을 하나님의 뜻의 이루어짐으로 믿는 이들로 하나님과 함께하는 언약의 삶이 이루어집니다. 예수님을 믿는 믿음은 예수님의 십자가 죽음을 하나님의 뜻의 이루어짐으로 믿는 믿음입니다. 따라서 예수님을 믿는 믿음은 하나님과 함께하는 언약의 믿음입니다. 예수님을 믿는 믿음은 예수님의 종교성을 깨닫는 것이 아닙니다. 예수님의 십자가 죽음은 예수님으로 하나님과 함께를 말하는데 결정적입니다.

The ministry that Jesus began by proclaiming the coming of God's kingdom through the gospel takes on the concreteness of Jesus' death on the cross as the fulfillment of God's will. Thus, the covenant life of being together with God is fulfilled with the believers in Jesus' death on the cross as the fulfillment of God's will. The belief in Jesus is the belief in His death on the cross as the fulfillment of God's will. Thus, the belief in Jesus is the covenant belief of being together with God. The belief in Jesus is not the awakening of His religiosity. Jesus' death on the cross is decisive in saying of togetherness with God through Jesus.

II.0913. 예수님은 제자들에게 "누구든지 나를 따라오려거든 자기를 부인하고 자기 십자가를 지고 나를 따를 것이니라^{마가복음 8:34}"라고 하십니다. 예수님은 제자들이 예수님을 따르려면 자기를 부인하고 자기 십자가를 지고 따라야 한다고 분명하게 말씀하십니다. 그런데 예수님을 따름은 세상 나라에서 말해지지 않고 하나님 나라로 말해집니다. 세상 나라로 예수님을 따르는 것은 헛됩니다. 세상 나라에서 예수님은 제거되었기 때문입니다. 예수님은 하나님 나라로 예수님을 따름을 말씀하십니다. 하나님 나라로 예수님을 따르는 이들은 자기를 부인하고 자기 십자가를 져야 합니다. 그들이 자기를 지키고 자기 십자가를 지지 않으면 세상 나라로 살 것입니다.

Jesus said to His disciples, "whoever desires to come after Me, let him deny himself, and take up his cross, and follow Me."^{Mark 8:34} Jesus clearly tells His disciples that if they desire to follow Him, they should deny themselves, take up their cross, and follow Him. However, following Jesus is not talked about in the kingdom of the world but talked about in the kingdom of God. Following Jesus into the kingdom of the world is vain, for Jesus was expelled from the kingdom of the world. Jesus speaks of following Him into the kingdom of God. The followers of Jesus into the kingdom of God must deny themselves and take up their cross. If they maintain themselves and do not take up their cross, they will live in the kingdom of the world.

II.0914. 예수님의 십자가 죽음으로 하나님의 뜻이 이루어집니다. 따라서 제자들이 자기 십자가를 지고 예수님을 따름으로 하나님의 뜻이 이루어집니다. 그들은 하나님과 함께하는 하나님 나라로 삽니다. 그들이 자기 십자가를 지지 않고 하나님 나라에 들어갈 수 없습니다. 따라서 하나님 나라로 사는 그들의 삶은 그들이 자신의 십자가를 지고 사는 것입니다. 하나님의 나라는 하나님과 함께하는 나라입니다. 자기를 부정하지 않고 자기 십자가를 지지 않는 이들은 자신의 독자성으로 사니, 하나님과 함께할 수 없습니다. 세상 나라로 사는 이들은 자신의 독자성을 지닙니다. 그러나 하나님 나라로 사는 이들은 자신의 독자성을 지닐 수 없습니다.

God's will is fulfilled through Jesus' death on the cross. Therefore, God's will is fulfilled as the disciples, taking up their cross, follow Jesus. They live in God's kingdom of being together with God. They cannot enter the kingdom of God without carrying their cross. Therefore, their life in the kingdom of God means that they live by carrying their cross. The kingdom of God is the kingdom of being together with God. Those who do not deny themselves or take up their cross cannot be together with God because they live with their identity. Those who live in the kingdom of the world maintain their identity. But those who live in the kingdom of God cannot maintain their identity.

II.0915. 제자들이 지고 예수님을 따르는 십자가는 하나님 나라의 십자가 입니다. 자신을 부인하고 자신의 속성을 죽이는 십자가입니다. 따라서 그들은 자기 십자가로 하나님과 함께 삽니다. 하나님 나라의 십자가는 언약의 십자가입니다. 하나님과 함께로 표현되는 십자가입니다. 새 언약의 백성은 십자가를 진 백성입니다. 십자가를 진 백성은 옛 언약에서 말해질 수 없습니다. 옛 언약의 백성은 세상 나라로 삽니다. 그러나 예수님을 따르는 새 언약의 백성은 십자가를 진 백성입니다. 그들은 십자가를 짐으로 세상 나라에서 주체적인 삶을 살지 않습니다. 십자가는 이렇게 새 언약의 삶을 옛 언약의 삶으로부터 구별합니다.

The cross that the disciples take up to follow Jesus is the cross of the kingdom of God. It is the cross that denies themselves and kills their own attributes. Thus, they, through their cross, live together with God. The cross of the kingdom of God is the covenant cross. It is the cross that is expressed as togetherness with God. The new covenant people are the people who take up their cross. The people who take up their cross cannot be spoken of in the old covenant. The old covenant people live in the kingdom of the world. But the new covenant people following Jesus are the people who take up their cross. They do not live an independent life in the kingdom of the world by carrying the cross. The cross, in this way, distinguishes the new covenant life from the old covenant life.

II.0916. 예수님을 따르는 제자들은 십자가를 지고 예수님을 따름으로, 예수님을 믿는 그리스도인들은 십자가를 지고 예수님을 믿습니다. 교회에 세워진 십자가는 이 뜻을 보입니다. 교회의 십자가는 하나님 나라의 십자가를 보입니다. 따라서 십자가를 세운 교회는 세상의 교회일 수 없습니다. 십자가를 세운 교회에 십자가를 지지 않은 이들은 들어갈 수 없습니다. 십자가를 진 이들이 들어가는 교회는 모임일 수 없습니다. 십자가를 진 이들은 개인들이 아닙니다. 십자가를 진 이들은 함께하는 새 언약의 백성입니다. 새 언약의 백성은 모임을 만들지 않습니다. 교회에 세워진 십자가는 십자가를 진 이들의 함께를 보입니다.

As the disciples who follow Jesus take up their cross to follow Him, the Christians who believe in Jesus take up their cross to believe in Him. The cross erected in the church shows this meaning. The cross of the church shows the cross of the kingdom of God. Therefore, the church that erected the cross cannot be the church of the world. Those who do not take up their cross cannot enter the church which erects the cross. The church where those who bear the cross go cannot be a gathering. Those who take up the cross are not individuals. Those who take up their cross are the new covenant people of being together. The new covenant people do not hold a gathering. The cross erected on the church shows togetherness of those who take up their cross.

II.0917. 십자가로 표현되는 것은 세상에서 현존하는 것일 수 없습니다. 세상에 현존하던 이가 십자가로 소멸되기 때문입니다. 그러므로 십자가로 드러나는 것은 세상에 현존할 수 있는 내용이 아닙니다. 예수님의 십자가로 드러나는 것은 세상에 담아질 수 없는 구원의 내용입니다. 세상의 구원은 예수님의 십자가로 명시적으로 말해집니다. 세상으로부터 제거되는 예수님의 십자가로 세상에 임하는 것은 세상에 내재되지 않은 구원입니다. 세상에 내재된 것은 상호 작용하며 변화합니다. 나아지기도 나빠지기도 합니다. 변화로 이를 수 없는 구원은 세상의 나아짐으로 보일 수 없습니다. 구원은 세상으로부터 제거하는 십자가로 임합니다.

What is expressed by the cross cannot be extant in the world, for the one who existed in the world is extinguished by it. Therefore, what is disclosed by the cross is not content that can be extant in the world. What is disclosed through Jesus' cross is the content of salvation that cannot be contained in the world. The salvation of the world is explicitly stated in Jesus' cross. What is present in the world through Jesus' cross with which Jesus was eliminated from the world is salvation which is not inherent in the world. What is inherent in the world interacts to be changed. It can get better or worse. Salvation that cannot be reached through change cannot be shown as the betterment of the world. Salvation is present through the cross of the elimination from the world.

II.0918. 예수님은 만찬 때 제자들에게 잔을 주시며 "이것은 죄 사함을 얻게 하려고 많은 사람을 위하여 흘리는바 나의 피 곧 언약의 피니라"마태복음 26:28고 하십니다. 예수님은 십자가 죽음을 죄 사함을 위해 흘리는 피라고 하십니다. 십자가로 죄가 사해지는 구원을 말씀하십니다. 타락된 세상은 죄 된 세상입니다. 타락된 죄 된 세상을 위해 예수님은 십자가에서 피를 흘리십니다. 예수님이 흘리신 십자가의 피로 죄 사함을 받은 이들은 하나님과 함께하는 하나님 나라로 구원됩니다. 십자가로 죄 사함의 피를 말씀하신 예수님은 십자가로 구원이라는 역설을 보이십니다. 그러나 이 역설은 하나님 나라를 세상 나라로부터 가르는데 결정적입니다.

At the last supper, Jesus, giving the cup to the disciples, says: "this is

My blood of the new covenant, which is shed for many for the remission of sins."Matthew 26:28 Jesus says that His death on the cross is the shedding of His blood for the remission of sins. Jesus speaks of salvation through the remission of sins through the cross. The fallen world is of sinfulness. Jesus sheds His blood on the cross for the fallen, sinful world. Those who are remitted their sins through His blood shedded on the cross are saved into the kingdom of God of being together with God. Jesus, who spoke of the blood of the remission of sins through the cross, shows the paradox of salvation through the cross. But this paradox is crucial in the demarcating the kingdom of God from the kingdom of the world.

II.0919. 죽음은 타락한 인간에게 벌로 내려진 것입니다. 즉 죽음은 인간의 타락 결과입니다. 인간은 하나님의 말씀의 창조로부터 타락되어 속성으로 살아가게 됨으로 죽음을 맞이합니다. 속성의 삶은 죽음으로 끝납니다. 타락된 인간은 개인으로 살다 죽음을 맞습니다. 죽음은 개인에게 찾아옵니다. 그런데 예수님의 십자가 죽음은 예수님의 하나님에 대한 순종의 죽음입니다. 순종하신 예수님의 죽음으로 하나님의 뜻이 세상에 이루어집니다. 예수님의 죽음은 예수님 개인의 죽임이기도 하지만, 하나님의 뜻의 이루어짐입니다. 예수님의 순종의 죽음은 불순종에 의한 죽음을 죽임입니다. 순종의 삶은 불순종에 의한 죽음을 죽임으로 드러납니다.

Death is what was imposed on the fallen man as punishment. In other words, death is the result of man's fall. Man encounters death by being fallen from the creation of God's word and living by his own attributes. The life of attributes ends in death. The fallen man lives and dies as an individual. Death comes to individuals. However, Jesus' death on the cross is the death of His obedience to God. God's will is fulfilled in the world through Jesus' obedient death. Jesus' death is not only the death of Him personally but the fulfillment of God's will. Jesus' death of obedience kills the death due to disobedience. The obedient life is disclosed by killing the death due to disobedience.

Ⅱ.0920. 예수님의 순종의 죽음은 불순종의 세상에 하나님의 뜻을 보이게 합니다. 예수님을 믿는 이들로 하나님의 뜻으로 맞이하는 죽음을 보게 합니다. 즉 예수님의 십자가 죽음으로 하나님의 뜻이 이루어지게 됩니다. 따라서 불순종의 삶 가운데 순종의 삶이 드러나게 됩니다. 예수님의 십자가 죽음으로 예수님을 따르는 이들은 하나님의 뜻이 이루어지는 순종의 삶을 삽니다. 하나님과 함께하는 새 언약의 삶을 삽니다. 이렇게 예수님의 십자가 죽음으로 불순종의 타락된 세상에 순종의 구원의 삶이 이루어집니다. 죽음이 지배하는 세상에서 예수님의 죽음은 하나님의 처벌로 주어진 죽음의 지배를 너머 하나님의 뜻의 이루어짐을 보입니다.

Jesus' obedient death makes God's will visible to the disobedient world. It lets the believers in Jesus see death according to God's will. In other words, God's will is fulfilled through Jesus' death on the cross. Therefore, the obedient life is disclosed amidst the disobedient life. Those who follow Jesus to His death on the cross live the obedient life where God's will is fulfilled. They will live the new covenant life of being together with God. In this way, through Jesus' death on the cross, the obedient life of salvation is fulfilled in the disobedient fallen world. In the world ruled by death, Jesus' death shows the fulfillment of God's will beyond the ruling of death imposed by God's punishment.

II. 10

· · · ·

부활 Resurrection

II.1001. 예수님의 부활에 대한 질문은 어떻게 표현할까 하는 것이 문제입니다. 예수님의 부활이 단순히 그 사실성에 대해 질문되면, 우선 부활이 무엇인지 분명해져야 합니다. 예수님의 부활은 신약 성경에서 서사됩니다. 신약 성경은 역사적 기록이 아닙니다. 예수님을 그리스도로 고백하는 이들에 의해 선교를 위해 서사된 것입니다. 즉 예수님을 그리스도로 세상에 알리는 내용입니다. 예수님이 그리스도이신 것은 성령님의 인도하심으로 고백됩니다. 신약 성경은 세상 사실로 서술되거나, 개인의 믿음으로 표현되지 않습니다. 그러므로 신약 성경의 서사에 대해 사실성을 질문하는 것은 신약 성경의 서사된 취지에 맞지 않습니다.

The inquiry concerning Jesus' resurrection is mattered with the way of its questioning. If Jesus' resurrection is simply questioned for its factuality, it must first be clear what the resurrection is. Jesus' resurrection is narrated in the New Testament. The New Testament is not a historical record. It was narrated by those who confess Jesus as Christ for missionary work. In other words, it is about announcing Jesus to the world as Christ. Jesus' being Christ is confessed under the guidance of the Holy Spirit. The New Testament is not written as worldly fact or expressed as personal belief. Therefore, questioning the factuality of the narrative of the New Testament does not fit the purpose of the narrative of the New Testament.

II.1002. 신약 성경에 포함된 복음서는 예수님의 이야기입니다. 예수님의 이야기는 예수님의 탄생으로부터 시작해서 예수님의 부활로 마무리됩니다. 보통 사람들은 예수님이 성령님에 의해 동정녀에 잉태되셨다는 것이 사실적이 아니라고 생각합니다. 복음서는 예수님을 사실로 기술하지 않고 그리스도로 서사합니다. 사실성의 문제는 복음서의 저자들에게 일차적 관심이 아닙니다. 복음서 저자들의 일차적 관심은 하나님께서 예수님과 함께하신다는 것입니다. 예수님의 탄생 이야기는 예수님과 하나님의 함께를 보이려는 것입니다. 세상에서 사실을 말하는 것으로 하나님의 함께는 알려질 수 없습니다. 세상에 사는 사람들은 단지 세상에 일어나는 사실만 봅니다.

The Gospels included in the New Testament are Jesus' story. Jesus' story begins with His birth and ends with His resurrection. Ordinary people think that it is not factual that Jesus was conceived of the Holy Spirit in a virgin. The Gospel does not describe Jesus as fact but narrates Him as Christ. The question of factuality is not the primary concern to the authors of the Gospels. Their primary concern is that God is together with Jesus. Jesus' birth story is to show God's togetherness with Jesus. God's togetherness cannot be announced by telling of fact in the world. People who live in the world only see the fact that occurs in the world.

II.1003. 복음서 기자들은 예수님의 부활도 하나님의 함께로 서사합니다. 죽은 자들로부터 예수님의 재생을 증거하는 것은 예수님의 부활에 충분하지 않습니다. 죽은 사람이 소생하는 경우는 있을 수 있습니다. 그러나 복음서 기자들은 예수님의 부활로 하나님의 함께를 전파하려 합니다. 그래서 예수님의 부활은 "하나님이 죽은 자 가운데서 그를 살리신지라"^{사도행전 13:30}로 표현됩니다. 예수님의 부활은 세상에 일어날 수 있는 것으로보다 하나님의 일로 서사됩니다. 복음서의 기자들은 예수님의 탄생이나 예수님의 부활을 하나님의 함께로 서사합니다. 이렇게 복음서는 하나님께서 함께하시는 예수님의 탄생으로 시작해서 하나님께서 함께하시는 예수님의 부활로 마무리됩니다.

The writers of the Gospels also narrate Jesus' resurrection with God's togetherness. The witnessing of Jesus' revival from the dead is not enough for His resurrection. There may be cases where a dead person comes back to life. However, the writers of the Gospels try to preach God's togetherness with Jesus' resurrection. Thus, Jesus' resurrection is expressed as "God raised Him from the dead."^{Acts 13:34} Jesus' resurrection is narrated as God's work rather than what could occur in the world. The writers of the Gospels narrate Jesus' birth and Jesus' resurrection with God's togetherness. In this way, the Gospels begin with Jesus' birth of God's togetherness and ends with Jesus' resurrection of God's togetherness.

II.1004. 예수님의 부활은 신약 성경에 등장합니다. 역사적 기록으로 등장하지 않습니다. 역사적 기록에 대해선 사실성의 검증이 수반됩니다. 그러나 신약 성경에 등장하는 기록의 사실성을 모두 묻는 것은 적절하지 않습니다. 신약 성경의 기본 골격은 구약에서부터 이어지는 언약입니다. 신약 성경은 하나님과 함께하는 예수님을 세상에 들려줍니다. 하나님과 함께하는 예수님을 세상에 들려줌으로 예수님을 믿는 믿음을 하나님과 함께함으로 세상에 알립니다. 구약에서부터 이어지는 하나님의 함께는 예수님의 부활로 궁극적으로 표현됩니다. 초대 사도들은 유대인들의 박해에도 불구하고 예수님의 부활로 하나님의 함께를 증거합니다.

Jesus' resurrection appears in the New Testament. It does not appear in the historical record. For historical records, the verification of their factuality is accompanied. But it is not proper to question the factuality of all records in the New Testament. The basic framework of the New Testament is the covenant that succeeds from the Old Testament. The New Testament tells of Jesus who is together with God to the world. It, telling of Jesus who is together with God to the world, announces the belief in Jesus as togetherness with God to the world. God's togetherness, which succeeds from the Old Testament, is ultimately expressed in Jesus' resurrection. The early apostles witnessed God's togetherness through Jesus' resurrection in spite of the Jews' persecution.

II.1005. 예수님의 부활은 예수님으로 하나님께서 함께하심을 세상에 들려주는 내용입니다. 복음서에서 예수님을 서사하는 기본 시각은 세상의 사실성이 아닌 하나님의 함께입니다. 따라서 예수님의 부활에 대해 제기되는 기본 질문은 세상의 사실성이 아닌 하나님의 함께입니다. 하나님께서 함께하심으로 이루시는 것은 세상의 사실성에 가두어질 수 없습니다. 하나님은 창조주시기 때문입니다. 세상에서 사는 보통 사람들은 그들이 사는 세상을 근거로 성경을 읽으려 합니다. 이 때문에 그들은 항시 사실에 근거해서 의문을 제기합니다. 그러나 성경은 언약의 책임으로, 하나님과 함께하는 언약의 근거에서 서사됩니다.

Jesus' resurrection is the content with which God's togetherness is announced to the world. The basic perspective of narrating Jesus in the Gospel is not the factuality of the world but God's togetherness. Thus, the basic question raised about Jesus' resurrection is not its factuality in the world but God's togetherness. What God fulfills with His togetherness cannot be confined to the factuality of the world, for God is the Creator. Ordinary people who live in the world try to read the Bible based on the world where they live. For this reason, they always raise questions based on facts. But as the Bible is the covenant book, it is narrated on the basis of the covenant of being together with God.

II.1006. 하나님과 함께하는 언약의 근거에서 예수님의 부활을 읽지 않고, 현재 성행하는 과학 이론으로 예수님의 부활을 이해하려는 것은 적절하지 않습니다. 성경은 유익한 세상살이를 위해 써지지 않았습니다. 하나님과 함께하는 언약의 삶을 위해 써졌습니다. 성경은 하나님과 함께 언약의 삶을 사는 언약의 백성이 지니는 것입니다. 언약의 백성으로 살지 않는 이들에게 성경은 무의미할 수 있습니다. 하나님의 함께를 떠나 예수님의 부활을 언급하는 것은 무의미합니다. 예수님의 부활을 세상에 일어날 수 있는 상태로 접근하는 것은 세상 삶에 적용하려는 것입니다. 성경은 보다 나은 세상 삶을 들려주지 않습니다.

It is not proper to try to understand Jesus' resurrection through the current scientific theories without reading it on the basis of the covenant of being together with God. The Bible was not written for the beneficial life of the world. It was written for the covenant life of being together with God. It is kept by the covenant people who live the covenant life of being together with God. It may be meaningless to those who do not live as the covenant people. It is meaningless to mention Jesus' resurrection apart from God's togetherness. To approach the resurrection of Jesus as a state that can occur in the world is to apply it to life in the world. The Bible does not tell about a better life in the world.

II.1007. 예수님의 십자가 죽음과 부활은 예수님으로 하나님의 함께를 들려주는 결정적 내용입니다. 예수님의 십자가 죽음은 하나님의 뜻에 예수님의 순종입니다. 그리고 예수님의 부활은 하나님께서 예수님을 죽은 자 가운데서 살리심입니다. 이렇게 예수님의 십자가 죽음과 부활은 세상에 근거해서 말해지지 않고 하나님의 함께로 말해집니다. 복음서는 예수님의 십자가 죽음과 부활을 사실의 시각으로 서술하지 않고 언약의 시각으로 서사합니다. 하나님과 함께하는 언약의 백성은 하나님과 함께하는 '사건'으로 예수님의 죽음이나 부활을 말합니다. 따라서 그들은 예수님의 전 생애를 하나님과 함께하는 내용으로 읽습니다.

Jesus' death on the cross and resurrection are the crucial elements of telling about God's togetherness through Jesus. Jesus' death on the cross is His obedience to God's will. And Jesus' resurrection is God's raising Jesus from the dead. In this way, Jesus' death on the cross and resurrection are not said based on the world but said in God's togetherness. The Gospel does not describe Jesus' death on the cross and resurrection from the perspective of fact but narrates them from the perspective of the covenant. The covenant people of being together with God refer to Jesus' death or resurrection as the 'event' of being together with God. Therefore, they read Jesus' entire life as being together with God.

II.1008. 사람들은 세상의 근거로 모든 것을 의식하기 때문에 예수님의 부활에 대해 사실성의 질문을 갖습니다. 그들은 기본적으로 모든 것에 대해 세상에 있을 수 있는 내용으로 접근합니다. 이 때문에 예수님의 부활에 대해서도 사실성의 근거로 이해하려 합니다. 그들은 이해로 세상을 살기 때문입니다. 이 경향 때문에 그들은 언약의 책인 성경을 세상을 근거로 이해하려 합니다. 세상의 근거에서 하나님과 함께하는 언약은 종교적으로 풀이될 수밖에 없습니다. 성경은 개인이 세상에 사는 내용으로 풀이되어야 개인의 의식과 삶에 반영되게 됩니다. 성경의 이해는 세상에 사는 개인의 의식의 폭과 연관됩니다.

People have questions about the factuality of Jesus' resurrection because they are conscious of everything on the basis of the world. They basically approach everything as it could be in the world. For this reason, they also want to understand Jesus' resurrection on the basis of factuality, for they live the world through their understanding. Because of this tendency, they try to understand the Bible, the covenant book, based on the world. The covenant of being together with God cannot help but be interpreted religiously on the ground of the world. The Bible must be interpreted as the content of an individual's life in the world in order for it to be reflected in the individual's consciousness and life. The understanding of the Bible is related to the breadth of consciousness of an individual in the world.

II.1009. 예수님의 부활에 대해 개인이 이해로 접근하는 것은 개인이 자신의 의식에 예수님의 부활을 반영하기 위함입니다. 예수님의 부활에 대한 이해를 자신의 의식 체계에 반영하려 합니다. 개인이 예수님의 부활을 이해할 수 없으면, 자신의 의식에 반영할 수 없습니다. 그는 세상에 일어나는 일에 대한 정보와 같이 자신이 이해하는 것을 지닙니다. 그렇더라도 그가 이해한 것은 자신의 주체적인 의식의 한 부분일 뿐입니다. 성경에 대한 이해도 여러 문헌에 대한 이해와 같이 자신의 폭넓은 식견을 보여줄 뿐입니다. 예수님의 부활을 사실성으로 접근하는 것은 자신의 식견을 넓이는 것입니다. 개인중심적인 의식을 벗어나지 않습니다.

The individual's approach to Jesus' resurrection with understanding is to reflect it to his own consciousness. He tries to reflect his understanding of it into his system of consciousness. If an individual cannot understand Jesus' resurrection, he cannot reflect it in his consciousness. He carries with him what he understands like the information about what is happening in the world. Even so, what he understood is only a part of his own subjective consciousness. His understanding of the Bible also shows only his broad insight like his understanding of various literatures. His approach to Jesus' resurrection in terms of its factuality is for him to broaden his own insight. He is not free from his egocentric consciousness.

II.1010. 예수님의 부활을 하나님의 함께로 믿는 이들은 하나님과 함께합니다. 하나님의 영으로 인도되는 이들이 예수님의 부활을 하나님의 함께로 믿기 때문입니다. 하나님께서 예수님을 죽은 자 가운데서 살리셨다는 것은 사실적으로 판단될 수 없습니다. 하나님의 영으로 인도되어 발설됩니다. 복음서는 예수님을 하나님의 함께로 서사했기 때문에, 하나님의 영에 의해 인도되었습니다. 따라서 복음서에 서사된 내용의 사실성에 대해 질문하는 것은 적절하지 않습니다. 세상에 사는 사람들은 모든 것이 세상에 설정되고 이해되어야 한다고 주장할 수 있습니다. 그러나 복음서는 세상에 설정되도록 써지지 않았습니다.

Those who believe in Jesus' resurrection as God's togetherness are together with God, for those who are guided by God's Spirit believe in Jesus' resurrection as God's togetherness. It cannot be judged factually for God to raise Jesus from the dead. It is uttered by being guided by God's Spirit. As the gospel narrated Jesus with God's togetherness, it was guided by God's Spirit. Thus, it is not proper to question the factuality of what is narrated in the Gospel. People who live in the world may claim that everything must be set and understood in the world. But the Gospel was not written to be set in the world.

II.1011. 복음서는 예수님이 세상에 안주하여 나은 세상을 만들기 위해 사신 것으로 기술하지 않습니다. 예수님의 십자가 죽음은 단적으로 이 점을 보입니다. 세상으로부터 제거된 십자가로 예수님의 생애를 돌아보면, 예수님은 세상에 안주하려고 하셨다고 할 수 없습니다. 따라서 예수님의 이야기는 세상에 근거한 삶으로 전개되지 않습니다. 사람들은 나름대로 예수님을 종교 창시자로 생각하며, 종교적인 가르침을 남겼다고 여깁니다. 이 시각도 세상의 근거에서 예수님의 복음서를 이해하려는 것입니다. 세상에 있을 수 있는 종교적인 시각으로 예수님을 보려는 것입니다. 그들은 자신의 입장에서 모든 것을 보려 합니다.

The Gospel does not describe Jesus as living to make the world a better place. Jesus' death on the cross clearly shows this. Looking back at Jesus' life through the cross removed from the world, it cannot be said that Jesus tried to settle down in the world. Therefore, Jesus' story does not unfold as a life based on the world. In their own way, people, regarding of Jesus as the founder of a religion, think that Jesus left behind religious teachings. This perspective also seeks to understand the Gospel of Jesus on the basis of the world. It is to see Jesus from the religious perspective that is possible in the world. They want to see everything under their own situation.

II.1012. 복음서는 예수님을 세상에 사신 분으로보다 하나님과 함께 사신 분으로 서사합니다. 예수님을 언약의 예수님으로 서사합니다. 따라서 복음서 기자들은 언약의 시각을 갖습니다. 그들은 하나님의 영의 인도하심으로 예수님을 언약의 시각으로 볼 수 있습니다. 그들은 언약의 시각에서 예수님이 하나님의 영으로 잉태되신 것과 예수님을 하나님께서 죽은 자로부터 살리신 것을 서사합니다. 그러나 하나님의 영으로 인도되지 못한 이들은 세상을 사는 지성의 시각으로 복음서를 읽으려 합니다. 그렇지만 사실성을 넘어 하나님과 함께하는 내용은 그들의 지성으로 파악되지 않습니다. 이 때문에 그들의 성경에 대한 이해는 실질적이지 않고 모호합니다.

The Gospel narrates Jesus as the One who lived together with God rather than the One who lived in the world. It narrates Jesus as the covenant Jesus. Therefore, the Gospel writers have the covenant perspective. They can see Jesus from the covenant perspective under the guidance of God's Spirit. They, from the covenant perspective, narrate that Jesus was conceived of God's Spirit and God raised Jesus from the dead. But those who are not guided by God's Spirit try to read the Gospel from the perspective of the intellectuality with which they live in the world. Nevertheless, the content of being together with God beyond factuality cannot be grasped by their intellectuality. For this reason, their understanding of the Bible is not realistic but vague.

II.1013. 하나님의 영의 인도하심으로 쓰진 내용을 사람의 지성으로 풀이하는 것은 구체적인 내용을 지닐 수 없는 교리가 됩니다. 교리는 언어적으로 표현되긴 했지만 영성으로나 지성으로 의미를 주지 못합니다. 교리는 사람으로 하여금 이해하게 하여 교리로 정리된 내용을 그의 믿음으로 지니게 하기 위해 만들어졌습니다. 이 경우 믿음은 그의 종교성에 반영됩니다. 교리는 사람의 언어로 만들어졌기 때문입니다. 따라서 교리를 받아들이는 이들은 자신의 주체적인 의식을 지니며 교리를 이해합니다. 그리고 자신들의 주체적 판단으로 믿음의 활동에 종사합니다. 그들은 종교인으로 세상에서 활동합니다.

The interpretation of the content written under the guidance of God's Spirit with man's intellectuality becomes doctrine which cannot have specific content. Although doctrines are expressed linguistically, they do not have any meaning Spiritually or intellectually. Doctrines are formulated for man to understand them so that he may keep the arranged content as his belief. In this case, his belief is reflected in his religiosity, for doctrines are formulated by man's language. Therefore, those who accept doctrines understand doctrines with their own independent consciousness. And they engage in religious activities based on their own independent judgment. They are active in the world as religious people.

II.1014. 하나님의 영으로 인도된 복음서는 하나님의 말씀입니다. 사람의 말이 아닙니다. 따라서 하나님께서 약속으로 이루실 것입니다. 복음서는 예수님의 이야기이지만, 하나님께서 함께하시는 예수님의 이야기입니다. 따라서 복음서의 내용은 예수님의 주체적 활동으로 이어지지 않습니다. 그보다 예수님과 함께하시는 하나님의 뜻의 이루어짐으로 서사됩니다. 예수님의 십자가 죽음에서 이 점이 분명히 언급됩니다. 그리고 복음서는 예수님의 부활을 하나님께서 하신 일로 분명히 보입니다. 예수님의 이야기로 하나님의 이루심을 보입니다. 예수님의 이야기로 언약의 하나님을 보이게 합니다.

The Gospel, guided by God's Spirit, is God's word. It is not man's word. Thus, it is what God fulfills as His promise. The Gospel is Jesus' story, but it is the story of Jesus with whom God is together. Thus, the content of the Gospel is not succeeded with Jesus' independent activities. Rather, it is narrated as the fulfillment of the will of God who is together with Jesus. This is clearly mentioned in Jesus' death on the cross. And the Gospel clearly show Jesus' resurrection as God' work. It shows God's fulfillment with Jesus' story. It lets the covenant God be seen with Jesus' story.

II.1015. 아무도 출애굽을 모세의 이야기로 읽지 않습니다. 출애굽은 하나님께서 모세에게 맡기신 사역입니다. 출애굽기는 모세를 통해 하나님께서 역사하신 것을 전개합니다. 구약에 등장하는 인물들은 하나님에 의해 맡겨진 일을 합니다. 그들은 언약의 백성, 곧 이스라엘 백성을 위해 일하도록 불러집니다. 그들은 이스라엘 백성을 대표해서 하나님의 일을 합니다. 따라서 구약을 읽는 이들은 구약의 인물들이 자신의 독자성으로 결정한 일을 한다고 여기지 않습니다. 자신의 독자성으로 결정하는 이들은 모두 하나님의 말씀을 거역하는 이들로 보입니다. 자신들에게 맡겨진 일과 자신들이 결정하는 일은 전혀 다릅니다.

No one reads the Exodus as Moses' story. The Exodus is the ministry that God entrusted to Moses. The Book of Exodus unfolds God's work through Moses. The figures in the Old Testament work the tasks entrusted to them by God. They are called to work for the covenant people, the Israelites. They do God's work, representing the Israelites. Therefore, the readers of the Old Testament do not think that the figures of the Old Testament do what they decide with their identity. Those who decide with their own identity are seen as the disobeyers against God's word. What is entrusted to them and what they decide are completely different.

II.1016. 복음서의 예수님 이야기는 분명히 예수님에 대한 이야기입니다. 그렇지만 한 개인의 전기같이 읽어질 수 없습니다. 복음서의 예수님은 예수님의 독자성으로 서술되지 않습니다. 하나님과 함께하는 하나님의 독생자로 서사됩니다. 즉 언약의 예수님으로 서사됩니다. 복음서는 예수님의 이야기일 뿐만 아니라 하나님의 이야기입니다. 예수님으로 궁극적인 하나님의 함께를 보입니다. 복음서는 비록 예수님을 직접적으로 기술하지만, 복음서의 예수님은 세상의 예수님으로 이해되지 않습니다. 이 때문에 예수님의 탄생과 부활의 이야기는 간과될 수 없습니다. 복음서를 읽는데 세상의 가능성을 전제하는 것은 잘못된 출발입니다.

Jesus' story in the Gospel is obviously the story about Jesus. Nevertheless, it cannot be read like the biography of an individual. Jesus in the Gospel is not narrated in terms of His own identity. Jesus is narrated as God's only begotten Son who is together with God. That is, Jesus is narrated as the covenant Jesus. The Gospel is not only Jesus' story but also God's story. It shows the ultimate God's togetherness with Jesus. Even though it directly depicts Jesus, the Jesus of the Gospel is not understood as the Jesus of the world. For this reason, the story of Jesus' birth and resurrection cannot be overlooked. It is a wrong start to presuppose the possibility of the world when reading the Gospel.

II.1017. 예수님의 부활은 죽음으로부터 부활입니다. 죽음은 인간의 하나님의 말씀에 불순종에 대한 하나님의 처벌로 타락된 세상에 임합니다. 따라서 타락된 세상은 죽음의 속박에 처해 있습니다. 죽음은 타락된 세상의 결정적인 제한입니다. 타락된 세상은 죽음을 회피할 수 없습니다. 하나님께서 처벌로 세우신 죽음은 파기될 수 없습니다. 불멸은 죽음에 속박된 인간의 상상입니다. 그러나 불멸은 죽음으로부터 살아남은 인간의 상상일 수 없습니다. 세상에서 자연적으로 산다고 여기는 인간은 죽음을 자연적이라고 여깁니다. 자연의 운행은 죽음을 내포합니다. 따라서 자연적으로 산다는 것은 죽음에 동화된다는 뜻입니다.

Jesus' resurrection is resurrection from death. Death comes to the fallen world as God's punishment for man's disobedience to God's word. Therefore, the fallen world is under the subjection to death. Death is the crucial limitation of the fallen world. The fallen world cannot avoid death. Death, which is set as God's punishment, cannot be abolished. Immortality is an imagination of man who is subject to death. But it cannot be an imagination of man who outlives death. Man who thinks that he lives in the world naturally thinks that death is natural. The movement of nature entails death. Thus, it means the adaptation to death to live naturally.

II.1018. 죽음에 종속된 타락된 세상의 구원은 죽음의 회피가 아닌 죽음의 극복입니다. 예수님의 부활은 죽음의 극복을 보입니다. 인간을 죽음으로 처벌하신 하나님께서 예수님을 죽음으로부터 일으키십니다. 예수님의 부활은 더 이상 죽음에 속박되지 않는 구원의 예시입니다. 죽음을 내리신 하나님께서 예수님을 죽음으로부터 일으키십니다. 이렇게 하나님으로부터 출발하지 않으면, 예수님의 부활은 의미 있게 말해질 수 없습니다. 즉 예수님의 부활은 언약의 설정을 전제합니다. 죽음에 속박된 세상에선 일시적인 소생은 말해지라도, 죽음에 속박되지 않는 부활은 말해질 수 없습니다. 예수님의 부활은 언약의 부활로 이어집니다.

The salvation of the fallen world subject to death is not the avoidance of death but the overcoming of death. Jesus' resurrection shows the overcoming of death. God, who punished man with death, raises Jesus from death. Jesus' resurrection is the instance of salvation, no longer subject to death. God, who brought down death, raises Jesus from death. Without starting from God like this, the resurrection of Jesus cannot be talked about meaningfully. In other words, Jesus' resurrection presupposes the covenant setting. In the fallen world subject to death, momentary resuscitation may be told, but resurrection which is not subject to death cannot be told. Jesus' resurrection leads to the covenant resurrection.

II.1019. 예수님의 부활은 구원이 죽음으로부터 구원임을 보입니다. 하나님은 예수님을 죽은 자 가운데서 일으키심으로 부활의 약속을 주십니다. 부활의 약속은 예수님을 믿는 언약의 삶의 구성 요인입니다. 예수님을 믿는 이들은 부활을 소망하며 삽니다. 부활의 소망은 인간의 추구하는 내용이나 인간의 깨달음의 소산일 수 없습니다. 인간의 추구나 깨달음은 죽음에 속박되어 표현됩니다. 즉 죽음에 속박된 인간의 추구이고 깨달음입니다. 이렇게 예수님의 부활은 죽음에 속박된 인간에게 난제입니다. 그러나 예수님의 부활이 난제인 만큼, 거꾸로 예수님의 부활은 죽음에 속박된 삶을 돌아보게 합니다. 구원되어야할 삶을 돌아보게 합니다.

Jesus' resurrection shows that salvation is salvation from death. God, raising Jesus from the dead, gives the promise of resurrection. The promise of resurrection is the constituent of the covenant life of believing in Jesus. The believers in Jesus live, hoping for resurrection. The hope of resurrection cannot be the content of man's pursuit or the outcome of his enlightenment. His pursuit or enlightenment is expressed under the subjection to death. In other words, it is the pursuit or enlightenment of man subject to death. In this way, Jesus' resurrection is a crux for man who is subject to death. But as much as Jesus' resurrection is a crux, Jesus' resurrection reversely lets the life subject to death be looked back. It lets the life to be saved be looked back.

II.1020. 예수님의 부활은 죽음을 극복하는 구원을 들려줍니다. 이것은 하나님과 함께하는 새 언약으로 의미 있게 말해집니다. 죽음이 언약에 근거해서 말해짐으로, 죽음의 극복도 언약의 근거해서 말해질 수 있습니다. 죽음이나 죽음의 극복을 세상의 개연성으로 말해지면, 답이 없습니다. 즉 죽음이나 죽음의 극복은 앎의 영역이 아닌 믿음의 영역입니다. 믿음은 궁극적으로 언약에 근거합니다. 종교적인 믿음은 세상의 개연성으로 의식될 수밖에 없습니다. 종교적인 믿음은 사람의 속성이기 때문입니다. 따라서 죽음이나 죽음의 극복은 종교적인 믿음의 영역이 아닙니다. 언약의 근거에서 죽음과 죽음으로부터 구원이 말해집니다.

Jesus' resurrection tells about salvation overcoming death. This is meaningfully referred to as the new covenant of being together with God. Since death is spoken of on the basis of the covenant, the overcoming of death can also be spoken of on the basis of the covenant. If death or overcoming death is discussed as a probability in the world, there will be no answer. In other words, death or overcoming death is the realm of faith, not the realm of knowledge. Faith is ultimately based on the covenant. Religious beliefs cannot help but be conscious by the probability of the world, or religious belief is a man's attribute. Therefore, death or overcoming death is not the realm of religious belief on the basis of the covenant, death and salvation from death are spoken of.

III부

구 원 의

삶

The Life of Salvation

III. 1
. . . .

회개 Repentance

III.0101. 세례 요한은 "회개하라 천국이 가까이 왔느니라"고 하며 세례를 베풉니다. 예수님은 요한에게 나아가 세례를 받으십니다. 그리고 "때가 찼고 하나님의 나라가 가까이 왔으니 회개하고 복음을 믿으라"마가복음 1:15라고 선포하시며 사역을 시작하십니다. 예수님은 하나님의 나라가 임하니 사람들이 회개하고 하나님 나라의 복음을 받아들이라고 선포하십니다. 예수님은 세상 나라가 아닌 하나님의 나라를 선포하시며, 하나님의 나라엔 회개함으로 살게 된다고 하십니다. 따라서 예수님이 세상에서 보이시는 사역은 하나님 나라로 펼쳐집니다. 즉 예수님은 임하는 하나님 나라로 서사되지 세상의 속성으로 서술되지 않습니다.

John the Baptist baptizes people, saying, "Repent, for the kingdom of heaven is at hand." Jesus goes to John and is baptized. And Jesus begins His ministry by proclaiming, "The time is fulfilled, and the kingdom of God is at hand. Repent and believe the gospel."Mark 1:15 Jesus announces that, as the kingdom of God has come, people should repent and receive the gospel of the kingdom of God. Jesus, proclaiming not the kingdom of the world but the kingdom of God, announces that they should live in the kingdom of God by repenting. Therefore, the ministry that Jesus shows in the world unfolds into the kingdom of God. In other words, Jesus is not described as an attribute of the world but narrated as the coming kingdom of God.

III.0102. 예수님은 유대인들에게 회개하고 복음을 믿으라고 하십니다. 유대인들은 아브라함의 후손으로 태어나 하나님과 함께하는 언약의 백성이라고 여깁니다. 그런 유대인들에게 예수님은 하나님 나라가 가까우니 회개하고 복음을 믿으라고 하십니다. 세상 나라로 사는 유대인들로 하나님 나라가 가까이 임하니 회개하여 하나님의 나라의 복음을 받아들이게 하십니다. 예수님은 세상 나라로 사는 유대인들이 하나님 나라로 살도록 회개하라고 하십니다. 하나님 나라는 회개한 이들에게 임합니다. 즉 회개한 이들이 하나님 나라에 살게 됩니다. 세상 나라엔 태어난 이들이 살지만, 하나님 나라엔 회개한 이들만이 삽니다.

Jesus tells the Jews to repent to believe in the gospel. The Jews, born as the descendants of Abraham, consider themselves as the covenant people of being together with God. To such Jews, Jesus says that, as the kingdom of God is near, they should repent so as to receive the gospel of the kingdom of God. Jesus lets the Jews who live in the kingdom of the world be repentant so as to receive the gospel of the kingdom of God as the kingdom of God comes near. Jesus tells the Jews living in the kingdom of the world to repent so that they may live in the kingdom of God. The kingdom of God comes to those who are repentant. In other words, those who are repentant will live in the kingdom of God. In the kingdom of the world, those who are born live, but in the kingdom of God, only those who are repentant live.

III.0103. 유대인들은 아브라함의 후손으로 태어난 증표로 할례를 받습니다. 그들은 할례를 받고 아브라함의 후손이라는 종족적인 삶을 삽니다. 종족으로 구성되는 나라는 세상 나라입니다. 아브라함의 후손이라는 종족으로 언약의 백성이 규정되면, 그들은 세상 나라로 살기 마련입니다. 종족의 결속, 안위, 또 번성은 세상 조건에 의하기 때문에, 그들은 세상 조건에 대처하는 세상 나라로 살 수밖에 없습니다. 세상 나라로 살기를 바라는 유대인들은 예수님을 메시아나 예언자로 여겼습니다. 그들은 구약의 삶으로부터 이어오는 세상 나라로 사는 삶을 기대했기 때문입니다. 세상에 태어난 이들은 당연히 세상 나라로 사는 삶을 생각합니다.

Jews are circumcised as the sign of the birth as the descendants of Abraham. They, being circumcised, live the racial life as the descendants of Abraham. The kingdom that consists of races is a kingdom of the world. If the covenant people are specified as a race of Abraham's descendants, they are bound to live as a kingdom of the world. Since the binding, security, and prosperity of the race depend on worldly conditions, they have no choice but to live as a worldly kingdom that responds to worldly conditions. Jews who wanted to live as a worldly kingdom viewed Jesus as the Messiah or a prophet, for they expected to live in a worldly kingdom following the life of the Old Testament. Those born into the world naturally think of living in a worldly kingdom.

III.0104. 그렇지만 예수님은 하나님 나라의 복음을 선포하십니다. 세상 나라가 아닌 하나님 나라가 임함을 선포하십니다. 세상 나라가 아닌 하나님 나라로 살도록 사람들을 가르치십니다. 사람들에게 하나님 나라로 회개하라고 하십니다. 세상에 태어난 개인들은 세상 나라로 삽니다. 그러나 예수님은 세상에 태어난 개인들은 하나님 나라에 살 수 없다고 하십니다. 그래서 그들을 회개하게 하십니다. 예수님은 "진실로 진실로 네게 이르노니 사람이 거듭나지 아니하면 하나님의 나라를 볼 수 없느니라"요한복음 3:3라고 하십니다. 여기서 회개를 위로부터 남이라고 하십니다. 세상에서 태어난 이들은 세상 나라로 살지만, 위로부터 난 이들은 하나님 나라로 삽니다.

Nevertheless, Jesus proclaims the gospel of the kingdom of God. Jesus proclaims not the kingdom of the world but the coming of the kingdom of God. Jesus teaches people not to live in the kingdom of the world but to live in the kingdom of God. Jesus tells people to be repentant to the kingdom of God. Individuals born into the world live in a worldly kingdom. However, Jesus says that individuals born into the world cannot live in the kingdom of God. So, Jesus lets them be repentant. Jesus says, "Very truly, I tell you, no one can see the kingdom of God without being born from above."John 3:3 Here, Jesus says that repentance is the birth from above. Those born in the world live in the kingdom of the world, but those born from above live in the kingdom of God.

III.0105. 회개한 이들, 곧 위로부터 난 이들은 세상에 태어난 개인들이 아닙니다. 그들이 개인들이라면, 세상 나라로 살 수밖에 없습니다. 세상 나라의 기본 단위는 개인입니다. 그러나 개인들은 하나님 나라에 살 수 없습니다. 하나님 나라에 사는 이들은 하나님과 함께하기 때문에, 개인성을 유지하지 않습니다. 개인성을 유지하는 한 하나님과 함께할 수 없습니다. 따라서 회개나 위로부터 남은 하나님과 함께로 태어남을 뜻합니다. 하나님과 함께 나지 않은 이들은 하나님과 함께할 수 없습니다. 예수님은 분명히 "진실로 진실로 네게 이르노니 사람이 물과 성령으로 나지 아니하면 하나님의 나라에 들어갈 수 없느니라"요한복음 3:5라고 하십니다.

Those who are repentant, those who are born from above, are not individuals born into the world. If they are individuals, they cannot help but live in a kingdom in the world. The basic unit of the kingdom of the world is the individual. But individuals cannot live in the kingdom of God. Since those who live in the kingdom of God are together with God, they do not maintain individuality. As long as they maintain their individuality, they cannot be together with God. Thus, repentance or birth from above means the birth of being together with God. Those who are not born of being together with God cannot be together with God. Jesus clearly says: "Very truly, I tell you, no one can enter the kingdom of God without being born of water and Spirit."John 3:5

III.0106. 물과 성령으로 태어남은 세례로 새로 태어남을 뜻합니다. 세례는 하나님 나라로 사는 삶의 시작을 뜻합니다. 그리스도인들은 하나님 나라로 세례를 받습니다. 세상에서 태어난 속성으로 살지 않고 물과 성령으로 새로 태어난 삶을 삽니다. 성령으로 인도된 삶을 삽니다. 하나님은 영이시니, 하나님과 함께하는 삶은 성령으로 인도됩니다. 개인들은 세상에서 속성으로 추구하며 세상 나라로 삽니다. 그러나 물과 성령으로 태어난 그리스도인들은 성령으로 인도된 삶을 삽니다. 지성의 개인으로부터 새로 태어나는 영성의 그리스도인이 되는 것이 세례입니다. 개인들이 언약의 백성이 되는 것이 회개입니다.

The birth of water and the Spirit means the new birth through baptism. Baptism means the beginning of the life in the kingdom of God. Christians are baptized into the kingdom of God. Instead of living with the attributes born in the world, they live the new life born of water and the Spirit. They live the guided life by the Spirit. As God is Spirit, the life of being together with God is guided by the Spirit. Individuals in the world, pursuing with attributes, live as worldly kingdoms. However, Christians born of water and the Spirit live the life guided by the Spirit. It is baptism to be a newly born Spiritual Christian from an intellectual individual. It is repentance for individuals to become the covenant people.

III.0107. 예수님은 하나님과 함께하는 언약의 삶은 하나님 나라로 사는 것이라고 합니다. 이것이 예수님께서 복음을 선포하시는 기본 뜻입니다. 세상 나라로 사는 삶은 하나님과 함께하는 삶일 수 없습니다. 이것은 구약에서 분명히 보이는 바입니다. 세상 나라는 어떻든 세상에 정착된 삶을 위합니다. 세상에 조건적으로 대처할 수밖에 없습니다. 따라서 하나님과 함께가 우선적으로 의식되지 않습니다. 세상 조건에 대한 대처가 우선이면, 하나님의 뜻보다 사람의 뜻이 뚜렷해집니다. 하나님은 사람의 뜻을 이루어 주시는 분으로 여겨집니다. 개인들의 의식은 이 경향을 벗어날 수 없습니다.

Jesus says that the covenant life of being together with God is to live in the kingdom of God. This is the basic meaning of Jesus proclaiming the gospel. The life of the kingdom of the world cannot be the life of being together with God. This is clearly seen in the Old Testament. No matter what the kingdom of the world is, it is for a life settled in the world. It has no choice but to deal with the world conditionally. Thus, togetherness with God is not primarily concerned with. If dealing with world conditions takes priority, man's will becomes clearer than God's will. God is regarded as the One who fulfills man's will. Individuals' consciousness cannot escape from this tendency.

III.0108. 예수님은 하나님 나라가 임함을 복음으로 선포하십니다. 하나님의 나라는 조건적으로 실현되지 않고 예수님으로 선포됩니다. 세상 조건을 갖추는 이들은 하나님 나라로 살지 않습니다. 그 보다 선포된 하나님 나라로 회개하는 이들이 하나님 나라로 삽니다. 회개는 세상 조건으로부터 자유로움을 뜻합니다. 회개한 이들은 세상 조건에 따라 자신들의 의지로 관철하지 않고 하나님의 영의 인도하심으로 삽니다. 물과 성령으로 회개는 세상 조건을 차단하는 새로움을 보입니다. 새로움은 인과관계의 고리를 자릅니다. 하나님의 나라는 세상의 조건적 결과가 아닙니다. 따라서 사람의 의지로 관철되게 될 것이 아닙니다.

Jesus proclaims the coming of kingdom of God as the gospel. The kingdom of God is not realized conditionally but proclaimed by Jesus. Those who prepare worldly conditions do not live in the kingdom of God. Rather, those who are repentant to the proclaimed kingdom of God live in the kingdom of God. Repentance means freedom from worldly conditions. Those who are repentant do not want to accomplish by their will according to worldly conditions but live under the guidance of God's Spirit. Repentance in water and the Spirit shows newness that severs worldly conditions. Newness cuts the causal chain. The kingdom of God is not the conditional outcome of the world. Thus, it is not what is to be accomplished by man's will.

III.0109. 예수님은, 하나님의 함께가 세상 나라로 이루어지지 않기 때문에, 하나님 나라의 복음을 선포하십니다. 세상 나라는 세상의 속성으로 특정지어 집니다. 하나님께서 세상 나라로 함께하신다면, 하나님께서 함께하시는 세상 나라의 속성이 우세하게 됩니다. 구약에서 보듯이 아브라함의 후손이 사는 삶이 우세하게 됩니다. 하나님이 함께하심으로 특정된 세상 속성이 우세하게 되는 것은 하나님께서 창조의 운행에 개입하는 것을 뜻합니다. 그러면 하나님의 함께는 특정된 세상 속성에 편향될 수밖에 없습니다. 이 때문에 예수님은 하나님의 함께를 하나님의 나라로 선포하십니다. 하나님의 함께는 하나님의 나라로 드러납니다. 하나님의 함께는 특정된 세상 속성을 두둔하는 것일 수 없습니다.

Jesus proclaims the gospel of the kingdom of God because God's to-getherness is not fulfilled into the kingdom of the world. The kingdom of the world is characterized by the attributes of the world. If God is togeth-er through the kingdom of the world, the attributes of the kingdom of the world with which God is together becomes dominant. As seen in the Old Testament, the life of Abraham's descendants becomes dominant. The dominance of certain attributes of the world through God's togetherness means His intervention in the operation of creation. Then, God's togeth-erness cannot help but be biased toward specific worldly attributes. For this reason, Jesus proclaims God's togetherness as His kingdom. God's togetherness is disclosed as His kingdom. God's togetherness cannot be the backup of specific worldly attributes.

III.0110. 하나님의 함께는 개인들로 드러나게 되지 않습니다. 특정된 개인들의 속성을 옹호하는 것이 될 수 없습니다. 개인들은 자신들의 좋은 속성이 증진됨으로 하나님께서 함께하실 것으로 여기고 싶어 합니다. 이렇게 하여 자신들이 돋보이기 때문입니다. 그러나 개인들이 보이는 열성은 결국 자신들의 속성을 드러내는 것입니다. 하나님은 세상 상태로 함께하지 않으십니다. 개인들은 회개함으로 하나님과 함께합니다. 회개는 세상 속성의 절단을 뜻합니다. 회개로 하나님의 나라는 세상 나라를 절단하며 임합니다. 즉 하나님의 나라는 세상 나라에 개입의 형태로 임하지 않습니다.

God's togetherness is not disclosed through individuals. It cannot be what supports the attributes of specific individuals. Individuals are inclined to consider that God will be together with them as their good attributes are enhanced, for, in this way, they stand out. However, the enthusiasm shown by individuals eventually unveils their own attributes. God is not together with the worldly state. Individuals become together with God through repentance. Repentance means cutting off worldly attributes. Through repentance, the kingdom of God comes, cutting off the kingdoms of the world. In other words, the kingdom of God does not come in the form of intervention in the kingdoms of the world.

III.0111. 하나님의 나라가 임함에 따라, 개인의 속성으로부터 회개가 말해집니다. 회개는 세상 속성에 의하지 않는 삶을 구상합니다. 따라서 지닌 속성에서 다른 속성으로 변화를 시사하지 않습니다. 단점에서 장점으로 바뀌는 것은 변화이지 회개가 아닙니다. 하나님 나라는 변화된 세상 나라가 아니고, 회개는 변화된 속성이 아닙니다. 예수님의 메시지는 하나님 나라를 근거로 받아들여져야 합니다. 하나님 나라가 간과되기 때문에, 예수님의 메시지는 종교적인 내용으로 받아들여집니다. 그리고 회개는 개인의 종교적 회심으로 여겨집니다. 즉 개인의 변화된 상태로 여겨집니다. 개인이 믿지 않다가 믿게 된다는 식으로 말해집니다.

As the kingdom of God comes, repentance from the individual attributes is spoken of. Repentance envisions a life that is not dependent on worldly attributes. Therefore, it does not imply the change from one worldly property to another. Changing from defect to merit is not repentance but transformation. The kingdom of God is not a transformed kingdom of the world, and repentance is not a transformed attribute. Jesus' message should be received on the basis of the kingdom of God. Because the kingdom of God is overlooked, Jesus' message is received as a religious content. And repentance is regarded as a personal religious conversion. In other words, it is considered a changed state of an individual. It is said that an individual goes from disbelieving to believing.

III.0112. 회개는 하나님 나라로 드러납니다. 개인이 종교적인가 아닌가로 보이지 않습니다. 개인의 마음의 변화로 보이지 않습니다. 개인의 마음이 변하더라도 개인성은 유지됩니다. 개인은 믿든 믿지 아니하든 자신으로 삽니다. 즉 그가 믿든 믿지 아니하든 그의 개인성은 그대로 유지됩니다. 그는 믿든 믿지 아니하든 세상 나라로 삽니다. 변화하는 개인은 세상 나라를 벗어날 수 없습니다. 개인들은 어떠하든 하나님 나라에 들어갈 수 없습니다. 예수님이 물과 성령으로 태어나야 한다고 하신 것은 개인의 태어남과 다른 새로운 태어남을 뜻합니다. 개인으로 태어나지 않는 이들은 하나님 나라로 삽니다. 하나님 나라의 삶은 개인들의 삶이 아닙니다.

Repentance is disclosed into the kingdom of God. It is not seen as whether an individual is religious or not. It is not seen as the change of the individual mind. Even if the individual mind is changed, individuality is maintained. An individual lives as himself whether he believes or not. That is, his individuality is maintained whether he believes or not. He lives in the kingdom of the world whether he believes or not. A changing individual cannot escape the worldly kingdom. Individuals cannot enter the kingdom of God no matter what. Jesus' saying of the birth of water and the Spirit means the new birth which is different from an individual's birth. Those who are not born as individuals live in the kingdom of God. The life of God's kingdom is not the life of individuals.

III.0113. 하나님 나라는 회개의 나라이지 죽은 후의 나라가 아닙니다. 하나님 나라는 세상에서 회개의 삶입니다. 사람이 죽은 후에 갈 곳이 아닙니다. 바울은 하나님의 나라를 세상 나라에 비추어 이렇게 말합니다: "하나님의 나라는 먹는 것과 마시는 것이 아니요 오직 성령 안에 있는 의와 평강과 희락이라".로마서 14:17 먹는 것과 마시는 것을 다루는 것은 세상 나라의 과제입니다. 그러나 하나님의 나라는 성령님 안에서 의와 평화와 기쁨입니다. 세상 나라는 구성인들의 육신의 요구를 염두에 두지만, 하나님의 나라는 성령님의 인도하심으로 이루어집니다. 하나님 나라는 성령님에 의해 인도되는 삶입니다.

The kingdom of God is the kingdom of repentance, but it is not the kingdom after death. It is the life of repentance in the world. It is not a place where people will go after death. Paul compares the kingdom of God to the kingdoms of the world, saying: "For the kingdom of God is not eating and drinking, but righteousness and peace and joy in the Holy Spirit."Romans 14:17 Dealing with eating and drinking is a task for the kingdoms of the world. But the kingdom of God is righteousness, peace, and joy in the Holy Spirit. The kingdom of the world takes into account the physical needs of its members, but the kingdom of God is fulfilled under the guidance of the Holy Spirit. The kingdom of God is the life led by the Holy Spirit.

III.0114. 육신의 삶과 성령님에 의해 인도된 삶의 갈림은 회개로 보입니다. 회개한 이들은 성령님에 의해 인도되지만, 육신의 속성을 충족하기 위해 나아가지 않습니다. 개인은 육신의 속성으로 존속되는 개체입니다. 그러므로 세상 나라로만 살고, 하나님 나라로 살 수 없습니다. 개인이 회개함으로 하나님의 나라를 살게 되면, 더 이상 개인성을 보이지 않습니다. 성령님에 의해 인도됩니다. 따라서 하나님의 나라는 변화된 개인의 삶도 죽은 후에 가는 곳도 아닙니다. 하나님의 나라는 성령님에 의해 인도된 이들이 사는 삶입니다. 그것은 영적으로 인도된 삶임으로 세상의 속성으로 규정될 수 없습니다. 의, 평화, 기쁨은 육신의 충족 상태가 아닙니다.

The difference between the life of the flesh and the life led by the Holy Spirit appears to be repentance. Those who are repentant are guided by the Holy Spirit but do not move on for the satisfaction of the nature of the flesh. An individual is an entity that exists through the attributes of the body. Therefore, he lives only in the kingdom of the world and cannot live in the kingdom of God. When an individual lives the kingdom of God through repentance, he no longer exhibits individuality. He is guided by the Holy Spirit. Therefore, the kingdom of God is not a transformed life or a place where a person goes after death . The kingdom of God is the life of those who are guided by the Holy Spirit. Since it is the Spiritually guided life, it cannot be regulated by the worldly attributes. Righteousness, peace, and joy are not physically satisfied states.

III.0115. 하나님 나라로 그리스도교는 성령님에 의해 인도됩니다. 그리스도교는 성령님에 의해 인도되는 함께의 삶으로 세상에 드러납니다. 이것은 초대 교회에서 보입니다. 그리스도교는 성령님에 의해 인도됨으로, 개인의 종교성으로 표출되지 않습니다. 즉 그리스도교는 개인의 종교적인 삶이 아닙니다. 개인의 종교성은 성령님에 의해 인도되지 않습니다. 성령님에 의해 인도되는 영성은 개인이 누리는 종교성과 구별되어야 합니다. 하나님의 나라는 영성으로 사는 삶이지 종교성으로 사는 삶이 아닙니다. 함께의 삶이지 개인의 삶이 아닙니다. 따라서 개인의 독자성이 반영되지 않는 삶입니다.

Christianity as the kingdom of God is guided by the Holy Spirit. It is disclosed to the world as the life of togetherness of being guided by the

Holy Spirit. This is seen in the early church. As Christianity is guided by the Holy Spirit, it is not expressed through individual religiosity. In other words, Christianity is not an individual's religious life. Individual religiosity is not guided by the Holy Spirit. Spirituality guided by the Holy Spirit should be distinguished from individual religiosity. The kingdom of God is not the life of religiosity but the life of Spirituality. It is not the life of individuals but the life of togetherness. Therefore, it is the life that does not reflect the individual identity.

III.0116. 중세에 그리스도교가 로마 제국의 국교가 됨에 따라, 그리스도교는 종교로 다루어집니다. 세상 나라는 영성의 삶이 아닌 육성의 삶을 위합니다. 따라서 영성을 배제해야 합니다. 국가 종교엔 영성이 허용될 수 없습니다. 국가가 통제할 수 없기 때문입니다. 따라서 그리스도교는 로마 시민의 종교성의 표출로 규정되게 됩니다. 국가 기관인 교회에 의해 관장되게 됩니다. 즉 로마 제국의 그리스도교는 국가에 의해 규정된 종교입니다. 성령님, 곧 하나님의 영에 의해 인도되는 삶이 아닙니다. 따라서 그리스도인들은 세상 나라로 사는 이스라엘 백성과 같아집니다. 그리고 그리스도교는 구약에서 보는 바와 같은 갈등의 삶으로 치닫습니다.

In the Middle Ages, as Christianity became the state religion of the Roman Empire, it was treated as a religion. The kingdom of the world is not for the Spiritual life but for the physical life. Therefore, it must exclude Spirituality. Spirituality cannot be allowed in the state religion, for the state cannot control it. Therefore, Christianity becomes regulated as the expression of religiosity of the Roman citizens. It is governed by the church, the state institute. In other words, Christianity in the Roman Empire is a religion regulated by the state. It is not the guided life of the

Holy Spirit, God's Spirit. Therefore, Christians become like the Israelites living in a worldly kingdom. And Christianity is headed towards a life of conflict as seen in the Old Testament.

III.0117. 세상 나라는 세상 속성을 반영하니, 국가 종교로 그리스도교도 세상 속성을 반영합니다. 따라서 세상 속성의 갈등 가운데 함몰되게 됩니다. 종교 재판이나 종교 전쟁은 세상 속성 가운데 그리스도교가 함몰될 때 보일 수밖에 없는 결과입니다. 국가의 내적이나 외적 갈등은 국가 종교의 내적이나 외적 갈등으로 나타납니다. 국가 종교로서 그리스도교는 구원의 메시지를 전하지 못하고 갈등의 소용돌이 가운데 휘말려왔습니다. 그리스도교가 종교로 전락할 때 피할 수 없는 결과입니다. 국가 종교로 그리스도교는 선교적이 아니라 정복적입니다. 국가의 팽창은 선교적이 아니라 정복적이기 때문입니다.

As the kingdom of the world reflects the worldly attributes, Christianity as the state religion also reflects the worldly attributes. Therefore, it becomes fallen into the conflict of the worldly attributes. Religious inquisitions or religious wars are inevitable results when Christianity is submerged among the attributes of the world. The internal or external conflict of a state manifests itself as an internal or external conflict of the state religion. Christianity as a state religion has been swirling in the whirlwind of conflict, failing to announce the message of salvation. This is an inevitable result when Christianity degenerates into a religion. As a state religion, Christianity is not missionary but conquering, for the expansion of a state is not missionary but conquering.

III.0118. 그리스도교가 종교적인 갈등을 겪는 것은 더 이상 선교적이 아님을 뜻합니다. 그리스도교의 메시지가 복음이 아니라는 것을 뜻합니다. 복음은 선교적으로 파급됩니다. 그러나 종교적인 속성은 갈등을 초래합니다. 다른 종교적인 속성과 배치되기 때문입니다. 그러나 예수님과 초대 사도들의 사역은 종교적 갈등을 조장하지 않습니다. 물론 유대인들에 의해 배척당했지만, 그 배척은 유대인들이 예수님과 사도들이 율법의 전통을 지키지 않았다고 판단했기 때문입니다. 유대인들은 율법적으로 세상 속성을 유지하려고 했지만, 예수님은 하나님의 나라를 선포하시고, 사도들은 영적으로 인도된 선교에 종사했습니다. 예수님이나 사도들은 유대인들과 다른 세상 속성을 보이지 않았습니다.

Christianity's undergoing religious conflict means that Christianity is no longer missionary. It means that the Christian message is not the gospel. The gospel spreads in mission. But a religious attribute brings out conflict, for it runs counter to other religious attributes. But what is seen in the mission of Jesus and the apostles does not aggravate religious conflict. Of course, Jesus and the apostles were rejected by the Jews, but that rejection was due to the Jews' judgment that Jesus and the apostles did not keep the tradition of the law. The Jews tried to maintain their worldly attribute with the law, but Jesus proclaimed the kingdom of God, and the apostles engaged in the Spiritually guided mission. Neither Jesus nor the apostles showed worldly attributes different from the Jews.

III.0119. 회개는 종교적이 아닙니다. 영적입니다. 영적 내용은 언어로 표현되니, 회개는 언어적입니다. 복음이 선포됨에 따라 보이는 언어적 반응입니다. 그 내용은 영적으로 드러납니다. 영적 언어의 출현은 영적 언어로 인도되는 삶을 보입니다. 즉 영적 언어는 인도의 언어입니다. 세상 속성을 지칭하는 언어가 아닙니다. 영적으로 인도되는 이들은 그들의 속성을 표출하지 않습니다. 하나님과 함께하는 이들은 하나님의 영에 의해 인도되는 삶을 삽니다. 그들은 속성을 표출하는 개인들일 수 없습니다. 이 때문에 예수님 은 하나님의 나라를 선포하십니다. 유대인들과 같이 율법을 지키는 개인들 은 세상 나라로 살 뿐입니다.

Repentance is not religious. It is Spiritual. As the Spiritual content is expressed through language, repentance is linguistic. It is the linguistic response as the gospel is proclaimed. Its content is disclosed Spiritually. The emergence of the Spiritual language shows the guided life by the Spiritual language. In other words, the Spiritual language is the language of guidance. It is not a language that refers to worldly properties. Those who are Spiritually guided do not express their attributes. Those who are together with God live a guided life by God's Spirit. They cannot be individuals expressing attributes. For this reason, Jesus proclaims the kingdom of God. Individuals who keep the law, such as Jews, only live as kingdoms of world.

III.0120. 성령님에 의해 인도되지 않는 이들은 회개할 수 없습니다. 성령 님에 의해 인도되지 않는 이들은 어떤 가식을 보이더라도 그들의 속성만 표 현할 뿐입니다. 율법은 가식으로 지켜질 수 있지만, 회개는 가식일 수 없습 니다. 성령님에 의해 인도되지 않는 이들은 영적인 삶을 살 수 없습니다. 즉 하나님 나라로 살 수 없습니다. 세상 나라는 속이며 가식으로 살 수 있지만, 하나님 나라는 속이며 가식으로 살 수 없습니다. 영적으로 인도된 삶은 영 적 열매를 보이지 사람의 의도를 보이지 않습니다. 율법은 의도적으로 지킬 수 있지만, 회개는 의도적으로 보일 수 없습니다. 의도적으로 보이는 회개 는 속성입니다. 영적으로 인도되지 않습니다.

Those who are not guided by the Holy Spirit cannot be repentant.

Those who are not guided by the Holy Spirit, no matter what pretense they put on, only expresses their attributes. The law can be kept with pretense, but repentance cannot be pretense. Those who are not guided by the Holy Spirit cannot live the Spiritual life. In other words, they cannot live in the kingdom of God. One can live in the kingdom of the world through deception and pretense, but he cannot live in the kingdom of God through deception and pretense. The Spiritually guided life shows Spiritual fruit, but it does not show man's intention. The law can be kept intentionally, but repentance cannot be seen intentionally. Repentance that appears intentional is an attribute. It is not guided Spiritually.

Ⅲ. 2

. . . .

제자도 Discipleship

Ⅲ.0201. 예수님의 이야기인 복음서에 예수님과 더불어 제자들이 등장합니다. 복음서는 예수님과 더불어 제자들을 보입니다. 예수님이 제자들과 같이 등장하는 점에서, 복음서는 순전히 예수님의 전기로만 읽어질 수 없습니다. 성현의 이야기에 성현이 제자들을 가르치기에 제자들이 등장합니다. 성현의 이야기와 같이 예수님의 제자들이 예수님의 이야기에 나온다고 생각될 수 있습니다. 그러나 그 생각은 잘못입니다. 제자들은 예수님의 이야기에 보조역으로 나오지 않습니다. 성현의 이야기에 등장하는 제자들과 같이 생각되지 말아야 합니다. 예수님의 이야기에 제자들의 등장은 결정적입니다. 예수님의 이야기를 복음으로 읽어지려면, 제자들이 등장한 뜻이 보아져야 합니다.

In the Gospel, the story of Jesus, disciples appear along with Jesus. The Gospel shows Jesus and His disciples. Since Jesus appears alongside His disciples, the Gospel cannot be read purely as Jesus' biography. In the story of a sage, his disciples appear because he teaches them. Just like the story of a sage, Jesus' disciples may be thought of as appearing in Jesus' story. But that thought is wrong. The disciples do not appear as supporting characters in Jesus' story. They should not be thought of as the disciples who appear in the story of a sage. The appearance of the disciples in Jesus' story is crucial. If Jesus' story is read as the gospel, the meaning of the appearance of the disciples must be seen.

III.0202. 복음서는 예수님의 제자들에 의해 증거된 예수님의 이야기입니다. 복음서의 예수님은 세상 사람들이 역사적으로 고증하는 예수님이 아니라 제자들이 증거하는 예수님이십니다. 복음서는 물론 예수님이 스스로 남긴 자서전이 아닙니다. 복음서엔 제자들이 예수님을 증거하는 내용이 제자들이 예수님과 같이 서사됨으로 보입니다. 그들은 예수님의 제자들이지만, 또한 예수님은 제자들의 예수님이십니다. 복음서의 예수님은 결코 세상의 예수님이 아닙니다. 복음서에 언급된 군중의 예수님이 아닙니다. 세상 사람들이 육안으로 바라보게 되는 예수님이 아닙니다. 복음서는 제자들이 예수님을 그리스도로 서사한 것입니다.

The Gospel is Jesus' story witnessed by His disciples. The Jesus of the Gospel is not the Jesus who is historically researched by people in the world but the Jesus witnessed by the disciples. The Gospel is, of course, not an autobiography written by Jesus Himself. In the Gospel, the content that the disciples witness Jesus is seen as they are narrated with Him. They are Jesus' disciples, but He is also the Jesus of the disciples. The Jesus of the Gospel is by no means the Jesus of the world. He is not the Jesus of the multitudes mentioned in the Gospel. He is not the Jesus who is seen by the worldly people with their naked eye. The Gospel is what the disciples narrate Jesus as Christ.

III.0203. 복음서에 등장하는 제자들은 제 멋대로입니다. 그들은 예수님을 따르지만 예수님과 전혀 다른 생각을 합니다. 그들 가운데 예수님을 모른다고 부인하는 자도 있고, 예수님을 돈 받고 팔아넘기는 자도 있습니다. 그들은 예수님이 십자가에 처형될 땐 다 도망가 버립니다. 예수님이 부르신 제자들이지만, 그들은 예수님의 제자 같지 않습니다. 복음서를 읽는 이들은, 예수님이 행하시는 표적을 그들이 가까이 서 보고도, 예수님을 버리는가 하는 생각도 합니다. 그렇지만 복음서를 서사한 이들은 예수님을 버리고 도망간 제자들입니다. 예수님을 따르지만 제대로 예수님을 보지 못한 이들이 제대로 보게 된 예수님을 서사한 것이 복음서입니다.

The disciples in the Gospel are self-indulgent. They follow Jesus, but they think completely different from Jesus. Among them, there is one who denies Jesus, also there is one who sold Jesus for money. They all run away when Jesus is crucified. Although they are disciples called by Jesus, they are not like His disciples. Those who read the Gospel may wonder whether they will abandon Jesus even after seeing the miracles He performs up close. Nevertheless, those who narrate the Gospel are Jesus' disciples who abandoned Him and ran away. The Gospel is the narrative of Jesus being seen properly by those who followed Jesus but did not see Him properly.

III.0204. 구약은 대부분 이스라엘 백성이 하나님으로부터 받는 질책으로 이어집니다. 열왕기에 등장하는 유다와 이스라엘의 왕은 대부분 하나님이 보시기에 악을 범한 자들로 평가됩니다. 그런데 구약의 이스라엘 백성은 언약의 백성으로 등장합니다. 비록 그들이 하나님으로부터 질책을 받지만, 하나님과 함께하는 언약으로 서사됩니다. 하나님의 질책은 하나님과 함께하는 언약의 근거에서 나옵니다. 부부가 싸우는 것은 부부라는 가정에서 발생합니다. 하나님과 함께하는 언약의 백성이 하나님과 온전히 함께하지 못하기 때문에 하나님으로부터 질책을 받습니다. 구약은 질책으로 이어지지만,

언약의 서사입니다.

The Old Testament mostly continues with the reproach the Israelites received from God. Most of the kings of Judah and Israel in the Book of Kings are evaluated as people who committed evil in the eyes of God. However, the Israelites of the Old Testament appear as the covenant people. Even though they are reproached by God, they are narrated into the covenant of being together with God. God's reproach comes on the background of the covenant of being together with Him. When a couple fights, it happens in the family of a couple. Since the covenant people of being together with God are not wholly together with Him, they are reprimanded by Him. Although the Old Testament continues with rebuke, it is the covenant narrative.

III.0205. 복음서를 기술하는 제자들은 언약의 관점에서 예수님을 따르는 제자들이 예수님과 함께하지 못함을 서사합니다. 즉 복음서의 서사도 구약의 서사와 같은 시각을 갖습니다. 복음서는 함께의 시각에서 함께하지 못함을 서사합니다. 복음서는 진정한 예수님의 제자들이 된 이들이 이전에 진정한 예수님의 제자들이 되지 못한 것을 보이기 위해 서사됩니다. 그러면서 진정한 제자 됨을 부각합니다. 제자들은 제자도의 시각으로 예수님을 증거합니다. 즉 복음서의 예수님 이야기는 제자들이 예수님을 어떻게 보아야 하는가를 부각합니다. 복음서는 예수님이 역사적으로 어떤 인물이가를 들려주지 않습니다. 그보다 예수님을 따르는 제자들은 예수님을 어떻게 보아야 하는가를 들려줍니다.

The disciples who write the Gospel narrate that the disciples who followed Jesus could not be together with Him from the perspective of the covenant. In other words, the narrative of the Gospel has the same perspective as the narrative of the Old Testament. The Gospel narrates the inability of being together from the perspective of togetherness. It is narrated by those who become Jesus' true disciples to show that they were not His true disciples before. In doing so, they highlight the true discipleship. The disciples witness Jesus from the perspective of discipleship. In other words, Jesus' story in the Gospel highlights how the disciples should view Him. The Gospel does not tell of what kind of person Jesus was historically. Rather, it tells of how disciples who follow Jesus should view Him.

III.0206. 복음서의 예수님은 존재론적 예수님이 아닙니다. 그보다 언약의 예수님이십니다. 예수님의 제자들은 언약의 백성으로 복음서에 등장합니다. 따라서 복음서는 새 언약의 내용으로 전개됩니다. 예수님을 따르는 제자들은 하나님의 언약의 백성으로 보입니다. 그들은 아버지 하나님과 함께하는 하나님의 자녀로 보입니다. 예수님의 제자들은 구약의 이스라엘 백성과 같이 하나님의 언약의 백성이면서, 또한 하나님의 자녀로 부각됩니다. 그들은 하나님의 자녀로 아버지 하나님과 함께하는 새 언약의 백성입니다. 복음서에서 그들은 진정으로 예수님을 따르지 못했지만, 하나님의 영이 임하심으로 예수님을 진정으로 따르는 하나님의 자녀가 됩니다.

The Jesus of the Gospel is not ontological Jesus. Rather, He is the covenant Jesus. Jesus' disciples appear as the covenant people in the Gospel. Therefore, the Gospel unfolds with the new covenant content. The disciples who follow Jesus are seen as God's covenant people. They are seen as God's children who are together with God, the Father. Jesus' disciples, like the Israelites of the Old Testament, are God's covenant people and are also highlighted as God's children. They, as God's children, are the new covenant people of being together with God, the Father. In the Gospel, they cannot truly follow Jesus, but through the coming of the Spirit of God, they become God's children who truly follow Jesus.

III.0207. 예수님의 제자들은 예수님의 부름에 응해 예수님을 따르는 이들입니다. 그들은 예수님의 부름으로 따르니, 그들의 따름은 예수님의 부름에 부합되어야 합니다. 예수님은 베드로와 안드레를 부르실 때, 명시적으로 그들을 "사람을 낚는 어부"마가복음 1:17가 되게 하겠다고 하십니다. 그들은 사람들의 어부가 되도록 불러졌지, 사람들의 본보기로 불러지지 않았습니다. 그들은 속성으로 사는 사람들에게 훌륭한 속성의 본보기가 되도록 불러지지 않았습니다. 예수님의 제자들은 사람들의 어부가 되는 이들입니다. 따라서 예수님을 따름은 예수님의 가르침을 받아들임보다 더 나아갑니다.

Jesus' disciples are those who follow Jesus in response to His call. As they follow His call, their following Him must be conformed to His call. When Jesus calls Peter and Andre, He explicitly says that He will make them "fishers of men." Mark 1:17 They are not called to be the model of men but called to be fishers of men. They are not called to be models of good attributes to men who live with their attributes. Jesus' disciples are those who become fishers of men. Therefore, following Jesus goes further than accepting His teaching.

III.0208. 예수님을 따름은 십자가로 가신 예수님을 따름임을 명시적으로 보입니다. 예수님은 제자들에게, "누구든지 나를 따라 오려거든 자기를 부인하고 자기 십자가를 지고 나를 따를 것이니라"마가복음 8:34라고 하십니다. 예수님을 따름은 십자가로 가시는 예수님을 따름입니다. 예수님의 십자가 죽음은 예수님의 속성의 죽음입니다. 십자가로 따름은 세상 속성에 의해 예수님을 따름이 아님을 뜻합니다. 세상 지도자를 따르는 것은 세상 속성에 의합니다. 종교 창시자는 종교성으로, 정치 지도자는 정치 지도력으로, 학문 지도자는 지성으로 따르게 됩니다. 그렇지만 예수님은 십자가로 따라집니다. 아무도 예수님을 자신의 속성으로 따를 수 없습니다.

The following of Jesus is explicitly seen as the following of Him who goes to the cross. Jesus says to His disciples: "Whoever desires to come after Me, let him deny himself, and take up his cross, and follow Me."Mark 8:34 The following of Jesus means the following of Him who goes to the cross. Jesus' death on the cross is the death of His attributes. The following to the cross means not the following of Jesus by worldly attributes. Following worldly leaders is based on worldly attributes. Religious founders are followed for their religiosity, political leaders are followed for their political leadership, and academic leaders are followed for their intellectuality. However, Jesus is followed to the cross. No one can follow Jesus on his own attributes.

III.0209. 예수님의 제자들이 예수님을 따르는 제자도는 십자가를 향하는 점에서, 세상 속성으로 설정되는 제자도와 다릅니다. 세상 속성을 죽이는 제자도입니다. 세상의 제자도는 어떤 분야로든 속성을 진작됩니다. 그러나 십자가로 제자도는 속성을 죽이는 것입니다. 복음서는 십자가를 단순히 예수님에게 일어난 일로 서술하지 않습니다. 예수님의 십자가는 제자들이 예수님을 따르는 제자도의 '기준'으로 설정됩니다. 십자가를 외면하는 이들은 예수님의 제자일 수 없습니다. 예수님의 제자들이 예수님의 따름으로 말해질 때, 따름의 '기준'은 십자가입니다. 이 점에서 예수님의 십자가는 예수님에게 일어난 우발적인 사건이 아닙니다.

The discipleship of Jesus' disciples following Jesus is different from the discipleship established by worldly attributes in that it is directed toward the cross. It is the discipleship that kills worldly attributes. Discipleship in the world is about promoting attributes in any field. However, the discipleship through the cross kills attributes. The Gospel does not describe the cross as simply something that happened to Jesus. Jesus' cross is set as the 'criterion' of the discipleship for the disciples to follow Him. Those who disregard the cross cannot be Jesus' disciples. When Jesus' disciples are said to following Him, the 'criterion' of following Jesus is the cross. In this respect, Jesus' cross was not an accidental event happened to Jesus.

III.0210. 예수님의 십자가가 제자도의 '기준'이면, 예수님의 십자가 죽음도 그에 따라 바라보아져야 합니다. 예수님의 십자가 죽음은 제자들이 예수님을 따르는 기본 구성 요인으로 보아져야 합니다. 제자들이 예수님을 따름으로 하나님과 함께하는 언약의 백성이면, 예수님의 십자가는 하나님과 함께하는 시각으로 말해져야 합니다. 예수님의 하나님에 대한 순종으로 십자가가 말해져야합니다. 즉 세상의 십자가에서 언약의 십자가로 말해져야합니다. 따라서 세상에서 예수님의 처벌로 세워진 예수님의 십자가는 하나님의 뜻으로 이루어진 것으로 서사됩니다. 예수님의 십자가로 사람의 뜻이 아닌 하나님의 뜻이 언급됩니다. 교회에 세워진 십자가는 이 점을 보입니다.

If Jesus' cross is the 'criterion' for discipleship, His death on the cross should also be viewed accordingly. Jesus' death on the cross should be seen as the basic constituent in the disciples' following Him. If the disciples are the covenant people of being together with God by following Jesus, Jesus' cross must be spoken of from the perspective of being together with God. The cross must be spoken of as Jesus' obedience to God. In other words, it must be said to be the cross of the covenant from the cross of the world. Therefore, Jesus' cross, erected as the punishment for Jesus in the world, is narrated as being fulfilled by God's will. Through Jesus' cross, God's will, not man's will, is mentioned. The cross erected in the church shows this.

III.0211. 제자들은 속성으로 예수님을 따를 수 없음으로, 제자도는 영성으로 서사됩니다. 예수님의 십자가가 하나님의 뜻으로 이루어지면, 제자도도 하나님의 뜻으로 서사됩니다. 따라서 예수님을 따름은 하나님의 영에 의해 인도됨입니다. 하나님 뜻을 따름은 하나님의 영에 의해 인도됨으로 서사됩니다. 예수님을 십자가로 따름은 하나님의 뜻과 하나님의 영에 의해 인도됨입니다. 예수님이 단순히 세상 인물로 여겨지면, 이 따름은 경우일 수 없습니다. 따라서 제자들이 예수님을 바라보는 것과 군중이 예수님을 바라보는 것은 같을 수 없습니다. 군중은 예수님을 따르지 않기 때문입니다.

Since the disciples cannot follow Jesus by their attributes, the discipleship is narrated as Spirituality. If Jesus' cross is fulfilled according to God's will, the discipleship is also narrated according to God's will. Therefore, following Jesus is guided by God's Spirit. Following God's will is narrated as being guided by God's Spirit. Following Jesus to the cross is guided by God's will and God's Spirit. If Jesus is viewed simply as a worldly figure, this following cannot be the case. Therefore, the way the disciples look at Jesus and the way the multitudes look at Jesus cannot be the same, for the multitudes do not follow Jesus.

III.0212. 복음서는 예수님을 제자도의 시각으로 서사합니다. 복음서의 예수님 이야기는 제자들이 예수님을 그리스도로 따르는 내용입니다. 따라서 복음서는 예수님의 속성을 세상의 사실로 서술하지 않습니다. 예수님은 속성으로 서술되지 않으니, 역사적 인물로 다루어질 수 없습니다. 제자들이 예수님을 따르는 이야기는 세상의 사실성으로 서술되게 되지 않습니다. 예수님은 사실의 예수님이 아닌 언약의 예수님이십니다. 제자들이 사실적으로 예수님을 따르지 않으니, 예수님의 사실성을 밝히는 것은 무의미합니다. 역사적 인물로 기술된 예수님은 제자들이 따르는 예수님이 아닙니다. 아무도 역사적으로 고증된 예수님을 따르며 살지 않습니다.

The Gospel narrates Jesus from the perspective of discipleship. Jesus' story in the Gospel is about the disciples' following Jesus as Christ. Therefore, the Gospel does not narrate His attributes as facts of the world. Since Jesus is not described with attributes, He cannot be treated as a historical figure. The story of the disciples' following Jesus is not described in terms of the factuality of the world. Jesus is not the Jesus of fact, but the Jesus of the covenant. Since the disciples do not follow Jesus factually, it is meaningless to enunciate His factuality. The Jesus, accounted as a historical figure, is not the Jesus the disciples follow. No one lives by following the historically proven Jesus.

III.0213. 세상에 속성으로 안주하지 않고 예수님을 따르는 뜻은 무엇일까요? 왜 십자가로 가시는 예수님을 따라야 할까요? 이 질문의 대답은 세상에서 설정될 수 없습니다. 세상의 이유로 설명되지 않기 때문입니다. 세상에서 아무도 예수님을 십자가로 따르지 않습니다. 예수님처럼 십자가에 처형된 사람들이 세상에 많습니다. 그러나 아무도 십자가에 처형된 사람을 따라 십자가로 가지 않습니다. 예수님을 십자가로 따름은 세상에서 설명될 수 없고 의미를 줄 수 없습니다. 예수님을 십자가로 따름은 새로운 언약의 시각을 요구합니다. 하나님과 함께하는 언약의 시각으로 서사됩니다.

What does it mean to follow Jesus without settling for the world's attributes? Why should one follow Jesus on His way to the cross? The answer to these questions cannot be set in the world, for it are not explained by worldly reasons. No one in the world follows Jesus to the cross. There were many people who were crucified like Jesus in the world. But no one goes to a cross to follow a man who was crucified. Following Jesus to the cross cannot be explained or be given meaning in the world. Following Jesus to the cross is in need of the perspective of the new covenant. It is narrated from the perspective of the covenant of being together with God.

Ⅲ.0214. 십자가로 예수님을 따름은 예수님을 구원자로 따름입니다. 구원은 세상에 안주하는 내용일 수 없습니다. 세상에 안주하는 내용은 세상의 나아짐을 보일지라도, 세상의 구원을 보이지 않습니다. 세상의 구원은 언약의 시각으로 제기됩니다. 세상에 안주하는 이들은 세상의 구원을 말할 수 없습니다. 구원은 언약의 내용이지 세상의 내용이 아닙니다. 세상을 사는 상태로 구원은 말해지지 않습니다. 예수님을 십자가로 따름은 세상의 상태로 말해지지 않기 때문에, 구원으로 말해집니다. 타락된 세상 속성으로부터 구원을 보입니다. 십자가로 가신 예수님은 세상의 구원자이십니다. 따라서 예수님의 서사는 구원의 내용입니다. 세상에 안착된 내용이 아니기 때문입니다.

Following Jesus to the cross means following Him as the Savior. Salvation cannot be something that rests in the world. Although content that is complacent in the world shows improvement in the world, it does not show the salvation of the world. The salvation of the world is posed from the covenant perspective. Those who are complacent in the world cannot speak of its salvation. Salvation is not the content of the world but the covenant content. It is not mentioned in terms of living in the world. Because following Jesus to the cross is not spoken of as a state of the world, it is spoken of as salvation. It shows salvation from the fallen nature of the world. Jesus who went to the cross is the savior of the world. Therefore, Jesus' narrative is about salvation, for it is not the settled content in the world.

III.0215. 구원은 예수님의 이야기인 복음서에서 제기됩니다. 예수님은 구원자이시고, 예수님을 따르는 이들은 구원의 삶을 삽니다. 바울은 로마서 주제를 이렇게 밝힙니다: "내가 복음을 부끄러워하지 아니하노니 이 복음은 모든 믿는 자에게 구원을 주시는 하나님의 능력이 됨이라 먼저는 유대인에게요 그리고 헬라인 에게로다."로마서 1:16 그는 예수님을 이야기하는 것은 구원을 위함이라고 합니다. 예수님을 이야기하는 것은 세상의 안정이나 좋음을 위함이 아닙니다. 예수님을 이야기하는 것은 종교적인 삶을 위함도 아닙니다. 종교는 어떻든 세상을 사는 내용이기 때문입니다. 복음은 종교적이지 않습니다.

Salvation is raised in the Gospel, Jesus' story. Jesus is the Savior, and the followers of Him live the life of salvation. Paul announces the theme of the Epistle to Romans this way: "For I am not ashamed of the gospel of Christ, for it is the power of God to salvation for everyone who believes, for the Jew first and also for the Greek."Romans 1:16 He says that talking about Jesus is for salvation. Talking about Jesus is not for the stability or goodness of the world. Talking about Jesus is not even for religious life, for religion is about living in the world. The gospel is not religious.

III.0216. 복음은 세상의 구원을 향하지 세상의 성공을 향하지 않습니다. 따라서 복음은 세상에 선교적입니다. 세상의 성공은 속성으로 보이지만, 구원은 속성을 죽입니다. 구원은 예정된 하나님의 뜻에 순종으로 드러납니다. 십자가를 향하는 예수님의 순종의 삶으로 구원은 드러납니다. 십자가로 향하는 여정으로 구원은 드러납니다. 구원은 하나님과 함께로 드러납니다. 따라서 구원은 세상의 속성으로 특정지어지지 않습니다. 아이러니하게 십자가는 세상 속성을 죽이기 때문에, 구원의 문을 엽니다. 십자가는 세상 속성으로 지속될 수 없는 구원을 시사합니다. 구원은 십자가를 거쳐야 합니다.

The gospel is not directed to the success of the world but directed to the salvation of the world. Thus, it is missionary to the world. Success in the world appears to be an attribute, but salvation kills an attribute. Salvation is disclosed through the obedience to God's predestinated will. It is disclosed through Jesus' obedient life to the cross. It is disclosed through the journey to the cross. It is disclosed through being together God. Therefore, it is not specified by the properties of the world. Ironically, the cross opens the gate to salvation because it kills worldly attributes. The cross implies salvation that cannot be sustained by worldly property. Salvation must go through the cross.

III.0217. 제자도는 십자가의 예수님을 따르는 내용입니다. 제자도는 복음 선포에 수반됩니다. 복음은 구원을 선포하고, 제자도를 구체적인 구원의 길로 서사합니다. 복음으로 선포되는 구원은 예수님을 따르는 제자들로 보입니다. 십자가로 향하지 않는 예수님을 따름은 세상의 속성으로 표현됩니다. 그런 따름은 세상 속성을 신장하는 길입니다. 따라서 단지 세상에서 번성만 보입니다. 구원을 보이지 못합니다. 구약에 서사되는 이스라엘 백성의 삶은 구원의 삶이 아닙니다. 세상에서 번성은 어떻든 세상의 갈등 가운데 놓이게 됩니다. 세상 삶은 처한 조건에 가운데 번성하기도 쇠퇴하기도 합니다. 세상에 안주하는 삶은 흥망성쇠를 보입니다.

The discipleship is about following Jesus on the cross. It accompanies the proclamation of the gospel. The gospel proclaims salvation and narrates the discipleship with the specific path to salvation. Salvation proclaimed through the gospel appears to be the disciples who follow Jesus. Following Jesus without heading to the cross is expressed as an attribute of the world. Such following is the way of enhancing worldly attributes. Thus, it only shows prosperity in the world. It cannot show salvation. The life of the Israelites narrated in the Old Testament is not salvational. Prosperity in the world is, at any rate, is placed in the midst of worldly conflict. Worldly life comes either prospers or declines depending on the situated conditions. A complacent life in the world shows its up and down.

III.0218. 복음서에 드러난 제자도는 그리스도교 삶을 뜻합니다. 그리스도인들은 종교적인 삶을 살지 않고 구원의 삶을 삽니다. 그들은 예수님의 제자들을 따라 구원의 길로 불러졌습니다. 그들이 예수님을 그리스도로 고백하는 것은 구원을 향한 뜻입니다. 하나님 나라의 그리스도는 구원의 나라를 통치합니다. 하나님의 나라는 하나님과 함께하는 삶임으로, 구원의 삶을 뜻합니다. 예수님의 십자가는 세상 나라와 하나님 나라의 갈림을 보입니다. 세상 나라로부터 처형인 십자가는 세상 나라에 설정할 수 없는 구원의 내용을 하나님 나라로 엽니다. 십자가의 예수님은 세상 나라의 메시아가 아닌 하나님 나라의 그리스도이십니다.

The discipleship disclosed in the Gospel means the Christian life. The Christians do not live a religious life but live the salvational life. They are called to the path to salvation in accordance with Jesus' disciples. Their confession of Jesus as Christ is for salvation. The Christ of the kingdom of God reigns the kingdom of salvation. As the kingdom of God is the life of being together with God, it means the life of salvation. Jesus' cross shows the division between the kingdom of the world and the kingdom of God. The cross, which is an execution from the kingdom of the world, opens the content of salvation that cannot be set in the kingdom of the world as the kingdom of God. Jesus on the cross is not the Messiah of the kingdom of the world but the Christ of the kingdom of God.

III.0219. 제자도는 예수님의 십자가로 부각됩니다. 제자도는 예수님을 십자가로 따르지 못하는 제자들이 보임으로 분명해집니다. 십자가는 제자들이 아닌 제자도를 부각합니다. 세상의 제자들이 아닌 구원의 제자들을 부각합니다. 그들이 예수님을 따르지 못하고 도망감으로, 그들이 아닌 제자도가 부각됩니다. 도망간 제자들은 하나님의 영이 임하심으로 십자가로 예수님을 진정으로 따르게 됩니다. 이렇게 제자도는 영적으로 인도되는 길임을 사도들은 증거합니다. 예수님의 제자들은 제자도를 보이지 못했지만, 하나님의 영이 임하심으로 사도가 된 그들은 제자도를 보입니다. 사도들의 사역은 구원의 선교입니다.

The discipleship is highlighted by Jesus' cross. It becomes clear as the disciples who failed to follow Jesus to the cross are seen. The cross highlights discipleship, not disciples. It highlights the disciples of salvation, not the disciples of the world. As they fail to follow Jesus and run away, not they but the discipleship is highlighted. The disciples who ran away truly followed Jesus to the cross as God's Spirit came upon them. In this way, the apostles witness that the discipleship is the path guided Spiritually. Jesus' disciples did not show the discipleship, but those who became the apostles through the coming of God's Spirit showed the discipleship. The ministry of the apostles is the mission of salvation.

III.0220. 제자도는 그리스도인들의 출현으로 이어집니다. 십자가로 예수님을 따르는 것은 예수님을 그리스도로 고백하는 것입니다. 예수님을 하나님 나라의 그리스도로 고백하는 것입니다. 물론 이 고백은 하나님의 영에 의해 인도됩니다. 하나님과 함께하는 하나님 나라의 삶은 하나님의 영에 의해 인도된 삶입니다. 따라서 하나님의 영의 인도하심으로 예수님을 그리스도로 고백하는 그리스도인들은 예수님을 따르는 제자들입니다. 성령님의 인도하심으로 예수님을 따르는 제자들입니다. 즉 그리스도인들은 사도들을 이어 하나님의 영에 의해 인도되어 제자도를 보이는 이들입니다. 그들로 구원의 삶이 세상에 드러납니다.

The discipleship leads to the emergence of Christians. Following Jesus through the cross means confessing Jesus as Christ. It is confessing Jesus as the Christ of the kingdom of God. Of course, this confession is guided by God's Spirit. The life in the kingdom of God of being together with God is the life guided by His Spirit. Thus, Christians who confess Jesus as Christ under the guidance of God's Spirit are the disciples who follow Jesus. They are the disciples who follow Jesus under the guidance of the Holy Spirit. That is, Christians are those who, succeeding the apostles, show the discipleship under the guidance of God's Spirit. Through them, the life of salvation is disclosed to the world.

III. 3
····

믿음 Faith

III.0301. 언약은 하나님의 약속으로 주어지니, 언약의 백성이 하나님의 약속을 믿는 것이 우선입니다. 따라서 언약의 백성은 믿음의 백성입니다. 언약의 하나님은 약속의 말씀을 주시니, 언약의 백성은 그분 약속의 말씀을 믿습니다. 여기서 믿음은, 하나님의 약속의 말씀을 믿는 믿음이니, 언어적입니다. 하나님의 약속은 그분 말씀으로 표현되니, 믿음은 그분 약속의 말씀을 받아들임입니다. 따라서 언약의 백성은 믿음의 백성입니다. 언약의 믿음은 언약의 백성의 믿음입니다. 언약의 하나님의 약속의 말씀을 지니는 이들이 보이는 믿음입니다. 그들의 삶은 하나님의 약속의 말씀의 이루어짐과 또한 그들 믿음의 표현으로 서사됩니다.

As the covenant is given as God's promise, it is primary for the covenant people to believe in His promise. Therefore, the covenant people are the people of faith. Since the covenant God gives His word of promise, the covenant people believe in God's word of promise. Here, faith is linguistic because it is the faith in God's word of promise. As God's promise is expressed in His word, faith is the acceptance of God's word of promise. Thus, the covenant people are the people of faith. The covenant faith is the faith of the covenant people. It is the faith shown by those who keep the word of promise of the covenant God. Their life is narrated as the fulfillment of God's word of promise and also as the expression of their faith.

III.0302. 언약의 믿음은 종교적인 믿음과 다릅니다. 사람은 종교성을 속성으로 가지고 태어나니, 태어날 때부터 종교적인 믿음을 지닙니다. 즉 사람은 태어날 때부터 믿음의 속성을 지닙니다. 단지 자신의 종교적 믿음이 왕성하거나 약한 정도를 시간에 따라 보일 뿐입니다. 따라서 종교적인 믿음은 개인의 믿음입니다. 개인의 마음으로부터 나옵니다. 그리고 개인의 마음에 머뭅니다. 종교적인 믿음은 개인의 삶을 벗어나지 않습니다. 즉 종교성은 개인성에 내포됩니다. 종교성은 개인성의 특징으로 표현합니다. 개인의 인적 사항엔 종교 성향에 대한 질문이 포함됩니다. 개인은 지적 성향과 더불어 종교적 성향도 갖습니다.

The covenant faith is different from the religious belief, since man is born with religiosity as an attribute, he has religious belief from birth. In other words, he has the attribute of belief from birth. He simply shows the strength or weakness of his religious belief over time. Accordingly, religious belief is individual belief. It comes from the individual mind. And it remains in the individual mind. It does not escape an individual's life. In other words, religiosity is embedded in individuality. It is expressed as a characteristic of individuality. Personal information includes questions about religious affiliation. Individual has his religious propensity as well as intellectual propensity.

III.0303. 언약의 믿음은 하나님의 약속으로 이루어집니다. 하나님의 약속으로 언약의 백성이 이루어지기 때문입니다. 언약의 백성은 언약의 믿음을 지닌 이들입니다. 언약의 백성은 언약의 믿음으로 택해집니다. 언약의 믿음 없이 언약은 지녀질 수 없습니다. 따라서 하나님과 함께하는 삶은 언약의 믿음으로 전개됩니다. 하나님의 약속의 말씀은 언약의 믿음으로 구체성을 보입니다. 언약의 삶은 하나님의 약속이 이루어지는 자취이면서 또한 언약의 백성의 믿음의 자취입니다. 하나님의 약속의 말씀과 언약의 백성의 믿음은 상호적입니다. 분리될 수 없습니다. 하나님의 언약은 언약의 백성의 믿음과 같이 서사됩니다.

The covenant faith is fulfilled through God's promise, for the covenant people are fulfilled through His promise. The covenant people are those who have the covenant faith. The covenant people are elected by the covenant faith. The covenant cannot be maintained without the covenant faith. Therefore, the life of being together with God unfolds through the covenant faith. God's word of promise becomes concrete through the covenant faith. The covenant life is the trace of the fulfillment of God's promise and, also, the trace of the faith of the covenant people. God's word of promise and the faith of the covenant people are mutual. They cannot be separated. God's covenant is narrated with the faith of the covenant people.

III.0304. 언약의 믿음은 하나님의 말씀의 믿음입니다. 따라서 사람의 마음의 속성인 종교적인 믿음과 다릅니다. 성경은 하나님께서 말씀으로 세상을 창조하셨다고 합니다. 그리고 하나님의 말씀으로 창조된 세상에서 인간이 하나님의 말씀을 거역하고 자신의 속성으로 빠져듦에 따라 타락되었다고 합니다. 따라서 하나님의 말씀의 믿음과 인간의 타락된 속성인 믿음은 구별되어야 합니다. 언약의 믿음은 하나님의 말씀의 믿음이지만, 종교적인 믿음은 인간의 타락된 속성입니다. 이 둘이 엄밀히 구별되지 않으면 성경은 제대로 읽어질 수 없습니다. 언약의 믿음은 하나님과 함께로 드러나지만, 종교적인 믿음은 개인의 몰입으로 보입니다.

The covenant faith is the faith in God's word. Thus, it is different from the religious belief, which is a property of man's mind. The Bible says that God created the world with His word. And it says that man became fallen as he, disobeying His world, was indulged in his own attributes in the created world. Therefore, the faith in God's word and the belief which is a fallen attribute of man should be differentiated. The covenant faith is the faith in God's word, but the religious belief is a fallen attribute of man. If these two are not strictly distinguished, the Bible cannot be read properly. The covenant faith is unveiled as togetherness with God, but the religious belief is seen as individual immersion.

III.0305. 성경이 종교 경전으로 읽어지면, 언약의 내용은 상실됩니다. 성경의 언약의 믿음은 개인의 종교적인 믿음으로 풀이됩니다. 따라서 믿음은 개인의 내적 각성으로 여겨집니다. 성경에서 개인은 타락된 성향을 지닙니다. 따라서 성경이 개인의 믿음에서 읽어지면, 하나님과 함께하는 언약의 삶은 보이지 않게 됩니다. 하나님은 그분 함께로 의식되지 못하면, 하나님은 개인의 마음에 자리잡는 신이 됩니다. 개인의 종교성으로 투사되는 신은 투사하는 이의 신일뿐입니다. 따라서 개인은 각자의 신을 갖습니다. 물론 같은 종교를 가진 이들은 공통의 말을 사용하지만, 그 뜻은 개인의 마음을 벗어나지 않습니다.

If the Bible is read as a religious scripture, its covenant content is forfeited. Its covenant faith is interpreted as an individual's religious belief. Therefore, belief is seen as an inner awakening of an individual. In the Bible, an individual has his fallen propensity. Therefore, if the Bible is read in the individual mind, the covenant life of being together with God is not to be seen. If God is not conscious of as His togetherness, God becomes a god located in the individual's mind. The god projected through personal religiosity is only the god of the projector. Therefore, each individual has his own god. Of course, people of the same religion use a common language, but its meaning does not escape the individual's mind.

III.0306. 성경이 종교적으로 이해되면, 이 경향은 피해질 수 없습니다. 성경에 나오는 용어가 교리로 세워지더라도, 교리는 개인으로 이해됩니다. 같은 교리의 용어가 개인들 사이에 오고가더라도, 개인은 그것을 각자 마음으로 이해할 뿐입니다. 그래서 성경에 대한 다양한 풀이가 나옵니다. 성경이 개인에 의해 종교적으로 이해되는 한, 다양한 풀이는 어쩔 수 없습니다. 즉 성경이 종교적 경전이 되면, 이 점은 피해질 수 없습니다. 성경이 어떻든 개인의 마음에 투영된 내용으로 자리잡기 때문입니다. 달리 말하면, 성경은 어떻든 성경을 읽는 개인의 주체성에 흡입되게 됩니다. 이 경우 성경은 '나'를 종교적으로 신장시킵니다.

If the Bible is understood religiously, this tendency cannot be avoided. Even though the Biblical terms are set as doctrines, doctrines are understood individually. Even if the terms of the same doctrine are exchanged between individuals, each individual only understands them in his mind. So, there are various interpretations of the Bible. As long as the Bible is understood religiously by individuals, various interpretations are inevitable. In other words, once the Bible becomes a religious scripture, this point cannot be avoided, for no matter what the Bible is, it becomes a content projected into the individual's mind. In other words, the Bible somehow becomes absorbed into the subjectivity of the individual who reads it. In this case, the Bible promotes 'me' religiously.

III.0307. 그리스도교가 로마 제국의 국교가 된 후 성경은 종교적으로 읽혀 왔습니다. 그 때부터 그리스도인들이 지닌 믿음은 종교적인 믿음이지 언약의 믿음이 아닌 채 왔습니다. 국가 종교 체제에선 언약의 백성이 말해질 수 없습니다. 따라서 언약의 백성의 언약의 믿음은 생각될 될 수 없습니다. 로마 제국의 시민은 개인들임으로, 개인들이 지닐 종교적인 믿음만 언급됩니다. 로마 제국은 교회라는 종교 기관을 통해 로마 시민의 개인적인 종교성을 양육합니다. 역사적으로 다양한 국가 종교는 있어왔습니다. 그리스도교도 국가 종교가 됨에 따라 세상에 종교적으로 자리잡게 되었습니다. 지금 사람들은 그리스도교를 하나의 종교로 생각합니다.

The Bible has been read religiously since Christianity became the state religion of the Roman Empire. Since then, the Christian faith does not have been the covenant faith but has been a religious belief. In an official religious system, the covenant people cannot be spoken of. Thus, the covenant faith of the covenant people cannot be thought of. Since the citizens of the Roman Empire were individuals, only the religious belief they might have was mentioned. The Roman Empire fostered the individual religiosity of its citizens through the religious institution called the Church. Throughout history, there have been various national religions. Christianity also has been settled in the world religiously since it became a national religion. Nowadays people think of Christianity as a religion.

III.0308. 그리스도교가 종교로 의식되면, 세상의 다양한 종교와 비교되고 충돌됩니다. 종교로서 그리스도교는 개인들을 모읍니다. 종교의 주체는 개인이기 때문입니다. 따라서 개인들을 향한 여러 종교의 포교는 서로 충돌로 갈 수 있습니다. 어떻든 종교성은 개인의 속성이니, 다른 속성과 마찬가지로 마찰을 빚습니다. 종교 전쟁은 그런 마찰의 극단적인 표현입니다. 그것은 그리스도교가 종교로 여겨질 때 어쩔 수 없이 보이는 문제입니다. 종교는 사람의 속성으로부터 나옴으로, 다양한 종교가 세상에 생길 수 있습니다. 그리고 다양한 종교는 개인들의 마찰과 같이 서로 마찰을 빚습니다. 이 때문에 그리스도교는 종교로 여겨지지 말아야 합니다.

When Christianity is recognized as a religion, it is compared and clashes with various religions in the world. As a religion, Christianity brings together individuals, for the subject of religion is the individual. Therefore, the propagation of various religions to individuals may conflict with each other. In any case, religiosity is an individual attribute, and like other attributes, it causes friction. Religious wars are an extreme expression of such friction. That is an inevitable problem when Christianity is considered a religion. Since religion comes from man's attributes, various religions can arise in the world. And various religions bring out friction with each other, just like the friction between individuals. For this reason, Christianity should not be considered a religion.

III.0309. 그리스도교가 로마 제국의 국교가 됨으로, 종교 전쟁이 발발하게 됩니다. 따라서 그리스도교가 내포한 구원의 내용은 상실되게 됩니다. 그리스도교가 종교가 되면, 언약의 구원은 이루어질 수 없습니다. 구원의 내용을 상실한 그리스도교는 세상 속성 가운데 휘말리게 되어 충돌을 야기합니다. 다양한 종교적인 믿음을 갖는 이들 가운데 배타성을 보이기 때문입니다. 국가 종교로 그리스도교는 세력을 보일 수밖에 없습니다. 따라서 그리스도인들은 세력과 혼합된 믿음을 갖게 됩니다. 중세 시대부터 이어온 그리스도교의 역사는 세력의 표현입니다. 언약을 떠난 그리스도교는 구원을 보이지 않고 세력을 보입니다.

As Christianity became the state religion of the Roman Empire, religious wars broke out. Therefore, the content of salvation contained in Christianity is lost. If Christianity becomes a religion, the covenant salvation cannot be fulfilled. Christianity, which has lost the content of salvation, becomes caught up in the nature of the world and causes conflict, for it shows exclusivity among those with various religious beliefs. As a national religion, Christianity has no choice but to show power. Thus, Christians have belief mixed with power. The history of Christianity from the Middle Ages is the expression of power. Christianity that has departed from the covenant does not show salvation but shows power.

III.0310. 구원은 언약으로 부각됩니다. 하나님의 함께로 이루어지기 때문입니다. 그리스도교가 언약의 구원을 보이지 못하고 종교적인 세력으로 나아간 건 문제입니다. 언약이 종교가 되면, 구원이 아닌 세력을 보인다는 것을 역사적 그리스도교가 보입니다. 역사적 그리스도교를 말하는 것은 세속화된 그리스도교를 뜻합니다. 역사를 주도하는 것은 세상 속성입니다. 역사적 그리스도교는 역사를 주도하는 요인으로 세속화됩니다. 구원은 발전적 역사를 뜻하지 않습니다. 발전적인 역사도 타락된 인간의 자취입니다. 발전을 향한 인간의 추구는 인간에 의해 판단됩니다. 그 판단 자체가 타락된 판단입니다.

Salvation is highlighted as the covenant, for it is fulfilled with God's togetherness. It is problematic for Christianity, without showing the covenant salvation, to go along with the religious power. Historical Christianity shows that, if the covenant becomes a religion, it brings power rather than salvation. It means the secularized Christianity to speak of historical Christianity. What drives history is the nature of the world. Historical Christianity becomes secularized as a driving factor in history. Salvation does not mean progressive history. Progressive history is also a trace of the fallen man. Man's pursuit toward progress is judged by himself. That judgment, itself, is a fallen judgment.

III.0311. 언약의 믿음은 구원을 보이지만, 종교적인 믿음은 세력을 보입니다. 세상에 사는 사람들은 세상에 사는 것을 자연스럽거나 타당하게 여기기 때문에, 성경도 세상을 사는 종교적인 내용을 다룬다고 여깁니다. 세상의 다양한 종교와 같이 그리스도교도 종교적인 믿음에 관심을 갖는다고 생각합니다. 세상을 사는데 종교적인 믿음을 갖는 것은 타당하다고 여깁니다. 지성으로 세상을 알아가고 종교성으로 믿음을 갖는 건 개인들의 보편적인 성향입니다. 세상에 근거한 개인들은 지성과 종교성으로 살며 거기에 도덕성을 곁들입니다. 즉 지성, 종교성, 그리고 도덕성은 세상을 사는 개인들의 기본 성향입니다.

The covenant faith shows salvation, but the religious belief shows power. Because people living in the world consider living in the world natural or proper, they also consider the Bible to deal with religious content about living in the world. They think that, like various religions in the world, Christianity is also concerned with religious belief. They think that it is proper to have religious belief in their living in the world. Understanding the world through intellectuality and having belief through religiosity are universal tendencies of individuals. Individuals based on the world live by intellectuality and religiosity, with morality attached to them. That is, intellectuality, religiosity, and morality are the basic propensities of individuals living in the world.

III.0312. 성경은 하나님과 함께하는 언약으로 서사됩니다. 언약의 시각으로 보면, 인간은 하나님의 창조로부터 타락된 개인들입니다. 그리고 그들이 사는 세상은 타락된 세상입니다. 그들의 지성, 종교성, 도덕성은 타락되었습니다. 따라서 언약의 시각에서 지성, 종교성, 도덕성은 언약의 삶의 기본이 아닙니다. 하나님과 함께하는 언약의 삶에선 하나님의 언약을 믿는 믿음이 기본입니다. 지성, 종교성, 그리고 도덕성은 언약의 믿음을 떠난 타락된 개인들이 보이는 것입니다. 언약의 시각에서 보면 지성, 종교성, 그리고 도덕성으로 추구하는 개인의 삶은 타락되었습니다. 따라서 거기에 구원이 들려져야 합니다.

The Bible is narrated as the covenant of being together with God. Men are fallen individuals from God's creation from the perspective of the covenant. And the world they live in is the fallen world. Their intellectuality, religiosity, and morality are fallen. Therefore, from the perspective of the covenant, intellectuality, religiosity, and morality are not the basis of the covenant life. In the covenant life of being together with God, the faith in His covenant is the basis. Intellectuality, religiosity, and morality are seen in the fallen individuals who have left the covenant faith. From the perspective of the covenant, the individuals' life pursued by intellectuality, religiosity, and morality has become fallen. Thus, salvation must be heard there.

III.0313. 언약은 믿음의 우선성을 보입니다. 지식, 종교, 그리고 도덕을 말하기 전 믿음을 언급합니다. 따라서 언약의 믿음은 지식, 종교, 그리고 도덕으로 사는 개인들에게 구원으로 전해집니다. 이것은 물론 언약의 시각에서 의미 있게 말해집니다. 지식, 종교, 그리고 도덕으로 사는 개인들에게 수긍이 되지 않을 수 있습니다. 그러면 그들은 구원의 의식이 없이 세상을 자연스럽게, 혹은 당연하게 살 것입니다. 즉 그들은 자연적인 세상의 부분으로 삽니다. 그들이 지닐 수 있는 모든 것은 세상에 있을 수 있는 속성입니다. 이상을 생각하고 해탈을 추구하지만, 자연적인 흐름을 벗어나지 못합니다. 개인들의 삶은 어떻게 살든 자연의 부분입니다.

The covenant shows the priority of faith. It mentions faith before talking about knowledge, religion, and morality. Therefore, the covenant faith is transmitted as salvation to individuals who live by knowledge, religion, and morality. Of course, this is meaningful from the perspective of the covenant. This may not be acceptable to individuals who live by knowledge, religion, and morality. Then, they will live in the world naturally or reasonably without the consciousness of salvation. That is, they live as part of the natural world. All they can have are properties that can be in the world. Although they think of ideals and pursue emancipation, they cannot escape the natural flow. Individuals' life is a part of nature no matter how they live.

III.0314. 언약의 믿음은 구원의 믿음입니다. 하나님께서 아브라함에게 그의 후손이 번성할 것과 그들에게 가나안 땅을 기업으로 주어질 것을 약속하십니다.창세기 15:1-11 아브라함이 하나님의 약속을 믿음으로 하나님은 아브라함과 언약을 맺습니다. 그 언약으로 아브라함의 후손은 번성하며 가나안 땅에 살게 됩니다. 그러나 아브라함의 후손이 가나안 땅에서 사는 것은 언약의 삶이긴 하지만, 온전하지 않습니다. 아브라함과 그 후손은 타락한 아담의 후손이기 때문입니다. 그들의 삶은 타락된 삶입니다. 온전히 하나님과 함께하는 삶이 아닙니다. 즉 구약의 믿음은 온전한 언약의 믿음이 아닙니다. 그러나 구약은 언약의 믿음에 대한 의식으로 이끕니다.

The covenant faith is the faith of salvation. God promises Abraham that his descendants will be prosperous and they will be given the land of Canaan as their inheritance. Genesis 15:1-11 As he believed in God's promise, God made a covenant with him. Through the covenant, his descendants would be prosperous and live in the land of Canaan. But, although the life of his descendants in the land of Canaan is the covenant life, it is not wholesome, for Abraham and his descendants are the descendants of the fallen Adam. Their life is a fallen life. It is not the life of being together with God wholly. That is, Old Testament belief is not wholesome covenant faith. However, the Old Testament leads to the consciousness of the covenant faith.

III.0315. 하나님께서 타락한 세상에 사는 사람들과 맺을 언약은 구원의 언약입니다. 타락한 세상에서 하나님과 함께할 언약은 있을 수 없습니다. 구약은 그런 언약이 온전할 수 없음을 보입니다. 따라서 하나님께서 맺으실 언약은 타락한 세상으로부터 구원의 언약입니다. 하나님께서 언약의 백성으로 세우실 이들은 구원의 믿음으로 살아야 합니다. 그들의 삶은 세상에 구원으로 이루어집니다. 따라서 구약은 구원의 언약의 두 전제를 보입니다. 언약으로 하나님과 함께를 말하게 된다는 것과, 세상이 하나님에 의해 창조되었지만 타락되었다는 것입니다. 따라서 하나님과 함께하는 언약은 하나님께서 타락된 인간과 맺는 것이어야 합니다.

The covenant that God will make with men living in the fallen world is the covenant of salvation. There can be no covenant of being together with God in the fallen world. The Old Testament shows that such a covenant cannot be wholesome. Therefore, the covenant that God will make is the covenant of salvation from the fallen world. Those whom God will elect as the covenant people must live by the faith of salvation. Their life is fulfilled into salvation to the world. Therefore, the Old Testament shows two premises of the covenant of salvation. God's togetherness can be spoken of through the covenant, and the world became fallen although it was created by God. Therefore, the covenant of being with God must be what God makes with fallen man.

III.0316. 예수님으로 구원의 언약이 서사됩니다. 신약은 예수님을 믿는 믿음으로 구원의 언약을 보입니다. 옛 언약에 비추어 새 언약은 구원의 언약입니다. 언약은 하나님의 약속의 말씀이 하나님께서 함께하시는 백성으로 이루어지는 내용입니다. 하나님의 약속의 말씀은 하나님께서 함께하시는 백성에게 주어집니다. 따라서 하나님께서 함께하시는 백성이 설정되지 않으면, 언약은 무의미해집니다. 그런데 하나님은 타락된 사람들과 함께하지 않으십니다. 타락된 사람들은 하나님의 말씀을 거역하고 자신들의 속성으로 살기 때문입니다. 따라서 타락된 사람들은 종교적으로 살더라도 언약적으로 살 수 없습니다.

The covenant of salvation is narrated through Jesus. The New Testament shows the covenant of salvation through faith in Jesus. In light of the old covenant, the new covenant is the covenant of salvation. The covenant is the content that God's word of promise is fulfilled through the people with whom God is together. God's word of promise is given to His people with whom He is together. Thus, if the people with whom God is together are not set, the covenant becomes meaningless. But God is not together with the fallen men, for they, disobeying His word, live according to their own attributes. Thus, they may live religiously, but they cannot live covenantally.

III.0317. 예수님은 타락된 세상에 하나님과 함께로 오셨습니다. 따라서 예수님으로 하나님과 함께하는 언약이 타락된 세상에서 세워집니다. 그것은 새 언약이고 구원의 언약입니다. 예수님을 믿는 이들은 하나님과 함께하는 새 언약의 삶을 삽니다. 그들은 구원된 하나님의 백성입니다. 새 언약의 백성은 구약에서 아브라함의 후손과 같이 세상에 태어남으로 되지 않습니다. 예수님을 믿는 이들이 하나님의 언약의 백성입니다. 아브라함의 후손은 타락된 세상에 머물지만, 예수님을 믿는 이들은 예수님으로 하나님과 함께하게 됩니다. 이렇게 예수님을 믿는 믿음은 구원의 내용을 지닙니다. 요한복음 3:16은 이 점을 보입니다.

Jesus came come to the world in togetherness with God. Thus, through Jesus, the covenant of being together with God is made in the fallen world. It is the new covenant and the salvation covenant. Those who believe in Jesus live the new covenant life of being together with God. They are God's people who are saved. The people of the new covenant are not born into the world like Abraham's descendants in the Old Testament. Those who believe in Jesus are God's covenant people. Abraham's descendants remain in the fallen world, but those who believe in Jesus come to be together with God through Jesus. In this way, faith in Jesus contains the content of salvation. John 3:16 shows this.

III.0318. 예수님은 하나님의 말씀에 순종하십니다. 예수님 자신의 속성을 살지 않고 하나님의 말씀에 순종하십니다. 예수님의 십자가는 예수님의 순종을 보입니다. 예수님은 십자가에 죽으심으로 타락된 세상에서 하나님의 말씀에 순종을 보이십니다. 따라서 예수님으로 타락된 세상에 하나님과 함께하는 삶이 드러나게 됩니다. 예수님을 믿는 이들은 예수님처럼 하나님과 함께하는 언약의 삶을 삽니다. 그들은 타락된 세상으로부터 구속되어 하나님과 함께하게 됩니다. 언약의 시각에서 구원은 하나님과 함께로 구속되는 것을 뜻합니다. 하나님과 함께를 떠난 타락된 인간이 예수님을 믿는 믿음으로 하나님과 함께하게 됩니다.

Jesus obeys God's word. Jesus does not live out His own attributes but obeys God's word. Jesus' cross shows His obedience. Jesus, dying on the cross, shows His obedience to God's word in the fallen world. Thus, through Jesus, the life of being together with God is disclosed to the fallen world. Those who believe in Jesus, like Him, live the covenant life of being together with God. They, being redeemed from the fallen world, come to be together with God. Salvation means being redeemed to be together with God from the perspective of the covenant. The fallen man who has departed from togetherness with God comes to be together with God through faith in Jesus.

III.0319. 예수님을 믿는 믿음은 하나님의 구원의 약속을 믿는 믿음입니다. 신약은 하나님의 구원의 약속으로 서사됩니다. 예수님을 믿는 믿음은 타락된 세상 나라로 사는 삶이 아닌 구원된 하나님 나라로 사는 삶을 보입니다. 타락된 세상 나라로부터 회개에 따른 세례로 하나님 나라에 들어감을 말합니다. 하나님의 나라는 하나님과 함께하는 나라입니다. 타락된 세상에서 하나님과 함께는 하나님의 나라로 말해집니다. 예수님을 믿는 믿음으로 구원된 언약의 백성은 하나님 나라로 삽니다. 이렇게 하나님의 나라는 타락된 세상에 안주하지 않는 삶으로 말해집니다. 즉 하나님의 나라는 타락된 세상에 구원의 삶으로 선포됩니다.

Faith in Jesus is faith in God's promise of salvation. The New Testament is narrated as God's promise of salvation. Faith in Jesus does not show the life of the fallen kingdom of the world but shows the life of the saved kingdom of God. It refers to entering the kingdom of God through baptism of repentance from the fallen kingdom of the world. The kingdom of God is the kingdom of being together with God. In the fallen world, togetherness with God is spoken of as the kingdom of God. The covenant people who are saved through faith in Jesus live in the kingdom of God. In this way, the kingdom of God is said to be the life that does not settle in the fallen world. In other words, the kingdom of God is proclaimed as the life of salvation in the fallen world.

III.0320. 예수님을 믿는 이들의 삶으로 교회가 이루어집니다. 교회는 구원의 삶을 보입니다. 즉 타락된 세상에서 구원은 교회로 드러납니다. 교회는 하나님의 나라의 구체적 예시로 세상에 드러납니다. 하나님의 나라나 교회는 하나님과 함께하는 언약의 백성을 세상에 드러나게 합니다. 즉 하나님의 나라나 교회는 구원이 개인으로 이루어지지 않음을 보입니다. 달리 말하면 하나님 나라나 교회는 개인들로 구성될 수 없습니다. 예수님을 믿는 개인들이 하나님 나라나 교회로 산다고 할 수 없습니다. 예수님을 믿는 이들은 개인들이 아닌 하나님의 백성입니다. 하나님의 나라나 교회는 예수님을 믿는 믿음은 하나님의 백성으로 말해진다는 것을 확언합니다.

The church is fulfilled as the life of those who believe in Jesus. It is seen as the life of salvation. That is, salvation in the fallen world is unveiled as the church. It is unveiled as the specific instance of the kingdom of God to the world. The kingdom of God or the church unveils the covenant people of being together with God to the world. That is, the kingdom of God or the church shows that salvation is not fulfilled through individuals. Speaking differently, neither the kingdom of God nor the church can consist of individuals. Individuals who believe in Jesus cannot be said to live in the kingdom of God or the church. Those who believe in Jesus are not individuals but God's people. The kingdom of God or the church affirms that faith in Jesus refers God's people.

III. 4
· · · ·

소망 Hope

III.0401. 하나님의 말씀은 언약의 말씀입니다. 약속된 대로 이루어질 것입니다. 하나님의 말씀을 지닌 언약의 백성은 그 약속의 말씀이 이루어질 것을 믿으며 또한 소망합니다. 하나님의 말씀에 의한 언약의 삶은 믿음의 삶이며 또한 소망의 삶입니다. 성경을 언약의 책으로 접함은 성경을 하나님의 약속의 말씀으로 읽는 것입니다. 따라서 성경은 믿음과 소망으로 읽어집니다. 언약의 백성으로 성경에 대한 기본 반응은 그들의 믿음과 소망으로 나타납니다. 즉 하나님의 언약의 말씀에 대한 그분 백성의 기본 반응은 그들의 믿음과 소망으로 나타납니다. 하나님의 말씀으로 성경은 믿음과 소망으로 접해집니다. 하나님의 말씀은 이해로 접해질 수 없습니다.

God's word is the covenant word. It is fulfilled as promised. The covenant people who cherish God's word believe that the word of promise will be fulfilled and also hope so. The covenant life according to God's word is the life of faith and the life of hope. Encountering the Bible as the covenant book means reading it as God's word of promise. Thus, the Bible is read with faith and hope. The basic response to the Bible as the covenant people is expressed in their faith and hope. That is, the basic response of God's people to His covenant word is expressed in their faith and hope. The Bible as God's word is encountered with faith and hope. God's word cannot be accessed through understanding.

III.0402. 하나님의 언약은 그분 말씀의 우선성을 보입니다. 하나님께서 말씀으로 이루시는 것을 분명하게 합니다. 하나님 말씀의 우선성은 그분 말씀은 풀이될 수 없음을 보입니다. 풀이되는 말은 상응하는 자연 현상을 쉽게 상기시킵니다. 그러나 이루어지는 하나님의 말씀에 대해선 상응하는 자연 현상이 생각될 수 없습니다. 사람의 말은 자연 현상에 근거함으로, 풀이로 쉽게 들려질 수 있습니다. 그러나 하나님께서 이루실 것은 하나님의 말씀 외에 어떤 것으로도 유추될 수 없습니다. 하나님의 약속의 말씀은 그대로 받아들여져야 합니다. 이 때문에 하나님의 말씀에 대해 믿음과 소망이 우선적으로 언급됩니다.

God's covenant shows the priority of His word. It makes it clear that God fulfills with His word. The priority of God's word shows that His word cannot be interpreted. The interpreted word easily reminds its corresponding natural phenomenon. But for God's word being fulfilled, no corresponding natural phenomenon can be thought of. Since man's word is based on natural phenomena, it can be easily interpreted. But what God will fulfill cannot be inferred from anything other than His word. God's word of promise should be accepted as it is. For this reason, faith and hope are given priority in His word.

III.0403. 사람들이 이해하는 것은 자연 현상과 자연 현상을 서술하는 말에 대해서입니다. 즉 세상에 있는 것과 세상에 있는 것에 대한 그들이 이해한 것에 대해서입니다. 새로운 이론은 세상에 있는 것을 새롭게 이해한 것입니다. 학생들은 학교에서 그런 이론을 이해하려고 합니다. 그리고 이해는 말과 현상을 연관시킵니다. 이해는 있는 것에 근거합니다. 새로운 것을 만드는 것은 이해에 근거합니다. 새로운 것은 있는 것으로부터 변형이기 때문입니다. 따라서 사람의 말은 이해의 대상입니다. 세상에 있는 것으로부터 파생되기 때문입니다. 공상 소설이나 신화도 있는 것으로부터 연상됩니다.

What people understand is about natural phenomena and words that describe natural phenomena. In other words, it is about what is in the world and what they understand about what is in the world. A new theory is a new understanding of something in the world. Students try to understand such theories in school. And understanding relates words and phenomena. Understanding is based on what is. Creating something new is based on understanding. Because what is new is a transformation from what is. Thus, man's word is the subject to understanding, for it is derived from what is in the world. Phantasy fiction or myth is also imagined from what is.

III.0404. 하나님의 말씀은 이루어짐으로, 있는 것에 근거하지 않습니다. 창세기 1장은 하나님께서 말씀으로 창조하신 것을 서사합니다. 그리고 요한복음 서두는 창조 전에 하나님과 함께한 말씀이 성육신으로 세상에 온 것을 기술합니다. 하나님의 말씀은 창조 전으로 다루어져야 될 것임을 분명히 보입니다. 따라서 창조된 세상을 근거로 하나님의 말씀을 이해하려는 것은 잘못입니다. 하나님의 말씀은 이해될 내용이 아닙니다. 믿음과 소망으로 받아들이게 될 것입니다. 사람들은 이루어지는 하나님의 말씀을 있는 것으로 파생되는 사람의 말과 혼돈함으로 성경을 철학적으로 풀이하거나 종교적으로 이해하려고 합니다.

As God's word is fulfilled, it is not based on what is. Genesis chapter 1 narrates God's creation through His word. And the prologue of the Gospel of John narrates the coming of the Word that was together with God before creation through incarnation to the world. It clearly shows that God's word must be treated as before creation. Accordingly, it is wrong to try to understand God's word based on the created world. God's word is not the content that is to be understood. It is what will be accepted with faith and hope. Since people confuse God's word that is fulfilled with man's word that is derived from what is, they try to interpret the Bible philosophically or to understand it religiously.

III.0405. 소망은 언약에 근거하지 이해에 근거하지 않습니다. 이해에 근거하는 것은 소망이기보다 나아짐에 대한 기대감입니다. 하나님의 창조를 믿는 언약의 백성은 하나님께서 약속을 이루실 것을 소망하며 삽니다. 창조는 이루어질 하나님의 약속에 대한 근거가 됩니다. 하나님의 창조에 근거해서 사는 언약의 백성은 하나님께서 약속의 말씀을 이루실 것을 소망하며 삽니다. 그들의 창조에 근거한 삶은 소망으로 펼쳐집니다. 하나님의 약속이 이루어질 것을 소망하며 살기 때문입니다. 이 때문에 창조주 하나님은 소망의 하나님이시라고 하게 됩니다. 성경의 창조 서사는 언약의 서사임을 잊지 말아야 합니다.

Hope is not based on understanding but based on the covenant. What is based on understanding is an expectation of betterness rather than hope. The covenant people who believe in God's creation live in the hope that He will fulfill His promise. Creation becomes the basis for God's promise to be fulfilled. The covenant people who live on the basis of God's creation live in the hope that God will fulfill His word of promise. Their life based on creation unfolds in hope, for they live in the hope that God's promise will be fulfilled. For this reason, God the Creator is said to be the God of hope. It should not be overlooked that the Biblical narrative of creation is the covenant narrative.

III.0406. 창조로부터 타락된 사람들은 하나님의 약속의 말씀으로 살지 않습니다. 따라서 그들은 믿음과 소망으로 살지 않습니다. 타락된 세상의 속성으로 삽니다. 그들은 타락된 세상의 속성을 이해하려 합니다. 그들의 기본 의식은 믿음이나 소망이 아니라 앎입니다. 앎은 세상에 있는 대상을 향합니다. 그들의 앎이 존재하는 대상을 향함으로, 존재론적 의식을 수반합니다. 철학과 종교는 존재론적 속성으로 계발됩니다. 즉 철학과 종교는 사람들로 세상에 있음을 기반으로 의식하게 합니다. 철학과 종교의 언어는 세상에 있음을 기반으로 파생됩니다. 사람들이 계발한 언어는 타락된 세상으로부터 파생됩니다.

People who have fallen from creation do not live by God's word of promise. Therefore, they do not live by faith and hope. They live with the attributes of the fallen world. They seek to understand the nature of the fallen world. Their basic consciousness is not faith or hope but knowledge. Knowledge is directed toward objects in the world. As their knowledge is directed towards existing objects, it entails ontological consciousness. Philosophy and religion are developed with ontological properties. In other words, philosophy and religion make people conscious of being in the world. Philosophical and religious language are derived from being in the world. The language that people have developed is derived from the fallen world.

III.0407. 이루어짐은 철학이나 종교로 다루어질 수 없습니다. 있음의 근거로 이루어짐이 나오지 않기 때문입니다. 있음의 근거로는 변화만 말해짐니다. 그러나 이루어짐은 변화를 뜻하지 않습니다. 나은 변화의 기대감이 소망은 아닙니다. 이루어짐은 언어를 전제합니다. 원인을 전제하지 않습니다. 원인이 전제되면, 설명이 따릅니다. 설명으로 이해되는 것은 원인과 결과로 이어집니다. 그러나 이루어짐의 언어는 이루어짐의 원인이 아닙니다. 사람의 말은 이루어짐의 언어가 아닙니다. 사람의 약속은 인과관계의 틀 속에 설명됩니다. 사람의 약속은 기대감을 갖게 합니다. 약속과 기대감은 세상의 변화 과정에서 설명되고 이해됩니다.

Fulfillment cannot be treated through philosophy or religion, for fulfillment does not come from the basis of existence. Only change can be told on the basis of existence. But fulfillment does not mean changing. The expectation of better change is not hope. Fulfillment presuppose language. It does not presuppose cause. Once cause is presupposed, explanation follows. What is understood as an explanation leads to cause and effect. However, the language of fulfillment is not the cause of fulfillment. Man's word is not the language of fulfillment. Man's promise is explained within the frame of causality. His promise leads to expectation. Promise and anticipation are explained and understood in the process of change in the world.

III.0408. 소망은 존재론적 기대감이 아닙니다. 사람들은 내일을 오늘의 지속으로 생각합니다. 자신들의 선 근거에서 의식을 전개하기 때문입니다. 내일은 오늘로 맞이하는 지속적인 변화입니다. 사람들은 항시 오늘을 근거로 예상합니다. 즉 미래는 지속적인 변화일 뿐입니다. 임하는 것이 아닙니다. 미래는 새로움으로 기대되지 않습니다. 사람들은 타락된 속성으로 살면서 세상 속성의 변화를 따라 미래를 의식합니다. 철학, 종교, 과학은 사람들이 속성으로 의식하는 내용을 반영합니다. 타락된 속성이 아닌 것은 타락된 의식에 반영될 수 없습니다. 사람들은 자연적이지 않은 것을 의식할 수 없습니다. 자연적인 것은 성경 상 타락된 것입니다.

Hope is not an ontological expectation. People think of tomorrow as a continuation of today, for they expand their consciousness based on their standing. Tomorrow is a continuous change that is encountered as today. People always expect on the basis of today. In other words, the future is nothing but continuous change. It's not about coming. The future is not expected to be new. People, living with fallen attributes, are conscious of the future according to changes in the attributes of the world. Philosophy, religion, and science reflect what people are conscious of as attributes. Anything that is not a fallen attribute cannot be reflected in the fallen consciousness. People cannot be conscious of what is not natural. What is natural is what is fallen in the Bible.

III.0409. 타락된 삶에 소망될 것이 없습니다. 타락된 삶은 속성으로 나아감으로, 속성이 아닌 것은 생각될 수 없습니다. 속성으로 이르게 되지 않는 이루어짐은 기대될 수 없습니다. 그러므로 하나님의 말씀에 서지 않는 이들은 소망할 수 없습니다. 소망은 언약의 구성 요인이지 타락된 속성이 아닙니다. 하나님의 약속은 언약의 백성의 소망으로 표현될 수밖에 없기 때문입니다. 소망은 언약에 수반된 것이지 타락된 인간의 속성이 아닙니다. 언약의 백성은 소망으로 '태어난다고' 할 수 있지만, 타락된 사람들은 소망으로 태어난다고 할 수 없습니다. 타락은 타락된 속성으로 이어질 뿐입니다. 타락은 벗어나지 못하는 점에서 지속적입니다.

There is nothing to be hoped for in the fallen life. As the fallen life progresses towards attributes, anything that is not attributes cannot be thought of. The fulfillment that is not reached by attributes cannot be expected. Therefore, those who do not stand on God's word cannot hope. Hope is not a fallen attribute but the constituent of the covenant, for God's promise cannot but be expressed in the hope of the covenant people. Hope is not a man's fallen property but what is accompanied with the covenant. The covenant people can be said to be 'born' with hope, but the fallen men cannot be said to be born with hope. The fall only leads to the fallen attribute. The fall is persistent in that it cannot be escaped.

III.0410. 하나님의 말씀에 대한 이해는 하나님의 말씀을 자연 현상의 과정을 따라 파악하는 것입니다. 하나님의 말씀에 대한 이해는, 성경으로 말하면, 하나님의 말씀을 타락된 속성으로 받아들이는 것입니다. 그 결과 철학적으로 풀이된 교리, 종교적으로 추구되는 내용, 혹은 도덕적으로 부과되는 규범이 등장하게 됩니다. 타락된 개인들이 성경을 접하면, 이렇게 이해할 수밖에 없습니다. 그들은 어떻든 성경 내용을 자신들의 속성에 반영하려 합니다. 그들은 그들이 지속하는 타락된 삶에 성경 내용을 적용하려 합니다. 그러면서 그들은 그들 속성을 자연적이고 보편적이라고 여깁니다. 그들이 그들 속성을 자연적이고 보편적이라고 여기는 만큼, 그들 의식은 침체됩니다.

Understanding God's word means grasping His word according to the process of natural phenomena. Speaking of the Bible, understanding His word means accepting God's word as the fallen attribute. As a result, philosophically interpreted doctrines, religiously pursued content, or morally imposed norms emerge. If the fallen individuals encounter the Bible, they have no choice but to understand it this way. They somehow try to reflect the content of the Bible into their own attributes. They try to apply the content of the Bible to the fallen life they continue. At the same time, they consider their properties to be natural and universal. To the extent that they regard their attributes as natural and universal, their consciousness becomes stagnant.

III.0411. 소망은 침체성을 벗어나게 합니다. 침체된 삶은 새로움의 도전에 배타적입니다. 성경의 타락은 침체된 상태를 시사합니다. 하나님의 약속으로 이루어지는 내용이 없기 때문입니다. 타락된 사람들은 지닌 속성으로 변화를 도모하지만, 결과는 속성의 변화일 뿐입니다. 전통적으로 가르쳐온 지혜는 자연이라는 타락된 속성에 대한 순응이나 길을 보이는 것입니다. 즉 지혜는 자연적인 삶의 지침을 줍니다. 그러나 성경으로 보면, 지혜는 타락된 삶의 지침이니 무의미합니다. 타락된 삶의 지혜는 타락된 속성의 소산입니다. 성경은 지혜를 추구해온 인간의 삶의 한계를 보입니다.

Hope lets stagnation be broken off. A stagnant life is exclusive to the challenge of newness. The fall of the Bible implies a state of stagnation, for there is nothing that is fulfilled through God's promise. The fallen men seek change with their attributes, but the result is only a change in their attributes. Wisdom, as it has been traditionally taught, is about conforming to or showing the way to the fallen attribute of nature. In other words, wisdom gives natural guidelines for life. However, according to the Bible, wisdom is meaningless because it is a direction of the fallen life. The wisdom of the fallen life is the outcome of the fallen property. The Bible shows the limit of man's life in pursuit of wisdom.

III.0412. 타락된 인간은 부단히 추구합니다. 현대 과학 기술의 발전은 인간 능력의 확장 척도를 보입니다. 따라서 현대인들은 과학 기술을 통해 그들의 무한한 가능성을 생각합니다. 그들이 추구하는 영역이 무한히 열려있는 것을 생각합니다. 미시 세계나 우주를 향한 그들의 시각은 끝이 없다고 여깁니다. 그러나 그들의 눈은 공간에 속박되어 있습니다. 즉 그들의 눈은 자연에 속박되어 있습니다. 자연적인 공간에 속박됨을 모르는 체 그들의 공간적인 시각이 한없이 열려있다고 여깁니다. 그들은 자연이나 공간에 갇힌 것을 모릅니다. 지혜나 지식 너머 바라볼 수 있는 것에 대해 눈이 멀었다는 것을 모릅니다. 그들은 그들이 타락되었다는 것을 모릅니다.

The fallen man ceaselessly pursues. The development of the contemporary science and technology shows the measure of the expansion of man's capability. Thus, contemporary people think of their infinite possibilities through science and technology. They think that their pursuing realm is infinitely open. Their vision on the microscopic world and the universe is believed to be endless. But their eyes are bound to space. That is, their eyes are bound to nature. They believe that their spatial vision is infinitely open, without knowing that they are bound by natural space. They do not know that they are trapped in nature or space. They do not know that they are blind to what can be beheld beyond wisdom or knowledge. They do not know that they have fallen.

III.0413. 궁극적인 소망은 구원을 향합니다. 성경은 지혜 너머로 구원을 들려줍니다. 타락된 인간의 자연적 한계 넘어 구원에 이르는 길을 보입니다. 지혜의 삶이 아닌 구원의 삶을 들려줍니다. 자연적인 삶에 지혜가 말해지면, 지혜로 추구할 수 있는 것이 그 한계입니다. 지혜의 사랑으로 시작된 철학은 그 한계를 설정합니다. 철학을 이은 과학도 그 한계를 벗어날 수 없습니다. 과학은 구체적인 자연 현상을 설명하는 점 외에, 철학이 설정한 한계를 벗어나지 않습니다. 즉 지식은 지혜의 한계에 머뭅니다. 과학은, 어떻게 발전적인 노선이 연장되더라도, 지혜를 벗어나지 않습니다. 그러므로 과학은 인간을 자연적인 상태로부터 벗어나게 하지 않습니다.

The ultimate hope is for salvation. The Bible speaks of salvation beyond wisdom. It shows the path to salvation beyond the natural limitations of the fallen man. It does not tell of life of wisdom but tells of life of salvation. If wisdom is told in natural life, what can be pursued by wisdom is its limit. Philosophy, which begins with the love of wisdom, sets its limit. Even science, which follows philosophy, cannot go beyond the limit. Science does not break off the limit set by philosophy, beyond explaining specific natural phenomena. That is, knowledge remains within the limit of wisdom. Science, no matter how its development path may be extended, cannot be deviate from wisdom. Therefore, it does not take man out of his natural state.

III.0414. 인간의 자연적인 상태가 타락된 상태로 보아지면, 타락으로부터 구원이 말해집니다. 구원을 향한 믿음과 소망이 말해집니다. 물론 이것은 언약의 근거에서 뜻이 있습니다. 타락된 상태를 자연적이라고 생각하며 거기에 머무는 이들은 언약의 시각을 가질 수 없습니다. 자연적으로 사는 것이 타당하다고 여기는 그들은 자신들을 자연의 운행과정에 맡긴 채 삽니다. 그러나 자연적인 삶이 타락된 삶이라고 여기는 이들은 새로운 언약의 시각에 관심을 갖게 됩니다. 자연적으로 사는 인간에게 "구원"이라는 새로운 언어는 복음입니다. 구원이 임한 것을 들려주는 것이 복음입니다.

If man's natural state is seen as the fallen state, salvation from the fall is spoken of. Faith and hope for salvation are spoken. Of course, this makes sense on the basis of the covenant. Those who remain in the fallen state, thinking it is natural, cannot have the perspective of the covenant. Those who believe that it is reasonable to live naturally live by leaving themselves to the natural process. But those who consider the natural life to be the fallen life become concerned with the new covenant perspective. For man who live naturally, the new language called "salvation" is the gospel. It is the gospel to tell of the presence of salvation.

III.0415. 소망은 궁극적으로 구원을 향합니다. 언약이 궁극적으로 구원을 향하기 때문입니다. 창조된 인간이 자신의 속성으로 타락되었다고 성경은 시작하니, 하나님의 약속은 궁극적으로 구원을 향합니다. 구약에 등장한 이스라엘 백성은 언약의 백성으로 서사되지만, 구약은 결론적으로 그들도 타락한 사람들임을 보입니다. 그러면서 구약은 하나님의 약속이 궁극적으로 구원을 향한다는 것을 보입니다. 이스라엘 백성이 아브라함의 후손으로 태어났더라도, 그들은 타락된 속성을 벗어날 수 없습니다. 따라서 구약은 결론적으로 하나님의 언약은 타락된 속성과 맺어질 수 없음을 보입니다. 그러면서 하나님의 언약은 궁극적으로 구원을 향함을 시사합니다.

Hope ultimately points toward salvation, for the covenant ultimately points toward salvation. As the Bible begins by saying that created man became fallen by his own nature, God's promise ultimately points to salvation. The Israelites in the Old Testament are narrated as the covenant people, but the Old Testament ultimately shows that they are also fallen men. At the same time, the Old Testament shows that God's promise is ultimately directed to salvation. Even though the Israelites were born as Abraham's descendants, they cannot escape their fallen nature. Therefore, the Old Testament shows in conclusion that God's covenant cannot be made with fallen attributes. At the same time, it implies that God's covenant is ultimately directed toward salvation.

Ⅲ.0416. 타락된 속성이 아닌 소망은 예수님께서 구원의 복음을 선포하심으로 열립니다. 구원의 기쁜 소식을 접한 이들은 구원의 소망으로 삽니다. 그들은 하나님께서 약속으로 이루실 구원의 삶을 삽니다. 하나님은 예수님을 세상에 보내심으로 구원의 약속을 주십니다. 따라서 예수님을 믿는 이들은 구원의 약속을 소망으로 지닙니다. 그리고 그들은 소망의 삶을 삽니다. 타락된 세상에서 속성으로 살지 않고 구원의 소망으로 삽니다. 타락된 세상에서 예수님이 두드러지듯, 구원을 소망하는 삶은 세상에서 두드러집니다. 지혜로 나아지려는 타락된 삶 가운데 구원의 소망으로 사는 삶은 두드러집니다.

Hope, not the fallen nature, is opened by Jesus proclaiming the gospel of salvation. Those who have heard the good news of salvation live with the hope of salvation. They live the life of salvation that God will fulfill with His promise. God gives the promise of salvation by sending Jesus into the world. Therefore, the believers in Jesus have the promise of salvation as their hope. And they live the life of hope. They do not live by their attributes in the fallen world but live by the hope of salvation. Just as Jesus stands out in the fallen world, the life that hopes for salvation stands out in the world. The life lived with the hope of salvation stands out among the fallen life that seeks to improve through wisdom.

Ⅲ.0417. 구원은 약속의 내용입니다. 따라서 사람이 구원된 삶을 산다는 것은 적절하지 않습니다. 구원은 이루어짐으로 이루어진 구원은 있을 수 없습니다. 하나님의 언약은 이루어짐으로, 이루어진 하나님의 언약은 말해질 수 없습니다. 그러나 인간의 속성으로 사는 삶은 타락된 삶이라고 할 수 있습니다. 구원은 사람이 지닐 수 있는 속성이 아님으로, 단지 하나님의 말씀으로 이루어집니다. 따라서 언약의 백성은 구원을 소망하며 삽니다. 하나님

의 함께로 구원이고, 하나님의 함께는 굳혀질 수 없습니다. 하나님의 함께는 언제나 믿음과 소망의 하나님 함께입니다. 하나님의 함께는 사람의 속성으로 굳혀질 수 없음을 잊지 말아야 합니다.

Salvation is the content of promise. Thus, it is improper for one say that he lives his saved life. As salvation is fulfilled, there cannot be salvation that was fulfilled. As God's covenant is fulfilled, His covenant which was fulfilled cannot be spoken of. However, the life lived with man's attributes can be said to be the fallen life. Since salvation is not an attribute that man can possess, it is fulfilled solely through God's word. Thus, the covenant people live in hope of salvation. Salvation comes from God's togetherness, and His togetherness cannot be fixed. God's togetherness is always His togetherness of belief and hope. It should not be forgotten that His togetherness cannot be fixed by man's attributes.

III.0418. 소망은 인도됩니다. 이루어지는 하나님의 말씀을 따름이기 때문입니다. 예수님을 따르는 제자들은 소망으로 따릅니다. 그들이 의지로 따르면, 그들의 따름은 현실에 대한 반응입니다. 복음서에 보이는 제자들은 자신들의 의지로 예수님을 따르려다 포기합니다. 하나님의 영에 의해 인도되지 않고 예수님을 십자가로 따라갈 수 없기 때문입니다. 그들의 의지는 그들의 속성입니다. 그들이 속성으로 예수님을 따를 수 없음은 분명합니다. 하나님으로부터 세상에 오신 예수님은 하나님의 영의 인도하심으로 따라지게 됩니다. 예수님을 따르는 구원의 삶은 하나님의 영에 의해 인도됩니다. 소망은 하나님의 영에 의해 인도됨을 보입니다.

Hope is guided, for it follows God's word that is fulfilled. The disciples who follow Jesus follow with hope. If they follow Jesus with their will, their following is the response to reality. The disciples in the Gospel want to follow Jesus with their own will and give up, for they cannot follow Jesus to the cross without being guided by God's Spirit. Their will is their attribute. It is clear that they cannot follow Jesus by attribute. Jesus, who came to the world from God, is followed under the guidance of God's Spirit. The life of salvation of following Jesus is guided by God's Spirit. Hope shows that it is guided by God's Spirit.

III.0419. 타락된 삶은 속성으로 전개되지만, 하나님과 함께하는 구원의 삶은 영적으로 인도됩니다. 구원의 삶은 속성으로 말해질 수 없음으로, 영성으로 인도되어야 합니다. 소망은 영성으로 열려집니다. 영이신 하나님과 함께는 영성으로만 서사됩니다. 하나님과 함께하는 구원의 소망은 영성으로만 의미 있습니다. 하나님의 함께로 인도됨은 하나님의 영의 의하지, 타락된 인간의 속성에 의한 추구일 수 없습니다. 속성으로 추구할 수 없는 구원을 소망할 때, 영성의 인도를 고려해야 합니다. 예수님을 서사하는 복음은 이 점을 분명하게 합니다. 타락된 세상에 구원자로 오신 예수님은 영성으로만 서사됩니다.

The fallen life unfolds through attributes, but the life of salvation of being together with God is guided Spiritually. The life of salvation cannot be described in terms of attributes, so it must be guided by Spirituality. Hope opens with Spirituality. Togetherness with God who is Spirit is only narrated through Spirituality. The hope for salvation of being together with God is meaningful only through Spirituality. Being led into God's togetherness is due to His Spirit, and it cannot be the pursuit by the attributes of the fallen man. When salvation that cannot be pursued through attributes is hoped for, the guidance of Spirituality must be concerned with. The gospel that narrates Jesus makes this point clear. Jesus, who came as the Savior to the fallen world, is narrated only through Spirituality.

III.0420. 구원과 구원의 소망은 영성의 인도됩니다. 예수님이 영성으로 서사될 수밖에 없음이 이 때문입니다. 타락된 세상의 속성으로 예수님은 서술될 수 없습니다. 예수님은 타락된 세상의 구원자이지 타락된 세상의 개혁자가 아닙니다. 예수님의 이야기인 복음서가 영성으로 읽어질 때만, 구원의 내용이 분명해집니다. 복음서는 예수님의 세상에서 위대한 일을 서술하지 않습니다. 복음서는 읽는 이들로 구원을 선포하시는 예수님으로 구원의 소망을 갖게 합니다. 구원은 추구의 내용이 아닌 소망의 내용입니다. 복음의 기쁜 소식은 구원으로 들려오며, 구원의 소망을 갖게 합니다. 구원의 복음서는 세상의 속성으로 풀이될 수 없습니다.

Salvation and hope for salvation are guided by Spirituality. This is why Jesus cannot help but be narrated as Spirituality. Jesus cannot be described as an attribute of the fallen world. Jesus is not a reformer of the fallen world but the Savior of the fallen world. The content of salvation becomes clear only when the Gospel, Jesus' story, is read through Spirituality. The Gospel does not describe the great works Jesus did in the world. The Gospel gives the readers hope for salvation through Jesus who proclaims salvation. Salvation is not the content of pursuit but the content of hope. The good news of the gospel comes as salvation and invokes hope for salvation. The Gospel of salvation cannot be interpreted in terms of the attributes of the world.

III. 5

. . . .

사랑 Love

III.0501. 하나님의 약속의 궁극적인 내용은 사랑입니다. 하나님의 언약은 사랑의 언약입니다. 요한복음 3:16은 이 점을 잘 보입니다: "하나님이 세상을 이처럼 사랑하사 독생자를 주셨으니 이는 그를 믿는 자마다 멸망하지 않고 영생을 얻게 하려 하심이라." 이 구절은 하나님의 사랑으로 표현된 구원의 언약을 들려줍니다. 하나님은 사랑으로 예수님을 믿는 믿음으로 하나님과 함께하는 구원의 백성과 언약을 맺으십니다. 하나님은 사랑하심으로 예수님을 타락된 속성의 세상에 보내십니다. 타락한 세상으로부터 구원의 언약은 하나님의 사랑에 근거합니다. 이렇게 하나님의 사랑은 구원을 향합니다.

The ultimate content of God's promise is love. His covenant is the covenant of love. John 3:16 shows this point well: "For God so loved the world that He gave His only Son, so that everyone who believes in Him may not perish but may have eternal life." This verse tells of the covenant of salvation expressed in God's love. God, through His love, makes the covenant with the people of salvation who are being together with God through believing in Jesus. Out of love, God has sent Jesus to the world with fallen nature. The covenant of salvation from the fallen world is based on God's love. In this way, God's love is directed toward salvation.

III.0502. 하나님의 사랑은 하나님이 타락된 인간을 있는 그대로 사랑하시는 것을 뜻하지 않습니다. 하나님은 예수님을 세상에 보내시어 타락한 인간을 예수님을 믿게 하십니다. 하나님은 세상에 있는 이들이 아니라 예수님을 믿는 이들과 그분 언약을 맺으십니다. 하나님의 사랑은 세상에 있는 이들을 그대로 사랑하는 것이 아니라, 예수님을 믿는 이들과 그분 언약을 맺으시려는 것입니다. 즉 하나님은 그분 언약을 맺는 사랑을 보이십니다. 그러므로 하나님의 사랑이 타락된 개인을 향해 표현된다고 하는 것은 잘못입니다. 하나님의 사랑은 예수님으로 드러남으로, 예수님을 믿는 믿음으로 파급됩니다. 예수님을 믿는 믿음과 상관없이 누구에게나 하나님의 사랑이 미친다고 하는 것은 잘못입니다.

God's love does not mean that He loves the fallen man as he is. God has sent Jesus into the world to make the fallen man believe in Jesus. God makes His covenant not with those who are in the world but with those who believe in Jesus. God's love is not to love those who are in the world as they are but to make God's covenant with those who believe in Jesus. In other words, God shows His love of making His covenant. Therefore, it is wrong to say that God's love is expressed toward the fallen individual. As God's love is unveiled through Jesus, it spreads through faith in Jesus. It is wrong to say that God's love extends to everyone regardless of faith in Jesus.

III.0503. 사람들은 자신들과 같이 하나님께서 그분 속성으로 사랑하신다고 생각합니다. 그들은 자신들이 속성을 지니니, 존재하는 하나님도 그분 속성을 지닌다고 여깁니다. 그들은 모든 것을 속성으로 설명하니, 하나님의 사랑도 하나님의 속성이라고 생각합니다. 그들은 하나님의 사랑을 부모의 사랑 같이 생각합니다. 그들은 타락을 인정하지 않으니, 하나님은 자신들과 같이 그분 속성으로 사랑한다고 생각합니다. 따라서 그들은 그들이 지닌 속성으로 유추하여 하나님에 대해 말하게 됩니다. 자신들의 타락된 상태를 자연적이라고 여기기 때문에, 자신들의 이해하는 방향으로 가려 합니다. 이해는 그들 속성에 의한 탐구 능력입니다.

People think that God, like themselves, loves through His attribute. They think that since they themselves have attributes, God, who exists, also has His attributes. They explain everything in terms of attributes, so they think that God's love is His attribute. They think of God's love like a parent's love. Since they do not acknowledge the fall, they think that God, like themselves, loves through His own attribute. Therefore, they speak about God by analogy with the attributes they possess. Because they consider their fallen state to be natural, they try to go in the direction of their own understanding. Understanding is an ability to explore by their very nature.

III.0504. 하나님의 사랑은 언약의 사랑입니다. 하나님 함께의 사랑입니다. 하나님의 이야기는 그분 언약으로 전개됩니다. 성경은 언약으로 서사됩니다. 하나님은 함께하시려고 그분 언약의 사랑을 보이시지만, 타락된 사람들은 하나님과 함께함이 없이 자신들의 속성의 사랑을 보입니다. 타락이 언약의 근거에서 보아지면, 하나님의 사랑과 그들의 사랑이 구별될 수 있습니다. 하나님은 언약의 사랑을 보이시지만, 그들이 의식하는 것은 존재론적 사랑입니다. 그들의 타락된 속성으로 보이는 사랑입니다. 그들은 자신들이 속성으로 사랑하듯이, 하나님은 그분 속성으로 사랑한다고 생각합니다. 그들은 모두 사랑할 수 없지만, 하나님은 모두 사랑한다고 생각합니다.

God's love is the covenant love. It is love of His togetherness. God's story unfolds through His covenant. The Bible is narrated as the covenant. God shows His covenant love to be together, but the fallen people show their own love of attribute without being together with God. When the fall is viewed on the basis of the covenant, God's love and their love can be distinguished. God shows covenant love, but what they are conscious of is ontological love. It is a love that appears in their fallen nature. They think that God loves by His nature just as they love by their nature. They may not be able to love everyone, but they think God loves everyone.

III.0505. 하나님은 자신의 속성의 사랑에 빠져있는 타락된 인간에게 예수님을 보내시어 구원의 사랑을 보이십니다. 하나님의 구원의 사랑은 하나님께서 예수님을 믿는 이들과 새로운 언약을 맺으시는 것입니다. 따라서 하나님의 사랑은 대상을 향하지 않고 함께로 향합니다. 하나님은 타락된 개인들을 있는 그대로 사랑하지 않으십니다. 하나님이 타락한 개인들을 있는 그대로 사랑한다면, 예수님을 세상에 보내신 구원의 의미는 없습니다. 하나님의 사랑의 뜻은 그들의 있는 그대로가 아닌 예수님으로 그들의 구원을 위함입니다. 즉 하나님의 사랑은 하나님의 함께함입니다. 따라서 타락을 의식하지 않는 이들은 하나님의 사랑을 온전히 의식할 수 없습니다. 타락을 의식하지 않는 이들은 하나님의 함께를 의식하지 못합니다.

God shows His saving love by sending Jesus to the fallen man who is indulged in love with his own nature. God's saving love means that God makes the new covenant with those who believe in Jesus. Therefore, God's love is not directed toward an object, but toward togetherness. God does not love the fallen individuals just as they are. If God loves the fallen individuals just as they are, there is no saving significance in sending Jesus into the world. The meaning of God's love is not for being as they are but for their salvation through Jesus. That is, God's love is His togetherness. Thus, those who are not conscious of the fall cannot be conscious of God's love wholly. Those who are not conscious of the fall are not conscious of God's togetherness.

III.0506. 성경에서 사랑은 언약의 사랑, 즉 구원의 사랑입니다. 타락된 세상에 사는 사람들이 보이는 속성의 사랑이 아닙니다. 사람들은 성경에 나오는 사랑을 이해하려고 하기에, 자신들의 속성의 사랑을 근거로 생각합니다. 예수님께서 사랑을 가르치시며 사랑의 계명을 주신 것을 자신들의 사랑의 속성을 신장하기 위함이라고 생각합니다. 자신들의 사랑이 원수에 미칠수 없지만, 예수님을 믿는 믿음으로 자신들의 사랑이 원수에까지 미치게 된다고 여깁니다. 그들은 열심히 기도와 성경을 이해하는 가운데 미운 사람도 사랑하게 되기를 바랍니다. 종교적인 묵상으로 해탈로 나아가길 바라는 종교인들 같이 그들은 수련합니다.

In the Bible, love is the covenant love, that is, the love of salvation. It is not love of attribute shown by people living in the fallen world. As people try to understand the love narrated in the Bible, they think based on their own nature of love. They think that Jesus taught love and gave the commandment to love in order to enhance their attribute of love. Although their love cannot extend to their enemies, they believe that their love can extend to their enemies through their faith in Jesus. They hope that through earnest prayer and understanding of the Bible, they will come to love even those they hate. They practice like religious persons who wish to be emancipated through religious meditation.

III.0507. 사람들은 종교적으로 성경을 읽기에, 모든 것을 자기중심으로 이해하려 합니다. 그들이 종교적으로 성경을 읽으면, 그들은 성경 내용을 자신들의 속성에 반영하려 합니다. 성경을 좋은 종교적 교훈으로 여깁니다. 따라서 예수님의 사랑의 가르침을 훌륭한 종교적인 가르침으로 평가합니다. 예수님의 가르침을 따라 그들이 서로 사랑하는 것은 세상 삶의 이상이라고 생각합니다. 즉 그들은 예수님께서 세상에서 사는 그들로 서로 사랑하도록 가르치신다고 생각합니다. 예수님이 세상에서 종교적으로 보아지면, 이 경향은 피할 수 없습니다. 종교적인 가르침은 세상을 사는 개인들에게 직접적으로 전해집니다.

Because people read the Bible religiously, they try to understand everything through self-centeredness. When they read the Bible religiously, they try to reflect the content of Bible into their own attributes. They consider the Bible to be a good religious teaching. Therefore, they evaluate Jesus' teaching of love as a great religious teaching. They believe that their love for one another according to Jesus' teaching is the ideal of worldly life. That is, they think that Jesus teaches them who live in the world to love one another. When Jesus is viewed religiously in the world, this tendency is inevitable. Religious teachings are directly transmitted to individuals living in the world.

III.0508. 예수님은 속성으로 타락된 세상에 오셨습니다. 예수님께서 타락된 세상에 사는 사람들을 가르치셔서 나은 세상 삶을 살게 한다고 생각하는 것은 잘못된 출발입니다. 타락된 세상이 아무리 좋아져야 타락된 세상입니다. 타락된 속성의 사람들이 아무리 사랑하여야 타락된 속성을 보일뿐입니다. 구원의 시각이 없이 세상의 나아짐에 눈을 고정하면, 세상이 타락되었다는 의식을 갖지 않습니다. 그러면 세상을 나아지게 하는 것은 무엇이든 좋다고 생각합니다. 즉 세상을 나아지게 하는 것이 최선이라고 생각합니다. 타락된 세상에서 자신들의 타락됨을 의식하지 못하면, 세상의 나아짐만 바랍니다. 그렇지만 그들은 세상의 좋음을 위해 항시 싸웁니다.

Jesus came to the world which had fallen into its attributes. It is a wrong start to think that Jesus taught people living in the fallen world to live a better worldly life. No matter how good the fallen world becomes, it is still the fallen world. No matter how much people with fallen attributes love, they only show their fallen attributes. If they only focus their eyes on the betterness of the world without having the perspective of salvation, they do not have the consciousness that the world has fallen. Then, they think that anything is good if it makes the world better. That is, they think that it is best to make the world better. If they are not conscious of their own fall in the fallen world, they only look for the betterness of the world. Nevertheless, they always fight for the betterness of the world.

III.0509. 속성의 삶은 비교됨으로 나아짐을 향합니다. 사람들이 추구하는 것은 향상되는 나아짐을 향합니다. 철학적인 이상이나 종교적인 해탈은 그 점을 반영합니다. 사람들이 추구하는 것이 잘못 갈 수 있음으로, 특별한 주의가 철학이나 종교에 제기됩니다. 사람들은 사랑도 나아짐을 향한다고 여깁니다. 사랑하는 삶은 미워하는 삶보다 낫다고 여깁니다. 따라서 그들은 예수님의 사랑의 가르침을 그들이 추구하는 궁극으로 받아들입니다. 그들이 속성으로 예수님의 가르침을 이해하는 한, 이런 식으로 예수님의 가르침을 평가할 수밖에 없습니다. 종교는 비교됨으로. 그들은 자신들의 평가로 특정한 종교를 선택합니다.

The life of attributes tends toward betterness through comparison.

What people pursue is toward improving betterment. Philosophical ideal or religious emancipation reflects such point. Special caution is raised in philosophy and religion, as people may go astray in their pursuits. People believe that love is also directed toward betterment. A life of love is considered better than a life of hate. Therefore, they accept Jesus' teaching of love as the ultimate in their pursuit. As long as they understand Jesus' teaching in terms of attributes, they have no choice but to evaluate Jesus' teaching in this way. By comparing religions, they choose a particular religion based on their own assessment.

III.0510. 예수님의 사랑의 가르침은 구원을 향합니다. 보다 나은 세상을 향하지 않습니다. 사랑하는 이들은 하나님과 함께하는 새 언약의 백성이 됩니다. 새 언약의 백성은 서로 사랑하는 이들입니다. 예수님은 새 언약의 백성은 서로 사랑하는 친구라고 하십니다. 친구는 세상 속성으로 특정되지 않습니다. 서로 사랑하는 이들이 친구입니다. 따라서 서로 사랑하는 친구들이 하나님과 함께하는 언약의 백성이 됩니다. 서로 사랑하는 친구들은 하나님의 사랑으로 이루어지는 언약의 백성입니다. 하나님의 사랑의 근거로 사랑하는 새로운 언약의 백성이 세상에 드러납니다. 그들은 타락된 세상에 드러나는 구원의 백성입니다.

Jesus' teaching of love points toward salvation. It does not lead to a better world. Those who love become the new covenant people of being together with God. The new covenant people are those who love one another. Jesus says that the new covenant people are friends who love one another. Friends are not specified by worldly attributes. Those who love one another are friends. Accordingly, friends who love one another become the covenant people of being together with God. Friends who love one another are the covenant people who are fulfilled by God's love. On the basis of God's love, the new covenant people who love are unveiled to the world. They are the people of salvation unveiled to the fallen world.

III.0511. 타락된 세상에 임하는 하나님의 사랑은 타락된 속성을 신장하는 것일 수 없습니다. 하나님의 사랑은 타락된 세상에 계속 머묾을 위해 임하지 않습니다. 하나님께서 타락된 세상 삶의 나아짐을 위해 예수님을 세상에 보내셨다고 할 수 없습니다. 세상 사람들이 자신들의 사랑에 의거해 하나님의 사랑을 이해하면, 이렇게 말할 수 있습니다. 타락된 사람들은 자기중심적으로 살기 때문에, 사랑도 자신들의 장점이라고 생각합니다. 사랑함으로 자신들이 돋보인다고 생각합니다. 따라서 사랑을 자신들의 능력으로 생각합니다. 이해로 자신들이 돋보이듯이 사랑으로 자신들이 돋보인다고 생각합니다. 이 때문에 사랑은 근본적으로 자기애로부터 나옵니다.

God's love in the fallen world cannot be an enhancement of its fallen nature. God's love does not come for continuous remaining in the fallen world. It cannot be said that God has sent Jesus for the betterness of the fallen world. If people in the world understand God's love based on their own love, they can say this way. Since the fallen people live egocentrically, they think that love is also their merit. They believe that love makes them stand out. Therefore, they think of love as their ability. They believe that just as they stand out through understanding, they stand out through love. Because of this, love fundamentally comes from self-love.

III.0512. 성경을 접하는 개인들은 무엇보다 자신들이 타락되었다는 것을 의식해야 합니다. 그렇지 않으면 자신들이 접하는 성경을 타락된 속성으로 풀이합니다. 자신들이 타락되었다고 의식하면 성경을 구원의 말씀으로 접할 수 있습니다. 성경에 나오는 "사랑"이라는 말이 구원을 향한 것이라고 받아들이게 됩니다. 성경은 구원의 사랑을 다루지 속성의 사랑을 다루지 않습니다. 따라서 그리스도교를 사랑의 종교라고 하는 말하는 것은 적절하지 않습니다. 그리스도교는 사랑의 언약으로 말해져야 합니다. 그리스도교가 사랑의 종교로 말해지는 한, 사랑은 개인의 속성을 벗어나지 않습니다. 사랑의 주체자는 개인이기 때문입니다.

Individuals who encounter the Bible must, above all, be conscious of their own fall. Otherwise, they interpret the Bible that they encounter as their fallen attribute. If they are conscious of their fall, they can approach the Bible as the word of salvation. They come to accept that the word, "love," in the Bible refers to salvation. The Bible does not deal with the love of attribute but deals with the love of salvation. Therefore, it is not proper to say that Christianity is the religion of love. Christianity must be spoken of as the covenant of love. As long as Christianity is said to be the religion of love, love does not escape the nature of the individual, for the subject of love is an individual.

III.0513. 사도 요한은 사랑의 궁극성을 이렇게 씁니다: "하나님은 사랑이시라 사랑 안에 거하는 자는 하나님 안에 거하고 하나님도 그의 안에 거하시느니라."요한1서 4:16 여기서 "하나님은 사랑이라"는 문장은 언약의 시각으로 읽어져야 합니다. 이어지는 문장은 이 점을 분명하게 합니다. 하나님이 사랑이심으로, 사랑 안에 거하는 자는 하나님 안에 거합니다. 여기서 하나님 안에 거하는 것을 하나님과 함께로 보면, 요한의 확언은 언약으로 전개된 것이 분명해집니다. 언약의 백성은 함께하시는 하나님을 사랑이라고 확언할 수 있습니다. 이 확언은 존재론적으로 말해질 수 없습니다. 존재하는 하나님은 사랑하지만, 사랑이 아닙니다. 하나님과 사랑은 동일한 범주에 속하지 않습니다.

John the Apostle writes the ultimate of love this way: "God is love, and he who abides in love abides in God, and God in him." 1 John 4:16 Here, the sentence, "God is love," must be read from the perspective of the covenant. The following sentence makes this point clear. As God is love, he who abides in love abides in God. Here, the abidance in God is seen as being together with God. it becomes clear that John's affirmation is generated into the covenant. The covenant people can affirm that God, who is together with them, is love. This affirmation cannot be said onto-logically. The God who exists loves, but is not love. God and love do not belong to the same category.

III.0514. 요한이 하나님이 사랑이시라고 확언함으로, 하나님의 말씀은 사랑의 말씀으로 다루어질 수 있습니다. 이것은 하나님의 언약은 사랑의 언약으로 말해진다는 것을 뜻합니다. 사랑의 언약은 궁극적으로 구원을 향해 의미 있습니다. 타락된 세상에 사랑의 언약은 적용되지 않습니다. 구약에서 언약의 백성은 이스라엘 백성입니다. 그들에게 주어지는 언약은 사랑의 언약일 수 없습니다. 타락된 세상에서 사랑은 편애로 표현되기 때문입니다. 사랑의 언약은 타락된 세상에 구원으로 맺어집니다. 사랑의 언약은 타락된 세상에 안주할 수 없습니다. 타락된 세상에 안주한 사랑의 언약은 배타적이기 때문입니다.

Because John affirms that God is love, God's word can be treated as the word of love. This means that God's covenant is said to be the covenant of love. The covenant of love is ultimately meaningful toward salvation. It is not applied in the fallen world. In the Old Testament, the covenant people are the Israelites. The covenant given to them cannot be the covenant of love, for in the fallen world, love is expressed through favoritism. The covenant of love is made as salvation in the fallen world. It cannot be settled in the fallen world, for the covenant of love that is settled in the fallen world is exclusive.

III.0515. 하나님이 사랑이시라는 확언은 하나님과 함께는 궁극적으로 사랑이라는 것을 뜻합니다. 하나님과 함께는 사랑으로 드러납니다. 즉 하나님과 함께는 배타성을 보일 수 없습니다. 배타성은 타락된 세상에 안주로 표현됩니다. 십계명에서 보인 바가 그렇습니다. 하나님과 함께가 타락된 세상에서 적용될 때, 십계명 같은 표현이 나옵니다. 그러므로 하나님과 함께가 배타성으로 표현되면, 구원을 뜻하지 않습니다. 타락된 세상으로부터 구원은 타락된 세상에 배타적으로 안주함일 수 없습니다. 따라서 배타성을 보이지 않는 하나님과 함께는 구원으로 표명됩니다. 세상에 오신 예수님이 보이신 바가 그렇습니다.

The affirmation that God is love means that God's togetherness is ultimately love. Togetherness with God is unveiled as love. In other words, togetherness with God cannot show exclusiveness. Exclusiveness is expressed as complacency in the fallen world. This is what is shown in the Ten Commandments. When togetherness with God is applied in the fallen world, the expression like the Ten Commandments appear. Therefore, if togetherness with God is expressed as exclusiveness, it does not mean salvation. Salvation from the fallen world cannot be exclusively about settling in the fallen world. Therefore, togetherness with God, that does not show exclusiveness, is announced as salvation. This is what Jesus showed when he came to the world.

Ⅲ.0516. 사랑은 구원과 결부되어야 합니다. 사랑이 구원으로 펼쳐지지 않으면, 침체된 경계를 만듭니다. 구원으로 전개되지 않은 구약의 서사는 이스라엘 백성의 침체성을 보입니다. 하나님이 사랑이시라는 확언은 구원의 궁극적 언약은 세상에 설정될 수 없음을 보입니다. 하나님이 사랑이심은 구원의 언약의 믿음이고 소망입니다. 하나님이 사랑이심이 구원의 언약으로 믿음과 소망이 아니면, 의미 있는 표현일 수 없습니다. 범주적 오류를 보이는 표현이기 때문입니다. 하나님의 존재는 증명되더라도, 사랑의 존재는 증명되지 않습니다. 사랑은 존재론적 대상일 수 없습니다. 즉 "하나님이 사랑이시다"는 표현은 존재론적 의미를 띨 수 없습니다.

Love has to be conjoined with salvation. If love does not unfold into salvation, it makes a stagnated boundary. The Old Testament narrative that does not unfold toward salvation shows the stagnation of the Israelites. The affirmation that God is love shows that the ultimate covenant of salvation cannot be set in the world. It is the faith and hope of the covenant of salvation that God is love. God's love cannot be a meaningful expression unless it is expressed through faith and hope in the covenant of salvation, for it is an expression that shows a categorical error. Although the existence of God is proven, the existence of love cannot be proven. Love cannot be an ontological object. In other words, the expression, "God is love," cannot have ontological meaning.

Ⅲ.0517. 하나님이 사랑이심은 하나님과 함께하는 언약의 백성만이 고백할 수 있습니다. 그들은 하나님과 함께하기 때문에, 하나님을 사랑이라고 할 수 있습니다. "하나님께서 모든 사람들을 사랑하신다"는 것은 보통 사람들이 발설할 수 있습니다. "아버지는 모든 가족을 사랑한다"는 표현과 유사하게 발설될 수 있습니다. 그러나 "하나님이 사랑이시다"라는 확언은 하나

님과 함께하는 언약의 백성에 의해서만 발설됩니다. 그들과 함께하시는 하나님을 사랑이라고 확언하기 때문입니다. 그러나 아무도 "우리 아버지는 사랑이다"고 하지 않습니다. 가족이 가깝더라도, 독립된 개체로서 함께하지 않습니다. 가정은 독립된 가족들의 모임입니다.

It can be confessed only by the covenant people of being together with God that God is love. Since they are together with God, they can say that God is love. The expression, "God loves all men," can be uttered by ordinary people. It can be uttered similarly to the expression, "Fathers love all family members." But the affirmation, "God is love," is uttered only by the covenant people of being together with God, for they affirm that God with whom they are together is love. But no one says, "our father is love." Even though family members are close, they are not together as independent entities. A home is a gathering of independent families.

III.0518. "사랑"이라는 말은 구원의 함께를 뜻합니다. 하나님이 사랑이시니 하나님의 함께는 사랑의 함께입니다. 언약의 백성의 함께는 사랑으로 보입니다. 예수님으로 새 언약은 사랑으로 말해집니다. 율법으로 말해지는 옛 언약과 대조됩니다. 율법은 타락된 세상에 안주하는 표현입니다. 그래서 배타성을 보입니다. 그러나 사랑은 타락된 세상으로부터 구원의 표현입니다. 율법의 언약과 사랑의 언약의 다름이 보아지면, 타락된 세상으로부터 구원을 향한 예수님의 가르침이 접해집니다. 예수님이 제자들에게 사랑의 계명을 주신 것은 그들을 새 언약의 백성으로 세우기 위함입니다.

The word, "love," means togetherness of salvation. As God is love, His togetherness is the togetherness of love. The togetherness of the covenant people appears to be love. Through Jesus, the new covenant is spoken of with love. Contrast this with the old covenant spoken of in the law. The law is an expression of complacency in the fallen world. So, it shows exclusivity. But love expresses salvation from the fallen world. If the difference between the covenant of the law and the covenant of love is seen, Jesus' teaching toward salvation from the fallen world becomes encountered. Jesus' giving the disciples the commandment of love was for them to be elected as the new covenant people.

III.0519. 하나님이 사랑이시라는 고백은 사랑을 구별되게 보게 합니다. 타락된 세상에서 일상적으로 보이는 사랑과 구별되게 합니다. 사랑의 구별됨은 언약으로만 의미 있게 다루어집니다. 존재론적 사랑은 정도의 문제이지, 구별됨을 보이지 않습니다. 훌륭한 사람은 보다 높은 경지의 사랑을 보일 수 있습니다. 그러나 "하나님이 사랑이시다"는 표현에서 사랑은 사람의 사랑의 극치를 뜻하지 않습니다. 그보다 사람의 사랑이 이를 수 없는 구원의 사랑을 보입니다. 사랑이신 하나님으로부터 임하는 사랑은 함께의 사랑입니다. 개인의 마음에서 나올 수 없는 언약의 사랑입니다. 사랑이신 하나님으로부터 오신 예수님은 구원자로 보아져야 합니다.

The confession that God is love lets love be seen separately. It lets love be separated from love seen every day in the fallen world. The separateness of love is meaningfully dealt with only through the covenant. Ontological love is a matter of degree, but it does not show separateness. A good person can show a higher level of love. However, in the expression, "God is love," love does not mean the pinnacle of man's love. Rather, it shows the love of salvation that man's love cannot achieve. The love that comes from God, who is love, is the love of togetherness. It is the covenant love that cannot come from the individual mind. Jesus, who has come from God who is love, should be seen as the Savior.

III.0520. 사랑이신 하나님의 언약은 사랑의 언약입니다. 그리고 사랑이신 하나님의 언약의 백성은 사랑의 백성입니다. 따라서 하나님이 사랑이시라는 확언은 언약의 백성이 사랑의 백성이라는 확언으로 이끌어집니다. 이 경우 사랑은 사랑이신 하나님으로 이루어집니다. 언약의 백성이 보이는 사랑이 아닙니다. 그래서 사도 바울은 사랑을 성령님의 열매라고 합니다. 즉 사랑은 하나님의 영에 의해 인도됩니다. 하나님과 함께하는 언약의 삶으로 이루어집니다. 이 경우 성령님의 열매로 맺어지는 사랑은 구원의 사랑이지 속성의 사랑이 아닙니다. 따라서 세상 사람들에게 속성으로 미친다고 여기면 잘못입니다. 구원의 사랑은 속성의 사랑이 아닙니다.

The covenant of God, who is love, is the covenant of love. And the covenant people of God, who is love, are the people of love. Therefore, the affirmation that God is love leads to the affirmation that the covenant people are the people of love. In this case, love is fulfilled through God who is love. It is not the love shown by the covenant people show. So, Paul the Apostle says that love is the fruit of the Holy Spirit. That is, love is guided by God's Spirit. It is fulfilled through the covenant life of being together with God. In this case, love born as the fruit of the Holy Spirit is not the love of attribute but the love of salvation. Therefore, it would be wrong to think that it affects the people of the world as an attribute. The love of salvation is not the love of attributes.

III. 6
. . . .

자유 Freedom

III.0601. 예수님은 "너희가 내 말에 거하면 참으로 내 제자가 되고 진리를 알지니 진리가 너희를 자유롭게 하리라"요한복음 8:31-32라고 하십니다. 이 말씀에 예수님의 말씀, 예수님의 제자, 그리고 참과 자유가 이어지면서 연계됩니다. 예수님의 말씀에 거하는 제자들은 자유를 누립니다. 예수님의 말씀은 그들을 자유롭게 하는 말씀입니다. 예수님은 태초에 하나님과 함께한 말씀이 육신이 되어 세상에 오셨습니다. 예수님은 하나님과 함께하는 말씀으로 서사됩니다. 그러므로 여기서 예수님의 말씀은 예수님을 이야기인 복음으로 보아질 수 있습니다. 예수님이 가르치신 말씀으로만 제한되지 않습니다.

Jesus says: "If you abide in My word, you are My disciples indeed. And you shall know the truth, and the truth shall make you free."John 8:31-32 In this saying, Jesus' word, His disciples, and the truth and freedom are successively connected. The disciples who abide in Jesus' word cherish freedom. Jesus' word is the word that lets them be free. Jesus came to the world as the Word that was together with God in the beginning became flesh. Jesus is narrated as the Word of being together with God. Therefore, Jesus' words here can be seen as the gospel, which is Jesus' story. It is not limited to what Jesus taught.

III.0602. 세상에 오신 예수님으로 자유는 선포됩니다. 예수님은 하나님 나라를 선포하시며 더불어 자유를 선포하십니다. 하나님 나라로 자유가 임함을 알리십니다. 즉 예수님은 하나님과 함께하는 생명의 자유의 누림을 알리십니다. 여기서 예수님이 알리신 것은 선포된 자유입니다. 세상 사람들이 무얼 함으로 누리는 자유가 아닙니다. 조건적인 세상에서 어떻게 함은 조건적인 활동입니다. 따라서 세상에서 자유는 조건적으로 누려집니다. 세상 조건은 힘에 의해 조절됨으로, 세상의 자유는 힘을 수반합니다. 따라서 조건적인 자유는 힘의 자유입니다. 세상에서 할 수 있는 것으로 자유를 의식하는 이들은 힘을 추구합니다.

Freedom is proclaimed through Jesus who came to the world. Jesus proclaims the kingdom of God and also freedom. Jesus announces that freedom has come to the kingdom of God. In other words, Jesus announces the cherishment of freedom of life of being together with God. What Jesus announces here is the freedom proclaimed. It is not the freedom that people in the world cherish by doing anything. In the conditional world, doing something is a conditional activity. Therefore, freedom in the world is cherished conditionally. As world condition are controlled by power, freedom in the world entails power. The conditional freedom is therefore freedom of power. Those who are conscious of freedom as something they can do in the world seek power.

III.0603. 힘의 자유에 비추어 예수님은 참의 자유를 말씀하십니다. 세상에 오신 예수님으로 드러나는 자유는 참의 자유입니다. 예수님은 힘의 자유가 행해지는 세상에서 참의 자유를 선포하십니다. 예수님으로 세상에 드러나는 자유는 참의 자유입니다. 세상에서 힘으로 표현되는 자유가 아닙니다. 따라서 세상에서 보이신 예수님의 활동은 참의 드러남이지 힘의 구현이 아닙니다. 예수님이 보이신 고침과 표적은 참의 자유로 드러납니다. 예수님의 고침이나 표적은 예수님의 힘의 자유로 여겨지지 말아야 합니다. 예수님이 하나님의 아들로 모든 것을 할 수 있다고 생각하는 것은 힘의 자유의 의식입니다.

In light of the freedom of power, Jesus speaks of the freedom of the truth. The freedom disclosed by Jesus who came to the world is the freedom of the truth. Jesus proclaims freedom of the truth in the world where the freedom of power is practiced. The freedom disclosed to the world through Jesus is the freedom of the truth. It is not the freedom expressed as power in the world. Therefore, Jesus' activities in the world are the disclosure of the truth, not an embodiment of power. The healing and signs shown by Jesus are disclosed as the freedom of the truth. Jesus' healing or signs should not be viewed as freedom from Jesus' power. The idea that Jesus can do everything as the Son of God is a sense of freedom from power.

III.0604. 예수님의 십자가 죽음은 단적으로 예수님의 삶이 힘의 삶이 아님을 보입니다. 예수님이 힘으로 세상에 사셨다면, 십자가를 거부하는 움직임을 보였을 것입니다. 힘의 시각으로 십자가는 패배를 뜻하기 때문입니다. 십자가는 힘의 대결에서 패배한 자에게 지워집니다. 따라서 예수님의 이야기에서 십자가는 역설적으로 힘의 시각을 부정하는 것이 됩니다. 예수님은 십자가 때문에 힘으로 보아질 수 없습니다. 예수님이 힘으로 보아지는 한, 패배일 뿐입니다. 따라서 십자가로 보이는 예수님은 참의 예수님이십니다. 예수님의 십자가는 역설적으로 참의 드러남을 보입니다. 십자가로 예수님을 믿는 믿음은 참의 자유로 드러납니다.

Jesus' death on the cross clearly shows that Jesus' life was not a life of power. If Jesus had lived in the world by power, He would have made a move to reject the cross. Because from the perspective of power, the cross represents defeat. The cross is imposed to the one who is defeated in the competition of power. Therefore, in the story of Jesus, the cross paradoxically denies the vision of power. Jesus cannot be seen as power because of the cross. As long as Jesus is seen as a power, He is only a loser. Therefore, the Jesus who appears on the cross is Jesus of the truth. Jesus' cross paradoxically shows the disclosure of the truth. Faith in Jesus through the cross is unveiled as the freedom of the truth.

III.0605. 예수님으로 자유가 말해지면, 예수님의 십자가 죽음으로 자유가 차단되었다고 할 수 없습니다. 그러므로 예수님으로 자유는 예수님의 십자가로 드러남이라고 보아져야 합니다. 예수님의 자유는 십자가로 절단되는 예수님 수명의 표현이라고 할 수 없습니다. 그보다 하나님과 함께하는 생명의 표현입니다. 예수님의 십자가 죽음은 하나님의 뜻에 순종임으로, 예수님의 십자가 죽음으로 하나님과 함께하는 생명은 드러납니다. 예수님의 십자가 죽음으로 수명으로 표현되는 자유가 아닌 생명으로 표현되는 자유가 드러납니다. 즉 예수님의 십자가 죽음은 세상 힘에 속박되는 부자유이기보다 하나님과 함께하는 생명으로 드러나는 자유입니다.

If freedom is spoken of through Jesus, it cannot be said that freedom was blocked by Jesus' death on the cross. Therefore, freedom through Jesus must be seen as the disclosure through His cross. Jesus' freedom cannot be said to be an expression of Jesus' lifespan cut off by the cross. Rather, it is the expression of life of being together with God. Since Jesus' death on the cross is obedience to God's will, life of being together with God is revealed through Jesus' death on the cross. Through Jesus' death on the cross, not the freedom expressed through lifespan but the freedom expressed through life is unveiled. In other words, Jesus' death on the cross is freedom unveiled with life of being together with God rather than an unfreedom bound by worldly power.

III.0606. 예수님의 십자가는 수명의 부자유이지만, 생명의 자유를 보입니다. 생명은 십자가로 분명하게 드러나기 때문입니다. 씨는 토양에서 죽음으로 싹을 틔웁니다. 씨의 생명은 죽음으로 틔우는 싹으로 보입니다. 씨는 겉모양으로 나무토막과 구별되지 않습니다. 씨가 살아있는지 죽은지는 토양에서 싹틔우는 것으로 판별됩니다. 이렇게 씨의 죽음은 생명의 드러남입니다. 예수님의 십자가 죽음은 씨의 죽음과 같이 수명이 아닌 생명을 보입니다. 예수님의 세상 수명에 가려진 예수님의 생명이 십자가로 완연히 보이게 됩니다. 즉 예수님은 십자가로 수명이 아닌 생명으로 보아지게 됩니다.

Jesus's cross is an unfreedom of lifespan, but it shows the freedom of life. Because life is clearly revealed through the cross. The seed sprouts from the soil to death. The life of the seed is seen as a sprout that sprouts into death. Seed is indistinguishable from wood chip by its appearance. Whether a seed is alive or dead can be determined by its sprouting from the soil. In this way, the death of the seed is the disclosure of life. Jesus' death on the cross, like the death of a seed, shows not lifespan but life. Jesus' life, hidden by His worldly lifespan, becomes clearly visible through the cross. In other words, Jesus is seen not as lifespan but life through the cross.

III.0607. 예수님의 말씀 안에 거함은 예수님의 십자가를 거쳐야 됩니다. 예수님의 십자가를 거친 이들이 예수님의 제자들이 됩니다. 그러면 예수님의 말씀 안에 거함이나 예수님의 제자가 됨은 복음서에 등장하는 예수님의 제자들로 보이지 않습니다. 복음서에 보는 예수님의 제자들은 수명의 예수님을 따르는 이들입니다. 그들은 예수님이 구속될 때 도망갑니다. 그러나 복음서에 서사되는 예수님은 십자가를 거친 예수님이십니다. 수명이 아닌 생명으로 서사되는 예수님이십니다. 그렇기에 예수님은 참 생명의 자유로 서사됩니다. 복음서는 수명으로 서술되지 않는 생명으로 예수님을 서사합니다.

Abiding in Jesus' word must go through His cross. Those who have gone through Jesus' cross come become His disciples. Then, abiding in Jesus' cross or becoming His disciples is not seen as His disciples who appear in the Gospel. Jesus' disciples in the Gospel are those who followed Jesus of lifespan. They ran away when Jesus was arrested. However, the Jesus narrated in the Gospel is the Jesus who went through the cross. He is Jesus, narrated not by lifespan but by life. That is why Jesus is narrated as the freedom of true life. The Gospel narrates Jesus as life that is not described with lifespan.

III.0608. 십자가에 죽으신 예수님의 제자들 됨은 생명의 예수님의 제자들 됨입니다. 생명의 제자들은 참 제자들이고 참을 압니다. 따라서 그들은 자유를 누립니다. 십자가를 거친 생명의 자유를 누립니다. 복음서에 언급된 참과 자유는 십자가를 거칩니다. 수명으로 표현되는 참과 자유가 아닙니다. 그래서 예수님은 예수님 말씀 안에 거하는 제자들을 말씀하십니다. 십자가에 죽으신 예수님의 말씀에 거하는 이들은 진정 예수님의 제자들입니다. 그들은 참 생명으로 자유롭게 삽니다. 십자가를 거친 그들을 속박할 힘은 없습니다. 복음서는 예수님이 십자가에 죽으신 후 제자들이 예수님을 생명의 자유로 서사한 것입니다.

Being the disciples of Jesus who died on the cross is becoming the disciples of Jesus of life. The disciples of life are true disciples and know the truth. Thus, they cherish freedom. They cherish the freedom of life through the cross. The truth and freedom mentioned in the Gospel pass through the cross. These not the truth and freedom expressed by lifespan. So, Jesus speaks of the disciples who abide in His word. Those who abide by the word of Jesus who died on the cross are indeed His disciples. They live freely with true life. There is no power to bind those who have gone through the cross. The Gospel is the story of Jesus as the freedom of life by His disciples after He died on the cross.

Ⅲ.0609. 복음서에서 자유는 십자가를 거친 점에서 역설적입니다. 세상에서 수명으로 누릴 수 없는 것입니다. 이 점을 복음서를 읽는 분들이 고려하지 않습니다. 그들은 세상에 사신 예수님을 따른다고 여깁니다. 예수님을 믿는 것은 세상에 사신 예수님을 따르는 것이라고 그들은 여깁니다. 이것은 그들이 종교적으로 복음서를 읽는 결과입니다. 그들은 복음서가 어떻게 써졌는지 고려하지 않습니다. 복음서가 제자들이 십자가를 거친 예수님을 성령님의 인도하심으로 기억하며 서사한 것임을 고려하지 않습니다. 복음서에 쓰인 자유는 십자가를 거치는 여정으로 보인다는 것을 고려하지 않습니다.

In the Gospel, freedom is paradoxical in that it passes through the cross. It is something that cannot be cherished with a lifetime in the world. The readers of the Gospel do not take this into account. They consider themselves following Jesus who lived in the world. They think that believing in Jesus means following Jesus who lived in the world. This is a result of their religious reading of the Gospel. They do not consider how the Gospel was written. They do not take into account that the Gospel was narrated by the disciples in the remembrance of Jesus who had gone through the cross under the guidance of the Holy Spirit. They do not take into account that the freedom written in the Gospel appears to be the journey through the cross.

III.0610. 십자가를 거치는 자유는 세상의 수명으로 누릴 수 없습니다. 세상 수명은 십자가상에서 죽기 때문입니다. 따라서 하나님과 함께하는 언약에서 온전히 다루어집니다. 십자가를 거친 자유는 언약의 자유입니다. 언약의 시각에서 의미 있게 서사됩니다. 따라서 복음서를 언약의 시각으로 보지 않고 종교적으로 이해하는 이들은 억지 해석을 보입니다. 십자가는, 아무리 종교적으로 이해되더라도, 세상에서 자유로 보아질 수 없습니다. 세상에서 십자가는 형틀입니다. 형틀에서 잔인하게 처형당한 사람에게 자유를 언급하는 것은 자가당착입니다. 십자가는 어떻게 이해되든 종교적인 내용을 줄 수 없습니다.

The freedom of going through the cross cannot be cherished with the lifespan of the world, for lifespan in the world dies on the cross. Therefore, it is wholly dealt with in the covenant of being together with God. The freedom that goes through the cross is the freedom of the covenant. It is meaningfully written from the perspective of the covenant. Therefore, those who do not view the Gospel from the covenant perspective but understand it religiously display a forced interpretation. The cross, no matter how religiously understood, cannot be seen as freedom in the world. In the world, the cross is a frame of punishment. It is self-contradictory to talk about freedom to someone who was brutally executed on the scaffold. The cross, no matter how it is understood, cannot give any religious content.

III.0611. 앞에 인용한 요한복음 8:31-32는 십자가를 지신 예수님이 하신 말씀으로 읽어져야 합니다. 십자가를 전제하지 않고 그 말씀을 생각하면, 예수님의 말씀 안에 거하는 제자들은 전혀 자유로울 수 없습니다. 그들은 십자가에 처형당한 예수님으로 인해 두려움 가운데 숨어 있었습니다. 아무도 십자가에 처형당한 예수님의 말씀 안에 거하는 것이 자유를 누리는 것이라고 여기지 않습니다. 그러므로 십자가를 전제하며 예수님의 말씀 안에 거함으로 누리게 되는 자유를 생각해야 합니다. 십자가를 거치는 자유는 진정한 자유일 수 있습니다. 물론 예수님의 말씀 안에 거함은 성령님의 인도하심에 의합니다.

John 8:31-32, quoted earlier, should be read as the words announced by Jesus who has taken the cross. If the words are thought about without presupposing the cross, the disciples who abide in Jesus' cross cannot be free at all. They were hiding in fear because of Jesus being crucified. No one thinks that abiding in the words of the crucified Jesus means cherishing freedom. Therefore, freedom which can be cherished by abiding in Jesus' words under the presupposition of the cross. The freedom that goes through the cross can be genuine freedom. Of course, abiding in the words of Jesus is due to the guidance of the Holy Spirit.

III.0612. 육신의 수명으로 누리는 자유는 십자가로 차단됩니다. 십자가는 그런 자유를 차단하기 위해 세워졌습니다. 따라서 십자가를 거친 자유는 영적으로 인도된 자유여야 합니다. 예수님께서 하나님의 뜻을 따라 십자가로 가셨으니, 예수님을 십자가로 따르는 제자들은 하나님의 영으로 인도됩니다. 하나님의 뜻과 하나님의 영으로 십자가를 말해짐으로, 십자가를 거치는 자유는 언약의 자유입니다. 따라서 십자가를 포함한 예수님의 이야기는 영적으로 서사됩니다. 즉 언약적으로 서사됩니다. 복음서는 예수님의 전반적 이야기를 하나님과 함께로 서사합니다. 복음서의 예수님은 언약의 예수님이십니다.

The freedom that is cherished during the physical lifespan is blocked by the cross. The cross was erected to block that freedom. Therefore, the freedom through the cross should be the freedom guided Spiritually. Since Jesus went to the cross according to God's will, the disciples who follow Jesus to the cross are guided by God's Spirit. As the cross is spoken of through God's will and God's Spirit, the freedom to go through the cross is the covenant freedom. Therefore, Jesus' story, including the cross, is narrated Spiritually. In other words, it is narrated covenantally. The Gospel narrates the overall story of Jesus in togetherness with God. The Jesus of the Gospel is the covenant Jesus.

III.0613. 십자가를 거치는 자유는 실존적인 자유일 수 없습니다. 실존적인 자유는 실존에 내재됩니다. 즉 실존은 자유로 펼쳐집니다. 실존을 표명하는 특징이 자유입니다. 그러나 실존적인 자유는 죽음으로 차단됩니다. 실존은 죽음에 대조된 자유입니다. 사람은 죽음에 직면하는 만큼 자유롭습니다. 죽음에 처하게 되는 실존이기 때문입니다. 죽음에 처함은 죽음을 거침과 다릅니다. 죽음에 처해지는 자유는 실존에 내재된 자유입니다. 실존이 자유로 표명되더라도, 실존의 자유는 단지 죽음에 처해집니다. 달리 말하면, 실존으로 표명되는 자유는 죽음의 소멸에 대비됩니다. 무無를 배경으로 실존은 자체의 자유로 보입니다.

The freedom that goes through the cross cannot be existential freedom. Existential freedom is inherent in existence. In other words, existence unfolds freedom. The characteristic that manifests existence is freedom. But existential freedom is blocked out by death. Existence is freedom versus death. One is free to the extent that he faces death, for it is existence that is encountered to death. Encountering death is different from going through death. The freedom of encountering death is inherent in existence. Even if existence is manifested as freedom, its freedom has only to be situated to death. Speaking differently, freedom manifested in existence is contrasted to the annihilation of death. Against the backdrop of nothingness, existence appears to be its own freedom.

III.0614. 실존은 예수님의 말씀 안에 거하는 내용이 아닙니다. 예수님의 말씀 안에 거하는 예수님의 제자가 되는 것은 실존적 표현일 수 없습니다. 실존은 죽음에 대조될 뿐, 예수님의 말씀 안에 거하지 않습니다. 예수님의 말씀 안에 거하는 것은 더 이상 죽음에 대조되지 않습니다. 죽음을 거친 예수님의 말씀 안에 거하기 때문입니다. 따라서 예수님의 제자로 보이는 자유는 실존적인 자유가 아닙니다. 예수님의 말씀 안에 거함과 죽음에 처해짐은 다른 근거를 보입니다. 따라서 그것들로 표현되는 자유는 달라질 수밖에 없습니다. 예수님의 말씀 안에 거함은 언약의 근거에 서는 것입니다.

Existence is not something that abides in Jesus' word. It cannot be an existential expression to be Jesus' disciples abiding in His word. Becoming Jesus' disciples who abides in His word cannot be an existential expression. Existence is only contrasted to death, but it does not abide in Jesus' word. Abiding in Jesus' word is no longer contrasted to death, for it is abiding Jesus' word who passed through death. Therefore, the freedom seen as Jesus' disciples is not existential freedom. Abiding in Jesus' word and being put to death have different grounds. Therefore, the freedom expressed by them is bound to be different. Abiding in Jesus' word is standing on the basis of the covenant.

III.0615. 예수님의 말씀 안에 거함으로 누리는 자유는 예수님의 말씀으로 이루어지는 자유입니다. 세상에 정착함으로 누리는 조건적인 자유나 실존적인 자유가 아닙니다. 예수님의 말씀으로 이루어지는 자유는 하나님과 함께하는 생명으로 드러나는 자유입니다. 즉 새 언약으로 이루어지는 자유입니다. 예수님의 제자들이 누리는 자유입니다. 달리 말하면 예수님의 제자들은 새 언약으로 이루지는 삶을 삽니다. 여기서 자유는 개인의 자유가 아닙니다. 새 언약의 백성이 누리는 자유입니다. 새 언약의 백성이 함께로 누리는 자유입니다. 개인들의 모임의 삶에서 보일 수 없는 자유입니다.

The freedom cherished by abiding in Jesus' word is the freedom fulfilled through His word. It is not a conditional or existential freedom enjoyed by settling down in the world. The freedom fulfilled with Jesus' word is the freedom unveiled through life of being together with God. That is, it is the freedom fulfilled through the new covenant. It is the freedom cherished by Jesus' disciples. In other words, Jesus' disciples live the life fulfilled by the new covenant. The freedom here is not individual freedom. It is the freedom cherished by the new covenant people. It is the freedom that is cherished by the new covenant people in togetherness. It is the freedom that cannot be seen in the gathering life of individuals.

III.0616. 예수님의 말씀 안에 거하는 자유, 곧 복음의 자유는 새 언약의 삶으로 드러납니다. 따라서 예수님을 따르는 제자들이 누리는 자유입니다. 새 언약의 백성이 누리는 자유입니다. 이 경우 새 언약의 백성은 구원의 백성입니다. 새 언약은 하나님께서 예수님으로 세우신 구원의 언약입니다. 따라서 새 언약의 백성은 구원의 자유를 누립니다. 그들은 영원한 생명의 자유를 누립니다. 영원한 생명의 자유는 십자가를 거치는 자유입니다. 십자가를 거치는 이들이라야 죽음의 속박으로부터 자유를 말할 수 있습니다. 즉 영원한 생명은 십자가에 죽으신 예수님을 믿는 믿음으로 누리게 됩니다. 예수님을 믿는 믿음은 십자가에 죽으신 예수님을 믿는 믿음입니다.

The freedom abiding in Jesus' word, that is, the freedom of the gospel, is disclosed in the new covenant life. Therefore, it is freedom cherished by the disciples who follow Jesus. It is the freedom cherished by the new covenant people. In this case, the new covenant people are the people of salvation. The new covenant is the covenant of salvation made by God through Jesus. Therefore, the new covenant people cherish the freedom of salvation. They cherish the freedom of eternal life. The freedom of eternal life is the freedom that goes through the cross. Only those who pass through the cross can speak of freedom from being bound by death. In other words, eternal life is cherished through faith in Jesus who died on the cross. Faith in Jesus is faith in Jesus who died on the cross.

III.0617. 예수님을 믿는 믿음은 죽음을 접하는 믿음이 아닌 죽음을 거치는 믿음입니다. 따라서 예수님을 믿는 믿음으로 누리는 자유도 죽음을 거치는 자유입니다. 따라서 죽음에 더 이상 속박되지 않습니다. 죽음을 거치지 않는 이들은 세상에서 조건적으로 살 수밖에 없습니다. 세상 조건은 죽음에 의해 야기되기 때문입니다. 따라서 사는 것은 죽음을 피하는 조건을 따르는 것입니다. 의식주 문제는 죽음을 피하는 조건을 갖추기 위함입니다. 생존으로 유지되는 자유는 조건적일 수밖에 없습니다. 따라서 죽음을 거친 예수님을 믿음은 조건적인 생존을 벗어나게 합니다. 영원한 생명의 자유는 죽음을 거친 예수님을 믿는 믿음으로 드러납니다.

Faith in Jesus is not a faith that encounters death but the faith that goes through death. Therefore, the freedom cherished through faith in Jesus is also freedom through death. Therefore, it is no longer subject to death. Those who do not pass through death have no choice but to live conditionally in this world, for world conditions are precipitated by death. Therefore, living is following the condition of avoiding death. The issue of food, clothing, and shelter is to provide conditions to avoid death. Freedom maintained through survival is bound to be conditional. Therefore, faith in Jesus who passed through death leads to being free from conditional survival. The freedom of eternal life is disclosed through faith in Jesus who passed through death.

III.0618. 복음서가 종교적으로 읽어지면, 예수님을 믿는 믿음은 종교적인 믿음이 됩니다. 개인의 마음에서 예수님을 믿는 믿음이 됩니다. 그러면 예수님은 종교적 창시자로 여겨짐으로, 예수님의 말씀은 죽음에 처해지게 됩니다. 따라서 예수님을 믿는 믿음은 육신으로 사신 예수님의 가르침에 집중되게 됩니다. 예수님은 좋은 가르침을 주셨지만 십자가에 죽으셨다고 하게 됩니다. 개인들의 종교적인 믿음은 영원한 생명과 무관합니다. 종교적인 믿음으로 사는 개인들은 죽을 것입니다. 따라서 예수님을 종교적으로 믿는 이들은 세상의 모든 종교인들과 같이 세상 조건에 처해집니다. 그들의 자유는 보통 사람들의 자유와 다르지 않습니다.

If the Gospel is read religiously, faith in Jesus becomes a religious faith. It becomes faith in Jesus in the individual mind. Then, since Jesus is regarded as founder of a religion, His word becomes subject to death.

Therefore, faith in Jesus is focused on the teachings of Jesus who lived in the flesh. It is said that Jesus gave good teachings, but He died on the cross. Individuals' religious beliefs have nothing to do with eternal life. Individuals who live by religious beliefs will die. Therefore, religious believers in Jesus are subject to worldly conditions like all religious people in the world. Their freedom is no different from that of ordinary people.

III.0619. 예수님이 보이신 자유는 구원의 언약으로 이루어지는 자유입니다. 하나님께서 함께하시는 약속으로 이루어지는 자유입니다. 하나님은 예수님을 세상에 보내셔서 자유를 그분 약속으로 주십니다. 예수님의 말씀 안에 거함은 하나님의 약속의 말씀에 거하는 것입니다. 곧 언약의 백성으로 사는 것을 뜻합니다. 이 때문에 요한복음 8:31-32는 하나님의 구원의 자유를 언약의 관점에서 잘 표현합니다. 예수님을 따르는 제자들은 하나님과 함께하는 언약의 백성으로 언약의 자유를 누립니다. 언약의 자유는 세상에서 누릴 수 없습니다. 조건적이나 실존적인 세상에 이루어지지 않기 때문입니다.

The freedom shown by Jesus is the freedom fulfilled through the covenant of salvation. It is freedom fulfilled through God's promise of togetherness. God, sending Jesus to the world, gives freedom as His promise. Abiding in Jesus' word is abiding in God's word of promise. That is, it means living as the covenant people. For this reason, John 8:31-32 well expresses God's freedom of salvation from the perspective of the covenant. The disciples who follow Jesus cherish the covenant freedom as the covenant people of being together with God. The covenant freedom cannot be cherished in the world, for it is not fulfilled in the conditional or existential world.

III.0620. 예수님의 이야기가 역사적으로 전개되면, 예수님의 십자가는 귀결이 됩니다. 그러나 예수님의 이야기가 언약으로 전개되면, 예수님의 십자가는 전제가 됩니다. 복음서를 기술한 예수님의 제자들은, 십자가를 지신 예수님을 믿으며, 예수님을 서사합니다. 따라서 십자가를 지신 예수님을 믿는 믿음은 종교적인 믿음일 수 없습니다. 예수님을 하나님과 함께로 믿는 언약의 믿음입니다. 그리고 예수님을 믿는 믿음으로 표현되는 자유는 언약의 자유입니다. 언약의 자유는 하나님의 약속으로 이루어집니다. 십자가를 거친 예수님은 언약의 예수님이십니다. 그러나 종교적으로 믿는 예수님은 십자가에 처한 예수님입니다.

If Jesus' story unfolds historically, His cross becomes the consequence. But if Jesus' story unfolds as the covenant, His cross becomes a premise. Jesus' disciples who wrote the Gospel narrated Him, believing in Him who bore the cross. Therefore, faith in Jesus who bore the cross cannot be religious faith. It is the covenant faith in Jesus of being together with God. And the freedom expressed through faith in Jesus is the covenant freedom. The covenant freedom is fulfilled with God's promise. Jesus who went through the cross is covenant Jesus. But Jesus who is believed religiously is Jesus who encountered the cross. The Jesus who went through the cross is the covenant Jesus. However, the Jesus who is believed in religiously is the Jesus who encountered the cross.

친구 Friend

III.0701. 예수님은 "네 이웃을 네 자신 같이 사랑하라"레위기 19:18는 구약의 계명을 이어서 "너희 원수를 사랑하라"마태복음 5:44로 나아갑니다. 예수님은 사랑이 이웃으로 머물지 않고 원수에까지 미치어야 한다고 가르치십니다. 구약에서 계명으로 들려주는 이웃 사랑은 일반적인 언급입니다. 이웃을 사랑하며 사는 것은 지혜로울 수 있습니다. 그러나 원수를 사랑하는 것은 지혜로 말해질 수 없습니다. 계명으로도 들려줄 수 없습니다. 지혜나 계명으로 들려지는 원수에 대한 사랑은 위선으로 이끌어집니다. 적의는 마음으로 맺어지기 때문입니다. 따라서 예수님의 사랑에 대한 가르침은 지혜나 계명을 넘어갑니다.

Jesus, succeeding the Old Testament commandment, "You shall love your neighbor as yourself"Leviticus 19:18, moves to His teaching, "Love your enemies."Matthew 5:44 Jesus teaches that love should extend not only to neighbors but also to enemies. Love of one's neighbor is a common commandment in the Old Testament. Living with love for your neighbors can be wise. But loving your enemies cannot be said to be wisdom. It cannot be told even as a commandment. Love for enemies, presented as wisdom or commandment, leads to hypocrisy, for enmity is formed in the mind. Therefore, Jesus' teaching about love goes beyond wisdom or commandment.

III.0702. 예수님의 가르침 가운데 선한 사마리아인의 비유가 있습니다.누가복음 10:25-37 어떤 율법교사가 예수님을 시험하려고 영생을 얻는 비결을 묻습니다. 예수님은 그에게 율법에 무엇이 기록되었는지 묻습니다. 그는 하나님에 대한 사랑과 이웃에 대한 사랑이라고 대답합니다. 예수님은 그렇게 행하라고 하십니다. 그러자 그는 "내 이웃이 누구니이까?"하고 묻습니다. 선한 사마리아인의 비유는 예수님께서 그 질문에 대한 대답으로 들려주십니다. 세상의 신분이나 직위를 고려하지 않고 사랑하는 사람이 이웃이라고 하십니다. 예수님은 사랑이 미치는 사람은 이웃이라고 대답하십니다.

Among Jesus' teachings is the parable of the Good Samaritan.Luke 10:25-37 A teacher of the law asked Jesus the secret to eternal life to test Him. Jesus asks him what is written in the law. He answers that it is love for God and love for neighbor. Jesus tells him to do that. Then he asked, "Who is my neighbor?" The parable of the Good Samaritan is told by Jesus as an answer to that question. Jesus says that people who love without considering their status or position in the world are their neighbors. Jesus answers that the people to whom love extends are neighbors.

III.0703. 예수님은 설정된 이웃에게 사랑이 부여되지 않고, 사랑으로 이웃이 이루어짐을 보이십니다. 사랑으로 이웃이 만들어지니, 사랑이 원수에까지 미쳐져야 한다고 하십니다. 여기서 예수님이 가르치시는 사랑의 우선성이 보입니다. 세상에서 조건적으로 설정된 여러 장벽을 사랑으로 극복하게 하십니다. 초대교회는 유대인과 헬라인, 빈부, 남녀, 노소의 구분 없이 이루어졌습니다. 이것은 예수님이 가르치신 사랑의 우선성의 결과입니다. 사랑이 원수에까지 미친다면, 사랑을 가로막을 어떤 장벽도 있을 수 없습니다. 여기서 사랑의 강도가 아닌 사랑의 우선성을 생각해야 됩니다. 개인이 누릴 높은 경지의 사랑을 예수님이 가르치지 않으셨습니다.

Jesus shows that love is not imposed on the neighbors who are set, but the neighbors are fulfilled through love. Jesus says that since neighbors are made through love, love should extend even to enemies. Here, the priority of love that Jesus teaches is seen. Jesus lets the various barriers that are set conditionally be overcome with love. The early church was fulfilled without the discrimination of Jews and Greeks, rich and poor, men and women, or old or young. This is the outcome of the priority of love taught by Jesus. If love extends even to enemies, there can be no barriers that can stand in the way of love. Here, not the intensity of love but the priority of love should be taken into consideration. Jesus did not teach the high level of love that an individual can enjoy.

III.0704. 요한복음은 이웃 사랑을 친구 사랑으로 바꿉니다. 예수님은 제자들에게 "내가 너희를 사랑한 것 같이 너희도 서로 사랑하라"요한복음 15:12는 계명을 주시고, 또 "사람이 친구를 위하여 자기 목숨을 버리면 이보다 더 큰 사랑이 없나니 너희는 내가 명하는 대로 행하면 곧 나의 친구라"요한복음 15:13-14고 하십니다. 예수님은 제자들을 사랑으로 친구가 되게 하십니다. 공관복음의 이웃에서 요한복음의 친구로 나아감에 주의해야 합니다. 이웃은 구약 전통에서 사랑의 대상입니다. 그러나 친구는 예수님으로 이루어지는 제자들로 말해집니다. 예수님과 제자들은 친구로 삽니다.

The Gospel of John changes love of neighbors into love of friends. Jesus gives the disciples the commandment, "You love one another as I have loved you"John 15:12, and He says, "Greater love has no one than this, than to lay down one's life for his friends. You are My friends if you do whatever I command you."John 15:13-14 Jesus lets His disciples be friends through love. The shift from neighbors of the Synoptic Gospels to friends of the Gospel of John is in need of attention. Neighbors are the objects of love in the Old Testament tradition. However, friends are said to be the disciples fulfilled with Jesus. Jesus and His disciples live as friends.

III.0705. 예수님은 새 언약의 백성을 친구로 말씀하십니다. 이웃에서 친구로 나아감이 결정적입니다. 이웃은 일반적으로 말해집니다. 군중도 이웃을 사랑합니다. 그러나 예수님의 제자들은 군중으로부터 예수님에게 나온 이들입니다. 따라서 그들은 군중으로 머물며 이웃이 되지 않습니다. 예수님께 나와 예수님을 따르는 친구가 됩니다. 예수님을 따르는 제자들은 서로 사랑하는 친구가 됩니다. 제자들은 서로 사랑하는 친구로 예수님을 따릅니다. 사랑하는 친구로 사는 삶이 예수님을 따르는 삶입니다. 사랑하는 친구로 사는 삶이 하나님과 함께하는 삶입니다. 예수님은 제자들을 새 언약의 친구로 부르십니다.

Jesus speaks of the new covenant people as friends. The shift from neighbor to friend is crucial. Neighbors are generally said. The multitudes also love their neighbors. But Jesus' disciples are those who came from the multitudes to Him. Therefore, they do not become neighbors remaining in the multitudes. They come to Jesus to be friends of Him whom they follow. The disciples who follow Jesus become friends who love one another. They, as friends of loving one another, follow Jesus. The life of living as friends of loving is the life of following Jesus. The life of living as friends of loving is the life of being together with God.

Jesus calls the disciples as the new covenant friends.

III.0706. 구약에서 언약의 백성은 아브라함의 후손, 곧 이스라엘 백성입니다. 그들은 혈연적으로 연계된 언약의 백성입니다. 혈연적으로 맺어진 언약의 백성은 세상 속성을 반영합니다. 따라서 그들의 삶은 세상 삶입니다. 그들은 세상 나라로 삽니다. 세상 속성으로 특정 지어지는 언약의 백성은 세상에서 갈림을 보입니다. 세상 속성으로 갈림은 세상에서 갈등과 분쟁을 초래합니다. 이 점은 구약의 서사에 잘 반영되어 있습니다. 즉 구약은 아브라함의 후손으로 이스라엘 백성이 가나안 땅에서 갈등과 분쟁 가운데 지내다, 결국 그들의 삶은 붕괴되고 그들은 흩어지게 되는 것을 보입니다. 구약은 세상 속성으로 규정된 언약의 백성이 문제인 것을 보입니다.

In the Old Testament, the covenant people are Abraham's descendants, the Israelites. They are the covenant people related by blood. The covenant people who are related by blood reflect the nature of the world. Therefore, their life is a worldly life. They live in a worldly kingdom. The covenant people, who are characterized by worldly attributes, are divided in the world. Division as a worldly attribute brings out conflict and strife in the world. This point is well reflected in the Old Testament narrative. In other words, the Old Testament shows that the Israelites, descendants of Abraham, lived in conflict and strife in the land of Canaan, and eventually their life collapsed and they were scattered. The Old Testament shows that the problem is with the covenant people defined by worldly attributes.

III.0707. 하나님과 함께하는 언약의 백성을 세상 속성으로 규정하는 것은 문제입니다. 세상 속성은 어떻든 세상의 다른 속성과 상호작용을 할 수밖에 없습니다. 구약에 이스라엘 백성은, 가나안 땅에서 거주하려고 하면서, 끊임없는 전쟁의 소용돌이 속에 빠져듭니다. 그들은 하나님께서 세상에 조건적으로 처한 그들을 지켜주신다고 여기지만, 그들의 상황은 그렇게 가지 않습니다. 하나님께서 그렇게 하시면, 하나님은 특정한 세상 속성에 개입하게 됩니다. 하나님의 개입은 창조주로서 섭리에 위배됩니다. 하나님의 함께는 세상의 개입일 수 없습니다. 하나님의 개입은 하나님의 창조 섭리에 맞지 않습니다.

It is problematic to set the covenant people of being together with God by the worldly attributes. Whatever the nature of the world, it is bound to interact with other properties of the world. In the Old Testament, the Israelites fell into a vortex of constant war while trying to live in the land of Canaan. Although they think that God keeps them who are under the condition of the world, their situation does not go that way. They think that God keeps them from their conditional situation in the world, but their situation does not go that way. If God does that, He becomes intervened into certain world properties. God's intervention is contrary to His providence as the Creator. God's togetherness cannot be the intervention of the world. God's intervention does not fit God's providence of creation.

III.0708. 세상 사람들이 하나님의 함께를 그들의 세상 상태로 말하는 것은 문제입니다. 언약의 백성도 세상에서 사니, 그들의 세상 상태로 하나님과 함께를 말하려고 합니다. 이스라엘 백성이 아브라함의 후손과 가나안 땅으로 하나님의 백성이라고 하는 것이 그렇습니다. 세상에 처한 언약의 백성이 하나님과 함께를 말하려 할 때, 이 경향을 벗어날 수 없습니다. 세상에 사는 사람은 하나님의 함께를 그들이 처한 상태로 말할 수밖에 없습니다. 지역민이 수호신을 섬기는 것이 이 연유입니다. 수호신은 지역민의 처한 조건에 의해 설정됩니다. 지역민의 수호신은 지역민을 보전하기 위해 설정됩니다.

It is problematic for the people in the world to talk about God's togetherness as their state of the world. As the covenant people also live in the world, they try to talk about God's togetherness through their state in the world. So is the Israelites' claim that they are God's people as the descendants of Abraham and the land of Canaan. When the covenant people who are situated in the world talk about being together with God, they cannot escape this tendency. People living in the world have no choice but to speak of God's togetherness in their situation. This is why local people worship their guardian deities. The guardian god is set by the conditions of the regional people. The guardian god of the regional people is set to preserve the regional people.

III.0709. 성경이 창조와 타락으로 시작함으로, 언약의 백성도 창조로부터 타락되었다는 것을 시사합니다. 그리고 언약의 하나님은 창조주로 확언되게 합니다. 언약의 하나님이 창조주시면, 단순히 지역적인 수호신으로 간주될 수 없습니다. 하나님은 특정한 세상 상태로 함께를 보일 수 없습니다. 창조주 하나님과 타락된 인간이 먼저 다루어짐으로, 언약의 백성은 세상 조건으로 설정될 수 없습니다. 아브라함의 후손인 이스라엘 백성도 아담의 후예로 타락되었습니다. 그러므로 하나님과 그들의 함께는 온전히 말해질 수 없습니다. 하나님의 함께는 타락된 상태로 확언될 수 없습니다.

As the Bible begins with creation and the fall, it implies that the covenant people have also fallen from creation. And it lets the covenant God be affirmed to be the Creator. If the covenant God is the Creator, He cannot be simply considered a regional guardian diety. God cannot show

His togetherness in terms of a particular world state. As God, the Creator, and the fallen man are priorly dealt with, the covenant people cannot be set by the worldly condition. The Israelites, the descendants of Abraham, have also fallen as the descendants of Adam. Therefore, togetherness of God and them cannot be told wholly. God's togetherness cannot be affirmed in any fallen state.

III.0710. 창조와 타락의 시각으로 볼 때, 가나안 땅에 거주하는 이스라엘 백성이 온전히 하나님과 함께하는 언약의 백성일 수 없음이 인정됩니다. 즉 구약의 창조와 타락은 이스라엘 백성의 언약의 삶을 재조명하게 합니다. 그들은 자신들이 하나님과 함께하는 언약의 백성이라고 하지만, 그들의 주장이 그들의 생각일 뿐입니다. 하나님에 의해 창조된 사람이 타락되어 하나님과 함께할 수 없으면, 이스라엘 백성이 주장하는 하나님과 함께는 근거가 없습니다. 이렇게 구약의 창조와 타락은 사람이 창조주 하나님과 함께할 수 없음을 보입니다. 즉 사람이 창조된 세상에서 살려고 하면, 하나님과 함께할 수 없습니다. 그는 타락되었기 때문입니다.

Seen from the perspective of creation and the fall, it is conceded that the Israelites inhabited in the land of Canaan cannot be the covenant people of being together with God wholly. In other words, the creation and fall of the Old Testament let the covenant life of the Israelites reexamined. Although they claim that they are the covenant people of being together with God, their claim is nothing but their thought. If man created by God has fallen so that he cannot be together with God, the Israelites' claim of being together with God has no basis. In this way, the creation and fall of the Old Testament show that man cannot be together with God, the Creator. That is, if a person tries to live in the created world, he cannot be together with God. Because he has fallen.

III.0711. 하나님과 함께하는 언약은 창조와 타락을 염두에 두고 새롭게 생각되어야 합니다. 사람들이 세상에 어떻게 살든 하나님과 함께할 수 없다면, 하나님과 함께는 구약과는 달리 생각되어야 합니다. 하나님과 함께는 구약에서 시작되는 창조로 전개될 수 없습니다. 창조된 인간은 타락됨으로 하나님과 함께할 수 없습니다. 이것이 구약이 보이는 결론입니다. 그러나 사람들은 창조된 인간으로 타락된 세상에서 삽니다. 이 설정에서 하나님과 함께는 새롭게 말해져야 합니다. 창조주 하나님과 타락된 인간의 함께 와는 다른 시각으로 하나님과 함께가 말해져야 합니다. 즉 함께하시는 하나님은 창조주 하나님과 다른 시각으로 다루어져야 합니다.

The covenant of being together with God must be rethought with creation and the fall. If man, no matter how he lives in the world, cannot be together with God, togetherness with God must be thought of differently from the Old Testament. Togetherness with God cannot unfold with creation with which the Old Testament begins. The created man cannot be together with God because he has fallen. This is the conclusion of the Old Testament. But people as created men live in the fallen world. In this setting, togetherness with God must be spoken of anew. Togetherness with God must be spoken of from the different perspective than the togetherness of God, the Creator, and fallen men. In other words, the God who is together should be treated from a different perspective than God, the Creator.

III.0712. 요한복음은 서두에서 창조 전 하나님과 함께한 말씀으로 전개합니다. 즉 하나님과 함께를 창조 전 말씀으로 전개합니다. 하나님과 함께는 창조 후의 인간이 아닌 창조 전의 말씀으로 다루어진다는 것을 확언합니다. 이렇게 요한복음은 하나님과 함께를 창조 전의 예정으로 다룹니다. 창조와 타락으로 이어지는 구약의 반전을 보입니다. 하나님과 함께가 창조 후에 다루어질 수 없으면, 창조 전에 다루어져야 합니다. 즉 하나님의 함께는 창조 전 하나님의 예정된 뜻으로 말해집니다. 그리고 하나님의 함께는 창조 전 하나님과 함께한 말씀에 담아집니다. 창조 전 하나님의 함께는 타락된 세상 조건에 구애되지 않습니다.

The Gospel of John, in its prologue, begins with the Word who was together with God before creation. In other words, it generates togetherness with God as the Word before creation. It affirms that togetherness with God is treated as the Word before creation, not as man after creation. In this way, the Gospel of John treats togetherness with God as predestination before creation. It shows the reversal of the Old Testament, leading to creation and the fall. If togetherness with God cannot be dealt with after creation, it must be dealt with before creation. That is, God's togetherness is said to be His predestinated will before creation. And God's togetherness is contained in the Word of being together with Him. God's togetherness before creation is not hindered by the conditions of the fallen world.

III.0713. 창조 전 하나님과 함께한 말씀은 성육신으로 세상에 오십니다. 따라서 세상에서 하나님과 함께는 성육신으로 말해집니다. 세상에서 하나님과 함께는 성육신으로 오신 예수님으로 말해집니다. 창조된 사람들은 타락되어 하나님과 함께할 수 없지만, 성육신의 예수님으로 하나님과 함께하게 됩니다. 요한복음은 성육신으로 세상에서 하나님의 함께를 궁극적으로 표현합니다. 요한복음은 마태복음과 누가복음에서 예수님의 탄생으로 하나님의 함께를 다루는 것과 달리 예정으로 하나님의 함께를 다룹니다. 요한복음은 예수님이 창조 전에 하나님과 함께한 말씀이 육신이 되신 분이라고 확언합니다. 예수님으로 원천적인 하나님의 함께를 말합니다.

The Word of being together with God before creation has come to the world through incarnation. Thus, togetherness with God in the world is said through incarnation. Togetherness with God in the world is spoken of with Jesus who has come as incarnation. Although the created men cannot be together with God because they have fallen, they become together with God through the incarnation of Jesus. The Gospel of John ultimately expresses God's togetherness in the world through the incarnation. The Gospel of John deals with God's togetherness through predestination, unlike the Gospels of Matthew and Luke, which deal with God's togetherness through the birth of Jesus. The Gospel of John affirms that Jesus is the One who has become flesh of the Word of being together with God before creation. It speaks of God's fundamental togetherness through Jesus.

III.0714. 창조 전 예정으로 하나님의 함께는 타락된 세상에서 볼 때 구원입니다. 하나님의 함께는 세상에서 누리게 될 복된 상태이기보다 구원입니다. 타락된 상태에서 누리는 복도 타락된 상태로 머뭅니다. 하나님의 함께는 타락된 상태에서 명시될 수 없습니다. 하나님의 함께는 타락된 상태로부터 구원입니다. 구원은 창조 전 하나님의 예정된 뜻으로 말해집니다. 하나님의 함께는 구원으로 드러나지 세상에서 누리는 복으로 보이지 않습니다. 따라서 하나님의 함께는 세상의 좋음으로 말해질 수 없습니다. 예수님의 십자가는 이 점을 보입니다. 예수님의 십자가는 하나님의 함께와 구원으로 다루어집니다.

God's togetherness as predestination before creation is salvation seen
from the fallen world. God's togetherness is salvation rather than a bless-
ed state to be cherished in this world. The blessings cherished in the
fallen state also remain as the fallen state. God's togetherness cannot be
specified in the fallen state. God's togetherness is salvation from the fall-
en state. Salvation is said to be God's predestinated will before creation.
God's togetherness is disclosed as salvation, but it is not seen as bless-
ings cherished in the world. Therefore, God's togetherness cannot be said
to be the goodness of the world. Jesus' cross shows this. Jesus' cross is
treated God's togetherness and salvation.

Ⅲ.0715. 여기서 성육신으로 임한 하나님의 사랑이 생각되게 됩니다: "하
나님이 세상을 이처럼 사랑하사 독생자를 주셨으니 이는 그를 믿는 자마다
멸망하지 아니하고 영생을 얻게 하려 하심이라."요한복음 3:16 이 구절은 타락
된 세상에 임한 구원의 명시적 표현입니다. 구원은 하나님의 사랑이 예수님
으로 임하면서 개시됩니다. 성육신의 예수님으로 하나님의 사랑이 임함에
따라 사랑으로 이루어지는 구원이 말해집니다. 예수님을 믿는 이들은 서로
사랑합니다. 따라서 사랑은 예정된 구원의 시각으로 보아져야 합니다. 사랑
은 하나님께서 구원으로 보이시는 것입니다. 성경에서 사랑은 하나님의 예
정된 구원의 사랑으로 보아져야 합니다.

Here, God's love in the incarnation is reminded: "For God so loved the
world that He gave His only Son, so that everyone who believes in Him
may not perish but may have eternal life."John 3:16 This verse is a clear
expression of salvation in the fallen world. Salvation is initiated as God's
love comes in Jesus. As God's love comes through the incarnate Jesus,
salvation fulfilled through love is spoken of. Those who believe in Jesus

love one another. Therefore, love must be seen from the perspective of predestinated salvation. Love is what God shows as salvation. In the Bible, love must be seen as God's predestinated love of salvation.

III.0716. 구원으로 임하는 사랑은 사람들을 친구로 살게 합니다. 따라서 성경에서 친구는 사랑과 구원으로 다루어집니다. 친구, 사랑, 구원은 같이 생각됩니다. 친구와 사랑이 구원과 상관없이 말해지면, 친구와 사랑은 세속적인 가까움으로 여겨집니다. 보통 사람들은 세속적인 사랑으로 세속적인 친구가 되어 삽니다. 세속적인 친구는 경계를 보입니다. 세속적인 사랑이 경계를 보이기 때문입니다. 그러나 구원의 사랑은 세상에서 설정된 어떤 경계도 넘어갑니다. 구원의 사랑으로 사는 이들은 친구입니다. 세상 조건을 배제하고 서로 사랑하는 이들은 친구입니다. 이와 반대로 세상 조건을 고려하며 서로 사랑하는 이들은 관계될 뿐입니다.

The love that comes as salvation lets people live as friends. Therefore, in the Bible, friends are treated with love and salvation. Friends, love, and salvation are thought of together. When friends and love are spoken of without reference to salvation, they are seen as worldly closeness. Ordinary people live as worldly friends through worldly love. Worldly friends are wary, for worldly love shows boundaries. But saving love goes beyond any boundaries set in the world. Those who live with saving love are friends. Those who love one another without worldly conditions are friends. On the contrary, those who love one another with consideration for world conditions are only related.

III.0717. 예수님은 친구를 새 언약의 백성으로 말씀하십니다. 예수님의 친구는 구원의 친구입니다. 그들은 세속적인 가까움을 보이지 않고, 구원의 사랑을 드러냅니다. 성육신의 예수님은 친구로 세상에 오셨습니다. 하나님의 사랑으로 세상에 오셨기 때문입니다. 타락된 속성에 갇혀 있는 사람들에게 예수님은 하나님의 사랑을 보이십니다. 그들을 속성으로부터 사랑으로 나오게 합니다. 예수님의 제자들은 속성으로부터 사랑으로 나온 이들입니다. 여기서 사랑은 속성이 아닌 함께입니다. 하나님의 사랑은 하나님의 함께입니다. 따라서 사랑의 친구는 함께의 친구입니다. 친구는 '나'를 중심으로 하는 위성이 아닙니다.

Jesus speaks of friends as the new covenant people. Jesus' friends are the friends of salvation. They do not show worldly closeness but unveil saving love. Jesus of incarnation has come to the world as a friend, for He has come into the world for God's love. Jesus shows God's love to those who are trapped in their fallen nature. Jesus lets them out of attributes into love. Jesus' disciples are those who come to love from their nature. Here love is not an attribute but togetherness. God's love is God's togetherness. Therefore, friends in love are friends in togetherness. Friends are not satellites centered on 'me'.

III.0718. 사람들은 구원을 '나'의 구원으로 생각하기 때문에, 구원이 하나님의 사랑의 임함으로 친구가 되는 것이라고 여기지 않습니다. 친구를 생각하더라도 '나'가 누구와 친구가 되는 것이라고 생각합니다. 구원의 사랑에 대해선, '나'가 원수까지 사랑하게 되는 것이라고 여깁니다. 그들은 '나'의 구원에 집착하기 때문에, 구원에 이르지 못합니다. 타락된 '나'에 집착하는 한, 타락된 '나'를 벗어나지 못합니다. 그러나 '나'의 구원은 있을 수 없습니다. '나'는 타락된 '나'이기 때문입니다. '나'가 어떻게 되어도, '나'는 타락된 '나'입니다. 죽음은 '나'로 맞이됩니다. 즉 '나'는 죽음을 벗어날 수 없습니다. '나'는 영원한 생명을 누릴 수 없습니다.

Because people think of salvation as 'my' salvation, they do not think of salvation as becoming friends through the coming of God's love. Even when they think of friends, they think of whom 'I' become friends with. Regarding the love of salvation, they believe that 'I' come to love even my enemies. Because they are obsessed with 'my' salvation, they cannot be reached to salvation. As long as they are obsessed with the fallen 'I,' they cannot escape the fallen 'I'. However, there can be no salvation for 'me,' for 'I' am the fallen 'I.' No matter what happens to 'I,' 'I' am the fallen 'I.' Death is encountered as 'me.' In other words, 'I' cannot escape death. 'I' cannot cherish eternal life.

III.0719. '나'는 '나'로부터 친구로 구원됩니다. '나'로부터 함께로 구원됩니다. 구원은 '나'로 말해질 수 없습니다. 구원은 '나'에게 임합니다. 구원은 '나'로 이루어지지만, '나'의 구원은 아닙니다. 친구로 사는 삶은 더 이상 '나'의 삶이 아닙니다. 친구로서 사랑은 '나'로부터 나오지 않기 때문입니다. 친구가 되는 사랑은 '나'의 사랑이 아닙니다. 성육신의 예수님에게 접함으로 나오는 사랑입니다. 친구는 성육신의 예수님으로부터 자라는 가지라고 할 수 있습니다. 사랑은 성육신으로 세상에 오신 예수님의 생명입니다. 창조 전 하나님과 함께하는 말씀에 내재된 생명입니다. 따라서 성육신의 예수님으로부터 자란 가지로 보입니다.

'I' is saved to be a friend from 'me'. 'I' is saved from 'me' to togetherness. Salvation cannot be said of 'me'. Salvation comes to 'me.' Salvation is fulfilled through 'me,' but it is not 'my' salvation. The life of being friends is no longer 'my' life, for love as a friend does not come from 'me.' The love of being friends is not 'my' love. It is the love that comes from contact with the incarnate Jesus. Friends can be said to be branches grown from the incarnate Jesus. Love is the life of Jesus who has come to the world through incarnation. It is life inherent in the Word of being together with God before creation. Therefore, it appears to be branches grown from the incarnate Jesus.

III.0720. 예수님은 제자들이 서로 사랑함으로 친구가 되도록 가르치십니다. 예수님의 가르침은 그들로 '나'로부터 나오게 합니다. 예수님을 따름은 '나'로부터 나오는 것입니다. '나'를 견지하는 이들은 예수님을 따를 수 없습니다. 예수님의 제자들이 십자가로 가시는 예수님을 버린 장면에서 봅니다. 그들이 '나'를 견지하는 한 예수님을 따르지 못합니다. 따라서 하나님과 함께할 수 없습니다. 그들이 '나'를 견지하는 한, 성육신의 예수님과 무관합니다. '나'는 '나'의 속성으로 세상에 속합니다. 그러나 '나'가 예수님의 사랑에 접해지면, 더 이상 '나'가 아니라 친구입니다. 친구로 사는 삶은 '나'의 구원을 뜻하지 않습니다. 구원은 언약으로 제기되지 타락된 '나'로 제기되지 않습니다.

Jesus teaches His disciples to be friends by loving one another. Jesus' teachings make them come out of 'me.' Following Jesus comes out of 'me.' Those who hold on to 'me' cannot follow Jesus. This is seen in the scene where Jesus' disciples abandoned Him on His way to the cross. As long as they hold on to 'me', they cannot follow Jesus. Therefore, they cannot be together with God. As long as they maintain 'I', they have nothing to do with the incarnate Jesus. 'I', with 'my' attribute, belongs to the world. However, when 'I' come into contact with Jesus' love, I am no longer 'me' but a friend. Living as a friend does not mean 'my' salvation. Salvation is brought about by the covenant, not by the fallen 'me.'

III. 8
· · · ·

선교 Mission

III.0801. "선교"는 복음과 연계된 특유한 말입니다. 복음을 선포하는 사역에 종사하는 것을 뜻합니다. 복음, 곧 좋은 소식의 파급에 종사하는 것이 선교입니다. 복음은 선포됨으로, 복음이 미치는 곳에 복음의 삶이 싹틉니다. 즉 복음이 미침으로, 새 생명이 싹틉니다. 선교는 싹트는 새 생명의 파급을 뜻합니다. 영원한 생명, 혹은 새 생명의 싹틈은 새로움입니다. 세상에서 볼 수 없었던 것입니다. 이렇게 선교는 새 생명으로 선교이고 새로움으로 선교입니다. 복음의 언어로 싹트는 새 생명을 파급합니다. 새로움의 파급입니다. 따라서 선교가 복음과 새 생명에 대한 것임을 잊지 말아야 합니다.

"Mission" is a unique word connected to the gospel. It means engaging in the ministry of proclaiming the gospel. Mission is concerned with spreading the gospel, that is, good news. As the gospel is proclaimed, the life of the gospel sprouts where the gospel reaches. In other words, as the gospel spreads, new life sprouts. Mission means spreading new life that sprouts. Eternal life, or the sprout of new life, is newness. It was something the world had never seen before. In this way, mission is mission with new life and mission with newness. It spreads new life sprouting through the language of the gospel. It is a ripple of newness. Therefore, it should not be forgotten that mission is about the gospel and new life.

III.0802. 선교는 종교적인 확장을 뜻하지 않습니다. 세상 속성을 파급하는 것은 선교가 아닙니다. 수명으로 표현되는 것은 속성이니, 확장적입니다. 종교도 수명의 속성이니, 종교적인 활동은 확장으로 표현됩니다. 특정한 속성의 확장은 영향력을 줍니다. 따라서 세력을 보입니다. 종교적인 확장도 세력을 보입니다. 종교가 정치와 결탁하거나 충돌하는 것은 둘 다 세력으로 표현되기 때문입니다. 세상에서 표현되는 속성은 서로 결탁하거나 충돌합니다. 이렇게 세상은 요동합니다. 세력을 지님은 특정한 속성에 의해 세상이 진행되는 것을 뜻합니다. 따라서 사람들은 지닌 속성으로 세력을 표현하게 되는 것을 삶의 목표로 설정합니다.

Mission does not mean religious expansion. Spreading worldly attributes is not missionary work. What is expressed as lifespan is an attribute, so it is expansive. Religion is also an attribute of lifespan, so religious activities are expressed as expansion. Expansion of certain properties gives influence. So it shows power. Religious expansion also shows power. Religion colludes or conflicts with politics because both are expressed as power. The properties expressed in the world collude or conflict with one another. This is how the world shakes. The properties expressed in the world collude or conflict with each other. Therefore, people set it as their goal for them to come to express power through their attributes.

III.0803. 사람이 세력을 보이려고 하는 것은 선교일 수 없습니다. 복음은 생명을 알리는 좋은 소식임으로, 수명의 속성으로 파급되지 않습니다. 따라서 세상에 새로움으로 드러나지만, 세력으로 표현되지 않습니다. 수명 가운데 생명의 싹틈은 세력으로 표현되지 않습니다. 그리스도교가 세상에 드러남은 세력으로 표현되지 않습니다. 영원한 생명은 속성을 지니지 않습니다. 따라서 세상에 영향력을 보이지 않습니다. 복음서에서 예수님은 세상에 영향력을 보이지 않습니다. 예수님은 불치의 병자를 고치셨지만, 그것을 자신의 세력으로 보이지 않으십니다. 예수님은 십자가에 죽으심으로 세력의 예수님이 아님을 보이십니다.

A person trying to show power cannot be a missionary. Because the gospel is good news that announces life, it does not spread through the attributes of lifespan. Therefore, it is disclosed as newness, but it is not expressed as power. The bud of life amid the lifespan is not expressed as power. The disclosure of Christianity to the world is not expressed as power. Eternal life has no attribute. Therefore, it has no influence on the world. In the Gospel, Jesus shows no influence on the world. Jesus heals the incurably sick, but He does not show it as His own power. By dying on the cross, Jesus shows that He is not the Jesus of power.

III.0804. 예수님께서 하나님 나라로 복음을 선포하심은 복음이 세상 속성으로 표현될 수 없다는 것을 보입니다. 구약에 보이듯 하나님의 말씀이 세상 나라로 표현되면, 세력을 드러내기 마련입니다. 예수님은 하나님 나라의 복음을 선포하심으로, 세력으로 표현될 수 없는 좋은 소식을 알리십니다. 세력으로 표현되지 않는 영원한 생명을 보이십니다. 예수님의 이야기인 복음은 영성으로 서사됩니다. 복음이 지성으로 서술되면, 속성을 반영할 수밖에 없습니다. 그러면 예수님은 특정한 속성을 세상에 보인다고 하게 됩니다. 예수님을 종교적 창시자로 보게 되면, 특정한 종교성을 가르친다고 하게 됩니다.

Jesus' proclamation of the gospel as the kingdom of God shows that the gospel cannot be expressed through worldly attributes. If God's word is expressed by the kingdom of the world as seen in the Old Testament, it is bound to expose power. By proclaiming the gospel of the kingdom of God, Jesus announces good news that cannot be expressed through power. Jesus shows eternal life, which is not expressed in power. The Gospel, the story of Jesus, is narrated through Spirituality. If the Gospel is written in terms of intellectuality, it cannot help but reflect attributes. Then, Jesus is said to show certain attributes to the world. If Jesus is seen as the founder of religion, He is said to teach a certain religiosity.

III.0805. 종교적 가르침이나 지혜의 가르침은 직접적으로 혹은 간접적으로 세상에서 세력을 보이기 마련입니다. 그것이 좋은 쪽으로 세력을 보이기에, 사람들은 그것을 환호합니다. 성현이나 성인은 세상에 좋은 영향을 남기기 때문에, 성현이나 성인으로 칭송됩니다. 그들은 칭송되는 영향력을 보이기에, 세력을 지닌다고 하게 됩니다. 인류에 위대한 업적으로 남긴 이들은 그 만큼 세상에 영향을 남깁니다. 그들이 남긴 위대한 업적의 영향으로 보통 사람들의 속성은 계발됩니다. 그들의 위대한 업적은 인류의 진로를 열어줍니다. 교육은 위대한 인물들이 남긴 업적의 집대성입니다. 이 점에서 그들의 영향력은 세력으로 여겨집니다. 세상에서 영향력은 세력으로 보입니다.

Religious teachings or wisdom teachings tend to exert influence in the world either directly or indirectly. People cheer it because it shows power for good. Since sages or saints leave a good influence on the world, they are praised so, They are said to have power because they show an influence that is admired. Those who have made great works on humanity leave a significant impact on the world. The attributes of ordinary people are developed under the influence of their great works. Their great achievements pave the way for humanity. Education is a culmination of the achievements of great people. In this respect, their influence is considered a power. In the world, influence is seen as power.

III.0806. 그리스도교가 로마 제국의 국교가 됨에 따라, 그리스도교의 파급은 세력의 확장으로 보이게 됩니다. 따라서 그에 대한 반사적인 저항에 부딪칩니다. 이것은 그리스도교가 선교적이 아니기 때문에 초래된 결과입니다. 정복적으로 표현되는 것은 그것에 대한 저항을 마주치기 마련입니다. 로마 제국의 국교로 그리스도교는 종교적인 속성과 정치적인 속성이 합쳐짐으로 세상에 군림하게 됩니다. 중세 시대에 보듯이 그리스도교가 막강한 세력으로 치닫게 됨으로, 종교 전쟁과 종교 재판을 유발합니다. 전쟁과 재판은 속성이 세력을 입어 보이는 극단적인 표현입니다. 그리스도교는 전쟁과 재판으로 빠져드는 속성에 몰입되어 왔습니다.

As Christianity became the state religion of the Roman Empire, its spread was seen as an expansion of its power. Therefore, it encounters a reflexive resistance to it. This is the result of Christianity not being missionary. Anything expressed in a conquering way is bound to encounter resistance. As the official religion of the Roman Empire, Christianity dominated the world by combining religious and political attributes. As seen in the Middle Ages, as Christianity is driven by its mighty power, it brings out the religious wars and religious inquisitions. War and trial are extreme expressions of property showing power. Christianity has become immersed in the nature of war and trial.

III.0807. 그리스도교가 로마 제국의 국교가 되면서 내려온 전통은 역설적으로 그리스도교가 세상 나라로 연계될 수 없음을 보입니다. 그러면서 그리스도교가 종교적일 수 없음을 부각합니다. 종교는 세상 나라의 국교가 될 수 있습니다. 종교는 속성의 표현이기 때문입니다. 그러나 그리스도교는 예수님께서 하나님 나라의 복음을 선포하시며 이루어진 것임으로, 세상 나라와 부합될 수 없습니다. 하나님의 나라는 세상 나라로 서술될 수 없습니다. 예수님은 하나님 나라의 그리스도이지 세상 나라의 메시아가 아닙니다. 즉 세상 나라에선 "그리스도"라는 말이 의미 없습니다. 그리스도는 하나님 나라로만 고백됩니다. 종교적인 용어가 아닙니다.

The tradition that has come down since Christianity became the state religion of the Roman Empire paradoxically shows that Christianity cannot be connected to the kingdoms of the world. At the same time, it emphasizes that Christianity cannot be religious. A religion can become the state religion of a worldly country, for religion is an expression of attributes. However, since Christianity was fulfilled through Jesus proclaiming the gospel of the kingdom of God, it cannot conform to the kingdoms of the world. The kingdom of God cannot be described as the kingdom of the world. Jesus is the Christ of the kingdom of God, not the Messiah of the kingdom of the world. In other words, the word "Christ" has no meaning in the kingdom of the world. Christ is confessed only as the kingdom of God. It's not a religious term.

III.0808. 국가 종교에는 선교가 의미 없습니다. 세상 나라나 종교는 복음과 무관하기 때문입니다. 세상 나라나 종교는 속성을 다룸으로, 속성을 통제하거나 확장하려 합니다. 특정한 속성을 신장하는 것은 선교가 아닙니다. 국가의 경계를 넘어 딴 지역으로 종교를 파급하는 것은 확장이지 선교가 아닙니다. 국가 종교는 특성을 보입니다. 특성은 어떻게든 규정되게 됩니다.

교리의 등장이나 이단의 정죄는 규정된 특성을 단적으로 보입니다. 율법과 같이 규정된 내용은 선교적일 수 없습니다. 국가 권력에 의해 집행됩니다. 율법이 선교적이 아니듯, 교리도 선교적이 아닙니다. 교리는 신봉하는 개인들을 모을 뿐입니다.

Mission has no meaning in national religions, for the kingdom of the world or religion is irrelevant to the gospel. As the kingdom of the world or religion deals with attributes, it tries to control or expand them. Developing specific attributes is not missionary work. Spreading religion beyond national boundaries to other regions is expansion, not missionary work. National religions exhibit their characteristics. Their characteristics become defined somehow. The emergence of doctrine or the condemnation of heresy directly shows the defining characteristics. The content prescribed like the law cannot be missionary. It is executed by state power. The law is not missionary; likewise, doctrine is not. A doctrine only gathers its adherent individuals.

III.0809. 선교는 공간적보다 시간적으로 보아져야 합니다. 선교는 영원한 생명으로 혹은 새 생명으로 이루어지기 때문입니다. 생명은 시간으로 자랍니다. 씨는. 어느 곳에서 자라든, 시간으로 자라는 생명을 보입니다. 씨는 공간적으로 뿌려지지만, 시간적으로 싹트고 자라 열매 맺습니다. 예수님으로 하나님 나라의 복음은 씨로 세상에 뿌려집니다. 사도들은 복음의 씨를 온 세상에 뿌립니다. 그들은 땅 끝까지 복음의 씨를 뿌립니다. 여기서 땅 끝까지는 복음의 씨가 제외될 영역이 없다는 뜻입니다. 복음은 어디에서나 뿌려져야 된다는 뜻입니다. 어디서나 뿌려진 복음의 씨는 자라고 열매 맺습니다. 씨는 공간에 뿌려지지만 시간으로 자라고 열매 맺습니다.

Mission should be viewed temporally rather than spatially, for it is fulfilled into eternal life or new life. Life grows with time. Seed, no matter where it grows, it shows life growing with time. Seeds are sown in space, but they germinate, grow, and bear fruit in time. Through Jesus, the gospel of God's kingdom is sown in the world as a seed. The apostles sow the seeds of the gospel all over the world. They sow the seeds of the gospel to the end of the earth. Here, the end of the world means that there is no region where the seed of the gospel is excluded. This means that the gospel must be spread everywhere. The seeds of the gospel sown everywhere grow and bear fruit. Seeds are sown in space, but they grow and bear fruit over time.

III.0810. 교리를 신봉하는 개인들을 모으는 것은 공간적으로 확장을 보일 수 있습니다. 어느 지역이든 가르쳐지는 교리로 예수님을 믿는다고 하는 개인들을 모을 수 있습니다. 지금도 그리스도인들은 이웃이나 먼 지역에 있는 예수님을 모르는 이들을 예수님을 믿게 한다고 합니다. 그러나 이런 시도는 초대 사도들이 보인 선교와 다릅니다. 사도들이 보인 땅 끝까지 선교는 교리를 가르친 것이 아니라 복음의 씨를 뿌린 것입니다. 복음의 씨는 생명으로 자랍니다. 그러나 교리로 굳혀진 내용은 의식을 지배하여 지속되게 합니다. 교리는 율법과 같이 자라는 생명이 아닙니다. 복음을 교리로 이해한 이들은 개인들로 굳혀진 상태를 유지합니다.

It can show the expansion in space to gather individuals of espousing a doctrine. It is possible to gather the individuals who claim to believe in Jesus with the doctrine which is taught everywhere. Even now, Christians say that they make people who do not know Jesus in their neighbors or distant areas believe in Jesus. However, this attempt is different from the missionary work of the early apostles. The apostles' mission to the end of the earth was not to teach doctrine but to sow the seeds of the gospel. The seeds of the gospel grow with its life. However, what is solidified as doctrine dominates consciousness and continues. Doctrine, like the law, is not a life that grows. Those who understand the gospel as a doctrine remain entrenched as individuals.

III.0811. 하나님 나라는 선교적이지만, 세상 나라는 정복적입니다. 그리스도교가 세상 나라의 종교가 되면, 정복적으로 보입니다. 세상 나라는 시간보다 공간적으로 설정됩니다. 세상 나라는 차지하는 국토를 분명히 밝히지만, 어떻게 될 것은 규정하지 않습니다. 규정된 법은 상태를 유지하는 것만 밝힙니다. 세상 나라는 단지 존속하지만, 자라지 않습니다. 세상 나라에 시간적인 의미를 줄 수 없습니다. 역사적으로 연구되는 과거의 제국은 단지 얼마나 존속했는지 기록됩니다. 세상 나라의 국교로 그리스도교는 세상 나라와 같이 시간성을 잃게 됩니다. 종교성은 시간으로 자라지 않습니다.

The kingdom of God is missionary, but the kingdom of the world is conquering. If Christianity comes to be the state religion of the kingdom of the world, it appears conquering. The kingdom of the world is set in space rather than in time. The kingdom of the world clarifies its occupied land, but it does not specify what it will be. The prescribed law only clarifies what maintains the state of affairs. The kingdom of the world simply persists, but do not grow. The temporal meaning cannot be given to the kingdoms of the world. Past empires studied historically are recorded only for how long they lasted. Christianity as the state religion of the kingdom of the world, like the kingdom of the world, loses its temporality. Religiosity does not grow with time.

Ⅲ.0812. 하나님 나라는 공간으로 규정될 수 없습니다. 종말론적으로 다루어집니다. 하나님 나라로 사는 삶은 시간적인 자람으로 보입니다. 시간으로 자라는 생명으로 어우러집니다. 하나님 나라로 사는 삶은 시간으로 자라는 생명으로 드러납니다. 하나님 나라를 어떤 형태로든 공간적인 유대관계로 설정하는 것은 문제입니다. 공간에 어떤 형태로 명시하는 것은 지속을 의도합니다. 수명과는 달리 새 생명은 시간으로 열려 있습니다. 씨에 공간성을 부여하는 것은 뜻이 없습니다. 하나님 나라는 씨와 같은 생명의 자람으로 보아져야 합니다. 생명이 누려지지 않는 한, 하나님 나라의 언급은 무의미합니다.

The kingdom of God cannot be defined by space. It is treated eschatologically. Then life of the kingdom of God appears to be growth over time. It blends into life that grows with time. The life of the kingdom of God is disclosed with the life that grows with time. It is problematic to set the kingdom of God as any spatial relationship in any form. The specification of any form in space is intended to sustain. Unlike lifespan, new life is open to time. It makes no sense to assign spatiality to seeds. The kingdom of God should be seen as the growth of life, like a seed. The mention of the kingdom of God is meaningless unless life is cherished.

Ⅲ.0813. 씨 뿌림의 선교는 생명의 말씀으로만 이루어집니다. 즉 선교는 복음을 선포하는 것으로만 이루어집니다. 종교적 가르침은 듣는 이들로 깨닫게 하는 것입니다. 그러나 복음의 선포는 복음에 담긴 생명의 씨를 뿌리는 것입니다. 듣는 이들의 반응을 염두에 두지 않습니다. 종교는 가르침을 듣는 이들을 깨닫게 합니다. 개인들이 종교적인 가르침을 들어 깨닫게 되는 것이 종교적인 가르침의 목표입니다. 그러나 선교는 개인들로 깨닫게 하는 내용이 없습니다. 개인들에게 생명을 심어줍니다. 따라서 선교로 보이는 것

은 생명이지 깨달음이 아닙니다. 즉 개인들로 듣게 하는 것은 선교에 없습니다.

The mission of sowing seeds is fulfilled only through the word of life. In other words, mission is only fulfilled with the proclamation of the gospel. Religious teachings are meant to enlighten those who hear them. However, the proclamation of the gospel is sowing the seeds of life contained in the gospel. It is not concerned with the response of its hearers. Religion enlightens those who listen to its teachings. The goal of religious teachings is for individuals to become enlightened by listening to religious teachings. But the mission has no content that lets individuals be awakened. It plants life to them. Thus, what is shown through the mission is not awakening but life. In other words, in the mission, there is nothing to let individuals be heard.

III.0814. 종교적인 가르침으로 개인들의 종교성은 계발됩니다. 그렇지만 개인들의 독자성은 그대로 유지됩니다. 그들은 종교적인 가르침으로 깨닫거나 않거나 합니다. 그러나 선교는 개인성이 유지되게 하지 않습니다. 선교로 보이는 것은 생명이지 개인성이 아닙니다. 토양이 어떻든 콩을 뿌리면 콩이 자랍니다. 즉 콩이 심어진 터전은 콩밭이 됩니다. 그와 같이 복음이 뿌려지는 터전은 복음 밭이 됩니다. 복음이 뿌려진 복음 밭이 하나님 나라입니다. 여기서 복음 밭은 공간에 지정된 구역을 뜻하지 않습니다. 어디에 어떻게 흩어져 있든 하나님 나라는 복음 밭으로 보입니다. 선교로 자라는 생명은 복음 밭을 보입니다.

The religiosity of Individuals is developed by religious teaching. However, their individuality is maintained as it is. They are awakened or not by religious teaching. But mission does not let individuality be maintained. What is seen by the mission is not individuality but life. Whatever the soil, if beans are sown, they will grow. In other words, the land where soybeans are planted becomes a soybean field. In this way, the ground where the gospel is sown becomes the gospel field. The gospel field where the gospel is sown is the kingdom of God. Here, the gospel field does not mean a designated area in space. No matter where and how they are scattered, they appear to be the field of the gospel called the kingdom of God. The life that grows through the mission shows the gospel field.

Ⅲ.0815. 세상 나라에는 개인성이 유지됩니다. 즉 세상 나라는 개인들로 이루어집니다. 그러나 하나님 나라에는 개인성이 나타나지 않습니다. 하나님의 나라는 개인의 수명이 아닌 영원의 생명으로 이루어지기 때문입니다. 하나님 나라라는 복음 밭에 열매 맺어지는 것은 영원한 생명입니다. 영원한 생명은 씨로 영속합니다. 그러나 개인들로 구성되는 세상 나라는 그렇지 않습니다. 지구상에는 많은 세상 나라가 일어났고 사라졌습니다. 세상 나라는 세상의 변화에 따라 요동하기 마련입니다. 즉 세상 나라는 조건적임으로 영속성이 언급될 수 없습니다. 세상 나라는 조건적으로 일어나고 사라집니다.

In the kingdom of the world, individuality is maintained. In other words, the kingdom of the world consists of individuals. However, individuality does not appear in the kingdom of God, for the kingdom of God is not fulfilled with individual lifespan but fulfilled with eternal life. Bearing fruit in the gospel field called the kingdom of God is eternal life. Eternal life perpetuates through seeds. But this is not the case with the worldly kingdom, which consists of individuals. Many kingdoms of the world have arisen and passed away on earth. The kingdom of the world is bound to fluctuate according to changes in the world. In other words, the kingdom of the world is conditional, so perpetuity cannot be mentioned. The kingdoms of the world arise and disappear conditionally.

III.0816. 선교는 씨를 뿌리는 것과 같습니다. 복음이 생명을 지님으로 씨와 같이 뿌려집니다. 즉 복음으로 예수님의 이야기는 선교로 역사합니다. 예수님이 세상에 사신 건 선교적입니다. 예수님은 하나님과 함께하는 생명으로 세상에 오셨습니다. 그리고 예수님의 십자가 죽음은 씨의 죽음입니다. 즉 예수님의 십자가 죽음은 선교적입니다. 이것은 예수님의 말씀에서 볼 수 있습니다: "내가 진실로 너희에게 이르노니 한 알의 밀이 땅에 떨어져 죽지 아니하면 한 알 그대로 있고 죽으면 많은 열매를 맺느니라."요한복음 12:24 예수님의 십자가 죽음은 생명의 시각에서 선교적입니다.

Mission is like sowing seeds. The gospel is sown like a seed because it has life. In other words, Jesus' story as the gospel works as mission. Jesus' life in the world was missionary. Jesus came to the world as life of being together with God. And Jesus' death on the cross is the death of seed. In other words, Jesus' death on the cross was missionary. This can be seen in Jesus' saying, "Very truly, I tell you, unless a grain of wheat falls into the earth and dies, it remains just a single grain; but if it dies, it bears much fruit."John 12:24 Jesus' death on the cross is missionary from the perspective of life.

III.0817. 언약의 시각에서 예수님을 생명으로 보아질 때, 선교가 말해집니다. 예수님께서 제자들에게 선교의 사역을 맡기신 것은 생명의 나눔을 뜻합니다. 예수님의 제자들은 생명으로 말해집니다. 즉 복음의 제자들입니다. 예수님으로 존재 이야기가 아닌 생명 이야기가 말해짐에 됨에 따라, 언약의 선교가 등장하게 됩니다. 그렇지 않으면 선교는 세상 속성의 파급으로만 다루어질 것입니다. 사람들이 종사하는 사역은 속성을 전파하는 것입니다. 예수님이 종교 창시자로 여겨지면, 예수님의 종교성을 파급하는 것이 선교가 됩니다. 예수님이 하나님과 함께로 서사되지 않으면, 단지 세상의 예수님으로만 서술되어야 합니다.

When Jesus is seen as life from the perspective of the covenant, mission is spoken of. It means the sharing of life for Jesus to entrust the work of mission to the disciples. Jesus' disciples are spoken of as life. In other words, they are the disciples of the gospel. As the story of life rather than the story of existence is told through Jesus, the covenant mission emerges. Otherwise, mission will be only treated as a ripple effect of worldly attributes. The work in which people engage is to spread the attributes. If Jesus is considered the founder of religion, the missionary work is to spread Jesus' religiosity. If Jesus is not narrated as being together with God, He must only be described as the Jesus of the world.

III.0818. 예수님으로 생명의 선교는 구원의 선교입니다. 문제가 없는 세상을 위한 선교이거나 세상의 문제를 풀기 위한 선교가 아닙니다. 세상의 문제 풀기는 구원이 아닙니다. 세상의 문제 풀기는 단지 세상의 나은 방향을 향한 움직임에 불과합니다. 사람들은 세상에서 부단히 나은 방향으로 나아가기 위해 노력합니다. 그러나 구원은 노력의 결실로 올 수 없습니다. 세상을 바꾸는 것은 구원이 아니고, 선교는 세상을 바꾸기 위함이 아닙니다. 예수님의 제자들이 예수님을 따라 나설 때, 그들은 예수님이 세상의 변화를 주도하실 것으로 생각했습니다. 그들은 예수님을 세상의 시각으로 바라보았습니다. 그들은 구원보다 혁명을 바랐습니다.

The mission of life through Jesus is the mission of salvation. It is not a mission for the world without problems or a mission to solve the world's problems. Solving the world's problems is not salvation. Solving the world's problems is merely a movement toward a better direction for the world. People constantly strive to move in a better direction in the world. But salvation cannot come as a result of effort. Changing the world is not salvation, and mission is not meant to change the world. When Jesus' disciples started to follow Jesus, they thought that Jesus would be in charge of the change of the world. They looked at Jesus from the world's perspective. They hoped for revolution rather than salvation.

III.0819. 예수님으로 생명의 구원은 선교적입니다. 그러나 종교적으로 말해지는 구원은 선교적이 아닙니다. 죽은 후에 천국이나 극락을 상상하는 것은 선교가 아닙니다. 사람들은 오래 동안 죽은 후의 천국이나 극락을 종교적으로 상상해왔습니다. 따라서 죽은 후의 천국이나 극락은 선교의 내용이 아닙니다. 그것은 개인에게 들려주는 내용이기 때문입니다. 개인은 자신이 죽은 후에 천국이나 극락을 가길 바랍니다. 따라서 죽은 후의 천국이나 극락은 개인에게 적용됩니다. 개인은 죽음에 종속되어 살기 때문입니다. 따라서 죽은 후의 천국이나 극락은 개인을 향한 가르침의 내용임으로, 선교적일 수 없습니다.

Salvation of life through Jesus is missionary. But salvation as it is spoken of religiously is not missionary. Imagining the kingdom of heaven or paradise after death is not missionary work. People have a long time religiously imagined the kingdom of heaven or paradise after death. Therefore, the kingdom of heaven or paradise is not the content of missionary work, for it is something that is told to individuals. Individuals wish to go to the kingdom of heaven or paradise after they die. Therefore, the kingdom of heaven or paradise after death applies to individuals, for they live under the subjection to death. Therefore, the kingdom of heaven or paradise after death cannot be missionary because it is the content of teaching directed to individuals.

III.0820. 개인이 독자성을 의식하기에, 죽기 전엔 세상에서 열심히 살아 죽은 후에 천국이나 극락에 가길 바랍니다. 죽음은 개인으로 맞이합니다. 따라서 죽은 후의 천국이나 극락은 개인의 상상입니다. 죽음에 종속된 개인의 상상입니다. 그러나 그런 상상은 개인성을 유지함으로, 구원의 내용일 수 없습니다. 개인이 죽은 후에 천국이나 극락에 간다고 상상하는 것은 구원의 의식일 수 없습니다. 개인으로 구원을 다루지 않는 것이 예수님을 구원자로 말하는 뜻입니다. 구원자 예수님으로 파급되는 구원은 선교적입니다. 선교로 드러나는 구원의 삶은 개인의 삶일 수 없습니다. 개인들을 모으는 것은 선교가 아닙니다.

Because individuals are conscious of their identity, they hope to live diligently in this world before they die and then go to heaven or paradise after death. Death is encountered as an individual. Therefore, the kingdom of heaven or paradise after death is an individual's imagination. It is the imagination of an individual subject to death. But because such imagination maintains individuality, it cannot be the content of salvation. It cannot be the consciousness of salvation for an individual to imagine himself going to the kingdom of heaven or paradise after death. Not dealing with salvation individually means talking about Jesus as the Savior. The salvation that comes through Jesus, the Savior, is missionary. The life of salvation disclosed through missionary work cannot be an individual life. Gathering individuals is not mission.

III. 9
· · · ·

그리스도 Christ

III.0901. 그리스도교는 "그리스도"라는 말에 기인됩니다. "그리스도"는 아람어 "메시아"의 그리스어 표기입니다. "메시아"는 기름 부음을 뜻합니다. 구약 시대 왕들이나 제사장들은 기름 부음의 의식으로 그들 자리에 취임되었습니다. 따라서 "메시아"는 왕권이나 제사장직을 뜻합니다. 이 경우 기름 부음은 언약의 관점에서 의미 있습니다. 단순한 예식이 아닙니다. 지금 대통령은 법이 제정한 대로 취임식을 거침으로 대통령 직에 오릅니다. 기름 부음은 언약에서 설정됩니다. "메시아"는 하나님으로부터 기름부음을 받는 뜻입니다. 하나님으로부터 기름부음은 율법으로 규정됩니다. 그렇더라도 언약의 근거에서 보아져야 합니다. 하나님의 함께로 표현되기 때문입니다.

Christianity is originated from the word, "Christ." "Christ" is the Greek inscription of the Aramaic word, "Messiah." "Messiah" means anointing. In Old Testament times, kings and priests were inaugurated into their positions through a ritual of anointing. Therefore, "Messiah" means kingship or priesthood. In this case, the anointing is meaningful from the covenant perspective. It is not just a ritual. Currently, the president takes office through an inauguration ceremony as established by law. The anointing is established in the covenant. "Messiah" means anointed by

God. The anointing from God is regulated by the law. Even so, it must be seen on the basis of the covenant, for it is expressed as God's togetherness.

III.0902. 메시아는 언약에 근거하기에 예언적인 뜻을 띱니다. 언약은 이루어질 약속으로 주어집니다. 언약의 기름부음은 하나님의 약속의 이루어짐으로 표현됩니다. 그러나 기름 부음의 예식 자체는 그런 이루어짐의 뜻이 없습니다. 사람이 규정한 대로 보이면 되기 때문입니다. 이 때문에 기름 부음으로 왕에 오르는 것은 취임식을 거쳐 대통령에 오르는 것 같이 생각될 수 없습니다. 대통령 직에 취임은 이루어지는 뜻이 없습니다. 구약에서 왕과 제사장들의 문제는 세상 나라의 통치제도를 이어가기 때문에 제기됩니다. 즉 메시아의 다스리는 내용이 세상 나라의 지속으로 표현되니, 하나님께서 약속으로 이루시는 내용이 반영되지 않습니다.

The Messiah has a prophetic meaning because it is based on the covenant. The covenant is given as a promise to be fulfilled. The covenant anointing is expressed as the fulfillment of God's promise. However, the ritual of anointing itself has no such meaning of fulfillment, for it is only to be shown by its regulation. For this reason, becoming a king through anointing cannot be thought of as becoming a president through an inauguration ceremony. The inauguration of the presidency has no meaning fulfillment. In the Old Testament, the problem of kings and priests arises because they continue the ruling system of the kingdom of the world. In other words, since the content of the reigning of the Messiah is expressed as the continuation of the kingdom of the world, the content of the fulfillment of God's promise is not reflected in it.

Ⅲ.0903. 세상 나라로 사는 건 지속의 문제입니다. 세상을 사는 것은 지속 적입니다. 따라서 율법과 같은 지속의 내용으로 세상 삶이 이어집니다. 율법은 고정된 존속을 보이게 합니다. 그러나 하나님의 언약은 이루어지는 내용입니다. 구약의 통치는 하나님의 언약에 의한 메시아가 아닌 율법에 의해 규정된 메시아로 이어집니다. 따라서 메시아는 세상 나라의 통치의 뜻을 벗어나지 않습니다. 구약의 내용은 하나님의 언약의 삶이라고 하지만, 세상 나라의 삶과 별 다를 바 없습니다. 구약의 통치자는 세상 나라의 통치자와 별 다를 바 없습니다. 이 때문에 구약은 쉽게 읽어집니다. 조건적인 세상 삶을 그대로 반영하기 때문입니다.

It is a matter of sustenance to live in the kingdom of the world. It is sustenance to live in the world. Therefore, the worldly life is sustained by the content of continuation like the law. The law makes the fixed sustenance appear. However, God's covenant is the content of fulfillment. The reign of the Old Testament leads not to the Messiah according to God's covenant but to the Messiah regulated by the law. Therefore, the Messiah does not deviate from the will of ruling the kingdoms of the world. The content of the Old Testament is said to be God's covenant life, but it is no different from the life of the kingdoms of the world. The rulers of the Old Testament are no different from the rulers of the kingdom of the world. This makes the Old Testament easy to read. This is because it reflects the conditional life of the world.

Ⅲ.0904. 이스라엘 백성의 나라가 망하게 되면서, 메시아에 대한 예언이 나옵니다. 통치제제가 붕괴되니, 지속하는 메시아가 아닌 도래할 메시아가 언급되게 됩니다. 도래할 메시아를 말하는 것은 결국 언약에 근거합니다. 하나님께서 메시아를 이스라엘 백성에게 보내실 것이 예언으로 들려집

니다. 그러나 그들이 기대하는 메시아는 세상 나라의 통치자입니다. 예수님 시대 유대인들이 그러합니다. 그들은 세상 나라 삶만이 생각하기 때문입니다. 이 점에서 그들은 단지 이전에 살았던 세상 나라의 회복을 바랍니다. 그들이 세상 나라로 하나님과 함께를 원하니, 그들의 하나님과 함께는 배타적으로 표현되게 됩니다.

As the kingdom of the Israelites falls, the prophecy of the Messiah comes out. As the ruling system collapses, the coming Messiah, not the continuing Messiah, is mentioned. Talking about the coming Messiah is eventually based on the covenant. It is prophesied that God will send the Messiah to the Israelites. However, the Messiah they expect is the ruler of the kingdoms of the world. The Jews of Jesus' time are like that, for they only think about life in the kingdom of world. In this respect, they simply hope for the restoration of the kingdom of the world in which they formerly lived. Since they want to be together with God in the kingdom of the world, their being together with God becomes an exclusive expression.

III.0905. 언약으로 약속된 메시아는 다시 예언으로 들려지지만, 상황은 전혀 변하지 않았습니다. 구약에서 이어지는 이스라엘 백성의 삶은 세상 나라로 이루어지고, 예수님 시대 유대인들도 세상 나라로 메시아를 고대합니다. 세상 나라의 메시아에게 언약의 내용은 부여되게 되지 않습니다. 세상 나라의 통치는 세상 조건에 반영되기 때문입니다. 세상 나라는 하나님과 함께하는 언약의 삶일 수 없습니다. 세상 나라는 세상 조건으로 지속되기 때문입니다. 세상 조건의 유리함으로 하나님의 함께를 말하는 것은 하나님의 개입을 뜻합니다. 하나님의 개입은 하나님의 창조 질서에 개입을 뜻합니다.

Even though the Messiah promised in the covenant was once again heard as prophecy, the situation did not change at all. The life of the Israelites in the Old Testament consisted of the kingdom of the world, and the Jews of Jesus' time also looked forward to the Messiah as the kingdom of the world. The covenant content is not given to the Messiah of the kingdom of the world, for the rule of the kingdom of the world is reflected in the worldly conditions. The kingdom of the world cannot be the covenant life of being together with God, for it is sustained under the worldly conditions. Talking about God's togetherness through favorable world conditions means God's intervention. God's intervention means intervention in His created order.

III.0906. 하나님의 함께는 하나님의 개입일 수 없습니다. 하나님이 개입하는 쪽으로 창조가 진행될 수 없습니다. 그리고 세상 나라는 타락한 세상에서 형성됩니다. 따라서 세상 나라로 하나님의 개입은 타락된 상태에 머뭅니다. 이것은 하나님께서 말씀으로 함께하시는 뜻이 아닙니다. 달리 말하면 하나님의 함께는 세상 나라로 말해질 수 없습니다. 메시아는 세상 나라의 통치자일 수 없습니다. 세상 나라로 하나님께서 함께하시는 메시아가 도래되기를 바라는 것은 단지 구약의 삶의 재현을 위함입니다. 구약의 삶이 하나님과 함께하는 온전한 언약의 삶이 아니면, 메시아는 세상 나라의 통치자로 도래할 것이라고 할 수 없습니다.

God's togetherness cannot be His intervention. Creation cannot be processed in the direction of God's intervention. And the kingdom of the world is formed in the fallen world. Therefore, God's intervention into the kingdom of the world remains in the fallen state. This is not the meaning of God's togetherness through His word. In other words, God's togetherness cannot be spoken of by the kingdom of the world. The

Messiah cannot be the ruler of the kingdom of the world. Hoping for the coming of the Messiah with whom God is together as the kingdom of the world is simply for the sake of the recapitulation of the life of the Old Testament. If the life of the Old Testament not the wholesome covenant life of being together with God, it cannot be said that the Messiah will come as the ruler of the kingdom of the world.

III.0907. 메시아의 도래에 대해선 메시아가 언제 오는가 하는 질문보다 메시아가 누구인가가 결정적입니다. 세상 나라의 메시아를 바라는 유대인들의 메시아는 아직 도래하지 않았습니다. 예수님은 하나님의 나라가 임함을 복음으로 선포하시며 사역을 시작하십니다. 예수님이 선포하시는 것은 하나님 나라로 세상에 드러납니다. 따라서 예수님과 연관된 메시아는 세상 나라가 아닌 하나님 나라의 메시아입니다. 예수님으로 메시아를 바라보는 시각은 달라져야 합니다. 예수님으로 메시아는 구약에서 보는 세상 나라의 메시아와 다릅니다. 예수님은 세상 나라를 언급하지 않으시기 때문입니다.

For the coming of the Messiah, the question of who the Messiah is rather than the question of when the Messiah will come is crucial. For the Jews who hope for the Messiah of the world, the Messiah has not yet come. Jesus begins His ministry by proclaiming the coming of the kingdom of God as the gospel. What Jesus proclaims is disclosed in the world as the kingdom of God. Therefore, the Messiah associated with Jesus is not the Messiah of the kingdom of the world but the Messiah of the kingdom of God. The perspective of seeing the Messiah through Jesus should be changed. The Messiah through Jesus is different from the Messiah of the kingdom of the world seen in the Old Testament, for Jesus does not mention the kingdom of the world.

III.0908. 예수님은 하나님 나라의 메시아[그리스도]로 고백됩니다. 예수님을 서사하는 전제는 하나님 나라입니다. 예수님의 사역은 하나님 나라로 사역입니다. 따라서 예수님의 사역은 유대인들의 세상 나라의 사역과 구별되어야 합니다. 유대인들은 예수님이 자기들과 같이 세상 나라로 산다고 여깁니다. 그래서 예수님이 율법을 범한다고 판단하여 십자가에 처형합니다. 예수님이 전파하신 것은 하나님 나라의 복음이지 세상 나라의 율법이 아닙니다. 예수님은 하나님의 말씀으로 율법이 이루는 것은 받아들이지만, 율법을 세상 나라를 실현하는 규정으로 지키지 않으십니다. 예수님은 세상 나라로 사는 삶의 지속을 위해 사역하지 않으십니다.

Jesus is confessed as the Messiah[Christ] of the kingdom of God. The premise of narrating Jesus is the kingdom of God. Jesus' ministry is the ministry to the kingdom of God. Therefore, the ministry of Jesus must be distinguished from the ministry of the Jewish worldly kingdom. The Jews think that Jesus also lives in the kingdom of the world like them. So, they, making judgment that Jesus broke the law, crucify Him. What Jesus preached is the gospel of the kingdom of God, not the laws of the kingdom of the world. Jesus accepts that the law as God's word fulfills, but Jesus does not keep it as the regulation for realizing the kingdom of the world. Jesus does not minister for the sustenance of the life of the kingdom of the world.

III.0909. 하나님 나라, 그리스도, 그리고 예수님은 분리될 수 없습니다. 예수님을 서사하는 복음서의 기본은 예수님이 하나님 나라의 그리스도시라는 것입니다. 즉 복음서는 예수님을 하나님 나라의 그리스도로 서사합니다. 하나님 나라의 그리스도를 간과하고 복음서를 읽는 이들은 유대인들과 같이 예수님을 봅니다. 그리고 그들은 종교 창시자로 예수님을 생각합니다.

그러나 복음서는 예수님이 하나님 나라의 그리스도라는 근거에서 읽어져야 합니다. 그리스도교는 그리스도를 떠나 말해질 수 없고, 그리스도는 하나님 나라를 떠나 말해질 수 없습니다. 즉 그리스도교는 하나님 나라의 그리스도교로 말해져야 합니다.

The kingdom of God, Christ, and Jesus cannot be separated. The basis of the gospel that narrate Jesus is that Jesus is the Christ of the kingdom of God. In other words, the Gospel narrates Jesus as the Christ of the kingdom of God. Those who overlook the Christ of the Kingdom of God and read the Gospel see Jesus like the Jews. And they think of Jesus as the founder of their religion. But the gospel should be read on the basis that Jesus is the Christ of the kingdom of God. Christianity cannot be spoken of apart from Christ, and Christ cannot be spoken of apart from the kingdom of God. In other words, Christianity must be said to be the Christianity of the kingdom of God.

III.0910. 하나님의 나라는 하나님께서 함께하시는 삶을 뜻합니다. 하나님께서 함께하심으로 이루어지는 삶입니다. 즉 하나님께서 함께하시는 언약의 백성으로 세상에 드러나는 삶입니다. 구약에서 결과적으로 보이는 것은 이스라엘 백성이 그들의 세상 나라로 하나님과 함께하는 언약의 삶을 온전히 보일 수 없다는 것입니다. 그들이 아무리 노력하여도 하나님과 함께하는 언약의 삶을 보일 수 없습니다. 구약은 전반적으로 이스라엘 백성이 하나님으로부터 질책을 받는 것으로 이어집니다. 그러면서 결론적으로 세상 나라의 삶으로 하나님과 함께는 온전히 드러나지 않는 것을 보입니다.

The kingdom of God means the life of God's togetherness. It means the life that is fulfilled with God's togetherness. In other words, it is the life that is disclosed to the world as the covenant people of being together with God. What is eventually seen in the Old Testament is that the Israelites could not wholly show the covenant life of being together with God through their kingdom of the world. No matter how hard they try, they cannot the covenant life of being together with Him. The Old Testament as a whole continues with the Israelites receiving reprimands from God. In conclusion, it shows that togetherness with God is not wholly disclosed by the life of the kingdom of the world.

III.0911. 하나님 나라의 그리스도를 말하게 됨에 따라, 그리스도는 구약의 메시아 차별되게 됩니다. 그렇지만 어떻든 둘 다 언약의 근거에서 나왔음을 잊지 말아야 합니다. 예수님을 그리스도라고 하는 고백은 예수님에게 그리스도라는 직함을 부여하는 것입니다. 이 경우 "그리스도"라는 말은 고백적입니다. 그러므로 종교적인 뜻을 지니지 않습니다. 따라서 그리스도교는 언어적이지 종교적이지 않습니다. "그리스도"라는 말엔 종교적인 내용이 없습니다. 구약의 "메시아"라는 말엔 종교적인 뜻이 없습니다. 왜냐하면 "메시아"는 사람이 부여하는 뜻을 지니지 않기 때문입니다. 메시아는 하나님께서 세우십니다.

As the Christ of the Kingdom of God is spoken of, Christ becomes differentiated from the Messiah of the Old Testament. However, it should not be forgotten that both of them come from the basis of the covenant. The confession of Jesus as Christ is to attribute Him the title, Christ. In this case, the word, "Christ," is confessional; therefore, it has no religious meaning. Christianity is therefore linguistic and not religious. The word, "Christ," has no religious content. The word, "Messiah." in the Old Testament has no religious meaning, for it does not have a human-imposed meaning. The Messiah is elected by God.

III.0912. 예수님을 그리스도로 고백하는 것은 종교적일 수 없습니다. 개인이 마음으로 예수님을 그리스도로 받아들일 수도 아닐 수도 있습니다. 그러나 예수님이 그리스도이신 것은 개인이 마음으로 뜻을 줄 수 없습니다. 예수님이 그리스도이신 것은 하나님의 약속의 내용입니다. 개인이 마음으로부터 부여할 수 있는 내용이 아닙니다. 물론 개인이 예수님을 그리스도로 믿을 수도 믿지 않을 수도 있습니다. 그러나 그 믿음의 내용은 그의 재량일 수 없습니다. 그러므로 예수님을 그리스도라고 하는 내용은 개인의 마음에서 결정될 수 없습니다. 예수님이 그리스도이신 것은 언약의 설정입니다.

Confessing Jesus as Christ cannot be religious. An individual may or may not accept Jesus as Christ in his mind. However, he cannot give the meaning of Jesus being Christ from his mind. Jesus being Christ is the content of God's promise. It is not something an individual can give from his mind. Of course, an individual may or may not believe in Jesus as Christ. However, the content of that belief cannot be at his discretion. Therefore, the content of Jesus being the Christ cannot be determined in an individual's mind. Jesus being the Christ is the setting of the covenant.

III.0913. 그리스도교가 국가 종교가 되면, 그리스도, 곧 메시아는 종교적으로 설명되어야 합니다. 성경은 국가 종교의 시각으로 재현되어야 합니다. 예수님에게 부여된 통치적인 뜻으로 그리스도는 국가 종교에서 수용될 수 없습니다. 그렇지만 그리스도는 메시아처럼 세상 나라의 통치자에게 부여될 수 없습니다. 이 때문에 예수님이 그리스도시라는 언약의 내용은 국가 종교에서 현실적인 뜻을 줄 수 없습니다. 개인들에게 단지 상징적인 뜻으로 들려집니다. 따라서 성경은 함께의 삶으로 이루어지는 내용이 되지 못합니다. 국가 종교의 체제에 사는 개인들의 의식에 반영될 뿐입니다.

If Christianity becomes the state religion, Christ, Messiah, must be interpreted religiously. The Bible has to be recapitulated from the perspective of the state religion. Christ that is assigned to Jesus in the meaning of ruling cannot be accommodated with the official religion. Nevertheless, Christ cannot be bestowed upon the ruler of the kingdom of the world like Messiah. For this reason, the covenant content that Jesus is Christ cannot have practical meaning in the state religion. It is only heard symbolically by individuals. Therefore, the Bible cannot the content that is fulfilled into the life of togetherness. It is simply reflected in the consciousness of individuals living in the system of state religion.

III.0914. 국가 종교에서 하나님 나라는 수용되지 않습니다. 국가 종교는 어떻든 세상 나라의 종교입니다. 종교는 세상 삶으로 표현됩니다. 하나님 나라로 말해지는 내용이 세상 나라로 통치될 수 없으면, 하나님의 나라는 세상 나라에서 허용될 수 없습니다. 그리고 하나님 나라로 말해지는 내용이 세상 나라의 통치에 수용되면, 하나님 나라는 언급될 필요가 없습니다. 따라서 하나님 나라는 국가 종교 체제에선 언급될 수 없습니다. 종교적으로 풀이되는 내용만 허용됩니다. 이렇게 성경이 종교적으로 이해됨에 따라, 언약으로 설정된 내용은 종교적인 상징성으로 말해집니다. 종교적인 상징성은 단지 개인의 마음이나 정신에 머뭅니다.

The Kingdom of God is not accepted in the state religion. Whatever the state religion is, it is the religion of the kingdoms of the world. Religion is expressed in worldly life. If what is said to be the kingdom of God cannot be governed by the kingdoms of the world, then the kingdom of God cannot be allowed in the kingdoms of the world. And if what is said about the kingdom of God is accepted by the rule of the kingdoms of the world, then there is no need for the kingdom of God to be mentioned.

Therefore, the kingdom of God cannot be mentioned in the national religious systems. Only the religiously interpreted content is permitted. As the Bible is understood religiously in this way, the content set in the covenant is spoken of with religious symbolism. Religious symbolism resides only in the individual mind or soul.

III.0915. 하나님 나라의 그리스도는 구원을 뜻합니다. 세상 나라로 사는 삶 가운데 하나님 나라의 그리스도는 구원을 들려줍니다. 복음서는 예수님을 구원자로 서사합니다. 세상의 구원자는 세상의 근거로 말해질 수 없습니다. 세상의 근거로는 세상의 나아짐만 말해지기 때문입니다. 그래서 예수님은 하나님 나라로 말해집니다. 하나님 나라의 그리스도는 세상의 구원자입니다. 구원의 삶은 세상 나라의 삶이 아닌 하나님 나라의 삶입니다. 세상 나라로 열심히 사는 것은 나아짐이지 구원이 아닙니다. 세상의 구원은 세상과 다른 근거에서 말해져야 합니다. 세상 삶은 어떻든 구원일 수 없습니다.

The Christ of the kingdom of God means salvation. In the midst of the life of the kingdom of the world, the Christ of the kingdom of God tells of salvation. The Gospel narrates Jesus as the Savior. The Savior of the world cannot be spoken of the ground of the world, for only the betterness of the world can be said on the ground of the world. So, Jesus is said to be the kingdom of God. The Christ of the kingdom of God is the Savior of the world. The life of salvation is not the life of the kingdom of the world but the life of the kingdom of God. Living diligently in the kingdom of the world is for betterness, not for salvation. The salvation of the world should be spoken of on the different ground from the world. No matter what life is like in the world, it cannot be salvation.

III.0916. 예수님을 그리스도로 고백하는 것은 구원의 표현입니다. "그리스도"는 구원의 말입니다. 이 점에서 그리스도는 메시아와 다릅니다. 예수님이 하나님의 나라를 선포함으로 구원의 삶이 열립니다. 예수님이 선포하시는 복음은 구원의 소식입니다. 복음으로 구원이 세상에 임하기에, 복음은 좋은 소식으로 알려집니다. 세상을 나아지게 하는 지혜는 가르쳐지지만, 소식으로 들려지게 되지 않습니다. 구원은 세상에 내재된 것이 아님으로, 좋은 소식으로 세상에 임합니다. 구원은 세상을 좋게 변하게 하는 것을 뜻하지 않습니다. 구원은 하나님과 함께하는 새 언약의 삶입니다. 하나님과 함께로 말해지지 세상 상태로 말해지지 않습니다.

Confessing Jesus as Christ is the expression of salvation. "Christ" is the word of salvation. In this respect, Christ differs from Messiah. The life of salvation opens as Jesus proclaims the kingdom of God. The gospel that Jesus proclaims is the news of salvation. Because salvation comes to the world through the gospel, the gospel is known as good news. Wisdom which leads to the betterness of the world is taught, but not to be heard as news. Since salvation is not inherent in the world, it comes to the world as good news. Salvation does not mean changing the world for the better. Salvation is the new covenant life of being together with God. It is not spoken of the state of the world but spoken of being together God.

III.0917. 그리스도인들은 구원의 삶을 사는 이들입니다. 종교적인 삶을 사는 이들이 아닙니다. 종교에는 구원의 뜻이 없습니다. 종교는 이상과 같이 인간이 추구하는 내용입니다. 종교적인 해탈은 구원이 아닙니다. 사람이 마음으로 혹은 정신으로 추구해서 이르는 것은 구원이 아닙니다. 구원은 하나님과 함께하는 언약에서 제기됩니다. 따라서 그리스도교는 구원의 삶으로 말해집니다. 종교적인 삶으로 말해지지 않습니다. 세상에 드러나는 구원의 삶으로 교회가 이루어집니다. 즉 교회는 하나님의 나라가 구체적으로 이루어지는 공간적 삶입니다. 교회로 함께하는 그리스도인들의 삶이 세상에 보입니다.

The Christians are people who live the life of salvation. They are not those who lead a religious life. Religion has no meaning of salvation. Religion, like ideals, is something that man pursues. Religious emancipation is not salvation. What man reaches by his pursuit of mind or soul is not salvation. Salvation is raised in the covenant of being together with God. Therefore, Christianity is said to be the life of salvation. It is not said to be a religious life. The church is fulfilled through the life of salvation disclosed to the world. In other words, the church is the spatial life in which the kingdom of God is concretely fulfilled. The Christian life of being together as the church is visible to the world.

III.0918. 예수님이 그리스도이신 것은 영적으로 고백됩니다. 물과 성령으로 태어난 이들이 하나님의 나라로 살기 때문입니다. 육으로 태어난 이들은 세상 나라로 살고, 성령으로 태어난 이들은 하나님 나라로 삽니다. 예수님은 하나님 나라의 그리스도로 고백되니, 예수님을 그리스도로 고백하는 이들은 영적으로 인도됩니다. 영적으로 인도되지 않는 이들은 세상 나라로 삽니다. 영적으로 인도되는 활동은, 세상에서 보이는 활동이라도, 하나님 나라로 활동입니다. 그런 활동은 세상에서 인과관계로 설명되지 않습니다. 영적으로 인도되는 활동은 세상 조건에 속박되지 않습니다. 세상 조건에 속박되지 않으니, 설명되지 않습니다.

It is Spiritually confessed that Jesus is Christ, for those born of water and the Spirit live in the kingdom of God. Those who are born of flesh live in the kingdom of the world, and those who are born of the Spirit live in the kingdom of God. Since Jesus is confessed as the Christ of the kingdom of God, those who confess Jesus as Christ are guided Spiritually. Those who are not guided Spiritually live in the kingdom of the world. The activity which is guided Spiritually is the activity in the kingdom of God, even though it is seen in the world. Such activity is not explained by the causal relationship in the world. The activity guided Spiritually is not bound by the worldly condition. Because it is not bound by the worldly condition, it cannot be explained.

III.0919. 예수님을 그리스도라고 하는 고백은 영적 표현입니다. 따라서 예수님을 그리스도로 서사하는 것은 영적입니다. 복음서는 영적으로 서사됩니다. 복음서는 예수님을 영적으로 서사함으로, 하나님의 나라의 삶을 들려줍니다. 복음서의 예수님 이야기는 세상에서 추구되는 이상적인 내용이 아닙니다. 개인적으로 추구되는 종교적인 성찰을 들려주지 않습니다. 그보다 영적으로 인도되는 내용을 들려줍니다. 즉 예수님을 따르는 내용을 들려줍니다. 예수님을 따름은 영적으로 인도됨입니다. 영적으로 인도되지 않고 육적으로 추구하는 것은 종교적이거나 이상적입니다. "그리스도"는 영적으로 인도되는 말입니다.

The confession that Jesus is Christ is a Spiritual expression. Therefore, narrating Jesus as Christ is Spiritual. The Gospel is narrated Spiritually. It tells of the life of the kingdom of God as it narrates Jesus Spiritually. Jesus' story in the Gospel is not an ideal pursued in the world. It does not tell of religious introspection which is pursued individually. Rather, it tells of the content that is guided Spiritually. In other words, it tells the story of following Jesus. Following Jesus is guided Spiritually. Any carnal pursuit that is not Spiritually guided is religious or idealistic. "Christ" is a Spiritually guided word.

III.0920. 하나님과 함께하는 언약의 삶에서 영적으로 인도됨이 말해집니다. 하나님과 함께하는 삶은 영적으로 인도됩니다. 하나님이 영이시기 때문입니다. 사람들이 모여 사는 삶은 육적으로 추구하는 삶입니다. 마음으로 혹은 정신으로 부단히 추구하는 것을 보입니다. 그러나 하나님과 함께하는 언약의 삶은 영적으로 인도되어야 합니다. 사람이 무엇을 추구하려 하면, 하나님과 함께하는 언약을 삶을 떠나게 됩니다. 이것이 타락입니다. 영적 인도를 육적 추구로 혼동하지 말아야 합니다. 그리스도교가 종교적으로 이해됨에 따라, 영적으로 인도되지 못하고 종교적으로 추구하게 됩니다. 예수님을 그리스도라고 하는 고백은 그리스도이신 예수님의 인도하심을 뜻합니다.

In the covenant life of being together with God, being guided Spiritually is spoken of. The life of being together with God is guided Spiritually, for God is Spirit. The gathered life of people is a life pursued physically. It shows the ceaseless pursuit with their mind or soul. However, the covenant life of being together with God must be guided Spiritually. If one wants to pursue something, he ends up leaving the covenant life of being together with God. This is the fall. Spiritual guidance should not be confused with canal pursuit. As Christianity is understood religiously, it becomes a religious pursuit rather than Spiritual guidance. The confession that Jesus is Christ means the guidance of Jesus, who is Christ.

III. 10
· · · · ·

교회 The Church

III.1001. 오순절 날 임하신 성령님의 인도하심으로 예수님을 그리스도로 고백하며 회개하고 세례를 받은 이들로 교회가 이루어집니다. 그들은 가진 것을 팔고, 필요한 것을 나누었습니다. 그리고 그들은 성전에 모이고, 함께 음식을 나누고, 하나님을 찬양하였습니다.^{사도행전 2장} 예수님을 그리스도로 고백하는 이들로 보이는 삶의 형식은 분명하지 않습니다. 그러나 그들은 예수님을 그리스도로 고백함으로 자신들의 의식의 주체성을 버리고, 또한, 가진 것을 팔아 나눔으로 소유의 주체성을 버렸습니다. 즉 그들은 자기중심적으로 살지 않음을 분명히 보입니다. 성령님의 인도하심으로 예수님을 그리스도로 고백하는 한, 자신들의 주체성으로 살 수 없습니다.

The church is fulfilled with those, confessing Jesus as Christ under the guidance of the Holy Spirit who comes on the day of Pentecost, are repentant and baptized. They sold what they had and shared what they needed. And they gathered in the temple, broke bread together, and praised God.^{Acts 2} The form of life shown by those who confess Jesus as Christ is not clear. However, by confessing Jesus as Christ, they gave up the subjectivity of their consciousness and also gave up the subjectivity of ownership by selling and sharing what they had. In other words, it clearly shows that they do not live self-centeredly. As long as they confess Jesus as Christ under the guidance of the Holy Spirit, they cannot live with their own identity.

III.1002. 성령님이 임하심으로 예수님을 따르던 제자들로 교회가 이루어집니다. 따라서 예수님의 따름과 성령님의 인도하심은 같이 생각되어야 합니다. 예수님이 살아계실 땐, 제자들은 예수님을 따랐습니다. 그러나 그들은 예수님이 십자가로 가실 때 도망갔습니다. 십자가로 가시는 예수님을 그들이 따를 수 없었습니다. 그렇지만 그들이 오신 성령님에 의해 인도됨으로, 예수님을 그리스도로 고백하고 교회를 이룹니다. 그들은 후에 순교 당합니다. 그들은 성령님의 인도하심으로 예수님을 십자가로 따를 수 있습니다. 따라서 교회는 성령님의 인도하심으로 십자가로 예수님을 따르게 된 제자들로 이루어집니다.

With the coming of the Holy Spirit, the church is fulfilled with the disciples who followed Jesus. Therefore, the following of Jesus and the guidance of the Holy Spirit must be considered together. When Jesus was alive, His disciples followed Him. But they ran away when Jesus went to the cross. They could not follow Jesus as He went to the cross. However, as they are guided by the Holy Spirit who has come, they build the church, confessing Him as Christ. They are later martyred. With the guidance of the Holy Spirit, they can follow Jesus to the cross. Accordingly, the church is fulfilled with the disciples who follow Jesus to the cross under the guidance of the Holy Spirit.

III.1003. 교회는 성령님의 인도하심으로 십자가에 죽으신 예수님을 그리스도로 따르는 이들에 의해 이루어집니다. 교회는 영적으로 인도된 삶을 보입니다. 영적으로 인도됨으로 그들은 자신들의 주체적 결정을 보이지 않습니다. 복음서에 나오는 제자들은 예수님을 따른다고 하지만, 그들의 주체적인 결정을 보입니다. 베드로는 예수님을 끝까지 따를 것을 말하지만, 자신의 결정으로 예수님을 떠납니다. 복음서에 등장하는 제자들은 어떻든 자신들의 주체적인 결정을 보입니다. 따라서 그들은 예수님을 온전히 따르지 않습니다. 이 때문에 성령님에 의해 인도된 예수님의 따름이 결정적입니다.

The church is fulfilled with those who follow Jesus, who died on the cross, as Christ under the guidance of the Holy Spirit. It shows the life of being guided Spiritually. Because they are Spiritually guided, they do not show their own independent decisions. The disciples in the Gospel say they will follow Jesus, but they make their independent decisions. Peter says he will follow Jesus to the end, but he leaves Jesus by his own decision. The disciples in the Gospel somehow make their own independent decisions. Therefore, they do not follow Jesus wholly. For this reason, the following of Jesus, under the guidance of the Holy Spirit is crucial.

III.1004. 복음서는 성령님의 인도하심으로 쓰진 예수님의 이야기입니다. 달리 말하면 성령님에 인도되어 예수님을 따르는 내용입니다. 복음서는 예수님의 제자들에 의해 써졌기 때문입니다. 그들에게 보인 예수님은 그들이 따를 예수님이십니다. 따라서 복음서는 교회를 이루는 내용입니다. 교회는 복음서로 이루어집니다. 복음서에 등장하는 제자들과 같이 하는 이들은 교회를 이룰 수 없습니다. 그런 사람들로 교회는 이루어지지 않습니다. 자신의 주체적 결정을 보이는 이들은 교회 교인일 수 없습니다. 세상에서 보는 주체적인 개인들은 교회 교인이 될 수 없습니다. 즉 자신의 주체성을 보이는 이들은 스스로 교회 교인이 아님을 보입니다.

The gospel is Jesus' story written under guidance of the Holy Spirit.

Speaking differently. it is about following Jesus under the guidance of the Holy Spirit, for the Gospel was written by His disciples. Jesus shown to them is Jesus they will follow. Therefore, the Gospel is the content of fulfilling the church. The church is fulfilled with the Gospel. Those who do like the disciples in the Gospel cannot fulfill the church. The church cannot be fulfilled with people like that. Those who make their own independent decisions cannot be church members. Independent individuals seen in the world cannot be the church members. In other words, those who exhibit their identity show that they are not the church members.

III.1005. 오순절 날 예루살렘에 이루어진 교회를 기반으로 교회가 여러 지역에 생겨나게 됩니다. 이 경우 여러 지역에 생겨나는 교회에 대해 생각하게 됩니다. 교회는 성령님의 인도하심으로 십자가에 죽으신 예수님을 그리스도로 따르는 이들로 이루어집니다. 성령님의 인도하심으로 십자가에 죽으신 예수님을 그리스도로 따르는 이들은 그리스도인들입니다. 그리스도인들은 여러 지역에 흩어져 살 수 있습니다. 그러나 흩어진 그리스도인들로 이루어지는 교회는 하나입니다. 한 분 성령님의 인도하심으로 십자가에 죽으신 한 분 예수님을 그리스도로 따르기 때문입니다. 어느 곳에 어떻게 살든 그리스도인들로 이루어지는 교회는 하나입니다.

On the basis of the church fulfilled in Jerusalem on the day of Pentecost, it appears in various regions. In this case, the church that appears in various regions is thought of. The church is fulfilled with those who follow Jesus who died on the cross as Christ under the guidance of the Holy Spirit. Those who follow Jesus who died on the cross as Christ under the guidance of the Holy Spirit are Christians. Christians may be scattered across different regions. However, the church fulfilled of the scattered

Christians is one, for they follow one Jesus who died on the cross as Christ under the guidance of one Holy Spirit. The church fulfilled of Christians is one, no matter where or how they live.

III.1006. 성령님의 인도하심으로 십자가에 죽으신 예수님을 그리스도로 따르는 것은 세상에 조건적일 수 없습니다. 그러므로 교회는 세상에 조건적일 수 없습니다. 공간적으로 혹은 시간적으로 조건일 수 없습니다. 세상의 어떤 조건에 처하든 교회는 공간적으로 또 시간적으로 하나입니다. 언제 어디에서 살든 그리스도인들은 하나의 교회로 삽니다. 그들은 하나로 삽니다. 그들의 하나의 삶이 교회입니다. 따라서 교회는 세상에 조건적으로 명시적이지 않습니다. 그렇다고 추상적이라고 할 수 없습니다. 교회를 세상의 시각으로 정의하고 판단하는 것은 이미 교회의 뜻을 벗어납니다. 교회는 조건적인 세상에 설정될 수 없습니다.

The following of Jesus who died on the cross as Christ under the guidance of the Holy Spirit cannot be conditional in the world. Therefore, the church cannot be conditional in the world. It cannot be conditional spatially or temporally. The church, no matter what conditions in the world, is spatially and temporally one. Christians, no matter where and when they live, live as one church. They live as one. Their one life is the church. The church is, therefore, not conditionally explicit in the world. Even so, it cannot be said to be abstract. Defining and judging the church from the perspective of the world is already beyond the meaning of the church. The church cannot be set in the conditional world.

III.1007. 바울은 교회를 영적으로 하나의 몸, 곧 그리스도의 몸이라고 합니다. "그리스도"라는 말은 영적으로 예수님에게 고백됩니다. 따라서 그 뜻은 영적입니다. "그리스도"는 "메시아"로부터 유래되었습니다. 유대인들은 세상 나라의 메시아를 기다리지만, 예수님은 하나님 나라의 임함을 선포하시는 복음의 사역을 시작하십니다. 따라서 예수님은 하나님 나라의 그리스도로 고백됩니다. 물과 성령으로 새로 난 이들이 하나님의 나라에 들어갑니다. 예수님을 그리스도로 고백하는 이들은 하나님 나라로 사는 그리스도인들입니다. 따라서 그들은 물과 성령으로 새로 태어난 이들입니다. 하나님 나라의 구체적 이루어짐이 교회입니다.

Paul refers to the church as the one Spiritual body, the body of Christ. The word, "Christ," is Spiritually confessed to Jesus. So its meaning is Spiritual. "Christ" is originated from "Messiah." The Jews wait for the Messiah of the kingdom of the world, but Jesus begins His ministry of the gospel of proclaiming the coming kingdom of God. Therefore, Jesus is confessed as the Christ of the kingdom of God. Those newly born of water and the Spirit enter the kingdom of God. Those who confess Jesus as Christ are Christians who live in the kingdom of God. Therefore, they are those born newly of water and the Spirit. The church is the concrete fulfillment of the kingdom of God.

III.1008. 그리스도인들은 그리스도의 몸의 지체입니다. 그들은 그리스도의 몸의 지체로 활동합니다. 즉 그들은 개인들로 활동하지 않습니다. 개인들로 활동하는 한, 그리스도의 몸의 지체일 수 없습니다. 따라서 그리스도인들은 세상에 사는 개인들과 같이 주체성을 보일 수 없습니다. 그리스도의 몸의 지체로 그리스도인들은 성령님의 인도하심으로 활동합니다. 사도 바울은 그들이 성령님의 은사로 활동한다고 합니다. 따라서 그들의 활동은 그리스도의 몸의 활동이 됩니다. 그리스도의 몸인 교회는 그리스도인들의 활동으로 드러납니다. 이 경우 그리스도인들은 영적으로 활동함으로 의도된 활동을 보이지 않습니다.

Christians are parts of the body of Christ. They act as parts of the body of Christ. That is, they do not act as individuals. As long as they act as individuals, they cannot be parts of the body of Christ. So they cannot show their identity like individuals who live in the world. Christians as parts of the body of Christ act under the guidance of the Holy Spirit. Paul the Apostle says that they act with the gifts of the Holy Spirit. Their activities, therefore, become the activities of the body of Christ. The church, the body of Christ, is disclosed with the activities of Christians. In this case, Christians do not show the intended activities because they act Spiritually.

III.1009. 사도 요한은 교회를 포도나무와 가지로 비유합니다.^{요한복음 15:5} 성육신으로 세상에 오신 예수님의 포도나무로부터 자라는 가지인 제자들로 드러나는 교회를 말합니다. 교회가 보이는 것은 성육신의 예수님 생명입니다. 성육신의 생명은 창조 전에 하나님과 함께한 생명입니다. 세상 사람들의 수명이 아닙니다. 따라서 교회는 생명으로 자라지, 수명의 사람들에 의해 결정되지 않습니다. 예수님의 생명으로부터 자라는 가지는 독자성을 지닌 개인들일 수 없습니다. 요한복음의 예수님의 이야기는 교회를 들려줍니다. 예수님의 생명으로 자라는 교회는 예수님의 생명으로 보이게 되기 때문입니다.

John the Apostle compares the church to the vine and its branches. ^{John 15:5} He says of the church that is disclosed as the disciples who are the branches growing from the vine of Jesus who came to the world as incarnation. What the church shows is Jesus' life of incarnation. The life of incarnation is the life of being together with God before creation. It is not the lifespan of people in the world. Therefore, the church grows with life, but it is not determined by people of lifespan. The branches growing from Jesus' life cannot be individuals who have their identity. Jesus' story in the Gospel of John tells of the church, for the church that grows with Jesus' life is seen as His life.

Ⅲ.1010. 복음서는 예수님을 그리스도로 서사합니다. 따라서 영적으로 서사됩니다. 복음서의 예수님은 교회의 예수님이십니다. 복음서의 예수님은 교회가 예수님을 그리스도로 고백하는 내용입니다. 따라서 교회는 그리스도의 몸으로 혹은 예수님의 생명으로 자랍니다. 이렇게 예수님을 따르는 제자들의 예수님의 이야기는 자신들의 이야기가 됩니다. 예수님을 떠나 자신들이 말해질 수 없기 때문입니다. 예수님을 그리스도로 서사하는 것은 예수님으로부터 분리될 수 없는 그리스도인들을 보입니다. 예수님과 그리스도인들은 영적으로 분리될 수 없습니다. 달리 말하면, 영적으로 예수님이 그리스도로 서사되지 않으면, 예수님과 그리스도인들은 독립된 개인들이 됩니다.

The Gospel narrates Jesus as Christ. So, it is narrated Spiritually. Jesus of the Gospel is Jesus of the church. Jesus of the Gospel is the content with which the church confesses Jesus as Christ. Therefore, the church grows as the body of Christ or with Jesus' life. In this way, Jesus' story of the disciples who follow Him becomes their story, for they cannot speak of themselves apart from Him. Narrating Jesus as Christ shows Christians who cannot be separated from Jesus. Jesus and Christians cannot be separated Spiritually. Speaking differently, if Jesus is not narrated as Christ Spiritually, Jesus and Christians become independent individuals.

Ⅲ.1011. 예수님은 하나님과 함께하는 하나님의 아들로 세상에 오셨습니다. 하나님의 나라를 선포하심으로 하나님 나라의 그리스도이십니다. 따라서 예수님을 하나님의 아들 그리스도로 따르는 그리스도인들은 하나님과 함께하는 하나님 나라의 백성입니다. 그들은 새 언약의 백성입니다. 그리고 그들의 교회는 새 언약의 교회입니다. 새 언약의 백성이 사는 하나님 나라의 교회입니다. 교회는 하나님과 함께하는 하나님 나라의 교회입니다. 교회는 하나님과 함께하는 새 언약으로 이루어집니다. 새 언약의 백성의 삶으로 보입니다. 교회가 보이는 것은 하나님 나라로 삶이지 세상에서 나아짐이 아닙니다.

Jesus has come to the world as the Son of God who is together with God. Jesus is the Christ of the kingdom of God, proclaiming the kingdom of God. Therefore, Christians who follow Jesus as Christ, the Son of God, are the people of the kingdom of God who are together with God. They are the new covenant people. And their church is the new covenant church. It is the church of the kingdom of God where the new covenant people live. It is the church of the kingdom of God of being together with God. It is fulfilled with the new covenant of being together with Him. It is seen as the life of new covenant people. What it shows is not the betterment of the world but the life of the kingdom of God.

Ⅲ.1012. 교회는 세상 나라에 설정되게 되지 않습니다. 세상 조건으로 규정되지 않습니다. 교회가 세상 나라에 설정되거나 세상 조건으로 규정되면, 성령님의 인도하심으로 십자가에 죽으신 예수님을 하나님 나라의 그리스도로 따르는 이들의 교회일 수 없습니다. 이 점은 예수님이 세상 나라에 말해질 수 없기 때문에 분명합니다. 예수님은 유대인들과 로마 정권에 의해 십자가에 처형되었습니다. 유대인들은 하나님의 나라를 인정하지 않았기

때문에 예수님이 세상 나라의 왕을 도모한다고 보았습니다. 어떻든 예수님은 세상으로부터 제거되었으니, 예수님은 세상 나라로 말해질 수 없습니다. 세상 나라의 예수님이 아니니, 교회는 세상 나라의 교회일 수 없습니다.

The church is not set up in the kingdom of the world. It is not defined by worldly conditions. If it is set up in the kingdom of the world or defined by worldly conditions, it cannot be the church of those who follow Jesus who died on the cross as the Christ of the kingdom of God under the guidance of the Holy Spirit. This is clear because Jesus is not spoken of in the kingdom of the world. Jesus was crucified by the Jews and the Roman regime. Since the Jews did not recognize the kingdom of God, they saw that Jesus attempted to become the king of the kingdom of the world. In any case, Jesus has been removed from the world, so He cannot be spoken of in terms of the kingdom of the world. As He is not Jesus of the kingdom of the world, the church cannot be the church of the kingdom of the world.

III.1013. 예수님이 종교 창시자로 보아지고 그리스도인들이 종교인들로 보아지면, 교회도 종교 기관으로 보아집니다. 성경이 종교적으로 읽어지면, 그 내용은 종교적으로 풀이됩니다. 이것은 그리스도교가 로마 제국의 국교가 되면서 완연해집니다. 국가 종교 체제에서 교회는 국가 기관이 됩니다. 국가 기관인 교회가 성경을 관리하면서 성경이 종교적으로 풀이된 교리를 세웁니다. 교리는 성경에 쓰진 언약의 종교적인 풀이입니다. 국가 기관인 교회는 국가 구성원인 시민을 종교적으로 양성하여야 합니다. 국가 종교에선 성숙한 종교인들이 또한 성숙한 시민이 됩니다. 이 때문에 교회는 교리에 반하는 가르침을 금합니다.

If Jesus is seen as the founder of a religion and Christians are seen as religious people, then the church is also seen as a religious institute. If the Bible is read religiously, its content is interpreted religiously. This became apparent when Christianity became the state religion of the Roman Empire. In the system of the state religion, the church becomes a state institute. The church, a state institute, taking in charge of the Bible, sets doctrine that interprets the Bible religiously. Doctrine is a religious interpretation of the covenant written in the Bible. The church, as a state institute, must cultivate the citizens who are the constituents of the state religiously. In a state religion, mature religious people also become mature citizens. For this reason, the church prohibits teachings that are contrary to its doctrine.

III.1014. 종교는 개인이 지닌 종교성의 표현입니다. 따라서 종교의 근거는 개인의 마음입니다. 세상 나라는 어떤 체제이든, 그 구성원은 개인들입니다. 따라서 국가적으로 그리고 종교적으로 개인들이 기본 단위가 됩니다. 이 때문에 국가 교회에선 모든 가르침이 각 개인을 향합니다. 그렇지만 개인들은 하나님과 언약으로 함께할 수 없습니다. 개인들은 자신들의 독자성을 유지하는 점에서 개인들입니다. 그들이 종교적이 되더라도 그들의 독자성은 유지됩니다. 그들은 개인성이라는 속성을 지니기 때문입니다. 그들이 세상 삶의 기본 단위임은 부정될 수 없습니다. 그렇지만 이 때문에 하나님과 함께하는 언약은 개인들로 이야기될 수 없습니다.

Religion is the expression of individual religiosity. Therefore, the basis of religion is the individual mind. No matter what system the kingdom of world has, its members are individuals. Accordingly, individuals become the basic units nationally and religiously. For this reason, in the state church, all teachings are directed to individuals. However, individuals cannot be together with God covenantally. Individuals are individuals in that they maintain their identity. Even if they become religious, their identity is maintained. Because they have the attribute of individuality. It cannot be denied that they are the basic units of life in the world. However, because of this, the covenant of being together with God cannot be spoken of in individuals.

III.1015. 국가 종교 체제에서 예수님의 하나님 나라는 용인될 수 없습니다. 나라라고 하면 세상 나라로만 말해져야 합니다. 하나님의 나라가 세상 나라와 다르면, 세상 나라가 통제할 수 없습니다. 이것은 국가 종교 체제에서 용인되지 않습니다. 따라서 성경에 나오는 하나님의 나라는 세상에 이루어지는 것으로 다루어질 수 없습니다. 종교적으로 부응하는 하나님의 나라는 사후의 나라로 말해질 수밖에 없습니다. 대부분의 종교는 사후의 일을 가르침의 내용으로 담고 있습니다. 현실적으로 사는 것만으론 개인들의 마음에서 나오는 염원이나 기대감을 잠재울 수 없기 때문입니다.

Jesus' kingdom of God cannot be tolerated in the state religion system. Kingdom, if it is mentioned at all, should only be referred to as the kingdom of the world. If the kingdom of God is different from the kingdoms of the world, the kingdoms of the world cannot control it. This is not tolerated in the state religious system. Therefore, the kingdom of God in the Bible cannot be treated as what is fulfilled in the world. The kingdom of God that is suited religiously cannot help but be referred to as the kingdom of the afterlife. Most religions include the afterlife as part of their teachings, for just living realistically cannot quell the aspirations or expectations that come from the individual mind.

III.1016. 개인들은 죽음을 개인적으로 맞이하기 때문에, 죽음 후를 어떻든 의식하려고 합니다. 그들은 죽음으로 단절된 현실에 자신을 가두어 두고 싶지 않습니다. 죽은 후의 하늘나라는 개인들에게 기대감을 주기에 충분합니다. 개인들은, 세상에서 어떻게 살든, 세상 삶이 모두라고 자신들의 의식으로 용인하고 싶지 않습니다. 성경은 개인의식 자체가 타락된 속성이라고 봅니다. 개인들의 자기 보존 의식은 죽음이라는 경계에 갇히지 않습니다. 죽음 자체가 그들이 원한 것이 아니고, 자기 본위 의식에 대한 처벌로 임하기 때문입니다. 그들은 죽음에 속박되지만, 그들의 자기 본위 의식은 죽음을 넘어가려 합니다.

Because individuals face death personally, they try to be conscious of the afterlife in some way. They do not want to lock themselves into the reality cut off by death. The kingdom of heaven after death is enough to give them hope. They, no matter how they live in the world, do not want to accept in their consciousness that worldly life is all there is. The Bible views individual consciousness itself as a fallen attribute. Individuals' sense of self-preservation is not confined to the boundary of death, for death, itself, is not what they want but what is imposed on them as the punishment for their egocentric consciousness. They are bound by death, but their self-centered consciousness seeks to overcome it.

III.1017. 개인들이 종교적으로 세상에 사는 것은 예수님이 하나님 나라로 선포하신 구원과 무관합니다. 예수님은 구원자로 세상에 오셨습니다. 예수님을 서사하는 복음서는 구원의 내용을 보입니다. 예수님이 세상에서 보이신 활동은 구원의 사역입니다. 예수님은 세상에서 잘 사는 삶을 위해 세상에 오지 않으셨습니다. 종교적 가르침은 세상에서 잘 사는 삶을 위한 가르침의 일종입니다. 그러므로 예수님을 한 분 종교적 창시자로 보면, 예수님의 구원의 가르침은 상실됩니다. 교회가 성경을 가르치기 위해 만든 교리는 구원을 담을 수 없습니다. 그것은 세상 나라에서 나아짐을 말하더라도, 구원을 보일 수 없습니다.

Individuals' religious life in the world has nothing to do with the salvation that Jesus proclaimed as the kingdom of God. Jesus came to the world as the Savior. The Gospel that narrates Jesus shows the content of salvation. Jesus' activity in the world is the ministry of salvation. Jesus did not come to the world to live a good life in the world. Religious teachings are a type of teachings for living a good life in the world. Therefore, if Jesus is seen as a religious progenitor, His teaching of salvation teaching is forfeited. The doctrine made by the church to teach the Bible cannot contain salvation. Although it speaks of getting better in the kingdom of the world, it cannot show salvation.

III.1018. 그리스도교가 국가 종교가 되면, 구원의 내용이 상실됩니다. 구원은 언약의 내용이지 종교적 내용이 아닙니다. 구원은 하나님께서 예수님으로 주시는 약속입니다. 하나님께서 예수님을 구원자로 세상에 보내셔서 보이신 것입니다. 구원은 하나님의 함께로 이루어질 것이지 종교적으로 추구될 내용일 수 없습니다. 개인은 종교적인 수련을 통해 스스로 구원될 수 없습니다. 개인은 종교적인 수련으로 해탈에 이를 수 있지만, 그것은 성경이 말하는 구원이 아닙니다. "구원"이라는 말은 언약에서 나옵니다. 하나님과 함께하는 언약의 설정에서 타락된 인간의 구원이 말해집니다. 구원이 하나님과 함께로 돌아감으로 말해지지 않으면, 세상에서 나아짐으로만 말해집니다.

If Christianity becomes a state religion, the content of salvation is forfeited. Salvation is not the religious content but the covenant content.

Salvation is the promise that God gives through Jesus. It is what God showed by sending Jesus to the world as the Savior. It cannot be pursued religiously but fulfilled through God's togetherness. An individual cannot be saved through religious cultivation. He can reach emancipation through religious cultivation, but it is not salvation that the Bible speaks of. The word, "salvation," comes from the covenant. The salvation of the fallen man is spoken of in the setting of the covenant of being together with God. Unless salvation is spoken of as returning to being together with God, it speaks only of getting better in the world.

III.1019. 교회는 구원으로 말해집니다. 오순절 날 교회가 이루어지면서, 교회로 인도되는 사람들이 증가하는 것을 "구원받는 사람"사도행전 2:47이 날마다 교회에 더해지게 되었다고 합니다. 교회는 구원으로 세상에 드러납니다. 종교 기관으로 세상에 나타나지 않습니다. 구원의 교회라는 점에서, 교회는 세상에 드러남으로 말해집니다. 구원은 세상에서 지속적인 뜻이 없습니다. 하나님의 함께는 지속적이지 않습니다. 지속적이면 세상 속성으로 표현됩니다. 그러나 하나님의 함께는 세상 속성으로 표현되지 않습니다. 따라서 구원의 교회는 세상에 드러나지 지속되지 않습니다. 구원의 교회는 초대 교회로 봅니다.

The church is spoken of as salvation. As the church was fulfilled on the day of Pentecost, the increase of people who were guided to the church was expressed as "those who were being saved"Acts 2:47 were added to the church daily. The church is disclosed to the world as salvation. It does not appear to the world as a religious institute. In the respect that it is the church of salvation, it is said to be the disclosure to the world. Salvation has no sustaining meaning in the world. God's togetherness is not sustained. If it is sustained, it is expressed as a worldly property. However, God's togetherness is not expressed through worldly attributes. So, the church of salvation is disclosed to the world, not sustained in the world. The church of salvation is seen as the early church.

III.1020. 구원으로 교회이지, 교회로 구원이 아닙니다. 하나님 나라로 교회이지, 세상 나라로 교회가 아닙니다. 세상 나라로 교회는 구원의 의미가 없습니다. 세상 나라는 속성상 구원의 내용을 줄 수 없기 때문입니다. 세상 나라의 교회는 세상 나라의 기관에 지나지 않습니다. 세상 나라의 기관은 구원의 드러남일 수 없습니다. 그리고 세상 나라의 기관은 지속되지 드러나지 않습니다. 이 때문에 교회는 자체로 구원을 보이지 못하고, 개인들에게 구원을 가르칩니다. 개인들은 교회를 통해 구원될 수 있다고 듣지만, 죽음에 속박된 개인들은 현실적으로 구원될 수 없습니다. 따라서 그들은 교회를 통해 사후 하늘나라에 들어가는 것을 구원으로 듣습니다.

The church is through salvation, but salvation is not through the church. The church is through the kingdom of God, but it is not through the kingdom of the world. The church through the kingdom of the world has no meaning of salvation, for the kingdom of the world cannot provide the content of salvation due to its nature. The church of the kingdom of the world is no more than an institute of the kingdom of the world. The institute of the kingdom of the world cannot be the disclosure of salvation. And the institute of the kingdom of the world is not disclosed but sustained. Because of this, the church cannot show salvation on its own, but teaches salvation to individuals. Individuals are told that they can be saved through the church, but individuals who are in bondage to death cannot be saved in reality. Accordingly, they hear salvation through the church as entering the kingdom of heaven after death.

IV부

구 원 의

종
말

The End of Salvation

IV. 1

새로움 Newness

IV.0101. 새로움은 세상에서 적절하게 말해지지 않습니다. 세상은 항시 변화하기 때문입니다. 사람이 세상에서 접하는 것은 단지 변화하는 단계입니다. 지금까지 보지 못했던 것의 출현은 새로움이 아닌 변화하는 단계입니다. 새해, 새 차, 새 아기는 시간이 지나면서 지난 해, 헌 차, 성인이 됩니다. 세상 삶은 새로움의 삶이 아닌 변화의 삶입니다. 따라서 사람들은 "새로움"이라는 말을 언급하지만, 그 뜻에 대해 심각하게 생각하지 않습니다. 그들은 항시 새로운 삶보다 나아지는 삶을 바랍니다. 그리고 나아지는 삶을 향해 매진합니다. 즉 그들은 새로움보다 나아짐에 관심을 갖습니다. 세상엔 "새로움"이라는 말은 있지만, 새로움은 없습니다.

Newness is not properly spoken of in the world, for it is constantly changing. What man encounters in it is merely a stage of change. The emergence of something that has never been seen before is not a new thing, but a step of change. A new year, a new car, and a new baby, as time goes by, becomes a past year, an old car, and an adult. Life in the world is not a life of newness, but a life of change. So, people mention the word, "new," but they do not really think about what it means. They always wish for a better life rather than a new one. And they are driven to a better life. That is, they are concerned with betterness rather than newness. There is the word, "new," in the word; nevertheless, there is no newness.

Ⅳ.0102. 구약의 전도서는 "헛되고 헛되니 모든 것이 헛되도다"[1:2]라고 하며 시작합니다. 전도서는 정처 없이 요동하는 세상을 묘사하면서, "해 아래에는 새 것이 없나니"[1:9]라고 확언합니다. 해 아래 있는 세상은 요동할 뿐 새롭지 않음으로, 해 아래 있는 모든 것은 헛되다고 합니다. 그러면서 전도서는 이어 새로움이 아닌 "해 아래" 일을 다룹니다. 요동하는 세상에서 통용될 수 있는 지혜는 없습니다. 지혜는 요동하는 세상에 부분적으로만 적용됩니다. 그렇기에 전도서는 일관성 있게 전개되지 않습니다. 지혜를 장려하기도, 부정하기도 합니다. 전도서는 이렇게 끝맺습니다:

> 일의 결국을 다 들었으니 하나님을 경외하고 그의 명령들을 지킬지어다 이것이 모든 사람의 본분이니라 하나님은 모든 행위와 모든 은밀한 일을 선악 간에 심판하시리라.[12:13-14]

The Old Testament book of Ecclesiastes begins by saying, "Vanity of vanities, all is vanity."[1:2] It, giving remarks on the aimless agitation of the world, affirms: "there is nothing new under the sun."[1:9] It narrates that, as the world under the sun is only agitating without being new, what is under the sun is in vain. Meanwhile, Ecclesiastes goes on to deal with things "under the sun" that are not new. There is no prevailing wisdom that can be accepted in the turbulent world. Wisdom has only partial application in the turbulent world. Therefore, the book of Ecclesiastes is not developed consistently. Wisdom is either encouraged or denied. Ecclesiastes ends this way:

Let us hear the conclusion of the whole matter: Fear God and keep His commandments, For this is man's all. For God will bring every work into judgment, Including every secret thing, Whether good or evil. ^{12:13-14}

IV.0103. 전도서는 새로움이 지혜로 접근될 수 없음을 암시합니다. 그렇지만 전도서는 해 아래 새로움이 없다고 확언하지만, 새로움에 대한 무게를 둡니다. 새로움이 없기에 해 아래 있는 것이 헛되다고 합니다. 구약의 세상은 전도서가 말한 대로 새로움이 없는 세상입니다. 즉 구약엔 새로움이 언급될 수 없습니다, 창조된 세상은 타락되었고, 이스라엘 백성의 삶은 율법으로 지속되다 결국 망했습니다. 이런 배경에서 전도서는 새로움의 관점을 시사합니다. 새로움의 관점으로 해 아래 있는 것은 헛되다고 할 수 있습니다. 해 아래 사는 사람들은 자신의 삶이 헛되다고 생각하지 않습니다. 그들은 해 아래 사는 삶의 의미를 진지하게 찾아갑니다.

Ecclesiastes implies that newness cannot be approached by wisdom. However, it weighs on newness although it affirms that there is no newness under the sun. It says that being under the sun is in vain because there is no newness. The world of the Old Testament is a world without newness, as the Book of Ecclesiastes says. In other words, newness cannot be mentioned in the Old Testament. The created world had fallen, and the life of the Israelites, being sustained by the law, came to be collapsed eventually. Against this background, Ecclesiastes illustrates the perspective of newness. From the perspective of newness, anything under the sun can be said to be in vain. People who live under the sun do not think that their life is in vain. They seriously search for the meaning of life under the sun.

IV.0104. 성경은 구약과 신약으로 구성됩니다. 구약은 옛 언약의 내용이고, 신약은 새 언약의 내용입니다. 새 언약엔 "새"라는 말이 명시적으로 보입니다. 그리고 신약에는 "새로움"이라는 말이 비중 있게 언급됩니다. 바울은 "누구든지 그리스도 안에 있으면 새로운 피조물이라고"고린도후서 5:17고 합니다. 성경은 옛 언약과 새 언약으로 구성된 만큼, 새로움의 뜻이 결정적으로 반영되어 있습니다. 옛 언약에 반영되지 않은 내용이 새 언약에 보입니다. 그러므로 새 언약으로 사는 이들은 옛 언약으로 살던 이들이 보일 수 없었던 새로움을 보입니다. 새 언약은 새로움을 내포한 새로움의 언약입니다.

The Bible consists of the Old Testament and the New Testament. The Old Testament is the content of the old covenant, and the New Testament is the content of the new covenant. The word "new" appears explicitly in the new covenant. And the word "new" is mentioned with weight in the New Testament. Paul says, "If anyone is in Christ, he is a new creation." 2 Corinthians 5:17 Since the Bible is composed of the old covenant and the new covenant, it crucially reflects the meaning of newness. The content that was not reflected in the old covenant is seen in the new covenant. Therefore, those who live under the new covenant show newness that those who lived under the old covenant could not. The new covenant is the covenant of newness, which entails newness.

IV.0105. 구약의 이스라엘 백성은 율법을 지킴으로 하나님과 함께하는 언약의 백성이라고 주장합니다. 그러나 율법은 지속하는 내용이지 새로워지는 내용이 아닙니다. 즉 율법의 삶은 유지되지 새로워지지 않습니다. 율법을 지키는 것은 변화하는 세상에서 율법의 내용을 유지함입니다. 그러나 새 언약은 새로워지는 언약입니다. 하나님과 함께는 유지되지 않습니다. 하나님께서 함께하지 않으시면 아무도 하나님과 함께할 수 없기 때문입니다. 하나님께서 함께하심은 이루어집니다. 이루어짐은 새로움으로 드러납니다. 세상에 일어나는 것은 변화이지만, 하나님 함께의 이루어짐은 새로움입니다. 그러므로 하나님과 함께하는 언약은 언제나 새롭습니다.

The Israelites of the Old Testament claim to be the covenant people of being together with God by keeping the law. But the law is not the content of newness but the content of sustenance. In other words, the life of the law is not to be new but to be sustained. Keeping the law means maintaining the content of the law in the changing world. However, the new covenant is the covenant of being new. Togetherness with God is not sustained, for no one can be together with Him if He is not together. His togetherness is fulfilled. Fulfillment is disclosed as newness. What occurs in the world is change, but the fulfillment of God's togetherness is newness. Therefore, the covenant of being together with God is always new.

IV.0106. 이스라엘 백성은 그들의 하나님과 함께함을 율법으로 고정하려 했습니다. 이것이 문제였습니다. 그들은 하나님과 함께함은 율법을 지키는 한 지속될 수 있다고 생각했습니다. 그렇지만 하나님과 함께는 이루어지기 때문에 세상에 고정될 수 없습니다. 이루어지는 하나님과 함께는 새로움으로 드러납니다. 하나님과 함께하는 새로움을 내포하는 언약은 새 언약입니다. 새 언약은 새로움의 언약입니다. 하나님께서 예수님으로 새 언약을 맺으신 것은 세상에 설정될 수 없습니다. 새 언약은 이스라엘 백성의 율법과 같이 세상에 고정될 수 없습니다. 새로움의 언약이기 때문입니다. 새 언약은 새로움이 언약으로 이루어짐을 시사합니다.

The Israelites tried to fix their togetherness with God through the law. This was the problem. They thought that their being together with God could be sustained as long as they kept the law. Nevertheless, being together with God cannot be fixed in the world since it is fulfilled. Togetherness with God, which is fulfilled, is disclosed in newness. The covenant which entails the newness of being together with God is the new covenant. The new covenant is the covenant of newness. The new covenant which God makes through Jesus cannot be set in the world. The new covenant cannot be fixed in the world like the laws of the Israelites, for it is the covenant of newness. The new covenant implies that newness is fulfilled through the covenant.

IV.0107. 새 언약보다 새로움의 언약이 예수님으로 하나님과 함께하는 언약을 분명하게 합니다. 새로움이 언약에 내포되면, 예수님은 새로움으로 하나님과 함께하는 언약의 내용이 됩니다. 예수님이 새로움의 내용이어야 예수님으로 하나님과 함께가 분명하게 됩니다. 예수님으로 하나님 함께의 이루어짐이 분명하게 됩니다. 새 언약은 예수님으로 새로움, 새로움으로 예수님을 보게 합니다. 예수님으로 새로움은 하나님과 함께하는 새로움은 예수님을 떠나 말해질 수 없음을 뜻합니다. 그리고 새로움으로 예수님은 예수님을 세상의 예수님으로 말해지지 않게 합니다. 예수님과 새로움은 새 언약에서 같이 말해집니다.

The covenant of newness rather than the new covenant makes the covenant of being together with God through Jesus clearer. If newness is entailed in the covenant, Jesus as newness becomes the covenant content of being together with God. Togetherness with God through Jesus becomes clear only if Jesus is the content of newness. The fulfillment of God's togetherness through Jesus becomes clear. The new covenant lets newness through Jesus and Jesus through newness be seen. Newness with Jesus means that newness of being together with God cannot be told apart from

Jesus, and Jesus through newness lets Jesus not be spoken of as Jesus of the world. Jesus and newness are spoken of together in the new covenant.

IV.0108. 예수님의 십자가 죽음은 예수님이 세상에 설정될 수 없음을 뜻합니다. 그렇지만 예수님이 하나님과 함께함을 보입니다. 그러므로 예수님의 십자가로 맺어지는 언약은 세상에 조건적으로 설정될 수 없습니다. 하나님과 함께가 세상에 이루어지는 것만 반영합니다. 따라서 새로움으로 드러납니다. 예수님의 십자가 죽음은 언약의 시각에서 새로움으로 보아집니다. 예수님의 십자가로 맺어지는 언약은 세상에 고정될 수 없고, 하나님과 함께의 이루어짐을 보이기 때문입니다. 세상 존속의 끝과 하나님과 함께의 이루어짐을 드러내는 예수님의 십자가는 존속하는 세상에 새로움입니다. 즉 예수님의 십자가는 새로움으로 보아집니다.

Jesus' death on the cross means that Jesus cannot be set in the world; however, it shows that Jesus is together with God. Therefore, the covenant made through Jesus' cross cannot be set in the world conditionally. It only reflects the fulfillment of being together with God in the world. Therefore, it is disclosed as newness. Jesus' death on the cross is seen as newness from the perspective of the covenant, for the covenant made through Jesus' death on the cross cannot be fixed in the world but shows the fulfillment of being together with God. Jesus' cross which unveils the end of the sustenance in the world and the fulfillment of being together with God is newness in the world of sustenance. That is, Jesus' cross is seen as new.

IV.0109. 예수님을 따름은 새로움의 따름입니다. 하나님과 함께의 이루어짐을 따름입니다. 따라서 성령님에 의해 인도됩니다. 성령님의 인도하심은 새로움으로 드러납니다. 영성은 새로움을 내포합니다. 성령님의 열매는 새로움의 맺어짐입니다. 새로움이 열매가 없는 삶은 구태의연합니다. 예수님의 제자들은 예수님을 새로움으로 따르지 못합니다. 그들은 예수님과 같이 새로움으로 시사되지 않습니다. 그들은 군중과 같이 세상에 속해 있습니다. 그들은 군중에서 나와 예수님을 따르긴 하지만, 그들의 따름은 새로움의 따름이 아닌 세상의 따름입니다. 즉 그들은 예수님을 십자가로 따르지 않습니다.

The following of Jesus is the following of newness. It is the following of the fulfillment of being together with God. Thus, it is guided by the Holy Spirit. The guidance of the Holy Spirit is disclosed in newness. Spirituality entails newness. The fruit of the Holy Spirit is the bearing of newness. Life without the fruit of newness is obsolete. Jesus' disciples do not follow Him in newness. They are not presented as new, like Jesus. They belong to the world like the multitudes. Although they follow Jesus, coming out of the multitudes, their following of Jesus is not that of the new but that of the world. In other words, they do not follow Jesus to the cross.

IV.0110. 이루어지는 하나님과 함께는 복음으로 전파됩니다. 하나님과 함께하는 새로움의 드러남은 세상에 좋은 소식입니다. 복음으로 전파되는 것은 새로움입니다. 새롭지 않은 것은 복음으로 전파될 수 없습니다. 따라서 복음은 새로움의 복음이고, 새로움은 복음으로 전파됩니다. 새로움은 세상에서 서술될 수 없습니다. 세상에서 서술되는 것은 변화하는 세상의 단계입니다. 새로움을 알리는 복음은 새롭습니다. 그러므로 복음은 새로움이고, 새로움은 복음입니다. 복음은 새로움의 언어입니다. 이해되거나 풀이될 수 없습니다. 단지 들어서 믿게 됩니다. 그러므로 새로움은 믿음의 내용이지 앎의 내용이 아닙니다.

Togetherness with God, which is fulfilled, is preached as the gospel. The disclosure of the newness of being together with God is good news to the world. What is preached with the gospel is new. What is not new cannot be preached as the gospel. Therefore, the gospel is the gospel of newness, and newness is preached as the gospel. Newness cannot be described in the world, for what is described in the world is the changing stages of the world. The gospel that announces newness is new. Accordingly, the gospel is new, and newness is the gospel. The gospel is the language of newness. It cannot be understood or interpreted. It is only heard to be believed. Therefore, newness is not the content of faith, not the content of knowledge.

IV.0111. 세상에 오신 예수님은 새로움이고, 예수님의 이야기는 복음입니다. 세상에 오신 예수님은 세상 상태로 서술될 수 없습니다. 즉 사실적으로 서술될 수 없습니다. 예수님의 오심은 세상에 드러나 알려집니다. 세상에 드러나는 예수님을 서사하는 언어는 복음입니다. 따라서 예수님은 새로움으로만 알려집니다. 예수님을 이야기하는 복음서는 그 점을 보입니다. 비록 예수님은 세상을 배경으로 서사되지만, 예수님은 세상의 부분이 아닙니다. 예수님은 세상을 배경으로 드러나는 새로움으로 서사됩니다. 즉 복음서는 예수님을 세상에 임한 새로움으로 부각합니다. 세상에 오신 예수님은 새로움으로만 부각됩니다.

Jesus who came to the world is new, and His story is the gospel. Jesus who came to the world cannot be described in terms of the state of the world. In other words, Jesus cannot be described factually. Jesus' coming to the world is disclosed to be announced. The language that narrates Jesus who was disclosed in the world is the gospel. Therefore, Jesus is only announced as new. The Gospel that narrates Jesus shows that. Although Jesus is narrated against the background of the world, Jesus is not a part of the world. Jesus is narrated as newness disclosed against the background of the world. That is, the Gospel highlights Jesus as the newness which is present in the world. Jesus, who came to the world, stands out only as newness.

IV.0112. 예수님의 제자들은 세상에 오신 예수님을 새로움으로 바라보지 않기에, 예수님을 새로움으로 따를 수 없습니다. 지금 복음서를 읽는 이들도 제자들과 같이 예수님을 새로움으로 바라보지 못합니다. 따라서 세상에 새로움으로 드러날 수 없습니다. 그들은 세상에서 나아짐만 바랍니다. 그들은 변화하는 세상에 살면서, 하나님과 함께가 세상을 자신들이 원하는 상태로 변화되게 하는 것으로 생각합니다. 그렇지만 하나님과 함께는 변화하는 세상에 새로움으로 임하고 드러납니다. 그들은 새로움을 복음으로 받아들이지 못함으로, 종교적인 의식을 벗어나지 못합니다. 예수님으로 새로움은 종교로부터 새로움입니다.

Jesus' disciples cannot follow Jesus as newness because they do not behold Jesus who came to the world as newness. Those who read the Gospel today cannot behold Jesus as newness like the disciples did. Therefore, it cannot be disclosed to the world as new. They just want things to get better in the world. They, living in the changing world, think that togetherness with God is to change the world into the way they wish it to be. However, togetherness with God is present and disclosed as newness in the changing world. They cannot escape from the religious consciousness because they cannot receive newness as the gospel. The newness with Jesus is newness from religion.

IV.0113. 새로움으로 오신 예수님은 새로움으로 인도하십니다. 이것이 구원입니다. 변화하는 세상에서 새로워지는 것이 구원입니다. 구원은 변화에 수반될 수 없습니다. 변화는 인과관계로 설명되고, 그 요인은 찾아질 수 있습니다. 과학이 다루는 것은 변화의 인과관계입니다. 예수님을 보다 나은 세상을 위해 세상에 오신 분으로 바라보는 것은 구원의 시각이 아닙니다. 세상의 나아짐은 지혜로 말해지지 구원으로 말해지지 않습니다. 세상을 사는 사람들은 어떻든 세상이 나아지길 바랍니다. 그들은 언제나 세상을 지혜의 시각으로 바라봅니다. 따라서 그들은 예수님을 지혜의 시각으로 바라보려합니다.

Jesus, who came as newness, leads to newness. This is salvation. Being new is salvation in the world of changing. Salvation cannot be accompanied by change. Change can be explained through the causal relationships, and its cause can be found. What science deals with is the causality of change. Viewing Jesus as someone who came to the world for a better world is not the perspective of salvation. The betterment of the world is spoken of through wisdom, not through salvation. No matter what happens to the people living in the world, they hope that the world will get better. They always look at the world from the perspective of wisdom. Therefore, they try to look at Jesus from the perspective of wisdom.

IV.0114. 구원은 새로움으로 드러납니다. 하나님과 함께함으로 이루어지기 때문입니다. 하나님을 떠난 타락된 사람은 하나님과 함께함으로 구원됩니다. 따라서 구원은 타락된 삶의 변화로 말해질 수 없습니다. 타락된 세상에 이루어지는 하나님과 함께는 새로움으로 드러납니다. 타락으로부터 구원은 변화가 아닌 새로움입니다. 구원의 새로움은 복음서의 예수님의 이야기에 보입니다. 이 때문에 예수님의 이야기인 복음서는 구원자 예수님의 이야기라고 하고, 또 새 언약이라고 합니다. 새 언약은 구원의 언약입니다. 타락된 세상에 오신 예수님의 이야기는 타락된 세상의 구원을 알립니다. 따라서 복음입니다.

Salvation is disclosed as newness, for it is fulfilled into being together with God. The fallen man who departed from God is saved into being together with Him. Therefore, salvation cannot be said to be a change of fallen life. Togetherness with God, which is fulfilled in the fallen world, is disclosed as newness. Salvation from the fall is not change but newness. The newness of salvation is seen in Jesus' story in the Gospel. For this reason, the Gospel, which is the story of Jesus, is said to be the story of Jesus, the Savior and the new covenant. The new covenant is the covenant of salvation. The story of Jesus who came to the fallen world announces the salvation of the fallen world. Therefore, it is the gospel.

IV.0115. 사람들이 새로움으로 드러나는 구원을 의식하지 못하기에, 구원을 이상적으로 혹은 종교적으로 다루려 합니다. 이상이나 종교는 타락된 속성을 반영합니다. 타락된 속성의 진작이 구원이 아닙니다. 타락된 속성의 진작은 변화입니다. 세상이 나아짐으로 변하는 것이 구원이 아닙니다. 구원은 타락된 세상에 내포되지 않음으로 새롭습니다. 복음서의 예수님 이야기는 세상의 예수님을 서술하지 않습니다. 예수님이 사실적으로 서술되면, 예수님은 타락된 사람 가운데 한 분입니다. 그러면 예수님은 세상을 변화하려고 했다고 하게 됩니다. 역사적인 혹은 종교적인 예수님은 이렇게 말해질 수밖에 없습니다.

People try to treat salvation idealistically or religiously since they are not conscious of salvation that is disclosed as new. Ideals or religions reflects the fallen nature. The enhancement of the fallen nature is not salvation. The enhancement of the fallen nature is a change. Changing the world for the better is not salvation. Salvation is new since it is not entailed in the fallen world. Jesus' story in the Gospel does not describe Jesus of the world. If Jesus is described factually, He is one of the fallen men. Then, it is said that Jesus intended to change the world. The historical or religious Jesus cannot help but be said in this way.

IV.0116. 구원은 구원자를 새로움으로 따름입니다. 새로움으로 오신 구원자를 따름엔 따르는 이의 속성이 반영되지 않습니다. 새로움으로 오신 구원자를 따름은 성령님에 의해 인도되기 때문입니다. 성령님에 의해 인도되는 이들은 속성으로부터 새로워집니다. 구원은 언제나 새로움으로 드러납니다. 따라서 구원은 지속적으로 표현될 수 없습니다. 한 번 구원되면 영원히 구원된다고 하는 것은 잘못된 표현입니다. 이 표현은 구원을 영원히 고정된 상태로 시사하기 때문입니다. 구원자로 세상에 오신 예수님은 세상에 고정된 자취를 남기지 않고 십자가에 죽으셨습니다. 아이러니하게도 예수님이 세상에 고정된 자취를 남긴 것은 십자가입니다.

Salvation is the following of the Savior in newness. In the following of the Savior who came as newness, the attributes of the follower is not reflected, for the following of the Savior who came in newness is guided by the Holy Spirit. Those who are guided by the Holy Spirit become new from their nature. Salvation is always disclosed in newness. Accordingly, it cannot be expressed continuously. It is a wrong expression to say that once one is saved, he is saved forever, for this expression implies that salvation is an eternally fixed state. Jesus, who came to the world as the

Savior, died on the cross without leaving a fixed trace on the world. Ironically, it was the cross that Jesus left a fixed trace on the world.

IV.0117. 사람들은 세상에서 나아짐을 향해 살기 때문에. 세상에 오신 예수님을 세상의 나아짐으로 바라봅니다. 이 때문에 예수님의 가르침을 지혜로 풀이하고, 예수님을 종교 창시자로 여깁니다. 그러므로 그들은 우선 새로움의 시각을 가져야 합니다. 새로움의 시각으로 예수님을 새로움으로 바라보게 될 때, 예수님을 새로움으로 따르게 됩니다. 그들은 예수님을 새로움으로 따름으로 새롭게 됩니다. 이렇게 하여 새로움의 구원자와 새로움으로 구원된 이들이 새로움의 시각으로 말해집니다. 복음서는 새로움의 시각으로 서사됩니다. 따라서 복음서는 새 언약의 내용입니다. 새 언약은 새로움의 시각으로 보아지지 않으면, 애매모호합니다.

Because people live towards betterment in the world, they see Jesus who came to the world as the betterment of the world. For this reason, they interpret Jesus' teaching as wisdom and regard Jesus as the founder of a religion. Therefore, they, first of all, must have the perspective of newness. When they see Jesus as newness from the perspective of newness, they will follow Him as newness. They, following Jesus as newness, become new. In this way, the Savior of newness and those saved in newness are spoken of from the perspective of newness. The Gospel is narrated from the perspective of newness. Accordingly, the Gospel is the new covenant. The new covenant is ambiguous unless it is viewed from the perspective of newness.

IV.0118. 구원은 세상에 굳혀질 수 있는 내용이 아님으로 언제나 새롭습니다. 타락된 사람이 새로움으로 인도됨이 구원입니다. 타락된 사람이 변화하는 것이 구원이 아닙니다. 새로움은 변화의 결과가 아닙니다. 새로움은 성령님에 의해 인도됩니다. 인도된 새로움은 변화된 새로움으로 혼동되지 말아야 합니다. 성령님이 인도하심은 속성의 변화와 구별되기 때문입니다. 따라서 새로움으로 오신 구원자로 구원은 성령님에 의해 인도된 새로움입니다. 구원자는 하나님과 함께로 오심으로, 성령님에 인도된 새로움으로 구원은 하나님과 함께함입니다. 하나님을 떠난 타락된 사람은 하나님과 함께함으로 구원됩니다.

Salvation is always new because it is not the content which can be fixed in the world. It is salvation for the fallen man to be guided to newness. It is not salvation for the fallen man to be changed. Newness is not the result of change. Newness is guided by the Holy Spirit. The guided newness should not be confused with the transformed newness, for the guidance of the Holy Spirit is separated from the change of attributes. Accordingly, salvation through the Savior who came as newness is the newness guided by the Holy Spirit. As the Savior came in togetherness with God, salvation as newness guided by the Holy Spirit is togetherness with God. The fallen man departed from God is saved into being together with Him.

IV.0119. 복음서는 예수님을 구원자로 서사함으로 구원을 들려줍니다. 성령님의 인도하심으로 예수님을 하나님과 함께로 서서하기 때문입니다. 복음서는 성령님에 의해 인도된 새로움의 시각으로 예수님을 서사합니다. 하나님을 떠난 타락된 사람이 변화되어 하나님과 함께할 수 없습니다. 하나님과 함께는 타락된 세상에 오신 예수님으로 구체적으로 드러납니다. 그리고 성령님은 하나님과 함께하시는 예수님에게 인도하십니다. 복음서는 이 양면을 다 보입니다. 세상에 오신 구원자로 구원이 타락된 세상에 드러남과,

성령님에 의해 구원자에게 인도됨은 타락된 세상에 이루어지는 새로움입니다. 타락된 세상에서 이해될 내용이 아닙니다.

The Gospel, narrating Jesus as the Savior, tells of salvation, for it narrates Jesus in togetherness with God under the guidance of the Holy Spirit. The Gospel narrates Jesus from the perspective of newness guided by the Holy Spirit. The fallen man who has departed from God cannot be together with Him by being changed. Togetherness with God is specifically disclosed as Jesus who came to the fallen world. And the Holy Spirit guides toward Jesus who is together with God. The Gospel shows both of these two sides. The disclosure of salvation through the Savior who came to the fallen world and being guided to the Savior by the Holy Spirit are newness that is fulfilled in the fallen world. These are not the contents that can be understood in the fallen world.

IV.0120. 새 언약의 새로움은 시간으로 이루어집니다. 새 언약은 하나님과 함께하는 언약일 뿐만 아니라 새로움임을 같이 보입니다. 하나님과 함께는 새 언약은 시간으로 이루어지고, 그 이루어짐은 새로움입니다. 따라서 새로움은 시간으로 이루어집니다. 시간으로 이루어지는 새로움은 종말까지 새로운 시간을 펼쳐갑니다. 새 언약은 새로움으로 이루어짐과 종말까지 이루어짐을 분명하게 합니다. 종말은 새 언약에서 새로움으로 말해집니다. 즉 새로움으로 이루어짐은 종말을 내포합니다. 이것이 새로움과 변화의 다른 점입니다. 하나님과 함께로 시작된 새로움은 하나님과 함께로 끝맺습니다. 즉 새 언약은 새로움으로 시작하고 새로움으로 끝맺습니다.

The newness of the new covenant is fulfilled in time. The new covenant shows that it is not only the covenant of being together with God but also newness. The new covenant of being together with God is fulfilled in time, and its fulfillment is newness. Therefore, newness is fulfilled in time. The fulfillment of newness in time unfolds new time until the end. The new covenant makes its fulfillment in newness as well as its fulfillment to the end clear. The end is spoken of as newness in the new covenant. In other words, the fulfillment into newness entails the end. This is the difference between newness and change. The newness that began with togetherness with God ends with togetherness with God. In other words, the new covenant begins with newness and ends with newness.

IV. 2

. . . .

화해 Reconciliation

IV.0201. 하나님의 말씀에 순종하지 않음으로 타락된 인간이 하나님과 함께로 구속되는 것을 화해라고 합니다. 바울은 화해를 이렇게 말합니다: "모든 것이 하나님께로서 났으며 그가 그리스도로 말미암아 우리를 자기와 화해하게 하시고 또 우리에게 화해하게 하는 직분을 주셨으니."^{고린도후서 5:18} 그는 하나님께서 예수님을 세상에 보내셔서 타락된 인간을 하나님께 화해하게 하신다고 합니다. 화해는 하나님께서 예수님으로 개시하신 것임으로 사도들은 화해의 사역을 맡습니다. 즉 사도들의 선교는 화해의 사역으로 세상에 임합니다. 선교는 타락된 세상에 예수님을 통한 하나님께로 화해의 확장입니다. 타락된 인간이 화해된 그리스도인들이 되는 것이 선교입니다. 이렇게 화해는 타락과 대칭적으로 표현됩니다.

It is called reconciliation for man who has fallen because of disobedience of God's word to be redeemed to be together with Him. Paul speaks of reconciliation this way: "Now all things are of God, who has reconciled us to Himself through Jesus Christ, and has given us the ministry of reconciliation."^{2 Corinthians 5:18} He says that God sent Jesus into the world to reconcile the fallen man to God. Since reconciliation was initiated by God through Jesus, the apostles take on the ministry of reconciliation. In other words, the mission of the apostles comes to the world as the ministry of reconciliation. Mission is the extension of the reconciliation to God through Jesus in the fallen world. It is mission for the fallen men to be reconciled Christians. In this way, reconciliation is symmetrically expressed with the fall.

IV.0202. 창조된 인간은 속성으로 타락되었습니다. 이에 대칭적으로 하나님은 예수님을 세상에 보내시어 타락된 인간을 복음으로 하나님께 화해하게 하십니다. 화해는 복음으로 선포됩니다. 복음의 선포는 하나님께 화해되어 구원됨에 대해서입니다. 속성으로 사는 인간이 복음으로 하나님께 화해되게 됩니다. 따라서 사도들의 화해의 사역은 언어적입니다. 그들은 복음을 선포함으로 화해의 사역에 종사합니다. 하나님께 화해됨은 기쁜 소식으로 세상에 알려집니다. 그것은 구원의 소식이기 때문입니다. 속성으로 타락된 인간에게 복음이 들려짐으로, 속성의 인간에게 말씀의 예수님은 부각됩니다.

The created man fell by nature. Symmetrically, God sent Jesus to the world ito reconcile the fallen man to God through the gospel. Reconciliation is proclaimed as the gospel. The proclamation of the gospel is for salvation by being reconciled to God. Man who lives by his attributes is reconciled to God through the gospel. Therefore, the apostles' ministry for reconciliation is linguistic. They engage in the ministry of reconciliation by proclaiming the Gospel. Reconciliation to God is announced to the world as good news, it is the news of salvation. As the gospel is heard by the fallen man who is fallen by nature, Jesus of word is highlighted to the man by nature.

IV.0203. 교회에서 설교는 화해의 선포입니다. 예수님께서 중풍병자에게 "네 죄 사함을 받았다"고 하신 것과 같이, 목사는 교인들에게 "하나님께 화해되었다"고 선포합니다. 목사의 화해의 선포는 바울이 말한 화해의 사역을 뜻합니다. 초대 사도들과 같이 복음을 선포하는 목사는 하나님께 화해를 선포합니다. 하나님께 화해된 그리스도인들로 교회는 이루어집니다. 교회는 독특한 속성을 지닌 개인들의 모임이 아닙니다. 선포된 화해의 삶의 구체적인 이루어짐입니다. 따라서 교회는 언어적입니다. 여기서 교회를 언어적이라는 함은 교회가 화해의 언어, 곧 복음으로 펼쳐지는 삶이라는 것을 뜻합니다. 복음이라는 화해의 내용을 따라 교회는 세상에 드러납니다.

A sermon in the church is the proclamation of reconciliation. Just as Jesus said to the paralytic, "Your sins are forgiven," the preacher proclaims to the believers, "You have been reconciled to God." The preacher's proclamation of reconciliation refers to the ministry of reconciliation that Paul spoke of. Preachers who proclaim the gospel proclaim reconciliation to God like the early apostles. The church consists of Christians who have been reconciled to God. It is not the assembly of individuals with unique attributes. It is the concrete fulfillment of the proclaimed life of reconciliation. Therefore, the church is linguistic. Here, saying that the church as linguistic means that it is the life unfolding through the language of reconciliation, the gospel. It is disclosed to the world according to the content of reconciliation, called the gospel.

IV.0204. 화해는 선포됩니다. 조건적으로 부여되지 않습니다. 사람이 무얼 하면 하나님과 화해된다고 할 수 없습니다. 사람이 무얼 하는 것은 지닌 속성을 계발하는 것입니다. 그런 계발된 속성으로 하나님께 화해되지 않습니다. 구약의 이스라엘 백성에게 주어진 율법이 그런 조건적인 요구입니다.

화해는 하나님께서 개시하시는 것이지, 사람의 개시에 대한 하나님의 반응이 아닙니다. 설교가 선포되지 않으면 교회는 조건적으로 얽힌 개인들의 모임이 됩니다. 교회에 나와야 구원된다는 말은 조건적인 속박입니다. 하나님의 함께는 복음으로 선포되지 조건적인 속박의 결과가 아닙니다.

Reconciliation is proclaimed. It is not granted conditionally. Man cannot be said to be reconciled to God no matter what he does. What man does is develops his attributes. Man cannot be reconciled to God with such developed attributes. The law given to the Israelites in the Old Testament is such a conditional demand. Reconciliation is initiated by God, not God's response to man's initiation. If the sermon is not proclaimed, the church becomes a gathering of conditionally entangled individuals. The saying that one must come to church to be saved is a conditional bondage. God's togetherness is proclaimed as the gospel and not the result of conditional bondage.

IV.0205. 하나님의 개시된 화해는 예정됩니다. 화해는 하나님의 창조에 내재되었다고 할 수 없습니다. 즉 창조로 드러난 하나님의 말씀과 화해로 드러난 하나님의 말씀은 다릅니다. 예수님을 통한 하나님의 화해 말씀은 예수님의 복음으로 주어집니다. 구원은 창조의 내용이 아닌 예정된 내용입니다. 하나님께서 창조 전에 미리 뜻하신 것입니다. 화해를 통한 구원은 하나님의 수선 작업이 아닙니다. 세상이 타락으로 문제된 것을 보완하는 것이 구원이 아닙니다. 문제의 보완은 조건적으로 처리될 수 있습니다. 세상에서 문제 처리는 조건적입니다. 하나님의 구원은 문제의 대처가 아닙니다.

God's initiated reconciliation is predestined. Reconciliation cannot be said to be inherent in God's creation. In other words, God's word disclosed through creation and God's word disclosed through reconciliation are different. God's word of reconciliation through Jesus is given through the gospel of Jesus. Salvation is the predestinated content, not the content of creation. It is what God already willed before creation. Salvation through reconciliation is not God's work of repair. Salvation is not about making up for the problems due to the fall of the world. The supplement in question may be treated conditionally. Dealing with the problems in the world is conditional. God's salvation is not a reaction to a problem. God's salvation is not a solution to problems.

IV.0206. 화해는 하나님의 섭리에 둘 수 없습니다. 하나님의 화해의 섭리는 없습니다. 하나님의 섭리는 하나님의 창조에 준합니다. 예정된 화해는 세상에 설정될 수 없습니다. 즉 세상 속성의 진작으로 이르게 될 수 없습니다. 따라서 화해의 말은 세상 상태로 설명될 수 없습니다. 세상 상태로 설명되면, 화해의 말은 선포되지 않습니다. 원인 제공으로 화해에 이르게 되기 때문입니다. 복음의 선포는 세상에 일어날 수 없는 것이 선포된 말로 이루어짐을 보입니다. 따라서 선포는 예정으로 보아져야 합니다. 예정된 구원의 선포는 조건적으로 설명될 수 없습니다. 조건적인 설명은 속성의 반응을 기대합니다.

Reconciliation cannot be put in God's providence. There is no providence of God's reconciliation. God's providence is conformed to His creation. The predestinated reconciliation cannot be set in the world. In other words, it cannot be reached by boosting the worldly properties. Therefore, the word of reconciliation cannot be explained by the state of the world. If the word of reconciliation is explained by the state of world, it is not proclaimed. This is because reconciliation is reached by providing a cause. The proclamation of the gospel shows that what cannot occur in the world is fulfilled through the proclaimed word. Therefore, the proclamation must be viewed as predestination. The proclamation of the predestinated salvation cannot be explained conditionally. A conditional explanation expects a response from a property.

IV.0207. 요한복음 3:16, "하나님이 세상을 이처럼 사랑하사 독생자를 주셨으니 이는 그를 믿는 자마다 멸망하지 않고 영생을 얻게 하려 하심이라"는 화해의 내용으로 읽어집니다. 속성과 죽음에 속박된 인간은 예수님을 믿는 믿음과 영원한 생명으로 하나님과 함께하게 됩니다. 물론 이 화해는 하나님의 사랑으로 개시됩니다. 구원을 화해된 구원으로 보면, 이 점을 받아들일 수 있습니다. 하나님은 속성으로 타락된 인간을 사랑하시기에 구원을 뜻하시고, 예수님을 믿는 믿음으로 인간을 하나님께 화해되게 하십니다. 이 구절엔 타락된 인간을 향한 하나님의 사랑과 구원의 뜻이 잘 반영되어있습니다. 따라서 그리스도인들은 성경의 핵심 구절로 기억합니다.

John 3:16, "For God so loved the world that He gave His only Son, so that everyone who believes in Him may not perish but may have eternal life," is read as the content of reconciliation. Man who is bound by nature and death becomes together with God through faith in Jesus and eternal life. Of course, this reconciliation is initiated by God's love. If salvation is seen as reconciled salvation, this can be accepted. As God loves man who has fallen by his nature, God wills salvation and lets him be reconciled to God through faith in Jesus. This verse clearly reflects God's love and will for salvation for the fallen man. Therefore, Christians remember this as a key verse in the Bible.

IV.0208. 요한복음 3:16은 예정으로 전개된 요한복음의 집약된 표현입니다. 예정된 하나님의 화해를 하나님의 사랑으로 표현한 점에서, 요한복음은 타락된 세상에 하나님의 사랑으로 오신 예수님을 부각합니다. 하나님께 반목하며 자신의 속성에 빠져든 인간에게 하나님은 사랑으로 화해를 보이십니다. 예정은 하나님으로부터 개시를 뜻합니다. 구약은 예정을 반영하지 않음으로, 구원이나 화해를 담을 수 없습니다. 따라서 구약은 사람이 율법의 조건으로 온전히 하나님과 함께할 수 없음만 보입니다. 인간이 추구하는 속성의 계발은 타락의 조장이지 화해의 조건이 아닙니다. 인간은 어떻든 창조로부터 창조주와 구별되어 왔습니다.

John 3:16 is the condensed expression of the Gospel of John that unfolded according to predestination. In the respect that God's predestinated reconciliation is expressed as God's love, the Gospel of John highlights Jesus who came to the world as God's love. God shows reconciliation with His love to man who has fallen into his nature to be in conflict with God. Predestination means the initiation from God. Because the Old Testament does not reflect predestination, it cannot entail salvation or reconciliation. Therefore, the Old Testament only shows that man cannot be wholly together with God under the condition of the law. The development of the attributes that man seeks is fostering fall, not the condition of reconciliation. Man, in any case, has been separated from the Creator since creation.

IV.0209. 예정은 하나님의 함께를 전제합니다. 따라서 언약의 기본 설정입니다. 성경은 세상이 하나님의 말씀으로 창조되었다고 하면서 시작합니다. 하나님의 말씀을 지닌 언약의 백성이 하나님과 함께함을 전제하며 시작합니다. 성경은 언약의 백성의 하나님이 창조주이심을 학언합니다. 그러나 인간이 타락되게 됨으로, 하나님과 함께할 수 없음을 보입니다. 성경은 언약의 시각으로 창조를 전개하지만, 하나님과 함께하지 못하는 인간의 상황을 타락으로 보입니다. 원래 창조는 창조주 하나님과 피조물 인간의 엄연한 구별됨을 보입니다. 즉 창조 기술은 창조주와 피조물의 함께가 온전히 보일 수 없음을 반영합니다.

Predestination presupposes God's togetherness. So, it is the default setting of the covenant. The Bible begins by saying that the world was created by God's word. It begins with the premise that the covenant people who keep God's word are together with God. The Bible affirms that God of the covenant people is the Creator. However, it shows that, as man became fallen, he could not be together with God. Although it unfolds from the perspective of the covenant, it shows the situation that he cannot be together with God as the fall. Originally, creation shows that God, the Creator, and the created man are clearly separated. In other words, the creation account reflects that togetherness of the Creator and the creature cannot be seen wholly.

IV.0210. 창조에 온전히 반영될 수 없는 하나님과 인간의 함께는 예정으로 보입니다. 예정은 창조가 완전히 드러나지 않기에 말해지지 않습니다. 예정은 창조에 드러나는 새로움입니다. 그리고 예정은 창조된 인간이 속성으로 타락하게 됨으로 화해의 내용을 담습니다. 타락은 덜 진화된 상태를 뜻하지 않습니다. 그보다 하나님과 반목되어 가는 것을 뜻합니다. 예정은 하나님께 화해된 구원을 보입니다. 따라서 예정은 창조가 자체로 완전하게 되는 것을 부정합니다. 창조가 자체로 모든 것을 내포하고 있으면, 예정이 설정되게 되지 않습니다. 예수님으로 복음은 창조가 담을 수 없는 구원을 보입니다.

Togetherness of God and man, which cannot be reflected in creation, is seen in predestination. Predestination is not spoken of because creation is not fully disclosed. Predestination is the newness disclosed in creation. And it contains the content of reconciliation, because the created man becomes fallen into attributes. The fall does not mean a less evolved state. Rather, it means becoming at odds with God. Predestination shows salvation reconciled to God. Therefore, predestination denies that creation becomes complete in itself. If creation entails everything in itself, predestination is not to be set. The gospel through Jesus shows salvation that creation cannot entail.

IV.0211. 화해의 하나님은 임마누엘 하나님으로 말해집니다. 언약의 하나님은 하나님의 존재로보다 하나님의 함께로 말해집니다. 하나님의 함께는 "하나님은 우리 하나님이시다"로 표현되지 "하나님은 존재하신다"로 표현되지 않습니다. 존재의 의식은 타락에 의합니다. 타락으로 인간이 죽음에 처해지기 때문입니다. 실존주의에서 죽음은 실존의 진정성으로 말해집니다. 죽음은 '나'의 죽음으로 옵니다. '나'의 죽음은 일반 죽음의 경우로 말해질 수 없습니다. '나'의 죽음은 '나'의 시간성을 의식하게 합니다. '나'에게 임하는 죽음 때문에, '나'는 '나'의 시간성을 의식하며 미래에 대한 기대감으로 나아갑니다.

The God of reconciliation is told as the God of Immanuel. The covenant God is spoken of as God's togetherness rather than as God's being. God's togetherness is expressed as "God is our God," not as "God exists." The consciousness of existence is due to the fall, for man is condemned to death due to fall. In existentialism, death is spoken of as the authenticity of existence. Death comes as the death of 'me.' 'My' death cannot be said to be a case of general death. 'My' death lets 'me' be conscious of 'my' temporality. Because of the death that comes to 'me', 'I' become conscious of 'my' temporality and move forward with anticipation for the future.

IV.0212. 사르트르가 실존은 본질에 선행한다고 한 것은 '있다'가 '이다'에 선행한다는 것입니다. 본질은 서술적으로 표현됩니다. "인간의 생각하는 동물이다"는 생각하는 동물로 인간의 본질을 보입니다. 사르트르는 인간의 본질적인 표현 전에 인간의 실존을 받아들여야 한다고 봅니다. 그는 있는 것에 대해 그것의 본질을 말하게 된다고 합니다. 따라서 실존주의는 고대 그리스의 파르메니데스로부터 이어지는 사고의 대상으로 존재에서 나아가 세상에서 '나'의 실존을 의식하는 것을 보입니다. '나'의 실존에 대한 기본 의식은 어떻든 죽음에 처해짐으로 생깁니다. '나'가 세상에 있다는 막연한 의식이 아닙니다.

When Sartre says that existence precedes essence, he means that 'exist' precedes 'is.' The essence is expressed descriptively. The expression, "man is thinking animal," shows the essence of man as thinking animal. Sartre sees that man's existence must be accepted prior to his essential expression. He is said to speak of the essence of what exists. Therefore, existentialism moves beyond being as the object of thought following Parmenides of ancient Greece and shows awareness of 'my' existence in the world. In any case, the basic consciousness of 'I' existence arises from being put to death. It is not a vague awareness that 'I' am in the world.

IV.0213. 성경은 죽음이 인간의 타락으로 인한 하나님의 처벌로 봅니다. 성경은 죽음 이전에 하나님에 의해 창조된 인간을 말합니다. 성경은 이렇게 하나님에 의해 창조된 인간을 말하지 인간 자체를 존재로 말하지 않습니다. 즉 성경은 창조된 인간으로 인간의 존재나 창조주로 하나님의 존재를 말하지 않습니다. 따라서 성경엔 "있다"가 아닌 "이다"가 기본 표현입니다. 언약으로 전개되는 성경엔 하나님과 인간은 "이다"의 표현으로 서사됩니다. 아브라함의 후손인 이스라엘 백성은 세상에 존재하기 전에 하나님에 의해 약속됩니다. 성경은 약속을 존재보다 우선적으로 다루기 때문에, 존재에 대한 질문이 제기되는 것은 적절하지 않습니다.

The Bible sees death as God's punishment for man's fall. The Bible speaks of man's being created by God before death. The Bible, in this way, speaks of man created by God, but does not speak of man himself as being. In other words, it does not speak of man's being as created man or God's being as the Creator. Therefore, the basic expression in the Bible is "is," not "exist." In the Bible, which unfolds as the covenant, God and man are narrated with the expression "is." The Israelites, the descendants of Abraham, are promised by God before they exist in the world. Since the Bible treats promise as a priority over existence, it is not appropriate for the question of existence to be raised.

IV.0214. 모세가 하나님께 그분 이름에 대해 물었을 때, 하나님은 모세에게, "나는 스스로 인 자" 라고 하시고 이스라엘 백성에게, "스스로 인 자가 나를 너희에게 보내셨다"고 전하게 하십니다. 여기서 표현된 것은 "나 임"이지 "나 있음"이 아닙니다. 하나님의 이름은 "스스로 인 자"를 뜻하지 "스스로 있는 자"를 뜻하지 않습니다. 언약의 표현에서 하나님은 "스스로 인 분"이시지 "스스로 있는 분"이 아닙니다. 언약의 하나님은 스스로 인 분이심을 그분이 택하신 언약의 백성에게 보이십니다. 언약의 하나님은 그분 이름으로 언약의 하나님임을 밝힙니다. 언약의 하나님 이름은 언약의 백성에게 주어지는 이름입니다.

When Moses asked God about God's name, God told Moses, "I AM WHO I AM," and let him announce to the Israelites "I AM has sent me to you."Exodus 3:14 What is expressed here is "I AM," not "I exist." God's name means "I AM WHO I AM," not "I AM WHO EXIST." In the expression of the covenant, God is 'I AM WHO I AM,' not 'I AM WHO EXIST.' The covenant God shows His being 'I AM WHO I AM' to His elected covenant people. The covenant God unveils that He is the covenant God in His name. The name of the covenant God is the name given to the covenant people.

IV.0215. 화해는 '이다'의 상태로 돌아가는 것이지, '있다'로 표현되게 되지 않습니다. 구원도 마찬가지입니다. 구원은 '있다'로 표현되지 않습니다. 있을 것은 구원이 아닙니다. 하나님과 함께는 '이다'로 표현되지 '있다'로 표현되지 않습니다. '있다'의 인간이 '이다'의 함께로 화해되고 구원됩니다. 죽음에 처한 타락된 실존적 인간이 예수님으로 하나님께 화해됩니다. 화해는 실존적 인간이 존재하는 하나님과 관계를 맺게 되는 것이 아닙니다. 실존적 인간이 하나님께 화해되면, 더 이상 타락된 실존적 인간으로 남지 않습니다. 요한복음 3:16은 하나님께 화해된 이들은 멸망하지 않고 영원한 생명을 누린다고 합니다. 영원한 생명은 언약의 내용이지 실존적인 내용이 아닙니다.

Reconciliation is the return to the state of 'is', not expressed as 'exist'. The same goes for salvation. Salvation is not to be expressed as 'exist'. What will be is not salvation. Togetherness with God is not expressed as 'exist' but expressed as 'is'. Man of 'exist' becomes reconciled and saved through the togetherness of 'is.' The existential man who has fallen to be subject to death is reconciled to God through Jesus. Reconciliation is not about bringing the existential man into the relationship with the existing God. If the existential man is reconciled to God, he no longer remains as the fallen existential man. John 3:16 says that those who are reconciled to God will not perish but cherish eternal life. Eternal life is not an existential content but a covenant content.

IV.0216. 예수님을 믿는 믿음엔 화해의 뜻이 내재됩니다. 이 때문에 종교적인 믿음일 수 없습니다. 즉 '나'의 믿음일 수 없습니다. '나'의 믿음이면, 단지 '나'의 격리된 믿음입니다. 화해된 믿음은 구속된 믿음, 구원의 믿음, 혹은 언약의 믿음으로 말해집니다. 예수님을 믿는 믿음은 화해로 파급되는 선교를 보입니다. 하나님과 함께하는 언약은 타락된 세상에 화해로 드러납니다. 물론 화해는 타락으로부터 하나님과 함께로 이루어집니다. 즉 하나님께로 이루어집니다. 하나님으로부터 오신 예수님을 믿는 믿음입니다. 예수님을 믿는 믿음은 예수님으로 임하지 '나'로부터 나오지 않습니다. 예수님을 믿는 믿음은 영원한 생명으로 드러납니다. 결코 '나'의 속성일 수 없습니다.

The meaning of reconciliation is inherent in faith in Jesus. Because of this, it cannot be a religious belief. In other words, it cannot be 'my' belief. If it is 'my' faith, it is just 'my' isolated faith. Reconciled faith is referred to as redeemed faith, salvational faith, or the covenant faith. Faith in Jesus shows a mission that spreads through reconciliation. The covenant of being together with God is disclosed as reconciliation to the fallen world. Of course, reconciliation is fulfilled into togetherness with God from the fall. That is, it is fulfilled by God. It is faith in Jesus who came from God. Faith in Jesus comes from Jesus and does not come from 'me.' Faith in Jesus is unveiled as eternal life. It can never be an attribute of 'me.'

IV.0217. 화해는 상호적이 아닙니다. 일방적입니다. 화해로 표현되는 믿음은 개인의 속성을 반영하지 않습니다. 예수님을 믿는 믿음은 "나의 예수님을 믿는 믿음"이라고 할 수 없습니다. 예수님을 믿는 믿음엔 '나'의 종교성이 아닌 예수님으로 하나님께 화해된 내용이 보입니다. 즉 예수님을 믿는 믿음은 영적입니다. 영성은 하나님의 영으로 함께함을 뜻합니다. 사람이 지닌 지성이나 종교성에 대조됩니다. 하나님께 화해된 삶은 사람의 속성을 신장하는 것일 수 없습니다. 영성으로 인도되는 내용을 보입니다. 초대 사도들이 남긴 글은 영적으로 펼쳐지는 내용입니다. 즉 예수님을 믿는 믿음은 영적으로 펼쳐집니다. 복음서는 예수님을 믿는 믿음의 글입니다.

Reconciliation is not bilateral. It is unilateral. The faith expressed in reconciliation does not reflect individual attributes. Faith in Jesus cannot be called "my faith in Jesus." In faith in Jesus, not 'my' religiosity but the reconciled content to God through Jesus is seen. In other words, faith in Jesus is Spiritual. Spirituality means being together through God's Spirit. It is contrasted to man's intellectuality or religiosity. The life reconciled to God cannot be what enhances one's attributes. It shows the content that is led to Spirituality. The writings that the early apostles left are the content that unfolds Spiritually. In other words, faith in Jesus unfolds Spiritually. The Gospel is the writing of faith in Jesus.

IV.0218. 초대 사도들은 영적으로 인도되어 선교 활동을 한다고 고백합니다. 그들의 선교 활동은 하나님과 함께로 인도함을 위합니다. 화해의 선교는 영적으로 인도됨으로 보입니다. 화해가 고려되면, 예수님을 믿는 믿음은 지성이나 종교성으로 표현할 수 없다는 것이 분명해집니다. 화해는 지성으로 혹은 종교성으로 표현될 수 없습니다. 영이신 하나님께 화해는 영성이어야 합니다. 지성과 종교성은 개인에 갇힌 것임으로, 함께를 보일 수 없습니다. 거꾸로 지성이나 종교성으로 예수님을 믿는 믿음이 말해지면, 하나님과 언약의 함께는 상실됩니다. 예수님을 믿는 믿음은 개인의 지성이나 종교성을 계발하려는 것이 아닙니다.

The early apostles confess that they, being guided Spiritually, engage in missionary activities. Their missionary activities are for the guidance to being together with God. The mission of reconciliation is shown by being guided Spiritually. If reconciliation is taken into consideration, it is clear that faith in Jesus cannot be expressed through intellectuality or religiosity. Reconciliation cannot be expressed intellectually or religiously. Reconciliation to God, who is Spirit, must be Spirituality. Since intellectuality and religiosity are confined to individuals, they cannot show togetherness. Conversely, if faith in Jesus is expressed through intellectuality or religiosity, the covenant togetherness with God is lost. Faith in Jesus is not directed to develop one's intelligence or religiosity.

IV.0219. 예수님으로 하나님과 함께는 언어로 표현됩니다. 복음이 이 점을 보입니다. 즉 화해는 언어로 표현됩니다. 속성일 수 없습니다. 화해의 믿음은 종교성이 아니지만, 언어로 굳혀질 수도 없습니다. 화해는 굳혀진 내용으로 이루어질 수 없습니다. 타락된 세상에 사는 인간이 화해로 하나님과 함께하게 되기 때문입니다. 하나님과 함께하게 되는 것은 율법이나 도그마로 굳혀질 수 없습니다. 즉 화해는 율법이나 도그마로 표현될 수 없습니다. 따라서 화해로 구원은 율법이나 도그마로 굳혀질 수 없습니다. 정통 교회 교리의 문제점이 여기 있습니다. 교회 교리는 어떻든 지성으로 굳혀진 내용입니다. 세상에서 판단으로 세워지기 때문입니다.

Togetherness with God through Jesus is expressed through language. The Gospel shows this. In other words, reconciliation is expressed through language. It cannot be a property. The belief in reconciliation is not religious, but it cannot be fixed by language, either. Reconciliation cannot be realized with fixed content, for through reconciliation, man living in the fallen world becomes together with God. It cannot be fixed through the law or dogma to be together with God. Therefore, salvation through reconciliation cannot be fixed by the law or dogma. Herein lies the problem with orthodox church doctrine. Church doctrine is something that has been solidified intellectually, for it is set by judgment in the world.

IV.0220. 화해는 종교적으로 혹은 규정된 언어로 표현되지 않지만, 또한 추구되게 되는 내용도 아닙니다. 추구는 개인의 몰입입니다. 그러므로 사람이 추구할수록 더욱 고립됩니다. 철학적으로 구원이 말해질 수 없는 것이 이 때문입니다. 즉 화해는 철학적으로 다루어질 내용이 아닙니다. 화해가 아닌 관용이 철학적으로 말해집니다. 관용은 개인이 지닌 속성의 계발입니다. 즉 관용은 타락된 개인이 보이는 속성입니다. 그러나 화해는 예정된 것이 창조된 세상에 들어오는 새로움을 보입니다. 즉 예정된 화해로 창조는 새롭게 보아집니다. 예수님으로 세상은 새롭게 보아집니다. 예수님은 세상으로 보아지지 않고, 예수님으로 세상이 보아집니다.

Reconciliation is not expressed in religious or prescribed language, but it is also not something that is sought. Pursuit is an individual indulgence. Therefore, the more a person pursues, the more isolated he becomes. This is why salvation cannot be talked about philosophically. In other words, reconciliation is not something to be dealt with philosophically.

Tolerance, not reconciliation, is philosophically speaking. Tolerance is the development of an individual's attributes. In other words, tolerance is an attribute exhibited by the fallen individual. But reconciliation shows the newness of what was predestinated to come into the created world. In other words, creation is seen anew through the predestinated reconciliation. Through Jesus, the world is seen newly. Jesus is not seen through the world, but through Jesus the world is seen.

IV. 3

. . . .

은혜 Grace

IV.0301. 사도 바울은 그의 서간문에서 "은혜"라는 말을 자주 언급합니다. 그의 서간문은 그 말의 의미와 연계되어 있습니다. 그의 서간문은 안내하는 은혜의 주제로 전개됩니다. 그가 은혜를 "인간의 공로가 아닌 하나님의 은혜"라는 언명으로 도입하듯, 그는 서간문을 인간의 공로에 대한 격려가 아닌 하나님의 은혜를 따른 권면으로 전개합니다. 그는 하나님의 은혜를 상술하지 않고 하나님의 은혜를 따른 권면을 보입니다. 그의 서간문은 하나님 은혜의 드러남입니다. 그는, 서간문을 씀으로, 하나님의 은혜를 보입니다. 달리 말하면, 그의 서간문은 하나님의 은혜를 떠나 읽어질 수 없습니다.

Paul the Apostle mentions the word, "grace," in his epistles frequently. His epistles are tied up with the meaning of it. His epistles develop under the guiding theme of grace. Just as he introduces grace with the dictum, "Not man's merits but God's grace," he generates his epistles not as the encouragement of man's merits but as the exhortation with God's grace. He does not elaborate on God's grace, but exhibits exhortation based on God's grace. His epistles are the disclosure of God's grace. He shows God's grace by writing epistles. In other words, his epistles cannot be read apart from the grace of God.

IV.0302. 바울의 서간문은 구약의 글과 비교됩니다. 구약의 글은 율법에 근거해서 전개됩니다. 율법은, 하나님에 의해 주어졌지만, 사람이 지켜야 할 규정으로 구성됩니다. 그러므로 율법의 근거에서 전개되는 구약의 글은 율법을 이행하도록 장려됩니다. 율법은 사람의 의지로 이행됩니다. 율법의 이행자는 율법을 이행하는 공로로 칭송됩니다. 그리고 그는 의인으로 불러집니다. 율법에 의한 의는 이행자의 공로로 특징지어집니다. 그러므로 율법의 삶에선 문제되는 것은 단지 율법을 사람이 이행하는 것입니다. 율법을 이행하는 이들은 의인이고, 율법을 이행하지 않는 이들은 죄인입니다.

Paul's epistles are compared to the writings of the Old Testament. The writings of the Old Testament are developed based on the law. The law, although given by God, consists of regulations that people must follow. Therefore, the Old Testament writings, which develop on the basis of the law, are encouraged to practice the law. The law is practiced by man's own will. Its practitioner is praised by his own merit of practicing it. And he is called righteous. Righteousness by the law is characterized by the merits of the practitioner. Therefore, in the life of the law, what matters is only man's practicing of it. Those who practice the law are righteous, but those who do not practice it are sinners.

IV.0303. 율법의 삶에서 율법은 율법을 지키는 의인들의 지침이 되지만, 죄인들은 그로부터 제외됩니다. 율법은 의인들을 죄인들로부터 분리하지만, 의인들이 하나님과 함께한다고 보증하지 않습니다. 율법을 지키는 그들의 공로는 그들 속성으로 보입니다. 따라서 그들 속성으로 율법을 지키는 그들의 공로는 하나님과 함께함이 없이 그들 자신의 의를 보일 뿐입니다. 율법을 지킴으로 보이는 그들의 의와 그들의 하나님과 함께함은 전혀 다릅니다. 예수님 시대 유대인들이 스스로 주장하는 의는 결코 그들의 하나님과 함께함을 보이지 않습니다. 그들은 그들이 스스로 주장하는 의로 예수님을 십자가에 처형했습니다.

In the life of the law, the law serves as the direction of the righteous who keep it, but sinners are excluded from it. Even though the law demarcates the righteous from sinners, it does not warrant that the righteous will be together with God. Their merit in keeping the law is seen as their attribute. Therefore, their merits in keeping the law by their own attributes only shows their own righteousness without being together with God. Their righteousness shown by keeping the law is completely different from their being together with God. The righteousness that the Jews of Jesus' day claimed for themselves never showed their being together with God. They crucified Jesus for their own self-proclaimed righteousness.

IV.0304. 그렇지만 바울은 사람의 의 대신 하나님의 의를 도입합니다. 그는 예수님을 믿는 믿음에 계시된 하나님의 의를 율법을 지키는 사람의 의와 구별합니다. 이렇게 그는 믿음으로 의라는 언명을 끌어냅니다. 그의 믿음으로 의는 율법에 의한 의에 직접적으로 도전하는 통념입니다. 믿음으로 의는 율법에 의한 의와 같이 스스로 주장된 의가 아닙니다. 계시된 하나님의 의이기 때문입니다. 이렇게 하여 바울은 의의 시각을 사람으로부터 하나님으로 전환합니다. 예수님이 의에 대한 사람의 시각에서 십자가에 처형되었기 때문에 이 시각의 전환은 결정적입니다. 그렇지만 바울은 하나님께서 예수님을 죽은 자들 가운데서 일으키심으로 하나님의 의가 계시되었다고 확언합니다.

However, Paul introduces God's righteousness instead of man's righteousness. He distinguishes God's righteousness revealed in faith in Jesus from man's righteousness of the keeping of the law. In this way, he derives the dictum of righteousness by faith. His righteousness by faith is the notion that directly challenges righteousness by the law. Righteousness by faith is not a self-proclaimed righteousness like righteousness by the law, for it is revealed God's righteousness. In this way, Paul shifts the perspective of righteousness from man to God. This shift of perspective is crucial because Jesus was crucified from man's perspective of righteousness. However, Paul affirms that God's righteousness was revealed when God raised Jesus from the dead.

IV.0305. 예수님을 믿는 믿음은 예수님의 부활에 계시된 하나님이 의를 내포합니다. 바울은 율법의 의가 아닌 하나님의 의가 예수님을 믿는 믿음에 계시된다고 확언합니다. 예수님이 율법의 시각으로 보아지면, 예수님은 십자가에 처형되는 범죄인입니다. 그러나 바울은 예수님을 하나님의 의의 시각으로 서사하려 하고, 하나님의 의의 시각으로 예수님을 믿는 믿음을 서사합니다. 따라서 예수님의 서술과 예수님을 믿는 믿음의 서사가 구별됨이 간과되지 말아야 합니다. 복음서는 예수님을 믿는 믿음의 서사입니다. 그러므로 복음서는 예수님의 사실성으로 풀이될 수 없습니다. 예수님을 믿는 믿음은 예수님의 사실성에 근거하지 않습니다.

Faith in Jesus entails God's righteousness revealed in Jesus' resurrection. Paul affirms that not the righteousness of the law but the righteousness of God is revealed in faith in Jesus. If Jesus is seen from the perspective of the law, He is a criminal who is to be crucified. However, Paul tries to narrate Jesus from the perspective of God's righteousness, and narrates faith in Jesus from the perspective of God's righteousness. Therefore, the distinction between the description of Jesus and the narrative of faith in Jesus should not be overlooked. The Gospel is the narrative of faith in Jesus. Therefore, the Gospel cannot be interpreted as the factuality of Jesus, for faith in Jesus is not based on the factuality of Jesus.

IV.0306. 바울은 예수님의 사실성으로 환원되지 않는 예수님을 믿는 믿음을 세웁니다. 그러므로 그의 서간문은 예수님을 믿는 믿음의 근거에서 읽어져야 합니다. 예수님의 사실성은 세상에 근거하지만, 예수님을 믿는 믿음은 세상에 근거하지 않습니다. 바울의 서간문은 예수님을 믿는 믿음의 근거를 찾아 전개됩니다. 그는 믿음의 의를 확인하기 위해 아브라함의 믿음을 환기시킵니다: "아브람이 여호와를 믿으니 여호와께서 이를 그의 의로 여기시고."창세기 15:6 아브라함이 여호와를 믿는 믿음은 그가 여호와의 약속을 믿는 믿음을 뜻합니다. 따라서 여호와를 믿는 그의 믿음은 언약의 믿음입니다.

Paul sets up faith in Jesus that cannot be reduced to the factuality of Jesus. Therefore, his epistles should be read on the basis of faith in Jesus. The factuality of Jesus is based on the world, but faith in Jesus is not based on the world. Paul's epistles unfold in search of the basis for faith in Jesus. He evokes Abraham's faith to confirm the righteousness of faith: "And he[Abram] believed in the LORD, and He accounted it to him for righteousness."Genesis 15:6 Abraham's faith in the LORD means his faith in the promise of the LORD. Therefore, his faith in the LORD is the covenant faith.

IV.0307. 사도 요한은 예수님을 믿는 믿음이 요한복음 3:16에 언약의 믿음이라고 분명히 밝힙니다. 그는 그 구절을 마치 하나님이 예수님을 구원의 약속으로 보내신 것처럼 서사합니다. 그는 예수님을 믿는 믿음을 구원의 영원한 생명으로 구상합니다. 구원의 영원한 생명은 하나님께서 그분 구원의 약속으로 세상에 보내신 예수님을 믿는 이들과 이루실 언약의 생명입니다. 예수님을 믿는 이들이 지니는 언약의 말은 복음입니다. 복음은 세상에 계신 예수님의 이야기가 아닌 구원자로 믿어진 예수님의 이야기입니다. 예수님은 사실로 서사되지 않고 구원으로 서사됩니다. 따라서 복음서에서 보는 것은 예수님의 전기적인 삶이 아닌 예수님을 믿는 믿음입니다.

John the Apostle clearly states that faith in Jesus is covenant faith in John 3:16. He narrates the passage as if God sent Jesus with the promise for salvation. He envisions faith in Jesus as the eternal life of salvation. The eternal life of salvation is the covenant life that God will fulfill with those who believe in Jesus, whom God sent to the world as His promise of salvation. The covenant word that those who believe in Jesus hold is the gospel. The gospel is not the story of Jesus in the world, but the story of Jesus believed to be the Savior. Jesus is not narrated as a fact, but as salvation. Therefore, what is seen in the Gospel is not the biographical life of Jesus, but faith in Jesus.

IV.0308. 복음서는 율법과 대비됩니다. 예수님을 믿는 믿음은 율법의 이행과 대비됩니다. 율법의 이행은 율법의 요구의 소산입니다. 그러나 예수님을 믿는 믿음은 어떤 요구의 소산이 아닙니다. 예수님이 세상에 오심으로 이루어진 것입니다. 율법은 요구 때문에 어떻든 세상에 영향을 줍니다. 그러나 예수님을 믿는 믿음은 예수님이 세상에 오신 것처럼 단지 세상에 드러납니다. 예수님이 예수님을 믿는 믿음을 야기한다고 생각하는 것은 잘못입니다. 예수님이 세상에 오신 것처럼, 예수님을 믿는 믿음도 세상에 옵니다. 세상에 오신 예수님은 세상에 온 예수님을 믿는 믿음으로 서사됩니다. 예수님과 예수님을 믿는 믿음은 세상 속성으로 특정지어지지 않습니다.

The Gospel contrasts with the law. Faith in Jesus is contrasted with the practicing of the law. The practice of the law is the outcome of the requirement of the law. However, faith in Jesus is not the outcome of any requirement. It was fulfilled with the coming of Jesus into the world. The law somehow affects the world because of its demands. However, faith in Jesus is disclosed to the world simply as Jesus came to the world. It is wrong to think that Jesus causes faith in Him. Just as Jesus came to the world, faith in Jesus also comes to the world. Jesus coming to the world is narrated through faith in Jesus coming to the world. Jesus and faith in Him are not characterized by worldly attributes.

IV.0309. 예수님은 구원자로 서사됩니다. 따라서 예수님을 믿는 믿음은 구원으로 서사됩니다. 예수님의 세상에 오심은 하나님의 뜻으로 서사됩니다. 그리고 예수님을 믿는 믿음의 세상에 임함은 하나님의 은혜로 서사됩니다. 구원자로 예수님은 세상의 사실로 서술되지 않습니다. 그와 같이 예수님을 믿는 믿음은 세상 속성으로 묘사되지 않습니다. 복음서가 구원자 예수님의 구원의 서사로 읽어지면, 그것은 세상 사태로 풀이될 수 없습니다. 거꾸로 말하면, 복음서가 세상 사태로 풀이되면, 복음서의 구원의 내용은 파기됩니다. 세상의 사실과 세상의 구원은 구별됩니다. 세상의 사실은 세상의 변화이지만, 세상의 구원은 세상의 변화가 아닙니다.

Jesus is narrated as the Savior; therefore, faith in Jesus is narrated as salvation. Jesus' coming into the world is narrated by God's will. And the coming into the world of faith in Jesus is narrated by God's grace. Jesus as the Savior is not described as the fact of the world; likewise, faith in Jesus is not described as a worldly attribute. If the Gospel is read as the narrative of salvation by Jesus, the Savior, it cannot be interpreted as worldly affairs. Conversely, if the Gospel is interpreted to reflect the worldly affairs, Its content of salvation is destroyed. The fact of the world and the salvation of the world must be separated. The facts of the world are changes in the world, but the salvation of the world is not a change in the world.

IV.0310. 구원은 인과관계로 서사되지 않습니다. 구원은 세상의 변화가 아니기 때문입니다. 구원은 설명적이지 않습니다. 예수님을 믿는 믿음도 설명적이지 않습니다. 복음서와 서간문에는 구원이 예수님을 믿는 믿음으로 서사됩니다. 요한복음은 이 점을 단적으로 보입니다. 영원한 생명은 구원이기 때문입니다. 이것이 복음서와 서간문이 예수님 자신보다 예수님을 믿는 믿음을 서사하는 이유입니다. 복음서와 서간문은 예수님보다 하나님의 아들 예수 그리스도를 서사합니다. 하나님의 아들 예수 그리스도는 예수님을 믿는 믿음으로 표현됩니다. 즉 하나님의 아들 예수 그리스도는 예수님을 믿는 이들로만 표현됩니다.

Salvation is not narrated in the causal relationship, for it is not a change in the world. It is not explanatory. Faith in Jesus is also not explanatory. In the Gospels and epistles, salvation is narrated as faith in Jesus. The Gospel of John clearly shows this point, for eternal life is salvation. This is why the Gospels and epistles narrate faith in Jesus rather than Jesus, Himself. The Gospels and epistles narrate Jesus Christ, the Son of God, rather than Jesus. Jesus Christ, the Son of God, is expressed through faith in Jesus. In other words, Jesus Christ, the Son of God, is expressed only by those who believe in Jesus.

IV.0311. 복음서에는 제자들이 예수님에 의해 가려진 것처럼, 예수님을 믿는 믿음은 드러난 예수님의 가르침과 고침에 가려져 있습니다. 그러나 서간문에는 예수님을 믿는 믿음이 주제가 됩니다. 서간문은 각 지역 그리스도인들을 향하기 때문입니다. 그런즉 그리스도인들에게 예수님을 믿는 믿음을 권면하기 위해 이끄는 주제에 초점이 맞춰져야 합니다. 예수님을 믿는 믿음은 "나는 예수님을 믿는다"는 표현으로 안착되지 않습니다. 예수님을 믿는 믿음은 개인적인 확신을 뜻하지 않습니다. 즉 사도들의 서간문은 개인들이 예수님을 믿도록 써지지 않았습니다. 예수님이 세상에 보이시듯 예수님을 믿는 믿음이 세상에 보이도록 써졌습니다.

In the Gospel, faith in Jesus is concealed by Jesus' distinctive teaching and healing, as the disciples are concealed by Him. But in the epistles, faith in Jesus becomes the main theme because the epistles are directed to Christians in each region. Therefore, the focus should be on topics that lead to exhorting Christians to have faith in Jesus. Faith in Jesus is not settled in the expression, "I believe in Jesus." Faith in Him does not mean personal conviction. In other words, the apostles' epistles were not written to help individuals believe in Jesus. They were written to make faith in Jesus visible to the world, just as Jesus is visible to the world.

IV.0312. 예수님의 서사가 하나님의 뜻으로 인도되듯이, 예수님을 믿는 믿음은 하나님의 은혜로 인도됩니다. 예수님을 믿는 이들은 하나님의 은혜로 구원됩니다. 하나님의 은혜는 예수님을 믿는 믿음, 곧 구원으로 이끄는 주제입니다. 달리 말하면, 예수님을 믿는 믿음이 하나님의 은혜로 서사되면, 구원으로 확언됩니다. 그러나 예수님을 믿는 믿음이 하나님의 은혜를 떠나 다루어지면, 개인의 확신으로 여겨집니다. 개인의 확신은 구원과 상관없는 단지 속성입니다. 따라서 구원이 하나님께서 그분 약속의 이루심으로 여겨지면, 하나님의 은혜라고 하게 됩니다. 그리고 예수님을 믿는 믿음으로 이루어집니다.

Just as Jesus' narrative is guided by God's will, faith in Jesus is guided by God's grace. Those who believe in Jesus are saved by God's grace. God's grace is the guiding theme of faith in Jesus, that is, salvation. In other words, if faith in Jesus is narrated by God's grace, it is affirmed as salvation. However, if faith in Jesus is treated apart from God's grace, it is considered a personal conviction. Personal conviction is simply an attribute that has nothing to do with salvation. Therefore, if salvation is regarded as God's fulfillment of His promise, it is called God's grace. And it is fulfilled through faith in Jesus.

IV.0313. 예수님을 믿는 믿음은 하나님의 은혜와 합쳐져야 합니다. 그렇지 않으면 종교적인 믿음으로 여겨질 수 있습니다. 예수님이 종교적인 인물이 아니듯, 예수님을 믿는 믿음도 종교적인 믿음이 아닙니다. 예수님을 믿는 믿음은 개인적인 믿음이 아닙니다. 종교적인 믿음은 개인의 마음에 자리 잡습니다. 따라서 개인의 속성으로 보입니다. 직접적으로 개인성과 연계됩니다. 그러므로 개인의 품성이 됩니다. 개인의 특성에 통합됩니다. 종교적 믿음은 개인으로부터 분리되지 않습니다. 그러므로 그것은 결코 구원적이지 않습니다. 종교적인 믿음과 구원 사이엔 아무런 관계가 없습니다.

Faith in Jesus must be combined with the grace of God; otherwise, it could be considered a religious belief. Just as Jesus is not a religious figure, faith in Jesus is not a religious belief. Faith in Jesus is not a personal faith. Religious beliefs are embedded in the individual mind. Therefore, it appears to be a personal attribute. It is directly linked to individuality. Therefore, it becomes an individual quality. It is integrated into the characteristic of an individual. Religious beliefs are inseparable from the individual. Therefore, it is, by no means, salvational. There is no relation-ship between religious belief and salvation.

IV.0314. 예수님을 믿는 믿음은 구원적입니다. 일종의 종교적인 믿음으로 고려되지 말아야 합니다. 종교적인 믿음은 종교적인 통찰에 의해 자각됩니다. 그렇지만 예수님을 믿는 믿음은 하나님의 은혜로 권면됩니다. 전자는 사람의 수련의 소산이지만, 후자는 하나님의 은혜로 인도됨입니다. 종교적인 믿음은 개인의 종교성에 의하지만, 예수님을 믿는 믿음은 하나님의 은혜에 의합니다. 따라서 하나님의 은혜는 사람의 종교성과 대조되어야 합니다. 복음서가 종교적으로 읽어지면, 하나님의 은혜는 파기됩니다. 그러면 예수님을 믿는 믿음은 일종의 종교적인 믿음으로 여겨집니다. 그리고 구원은 종교적 해탈로 고려됩니다.

Faith in Jesus is salvational. It should not be considered a type of re-ligious belief. Religious beliefs are awakened through religious insight; however, faith in Jesus is exhorted by God's grace. The former is the result of man's cultivation, but the latter is led by God's grace. Religious belief is based on an individual's religiosity, but faith in Jesus is based on God's grace. Therefore, God's grace must be contrasted with man's re-ligiosity. If the gospel is read religiously, God's grace is forfeited. Then, the belief in Jesus is considered as a religious belief. And salvation is considered religious emancipation.

IV.0315. 하나님의 은혜는 예수님을 믿는 믿음으로 말해집니다. 예수님을 믿는 이들은 하나님의 은혜로 구원되기 때문입니다. 그러나 하나님의 은혜는 예수님이 세상에 오신 것으로 말해지지 않습니다. 예수님이 세상에 오신 것은 하나님의 뜻으로 말해집니다. 구원은 하나님의 뜻입니다. 그러나 구원은 하나님의 은혜로 이루어집니다. 하나님의 은혜는 하나님의 뜻의 이루어짐으로 말해집니다. 예수님을 구원자로 세상에 보내신 하나님의 뜻은 예수님을 믿는 믿음이 드러나는 하나님의 은혜로 이루어집니다. 즉 구원을 위한 하나님의 뜻은 구원이 이루어지는 하나님의 은혜로 드러납니다. 예수님을 믿는 이들은 그들의 구원으로 하나님의 은혜를 표현합니다.

God's grace is expressed through faith in Jesus, for those who believe in Jesus are saved by God's grace. But God's grace is not said to have come into the world through Jesus. The coming of Jesus to the world is spoken of by God's will. Salvation is God' will. However, it is fulfilled through God's grace. God's grace is said to be the fulfillment of God's will. God's will in sending Jesus to the world as the Savior is fulfilled through God's grace disclosed through faith in Jesus. In other words, God's will for salvation is revealed through God's grace through which salvation is fulfilled. Those who believe in Jesus express God's grace through their salvation.

IV.0316. 하나님의 은혜는 구원의 관점에서 말해집니다. 혜택의 관점에서 말해지지 않아야 합니다. 바울은 은혜를 죄에 대해 도입합니다: "죄가 더한 곳에 은혜가 더욱 넘쳤나니."로마서 5:20 여기서 그는 죄로부터 구원으로 하나님의 은혜를 강조합니다. 죄인들은 종교인들과 대조됩니다. 종교인들은 해탈에 이르는 자신들의 수련을 생각할 수 있습니다. 그러나 죄인들은 그들 노력으로 의롭게 되는 것을 기대할 수 없습니다. 그들은 단지 하나님의 은혜로 구원을 기다립니다. 하나님의 은혜는 죄인들에 의해 진지하게 간청됩니다. 바울은 인간의 죄 됨을 배경으로 하나님의 은혜를 선명하게 합니다.

God's grace is spoken of from the perspective of salvation. It should not be spoken of from the perspective of benefit. Paul introduces grace to sin: "Where sin abounded, grace abounded much more."^{Romans 5:20} Here, he emphasizes God's grace as salvation from sin. Sinners are contrasted with religious people. Religious people may think of their own cultivation leading to emancipation. But sinners cannot expect to be righteous by their own effort. They just wait for salvation by God's grace. God's grace is earnestly sought by sinners. Paul makes God's grace clear against the background of human sinfulness.

IV.0317. 하나님의 은혜가 압도되기 위해 인간의 죄 됨이 전제되어야 합니다. 율법으로 의로운 사람은 율법을 이행함으로 자신의 의를 유지해갈 수 있기 때문에, 자신의 구원을 생각하지 않습니다. 종교적인 사람은 자신의 수련으로 깨달음에 이를 수 있기 때문에, 또한 자신의 구원을 생각하지 않습니다. 그렇지만 죄인은 자신의 죄 됨으로부터 벗어날 수 없기 때문에, 자신의 죄 됨으로부터 구원을 진지하게 바랍니다. 그러므로 그는 진심으로 하나님의 은혜에 관심을 갖습니다. 그는 하나님에 대해 죄 됨으로, 하나님의 은혜로 구원될 것입니다. 죄 됨으로부터 구원은 하나님의 은혜로만 의미 있게 단언됩니다.

In order for God's grace to be overwhelmed, human sinfulness must be presupposed. As a righteous man by the law may maintain his righteousness by practicing the law, he does not think about his own salvation. Since a religious man can cultivate himself to reach enlightenment, he also does not think of his own salvation. However, since a sinner cannot escape from his sinfulness, he sincerely wishes for salvation from his sinfulness. Therefore, he is earnestly concerned with God's grace. Since he is sinful against God, he will be saved by God's grace. Salvation from sinfulness is only meaningfully asserted by God's grace.

IV.0318. 하나님의 은혜는 타락의 배경으로 확언됩니다. 타락된 인간은 율법으로 의를 주장하거나 종교적으로 깨닫게 된다고 주장하더라도 죄 됩니다. 창조된 인간이 타락됨으로 하나님의 축복은 소용없습니다. 대신 하나님의 처벌이 인간으로 죽음에 처해지게 합니다. 이 때문에 구원은 타락된 인간의 일차적 관심이 되어야 합니다. 그렇지만 보통 사람들은 자신들이 타락되었다고 생각하지 않습니다. 그들은 자연적인 사람으로 자연적인 세상에 산다고 주장합니다. 따라서 그들은 자연적인 세상에서 나아짐만 관심을 갖습니다. 그들은 구원을 나아짐으로 여깁니다. 자연적인 세상은 단지 변화하기 때문입니다.

God's grace is affirmed against the backdrop of the fall. The fallen man is sinful even if he claims righteous through the law or claims enlightened religiously. As the created man has fallen, God's blessings do not avail. Instead, God's punishment lets him be subject to death. For this reason, salvation must be the primary concern of the fallen man. However, ordinary people do not think of themselves as fallen. They claim that they live in the natural world as natural people. So, they only care about getting better in the natural world. They regard salvation as betterness, for the natural world just changes.

IV.0319. 창조된 인간이 타락되었음으로 구원되어야 합니다. 이것이 구원에 대한 성경의 배경입니다. 타락된 인간은 하나님의 은혜로 예수님을 믿는 이들로 구원됩니다. 이것이 구원의 기본 진술입니다. 예수님을 믿는 이들은 화해되어 하나님과 함께합니다. 이것이 구원의 기본 뜻입니다. 예수님의 서사는 예수님이 타락된 세상에 오셨다는 점에서 구원입니다. 타락된 세상에서 사람은 타락되었기 때문에 사람의 공로는 초점이 될 수 없습니다. 예수님이 타락된 세상에 구원자로 오심으로 하나님의 은혜가 초점이 됩니다. 타락된 세상에서 하나님의 축복이 아닌 하나님의 은혜가 일차적으로 기도되어야 합니다.

Since the created man was fallen, he must be saved. This is the Bible's background to salvation. The fallen man is saved to be the one who believe in Jesus by God's grace. This is the basic statement of salvation. Those who believe in Jesus are reconciled to be together with God. This is the basic meaning of salvation. The narrative of Jesus is salvation in the sense that Jesus came to the fallen world. In the fallen world, man's merit cannot be the focal point since he is fallen. God's grace becomes the focal point as Jesus came to the fallen world as the Savior. In the fallen world, not God's blessings but God's grace should be primarily prayed for.

IV.0320. 하나님으로부터 오신 예수님의 세상은 타락된 세상이었습니다. 그것은 구원되어야 했습니다. 그러므로 예수님이 오신 후로 세상은 구원을 향해 움직입니다. 보통 사람들은 세상이 자연적으로 변화한다고 생각합니다. 따라서 그들은 자연적인 나아짐만 바랍니다. 그러나 자연적인 나아짐은 끝이 없음으로, 그들의 삶도 목표가 없습니다. 그렇지만 예수님을 믿는 이들은 세상은 종말론적 끝을 향한다고 확언합니다. 구원이 그들의 종말론적 목표이기 때문입니다. 그리고 그들은 하나님의 은혜가 그들의 삶을 종말론적 구원으로 인도하길 기도합니다. 하나님의 은혜로 타락된 세상에서 그들의 일상적인 발자국은 종말론적입니다.

The world where Jesus came from God was the fallen world. It had to be saved. Therefore, the world has moved toward salvation since Jesus came. Ordinary people think that the world changes naturally; thus, they only wish for natural betterness. However, since natural betterment is endless, their life also has no goal. However, those who believe in Jesus affirm that the world is directed to the eschatological end, for salvation is their eschatological goal. And they pray that God's grace will lead their life to eschatological salvation. By God's grace, their daily footprints in the fallen world are eschatological.

IV. 4

. . . .

용서 Forgiveness

IV.0401. 예수님은 세상에 용서로 온 것을 보이십니다. 예수님은 "인자가 땅에서 죄를 사하는 권세"가 있음을 알게 하려 하십니다.^{마가복음 2:10} 예수님은 중풍병자를 고치시며, 그가 죄 사함을 받았다고 하십니다. 예수님은 죄를 용서함으로 병자를 고치십니다. 죄는 하나님께 지어진 것입니다. 따라서 하나님만이 죄를 용서하실 수 있습니다. 유대인들은 이 점을 고려해서 예수님이 중풍병자에게 죄 사함을 받았다고 하신 것을 하나님에 대한 불경죄로 판단합니다. 그러나 예수님은 하나님의 죄 사함을 선포하십니다. 하나님의 죄 사함은 복음으로 세상에 알려집니다. 즉 예수님은 하나님의 용서가 임함을 세상에 복음으로 선포하십니다.

Jesus shows that He came to the world as forgiveness. Jesus lets "the Son of Man has power on earth to forgive sins" be known.^{Mark 2:10} Jesus, healing a paralytic man, says that his sins are forgiven. Jesus heals the sick by forgiving their sins. Sins are committed to God; therefore, only God can forgive sins. The Jews, taking this into consideration, judge that Jesus' telling the paralytic man that his sins were forgiven was an act of blasphemy against God. However, Jesus proclaims God's forgiveness of sins. God's forgiveness of sins is made known to the world through the gospel. In other words, Jesus proclaims the coming of God's forgiveness as the gospel to the world.

IV.0402. 예수님은 제자들을 용서하도록 가르치십니다. 그런데 단순히 그들이 서로 용서하라고 가르치지 않으십니다. 예수님은 제자들이 서로 용서하면 삶이 좋아질 것이라고 해서 용서를 가르치지 않습니다. 보통 사람들은 보복의 악순환이 용서로 끊어진다는 점에서 용서를 언급합니다. 이것은 용서를 삶의 지혜로 보는 것입니다. 그러나 예수님은 용서를 삶의 지혜로 가르치지 않으십니다. 예수님은 제자들을 세상에 지혜롭게 살게 하려고 부르지 않으십니다. 지혜롭게 사는 삶으로 예수님이 용서를 가르치신다면, 군중을 향해 가르치는 것이 적절했을 것입니다. 예수님은 제자들에게 특별히 용서를 가르치십니다.

Jesus teaches His disciples to forgive. But Jesus does not simply teach them to forgive one another. Jesus does not teach them to forgive because their life will be better if they forgive one another. Ordinary people talk about forgiveness in the sense that forgiveness breaks the vicious cycle of revenge. This is to see forgiveness as wisdom of life. However, Jesus does not teach forgiveness as the wisdom of life. Jesus does not call His disciples to live wisely in the world. If Jesus taught forgiveness for a wise life, it would have been appropriate for Him to teach to the multitudes. Jesus specifically teaches forgiveness to His disciples.

IV.0403. 예수님은 하나님의 용서가 임하니 제자들로 용서하게 하십니다. 그래서 예수님은 제자들에게 하나님의 용서를 곁들여 그들이 용서하길 가르치십니다. 예수님은 하나님 나라의 복음을 선포하시며 하나님 나라로 사는 삶을 가르치십니다. 용서는 하나님 나라로 사는 삶으로 가르쳐집니다.

하나님 나라로 사는 삶은 용서의 삶입니다. 예수님께서 제자들에게 용서를 가르치신 것은 그들로 하나님 나라로 살게 하기 위함입니다. 용서하지 않는 이들이 용서하시는 하나님의 나라에 살 수 없습니다. 용서로 오신 예수님을 용서하지 않는 이들은 따를 수 없습니다. 용서는 군중에게 가르쳐지는 지혜가 아니라 예수님을 따르는 이들의 제자도의 구성요인입니다.

Jesus lets the disciples forgive as God's forgiveness has come. So, Jesus teaches His disciples to forgive, along with God's forgiveness. Jesus, proclaiming the gospel of the kingdom of God, teaches how to live in the kingdom of God. Forgiveness is taught as the life lived in the kingdom of God. The life lived in the kingdom of God is the life of forgiveness. Jesus' teaching of forgiveness to His disciples is for them to live in the kingdom of God. Those who do not forgive cannot live in the kingdom of God who forgives. Those who do not forgive cannot follow Jesus who came as forgiveness. Forgiveness is not wisdom taught to the multitudes but the constituent of the discipleship for the followers of Jesus.

IV.0404. 용서하시는 하나님과 함께하는 이들은 용서됩니다. 예수님이 가르치시는 용서는 언약의 용서입니다. 용서하시는 하나님과 함께하는 언약의 삶은 용서된 삶입니다. 예수님은 새 언약의 삶으로 용서를 가르치십니다. 용서로 이루어지는 새 언약의 삶을 예수님은 제자들에게 들려주십니다. 세상에서 보다 나은 삶으로 용서를 가르치지 않으십니다. 용서하는 이들의 삶과 용서로 좋아지는 삶은 다릅니다. 용서로 이루어지는 삶은 새 언약의 삶입니다. 그러나 용서로 좋아지는 삶은 세상 삶입니다. 따라서 언약의 용서는 세상의 용서와 구별되어야 합니다. 언약의 용서는 언약의 삶의 구성요인입니다. 그러나 세상의 용서는 미덕일 뿐입니다.

Those who are together with God who forgives are forgiven. The forgiveness Jesus teaches is the covenant forgiveness. The covenant life of being together with God is the forgiven life. Jesus teaches forgiveness through the new covenant life. Jesus tells His disciples about the new covenant life that is fulfilled through forgiveness. Jesus does not teach forgiveness as a better life in the world. The life of those who forgive and the life that becomes better through forgiveness are different. The life that is fulfilled through forgiveness is the new covenant life. However, the life that gets better through forgiveness is a worldly life. Therefore, the covenant forgiveness must be differentiated from the worldly forgiveness. The covenant forgiveness is the constituent of the covenant life. But worldly forgiveness is nothing but a virtue.

IV.0405. 옛 언약은 율법의 삶을 보입니다. 율법은 용서를 내포할 수 없습니다. 율법은 율법을 집행하는 힘을 수반합니다. 그 힘은 율법을 지키지 않는 자들을 처벌하는 조항으로 명시됩니다. 명시적인 처벌이 집행됨으로 율법의 강요성은 보존됩니다. 따라서 용서는 율법에 내포될 수 없습니다. 율법을 범하는 자들이 용서되면, 율법은 집행될 수 없습니다. 즉 율법과 용서는 상반되는 용어입니다. 율법의 삶은 용서의 삶일 수 없습니다. 따라서 율법은 죄를 부각하기만 합니다. 율법으로 죄인들만 증가됩니다. 그렇더라도 율법은 죄인들은 수용할 수 없습니다. 따라서 율법을 지키는 경직된 의인들과 죄인들 사이에 거리감이 나타납니다.

The old covenant shows the life of the law. The law cannot entail forgiveness. It is accompanied with the power to enforce it. That power is expressed in terms of punishment for those who do not follow the law. The enforcement of explicit punishment preserves the coercive nature of the law. Therefore, forgiveness cannot be implied in the law. If lawbreakers are forgiven, the law cannot be enforced. In other words, the law and forgiveness are contradictory terms. The life of the law cannot be the life of forgiveness. Therefore, the law only highlights sins. The law only increases sinners. Even so, it cannot receive sinners. Therefore, a distance appears between the rigid righteous people who keep the law and sinners.

IV.0406. 율법으로 의인들과 죄인들의 갈라짐은 율법에 의한 결과입니다. 그러나 그 시사하는 바는 심각합니다. 율법은 하나님께서 주신 하나님의 말씀입니다. 하나님은 말씀으로 함께하시니, 율법으로 함께하십니다. 그러면 하나님은 의인들과 함께하시고 죄인들과 함께하지 않으신다고 하게 됩니다. 따라서 하나님의 함께는 율법에 의한 판단으로 정해지게 됩니다. 그러나 구약에서 내려오는 전통은 하나님께서 율법으로 함께하지 않으심을 보입니다. 율법을 지킴이 하나님 함께의 충분조건이 되지 않습니다. 율법으로 이어온 이스라엘 백성의 삶이 붕괴되게 됨으로 율법으로 하나님의 함께는 온전할 수 없음이 분명해집니다.

The separation of righteous people and sinners through the law is a result of the law. But the implications are serious. The law is the word of God given by God. Since God is together through His word, He is together through the law. Then, it is said that God is together with the righteous, but He is not together with sinners. Therefore, God's togetherness is determined by the judgment based on the law. However, the tradition coming down from the Old Testament shows that God is not together through the law. Keeping the law is not the sufficient condition for God's togetherness. As the life of the Israelites, which had been passed down through the law, collapses, it becomes clear that God's togetherness is not wholesome through the law.

IV.0407. 율법은 결과적으로 율법을 지키는 행위로 하나님과 함께할 수 없음을 보입니다. 사람이 무얼 함으로 하나님과 함께할 수 없음을 보입니다. 창조된 인간은 타락되기 때문입니다. 창조로 이어지는 타락은 이 점을 분명히 보입니다. 율법을 지키지 않은 죄인들만 하나님과 함께하지 못하는 것이 아닙니다. 모든 인간은, 율법을 지키든 율법을 지키지 아니하든, 타락되었습니다. 타락된 인간은 하나님의 말씀으로 떠나 자신들의 속성으로 삽니다. 그들의 율법을 지킴도 타락된 속성에 의해서입니다. 타락된 속성은 하나님의 말씀에 대한 순종을 보일 수 없습니다. 따라서 사람들의 타락된 속성이 드러나는 한, 하나님과 함께할 수 없습니다.

The law consequentially shows that man cannot be together with God through the act of keeping the law. It shows that man cannot be together with God because of what he does, for the created man has fallen. The fall succeeded creation clearly shows this. It is not only the case that sinners who do not keep the law cannot together with Him. All men, whether they keep the law or not, are fallen. The fallen men live according to their attributes, departing from God's word. Their observance of the law is also due to their fallen nature. The fallen nature cannot show obedience to God's word. Therefore, as long as their fallen nature appears, they cannot be together with God.

IV.0408. 예수님의 용서는 타락된 속성으로 사는 세상 삶에서 제기되지 않습니다. 타락된 속성으로 사는 사람들이 서로 잘못할 수 있음으로 용서하며 살아야 한다고 시사하지 않습니다. 타락된 삶 가운데 용서가 아닌 타락된 삶 자체에 대한 용서를 생각하게 합니다. 타락된 삶은 단지 타락된 속성으로 진행됨으로, 사람들은 거기서 벗어날 수 없습니다. 타락된 사람들은 자신들이 무얼 함으로 타락됨으로부터 벗어날 수 없습니다. 타락된 사람들이 어떻게 함으로 하나님과 함께할 수 있다고 말해질 수 없습니다. 따라서 용서는 타락된 세상의 속성으로 말해질 수 없습니다. 용서는 종교적으로 계발된 속성이 아닙니다.

Jesus' forgiveness is not raised in the worldly life of the fallen nature. It does not imply that people who live with the fallen nature should live in forgiveness because they may make mistakes with each other. It lets not forgiveness in the midst of the fallen life but the fallen life, itself, be thought of. As the fallen life simply proceeds with the fallen attributes, men cannot escape from it. The fallen men cannot escape from being fallen no matter what they do. It cannot be said that they can be together with God by any means. Therefore, forgiveness cannot be said to be a property of the fallen world. Forgiveness is not a religiously cultivated attribute.

IV.0409. 예수님이 제자들을 용서하게 하신 것은 그들로 용서의 속성을 계발하게 하신 것이 아닙니다. 그보다 그들로 용서로 이루어지는 삶을 살게 하신 것입니다. 하나님께서 예수님으로 함께하심으로, 용서가 세상에 임합니다. 따라서 예수님은 제자들로 하나님의 용서로 용서된 삶을 살게 하십니다. 용서된 이들은 용서하는 삶을 삽니다. 그들이 용서하지 않으면 용서될 수 없습니다. 하나님의 용서로 용서된 이들은 용서하게 되고, 용서하지 않는 이들은 하나님으로부터 용서되지 않습니다. 이렇게 용서는 하나님의 용서를 근거로 말해집니다. 하나님께서 용서하심으로 타락된 인간과 함께하시기 때문입니다. 이것은 예수님에 의해 선포됩니다.

When Jesus let the disciple forgive, He did not mean that they would develop the attribute of forgiveness. Rather, Jesus enabled them to live a life fulfilled with forgiveness. Because God is together through Jesus, forgiveness comes to the world. Therefore, Jesus lets the disciples live the life of forgiveness with God's forgiveness. Those who are forgiven live a forgiving life. If they do not forgive, they cannot be forgiven. Those who are forgiven by God's forgiveness will forgive, and those who do not forgive will not be forgiven by God. In this way, forgiveness is said to be based on God's forgiveness, for He is together with the fallen man, forgiving them. This is proclaimed by Jesus.

IV.0410. 예수님은 하나님의 용서로 세상에 오셨습니다. 따라서 예수님은 용서됨으로 따라집니다. 예수님의 제자들은 용서된 이들입니다. 용서된 제자들은 용서된 빚을 지게 됩니다. 따라서 그들은 용서해야 합니다. 이 때문에 예수님은 제자들이 용서하길 가르치십니다. 그들이 용서하지 않으면 용서되지 않습니다. 따라서 예수님을 따를 수 없습니다. 하나님의 함께는 용서된 함께입니다. 따라서 용서의 빚을 안은 이들은 용서의 삶을 살아야 합니다. 그들은, 용서된 것을 용서의 빚으로 여기며, 용서로 삽니다. 예수님으로 하나님과 함께하는 언약의 삶은 용서의 삶입니다. 용서됨은 용서함으로 보입니다.

Jesus comes to the world as God's forgiveness. Therefore, Jesus is followed by being forgiven. Jesus' disciples are the ones who are forgiven. The forgiven disciples owe the forgiven debt. So, they must forgive. Because of this, Jesus teaches His disciples to forgive. If they do not forgive, they are not forgiven. Therefore, they cannot follow Jesus. God's togetherness is forgiven togetherness. Therefore, those who owe the debt of forgiveness should live the life of forgiveness. They, considering being forgiven as the debt of forgiveness, live with forgiveness. The covenant life of being together with God through Jesus is the life of forgiveness.

Being forgiven is shown by forgiveness.

IV.0411. 용서는 용서됨으로부터 나옵니다. 용서됨의 용서는 언약으로만 말해집니다. 언약으로 함께하는 이들은 함께하게 됩니다. 용서는 함께로 표현됩니다. 따라서 용서는 독자적으로 말해지지 않습니다. 독자적으로 사는 이들은 용서받지 않습니다. 따라서 용서는 자신들의 재량입니다. 그들은 용서를 하든 않든 독자적인 삶을 삽니다. 개인들은 독자적으로 삶으로 용서하지 않아도 됩니다. 개인적으로 사는 한, 용서는 별 의미를 주지 않습니다. 개인들 사이엔 잘못을 전제로, 관계를 유지하려 할 때 용서가 제기됩니다. 그렇지만 예수님은 잘못이 전제된 용서가 아닌 함께가 전제된 용서를 가르치십니다.

Forgiveness comes from being forgiven. Forgiveness of being forgiven is only spoken of in the covenant. Those who are together in the covenant come to be together. Forgiveness is expressed in togetherness. So, it cannot be spoken of independently. Those who live independently are not forgiven. Therefore, forgiveness is at their discretion. They, whether they forgive or not, live their independent life. Individuals do not have to forgive because they live independently. Forgiveness does not give any significance as long as they live individually. Forgiveness arises between individuals when they try to maintain a relationship under the presupposition of wrongdoing. However, Jesus does not teach forgiveness of the presupposition of wrongdoing but teaches forgiveness of the presupposition of togetherness.

IV.0412. 하나님의 말씀으로 창조되었으나 타락된 세상에 오신 예수님으로 용서는 선포됩니다. 용서는 타락된 세상에 예수님에 의해 선포됩니다.

용서됨이 선포됨으로 용서는 파급됩니다. 용서의 가르침은 용서된 용서의 파급을 뜻합니다. 타락된 세상에서 용서된 이들은 용서하는 삶을 삽니다. 용서의 파급성은 용서가 타락된 개인들의 내재된 속성이 아님을 뜻합니다. 그들은 종교적인 수양으로 용서의 경지에 이를 수 없습니다. 용서는 언어적이지 종교적이지 않습니다. 즉 용서는 복음으로 듣게 되지 속성으로 보일 수 없습니다. 용서는 복음의 삶의 구성 요인입니다. 하나님의 언약의 내용입니다.

Forgiveness is proclaimed through the coming of Jesus into the world created with God's word but fallen. Forgiveness is proclaimed by Jesus to the fallen world. Forgiveness spreads as being forgiven is proclaimed. The teaching of forgiveness refers to the ripple effect of forgiveness of being forgiven. Those who are forgiven live the forgiving life in the fallen world. The pervasiveness of forgiveness means that forgiveness is not an inherent attribute of the fallen individuals. They cannot reach the state of forgiveness through religious discipline. Forgiveness is linguistic, not religious. In other words, forgiveness is heard as the gospel and cannot be seen as an attribute. It is the constituent of the gospel life. It is God's covenant content.

IV.0413. 타락된 세상에 용서의 선포는 하나님 함께의 알림입니다. 이 때문에 예수님은 용서로 말해집니다. 그리고 예수님은 타락된 세상에 오신 하나님의 아들로 서사됩니다. 세상에 오신 하나님의 아들, 예수님으로 하나님과 함께하게 되는 이들은 용서됩니다. 이렇게 하나님과 함께하는 용서는 세상에 드러납니다. 하나님께서 그분 용서로 함께하심으로, 예수님은 하나님의 용서로 세상에 오셨습니다. 예수님은 세상에 하나님의 용서로 알려집니다. 이것이 복음의 뜻입니다. 타락된 인간이 예수님으로 하나님과 함께하게 된다는 것이 용서를 언약으로 말하는 뜻입니다. 타락된 세상에 예수님이 오심으로, 타락된 세상은 용서된 세상이 됩니다.

The proclamation of forgiveness in the fallen world is the announcement of God's togetherness. This is why Jesus is spoken of as forgiveness. And Jesus is narrated as the Son of God who came to the fallen world. Those who become together with God through Jesus, the Son of God, who came into the world, are forgiven. In this way, forgiveness of being together with God is revealed to the world. As God is together through His forgiveness, Jesus came into the world as God's forgiveness. Jesus is known in the world as God's forgiveness. This is the meaning of the gospel. It is the meaning of saying forgiveness as the covenant for the fallen man to be together with God through Jesus. With the coming of Jesus into the fallen world, the fallen world becomes the forgiven world.

IV.0414. 용서된 세상에서 용서함이 보입니다. 함께로 용서이기 때문입니다. 하나님과 함께하게 된 이들로 세상에서 용서는 파급됩니다. 언약의 삶은 용서로 파급됩니다. 즉 언약의 용서는 언약으로 이루어집니다. 용서는 개인의 속성이 계발됨으로 보이지 않습니다. 개인이 관용적인 사람이 될 수 있지만, 용서하는 사람이 될 수 없습니다. 관용과 용서는 다릅니다. 관용은 개인의 마음에서 보이는 포용력이라고 할 수 있습니다. 그러나 용서는 개인의 마음에서 나오지 않습니다. 용서는 예수님으로 세상에 임한 복음입니다. 예수님으로 사랑의 삶과 같이 용서의 삶이 열립니다. 그리스도인들은 사랑하는 이들로, 또 용서하는 이들로 세상에 드러납니다.

In the forgiven world, forgiving is seen, for forgiveness is unto togetherness. Forgiveness spreads in the world through those who come to be together with God. The covenant life spreads through forgiveness. In other words, the covenant forgiveness is fulfilled into the covenant. Forgiveness is not seen as a development of personal attributes. An individual can be a tolerant person, but he cannot be a forgiving person. Tolerance and forgiveness are different. Tolerance may be assessed as the ability of the embracement in the individual mind. But forgiveness does not come from the individual mind. It is the gospel that came to the world through Jesus. Through Jesus, the life of forgiveness opens, as does the life of love. Christians appear to the world as loving and forgiving ones.

IV.0415. 하나님과 함께하는 언약의 삶은 언어적임으로, 용서는 언어적입니다. 용서는 하나님의 약속으로 주어짐으로 언어적입니다. 세상에 있는 것은 존재하는 속성으로 분류될 수 있습니다. 정치적, 경제적, 혹은 종교적인 것은 그렇게 분류됩니다. 그러나 복음으로 임하는 것은 세상에 속하지 않음으로 세상 속성으로 분류되지 않습니다. 따라서 언어적이라고 하게 됩니다. 하나님께서 약속하신 것은 언어적입니다. 언약의 내용은 언어적입니다. 사람의 말로 표현된 것은 세상 속성으로 분류됩니다. 그러나 하나님의 말씀으로 주어진 것은 세상 속성으로 분류되지 않습니다. 그래서 성경은 언어적입니다.

Since the covenant life of being together with God is linguistic, forgiveness is linguistic. It is linguistic because it is given as God's promise. What is in the world can be classified into properties that exist. What is political, economic, or religious is classified in that way. However, what comes with the gospel is not classified as an attribute in the world because it does not belong to the world. Therefore, it is called linguistic. What God promises is linguistic. The covenant content is linguistic. What is expressed in man's word is classified as worldly attributes. But what is given through God's word is not classified as an attribute of the world. So, the Bible is linguistic.

IV.0416. 하나님의 말씀으로 이루어지는 것은 세상에 있는 것으로부터 구별됩니다. 하나님의 말씀과 사람의 말은 구별됩니다. 따라서 언약의 말과 종교적 말은 구별됩니다. 용서는 언약의 말입니다. 예수님이 용서를 강조하신 것은 하나님과 함께하는 언약의 삶을 위함입니다. 예수님이 세상에 오심으로 이루어지는 그리스도교는 언어적입니다. 세상에 있는 속성으로 환원될 수 없습니다. 성경의 삶은 언어적임으로, 속성의 세상 삶과 구별되어야 합니다. 그렇지 않으면 그 둘의 충돌은 피해질 수 없습니다. 성경의 삶은 언어적임으로 세상에 이루어집니다. 이루어짐으로 세상에 드러나지 세상에 존속되지 않습니다. 세상에 존속되는 것은 세상 속성을 지닙니다.

What is fulfilled through God's word is separated from what is in the world. God's word and man's word are separated. Thus, the covenant word and the religious word are separated. Forgiveness is a word of the covenant. Jesus' emphasis on forgiveness is for the sake of the covenant life of being together with God. Christianity fulfilled through the coming of Jesus into the world is linguistic. It cannot be reduced to a worldly attribute. Because the life of the Bible is linguistic, it should be separated from the worldly life of attributes. Otherwise, the conflict between the two cannot be avoided. Because the life of the Bible linguistic, it is fulfilled in the world. It is not sustained in the world but disclosed in fulfillment. What is sustained in the world has worldly properties.

IV.0417. 용서는 구원으로 드러납니다. 속성으로 분류되지 않습니다. 용서하는 삶은 구원의 삶입니다. 구원은 하나님의 용서로 이루어집니다. 구원엔 용서의 뜻이 반영됩니다. 타락된 상태로부터 구원이 이루어지기 때문입니다. 속성으로 타락된 인간을 하나님은 용서로 구원하십니다. 하나님의 용서는 속성으로 타락된 인간과 하나님의 함께하심에 내재됩니다. 타락된 인간과 하나님의 함께에, 하나님의 용서와 인간의 용서됨이 내재됩니다. 하나님의 함께는 용서된 언약의 백성으로 세상에 드러납니다. 즉 하나님 함께의 구원은 언약의 백성의 용서된 삶으로 세상에 드러납니다. 세상에 드러남은 세상에 이루어짐을 뜻합니다.

Forgiveness is unveiled in salvation. It is not classified as an attribute. The forgiving life is the life of salvation. Salvation is fulfilled through God's forgiveness. The meaning of forgiveness is reflected in salvation, for salvation is fulfilled from the fallen world. God saves man fallen by nature through His forgiveness. God's forgiveness is inherent in His togetherness with the fallen man into attributes. In God's togetherness with the fallen man, His forgiveness and man's being forgiven are inherent. God's togetherness is unveiled in the world as the forgiven covenant people. In other words, salvation of God's togetherness is unveiled to the world through the forgiven life of the covenant people. The unveiling to the world means fulfillment into it.

IV.0418. 구원은 율법을 지킴으로 하나님과 함께가 아닌 하나님의 용서로 하나님과 함께입니다. 이렇게 용서는 하나님으로 개시됩니다. 구원은 용서된 구원이라는 점에서 언약적이고 언어적입니다. 용서된 구원은 지적, 도덕적, 혹은 종교적 구원을 차단합니다. 용서를 전제하지 않은 것은 구원일 수 없습니다. 구원은 용서된 구원임으로, 인간에게 조건적으로 부여되지 않습니다. 즉 구원은 인간의 조건적인 반응에 주어지지 않습니다. 구원이 사랑보다 용서로 표현되면, 타락으로부터 구원이 분명해집니다. 타락이 분명히 의식되지 않으면, 구원은 종교적으로 상상되기 쉽습니다. 개인은 언제나 자신의 구원을 관심하기 때문입니다.

Salvation is togetherness with God not by keeping the law but through His forgiveness. In this way, forgiveness is initiated by God. Salvation is covenantal and linguistic in that it is forgiven salvation. Forgiven salvation precludes intellectual, moral, or religious salvation. What does not presuppose forgiveness cannot be salvation. Salvation, as it is forgiven salvation, is not granted to man conditionally. In other words, salvation is not given to man's conditional response. When salvation is expressed in forgiveness rather than love, salvation from the fall becomes evident. If the fall is not explicitly conscious, salvation is easily imagined religiously, for an individual is always concerned about his own salvation.

IV.0419. 세상에서 그리스도인들이 용서에 대해 의식해야 할 것은 용서하지 않으면 용서되지 않은 것입니다. 이것은 예수님의 비유에 잘 보입니다.마태복음 18:21-35 참조 용서된 이들은 용서합니다. 따라서 용서하지 않는 이들은 용서되지 않습니다. 하나님의 용서는 용서된 이들의 용서로 세상에 드러납니다. 타락된 세상에서 용서는 영성으로 표현됩니다. 언어적으로 표현되는 용서는 영성의 인도를 보입니다. 용서는 세상에서 관용이 아닌 하나님과 함께로 향하기 때문입니다. 용서된 이들은 언약의 근거에서 용서합니다. 즉 용서는 언약의 삶에 이루어집니다. 세상 삶에 보일 수 있는 것이 아닙니다.

What Christians need to be conscious of forgiveness in the world is that, if they do not forgive, they are not forgiven. This is clearly visible in Jesus' parable.see Matthew 18: 21-35 Those who are forgiven forgive. Therefore, those who do not forgive will not be forgiven. God's forgiveness is revealed to the world through the forgiveness of those who have been forgiven. In the fallen world, forgiveness is expressed through Spirituality. Forgiveness expressed linguistically shows the guidance of Spirituality, for it is not about tolerance in the world but about being together with God. Those who are forgiven forgive on the ground of the covenant. In other words, forgiveness is fulfilled in the covenant life. It is not what can be shown in worldly life.

IV.0420. 성경을 읽는 이들은 언약의 근거에 서야 합니다. 언약은 이해될 내용이 아닙니다. 그러나 세상의 근거로 성경을 읽는 이들은 종교적으로 이해할 수밖에 없습니다. 종교는 세상을 근거하기 때문입니다. 하나님의 용서는 종교적으로 의미 있게 말해질 수 없습니다. 종교는 단지 사람의 용서만 강조합니다. 따라서 용서는 쉬이 개인의 관용으로 풀이됩니다. 성경이 언약의 근거에서 읽어지지 않으면, 세상에 근거한 개인의식으로 풀이됩니다. 따라서 구원도 개인이 이해할 수 있는 내용으로 풀이됩니다. 언약을 떠나 용서는 제대로 다루어질 수 없습니다. 언약을 떠나 타락은 조명되지 않습니다, 따라서 용서된 구원도 조명되지 않습니다.

Those who read the Bible must stand on the basis of the covenant. The covenant is not something to be understood. However, those who read the Bible based on the world have no choice but to understand it religiously, for religion is based on the world. God's forgiveness cannot be spoken of in a religious sense. Religion only emphasizes man's forgiveness. Therefore, forgiveness can easily be interpreted as personal tolerance. If the Bible is not read on the basis of the covenant, it is interpreted as an individual consciousness based on the world. Therefore, salvation is also interpreted as something that individuals can understand. Forgiveness cannot be handled properly outside of the covenant. The fall apart from the covenant is not illuminated, and, thus, neither is forgiven salvation illuminated.

IV. 5
. . . .

영원한 생명 Eternal life

IV.0501. 요한복음 3:16, "하나님이 세상을 이처럼 사랑하사 독생자를 주셨으니 이는 그를 믿는 자마다 멸망하지 않고 영생을 얻게 하려 하심이라"는 그리스도교의 구원을 들려줍니다. 하나님의 사랑으로 세상에 오신 하나님의 독생자 예수님과 그분을 믿는 이들에게 주어지는 영원한 생명을 분명히 밝힙니다. 하나님, 예수님, 그리고 예수님을 믿는 이들을 아우르는 표현입니다. 즉 언약으로 정리된 구원의 내용을 보입니다. 예수님을 하나님께서 세상을 사랑하사 세상에 보내신 분으로 믿는 이들은 하나님과 함께하는 영원한 생명을 누린다고 합니다. 예수님을 믿는 이들은 영원한 생명을 누릴 것이라는 구원을 들려줍니다.

John 3:16, "For God so loved the world that He gave His only Son, so that everyone who believes in Him may not perish but may have eternal life," tells about Christian salvation. It clarifies Jesus, God's only begotten Son, who came to the world with God's love and the eternal life which given to those who believe in Jesus. It is an expression that encompasses God, Jesus, and those who believe in Jesus. In other words, it shows the contents of salvation organized in the covenant. It tells that those who believe in Jesus as the One whom God has sent to the world because God loves the world cherish eternal life of being together with God. It tells of salvation that those who believe in Jesus will cherish eternal life.

IV.0502. 영원한 생명은 영원한 수명을 뜻하지 않습니다. 죽지 않는 수명으로 여겨지지 말아야 합니다. 요한복음은 생명^{ζωή}과 수명^{ψυχή}을 구별합니다. 요한복음의 주제는 생명이지 수명이 아닙니다. 요한복음은 창조 전에 하나님과 함께한 말씀 안에 생명이 있었고, 말씀은 성육신으로 세상에 오셨다고 합니다. 따라서 성육신된 말씀은 생명을 지닙니다. 이렇게 요한복음이 생명을 수명으로부터 구별함으로, 영원한 생명은 생명을 뜻합니다. 수명으로 사는 사람들에게 생명의 구별됨을 보이기 위해, "생명" 대신 "영원한 생명"이라고 합니다. 따라서 영원한 생명은 요한복음이 주제로 전개하는 생명으로 생각해야 됩니다.

Eternal life does not mean eternal lifespan. It should not be considered a lifespan which will not die. The Gospel of John distinguishes between life^{ζωή} and lifespan^{ψυχή}. The theme of the Gospel of John is not lifespan but life. The Gospel of John affirms that life was in the Word with whom God was together before creation and the Word came to the word through incarnation. Therefore, the incarnate Word has life. In this way, the Gospel of John distinguishes life from lifespan, so eternal life means life. "Eternal life" is used instead of "life" in order to show its distinction to people who live with their lifespan. Thus, eternal life must be thought of as the life that the Gospel of John develops as its theme.

IV.0503. 창조 전 생명은 창조 된 수명과 구별됩니다. 창조 전 생명은 수명 가운데 성육신되었습니다. 따라서 세상에서 예수님은 생명으로 보아지지 수명으로 보아지지 않습니다. 수명으로 사는 이들이 예수님을 믿음으로 생명을 누리게 됩니다. 예수님을 믿는 믿음은 예수님이 하나님과 함께한 말씀의 육신이 되신 분이라는 확언입니다. 따라서 예수님을 믿는 이들은 예수님의 생명에 접합니다. 창조 전 말씀에 뿌리내린 포도나무이신 예수님으로부터 자란 가지가 됩니다.요한복음 15:5 그들은 수명으로 살지 않고 생명으로 삽니다. 요한복음의 긴 서두는 창조 전 하나님과 함께한 생명에 뿌리내린 성육신의 생명을 부각합니다.

Life before creation is different from lifespan after creation. Life before creation becomes incarnation in the midst of lifespan. Thus, Jesus in the world is not seen as lifespan but seen as life. Those who live with lifespan will cherish life by believing in Jesus. Faith in Jesus is the affirmation that Jesus is the One who becomes flesh of the Word of being together with God. Therefore, those who believe in Jesus come into contact with the life of Jesus. They become branches that grow from Jesus, the vine rooted to the Word before creation.John 15:5 They do not live by lifespan, but by life. The long prologue in the Gospel of John highlights the life of incarnation, which is rooted in the life of being together with God before creation.

IV.0504. 요한복음은 수명 가운데 생명의 구원을 보입니다. 요한복음 3:16은 이 점을 분명히 보입니다. "수명 가운데 생명의 구원"이라는 말은 세상 자체로 구원이 말해질 수 없다는 것을 뜻합니다. 세상은 변화하여 향상됩니다. 그러나 세상의 향상이 세상의 구원은 아닙니다. 즉 세상은 자체로 구원의 뜻을 내포하지 않습니다. 단지 세상은 단지 좋아지길 바라집니다. 세상은 언제나 요동하여 변화되는 상태를 보입니다. 세상은 좋은 상태로 변할 수 있어도, 구원에 이르게 되지 않습니다. 종교적인 해탈 또한 구원이 아닙니다. 해탈도 일종의 변화이기 때문입니다. 개인은 종교적 수련으로 해탈에 이를 수 있습니다.

The Gospel of John shows the salvation of life in the midst lifespan. John 3:16 clarifies this. The phrase, "salvation of life in the midst of lifespan," means that salvation cannot be spoken of in the world, itself. The world changes to be improved. But its improvement does not mean its salvation. In other words, the world itself does not entail the meaning of salvation. It is only wished to get better. The world is always agitated to show its changing state. It can be changed for the better, but it will not lead to salvation. Religious emancipation is also not salvation, for it is also a sort of change. Individuals can reach emancipation through religious cultivation.

IV.0505. 구원은 복음으로 선포됩니다. 복음을 떠나 "구원"이라는 말이 쓰이지만, 그 뜻은 복음에서 쓰이는 뜻과 거리가 멉니다. 복음은 예수님으로 구원을 말합니다. 그래서 예수님을 구원자라고 합니다. 이 때문에 종교적으로 말해지는 구원은 복음의 시각으로 보아 구원이 아닙니다. 복음으로 선포되는 말은 복음의 시각으로 묵상 되어야 합니다. 세상에서 통용되는 내용으로 풀이될 수 없습니다. 예수님은 세상에서 역사적 인물로 쉬이 통용될 수 있습니다. 그런 통용은 요한복음이 전개하는 포인트를 벗어납니다. 복음과 상관없는 내용입니다. 세상에 통용되는 내용으로 풀이된 구원은 단지 세상의 나아짐을 뜻합니다.

Salvation is proclaimed through the gospel. The word, "salvation," may be used outside of the gospel, but its meaning is far from its meaning in the gospel. The gospel speaks of salvation through Jesus. That is why Jesus is called the Savior. For this reason, the salvation spoken of religiously is not salvation from the perspective of the gospel. The word proclaimed as the gospel must be meditated from the perspective of the gospel. It cannot be interpreted in terms of what is commonly used in the world. Jesus can be easily circulated as a historical figure in the world. Such circulation is off the point that the Gospel of John develops. It has nothing to do with the gospel. Salvation that is interpreted into the content circulated in the world only means the betterness of the world.

IV.0506. 생명의 구원은 예수님을 생명의 시각으로 발설됩니다. 예수님이 생명의 시각으로 바라보아지면, 하나님과 함께는 생명으로 서사됩니다. 그러면 하나님과 함께는 궁극적으로 생명으로 드러난다고 확언됩니다. 생명을 떠나 하나님과 함께를 말하는 것은 온전하지 않습니다. 하나님과 함께는 어떤 세상의 속성으로도 보일 수 없기 때문입니다. 이스라엘 백성이 율법을 지키는 것으로 온전히 하나님과 함께가 드러나지 않습니다. 하나님과 함께는 세상의 기준으로 설정될 수 없습니다. 하나님과 함께는 하나님의 함께로부터 드러나고, 하나님의 함께는 하나님으로부터 세상에 오신 예수님으로 보입니다. 예수님의 생명으로 하나님과 함께는 세상에 드러납니다.

Salvation of life is uttered through the perspective of Jesus as life. If Jesus is viewed from the perspective of life, togetherness with God is narrated as life. Then, it is affirmed that togetherness with God is ultimately disclosed as life. It is not wholesome to speak of togetherness with God apart from life, for togetherness with God cannot be shown as any worldly attribute. Togetherness with God is not wholly disclosed through Israelites' compliance with the law. Togetherness with God cannot be set by the worldly criterion. Togetherness with God is disclosed through God's togetherness, and God's togetherness is seen as Jesus who came from

IV.0507. 요한복음이 예수님을 생명으로 서사하는 뜻이 여기 있습니다. 예수님을 생명으로 서사하는 것은 예수님을 하나님과 함께로 말하려는 것입니다. 즉 생명으로 예수님의 서사는 언약을 분명하게 세웁니다. 영원한 생명은 온전한 언약의 삶을 뜻합니다. 하나님과 함께하는 언약의 삶은 예수님의 생명으로 온전히 보입니다. 따라서 복음서의 예수님 이야기는 새 언약의 삶을 보입니다. 영원한 삶은 예수님의 삶으로 부각되기 때문입니다. 복음서의 예수님 이야기는 예수님의 제자들이 따라야 할 내용입니다. 즉 그리스도인들이 보이는 영원한 삶입니다. 예수님이 보이는 하나님과 함께하는 삶은 예수님을 따르는 그리스도인들이 보일 하나님과 함께하는 삶입니다.

Here is the meaning of the Gospel of John in narrating Jesus as life. Narrating Jesus as life is speaking of Jesus as being together God. In other words, the narrative of Jesus as life clearly establishes the covenant. Eternal life means the wholesome covenant life. The covenant life of being together with God is wholly seen as Jesus' life. Therefore, Jesus' story in the Gospel shows the life of the new covenant, for eternal life stands out as Jesus' life. Jesus' story of the Gospel is what Jesus' disciples should follow. That is, it is eternal life that Christians see. The life of being together with God, that Jesus shows, is life of being together with God, that Christians who follow Jesus must show.

IV.0508. 예수님은 영원한 생명으로 서사됩니다. 이 경우 예수님은 하나님으로부터 오신 하나님의 독생자로 이야기되어야 합니다. 하나님의 독생자로 하나님과 함께하는 생명이 분명해집니다. 그렇지 않으면 사람들은 세상의 이상적인 상태로 구원을 상상하려 합니다. 어느 지역에서나 보는 종교적이나 지혜의 가르침은 사람들로 이상적인 상태에 이르게 합니다. 그러나 그런 종교적이나 지혜의 내용은 생명의 구원과 구별되어야 합니다. 복음서는 구원을 선포하기 때문에, 세상에서 가르쳐지는 내용과 구별되어야 합니다. 그리스도교가 구원을 향하는 점에서, 세상의 종교나 지혜와 구별됩니다. 그리스도교 구원은 세상에 내재되지 않습니다.

Jesus is narrated as eternal life. In this case, Jesus must be spoken of as God's only begotten Son who came from God. The life of being together with God becomes clear as God's only begotten Son. Otherwise, people try to imagine salvation as an ideal state of the world. Religious or wisdom teaching found everywhere leads people to an ideal state. However, such religious or wisdom content must be distinguished from the salvation of life. Because the Gospel proclaims salvation, it must be distinguished from what is taught in the world. Christianity is distinct from worldly religion or wisdom in that it is directed to salvation. The Christian salvation is not inherent in the world.

IV.0509. 그러므로 복음의 뜻이 분명해져야 합니다. 단순히 세상에서 보는 일종의 가르침이 아닙니다. 그리스도교가 하나의 종교로 여겨지는 상황에서, 복음서도 일종의 종교적 경전으로 여겨집니다. 그러나 복음서는 종교적인 경전일 수 없습니다. 복음서는 구원을 선포하기 때문입니다. 복음은 구원의 삶으로 이루어집니다. 그러나 종교적인 가르침은 개인으로 하여금 깨달음의 상태에 이르게 합니다. 개인이 지닌 종교성을 계발하려는 것입니다. 그러나 그리스도교는 복음이 선포하는 내용으로 이루어집니다. 복음으로 선포된 삶의 예시로 보입니다. 복음으로 구원이 선포되니, 그리스도인들은 구원의 삶을 삽니다.

Therefore, the meaning of the gospel must be clarified. It is not simply a sort of teaching in the world. In the situation where Christianity is considered a religion, the Gospel is also considered a kind of religious scripture. But the Gospel cannot be a religious scripture, for it proclaims salvation. The gospel is fulfilled into the life of salvation. However, the religious teaching brings individuals to a state of enlightenment. It is to cultivate individual religiosity. But Christianity is fulfilled with the content that the gospel proclaims. It is seen as the instance of the life proclaimed by the gospel. As salvation is proclaimed through the gospel, Christians live the life of salvation.

IV.0510. 그리스도교가 종교로 여겨지면, 복음은 개인의 종교성을 계발하는 것으로 풀이됩니다. 그러나 그리스도인들은 종교인들이 아닙니다. 종교인들은 자신들이 지닌 종교성으로 살지만, 그리스도인들은 영원한 생명으로 삽니다. 이 때문에 복음은 종교성으로 풀이될 수 없습니다. 영원한 생명은 개인들의 종교성으로 풀이될 수 없습니다. 그러므로 그리스도인들은 분명한 생명의 시각을 가져야 합니다. 그렇지 않으면 자신들의 종교성을 개발하며 살게 됩니다. 영원한 생명은 개인의 속성의 일종일 수 없습니다. 그리스도인들은 영원한 생명으로 자라지만, 개인들은 자신들의 독자성을 유지할 뿐입니다.

If Christianity is considered a religion, the gospel is interpreted as cultivating individual religiosity. But Christians are not religious people. Religious people live with their religiosity, but Christians live with eternal life. For this reason, the gospel cannot be interpreted into religiosity. Eternal life cannot be interpreted into individuals' religiosity. Therefore, Christians should have a clear perspective of life. Otherwise, they will live, cultivating their religiosity. Eternal life cannot be some kind of personal attribute. Christians grow into eternal life, but individuals simply retain their identity.

IV.0511. 예수님은 하나님의 나라를 씨의 비유로 들려주십니다. 토양에 뿌려진 씨는 싹을 틔우고 자라 열매 맺습니다. 예수님은 세상에 선포된 하나님의 나라도 씨와 같이 세상에 싹트고 자라 열매 맺는다고 하십니다. 하나님의 나라는 씨와 같이 자체의 생명을 갖습니다. 따라서 예수님이 오셔서 복음으로 뿌려진 하나님의 나라는 씨와 같이 세상에 드러납니다. 예수님은, 수명으로 유지되는 세상 나라 가운데, 하나님의 나라는 자체의 생명으로 싹트고, 자라고, 열매 맺는다고 하십니다. 열매로 하나님의 나라는 파급됩니다. 하나님의 나라는 모인 사람들이 합의로 실현하는 세상 나라가 아닙니다.

Jesus tells the kingdom of God through the parable of a seed. Seeds sown in the soil sprout, grow, and bear fruit. Jesus says that the kingdom of God proclaimed to the world is like a seed that sprouts, grows, and bears fruit. The kingdom of God, like a seed, has a life of its own. Therefore, the kingdom of God, which Jesus came and sown through the gospel, is disclosed to the world like a seed. Jesus says that, in the midst of the kingdom of the world maintained by lifespan, the kingdom of God sprouts, grows, and bears fruit with its own life. It spreads through fruit. The kingdom of God is not a worldly kingdom realized through the agreement of gathered people.

IV.0512. 예수님의 씨의 비유는 자체의 생명을 보이려는 것입니다. 예수님은 사람들이 세상 조건에 따라 뭉치는 삶을 언급하지 않습니다. 복음은 씨와 같이 자체의 생명으로 언제나 하나님 나라 로 이루어집니다. 복음은,

세상에 뿌려져, 하나님의 나라로 싹틉니다. 그리스도인들로 이루어지는 하나님의 나라는 그렇게 세상에 드러납니다. 이렇게 말할 수 있는 근거는 그들이 생명을 의식하기 때문입니다. 생명의 의식 없이 자체의 드러남은 말해질 수 없습니다. 이 때문에 그리스도인들은 생명 의식을 기본적으로 갖습니다. 사람들이 모여 무얼 하는 것으로 그리스도교는 세상에 드러나지 않습니다. 그리스도교는 율법으로 이스라엘 백성이 무얼 하는 것과 구별됩니다.

Jesus' parable of the seed is to show its own life. Jesus is not referring to a life in which people band together according to worldly conditions. The gospel, like a seed, is always fulfilled into the kingdom of God with its own life. The gospel is sown in the world and sprouts into the kingdom of God. The kingdom of God fulfilled with Christians is disclosed in the world in such a way. The basis for saying this is because they are conscious of life. The self-disclosure cannot be spoken of without the consciousness of life. For this reason, Christians basically have the consciousness of life. Christianity is not revealed to the world by what people do together. Christianity is distinguished from what the Israelites did through the law.

IV.0513. 그리스도교는 영원한 삶입니다. 일종의 수명이 아닙니다. 종교적인 삶은 일종의 수명의 표현입니다. 예수님의 복음은 하나님 나라로 삶을 선포합니다. 하나님 나라로 삶은 선포되지, 세상 사람들이 가르쳐져 살 수 있는 삶이 아닙니다. 즉 사람들이 종교나 지혜의 가르침을 들어 살게 되는 삶이 아닙니다. 예수님으로 생명이 임함으로, 영원한 삶이 하나님 나라로 열리게 됩니다. 복음의 선포와 생명의 임함은 같이 말해집니다. 복음은 영원한 삶으로 이루어집니다. 즉 복음은 생명으로 파급됩니다. 사람을 변화하게 하지 않습니다. 새 생명의 파급과 사람의 변화는 다릅니다. 새 생명은 새 속성을 뜻하지 않습니다.

Christianity is eternal life. It is not some kind of lifespan. Religious life is a kind of expression of lifespan. Jesus' gospel proclaims life as the kingdom of God. Life as the kingdom of God is proclaimed, not a life that can be taught and lived by the people of the world. In other words, it is not a life that people live by listening to the teachings of religion or wisdom. As life comes with Jesus, eternal life opens into the kingdom of God. The proclamation of the gospel and the coming of life are spoken of together. The gospel is fulfilled into eternal life. In other words, it spreads through life. It does not make man change. The ripple effect of new life and change in people are different. New life does not mean new attributes.

IV.0514. 복음은 생명의 서사입니다. 세상에 생명의 싹틈을 보입니다. 세상의 수명 가운데 생명을 보입니다. 복음은 세상에 뿌려져 생명을 싹 틔웁니다. 복음엔 생명이 내재됩니다. 복음이 선포되면 생명이 싹틉니다. 이렇게 구원의 삶이 세상에 자랍니다. 구원은 생명으로 자라지, 수명으로 변화되지 않습니다. 사람들이 그들 자신들의 개인적인 구원을 바라는 것은 개인적인 욕망으로부터 나옵니다. 구원은 자신들이 구원되어야 된다는 그들 욕망으로 말해질 수 없습니다. 구원은 개인들이 바라는 내용일 수 없습니다. 즉 구원은 개인들의 욕망으로 표현될 수 없습니다. 구원은 생명으로 임합니다. 하나님의 약속으로 임합니다.

The gospel is the narrative of life. It shows the bud of life in the world. It shows life in the midst of lifespan of the world. It, sown in the world, sprouts life. Life is inherent in the gospel. When it is proclaimed, life sprouts. In this way, the life of salvation grows in the world. Salvation grows into life, but it is not changed into lifespan. It is from personal desire that people hope for their own personal salvation. Salvation cannot be expressed through their desire to be saved. Salvation cannot be something that individuals desire. In other words, salvation cannot be expressed through the desires of individuals. Salvation comes as life. It comes with God's promise.

IV.0515. 요한복음 3:16에서 영원한 생명은 하나님의 함께로 서사되지 개인의 욕망으로 표현되지 않습니다. 개인은 어떻든 수명으로 지닌 속성으로 의식하며 이해하려 합니다. 따라서 구원의 영원한 생명도 지닌 수명의 변화로 이해하려고 합니다. 영원한 생명은 유한한 수명의 연장이나 혹은 해탈의 상태로 이해됩니다. 구원의 생명이 수명의 연장선에서 이해되면, 이렇게 생각되게 됩니다. 오래 전부터 영혼불멸이 상상된 것이 이 연유입니다. 죽음에 속박된 수명으로 사는 이들이 영원한 생명을 생각하면, 그들은 수명의 연장선에서 이해할 수밖에 없습니다. 그래서 영원을 수명의 길이로 이해하려 합니다.

In John 3:16, eternal life is narrated as God's togetherness, not expressed as an individual's desire. In any case, individual tries to understand, being conscious of his attributes of lifespan. Thus, he seeks to understand eternal life of salvation as a change in his lifespan. He thinks of eternal life as an infinite extension of lifespan or as an emancipated state. If the life of salvation is understood as an extension of lifespan, it can be thought of this way. This is why the immortality of the soul has been imagined for a long time. When people who live with a lifespan bound to death think of eternal life, they have no choice but to understand it as an extension of lifespan. So, they want to understand eternity as the length of lifespan.

IV.0516. 복음서는 하나님의 함께로 서사됩니다. 예수님을 하나님과 함께로 서사합니다. 따라서 생명으로 전개됩니다. 사람의 수명을 다루지 않습니다. 생명은 씨와 같이 자체의 생명으로 자랍니다. 죽음에 속박된 수명 같지 않습니다. 수명은 조건으로 혹은 가능성으로 말해지지만, 생명은 씨와 같이 자체의 생명으로 자랍니다. 물론 씨가 토양과 기후에 적응하여 자라지만, 씨의 생명은 토양과 기후에 조건적이지 않습니다. 씨의 생명은 조건적이지 않습니다. 씨의 생명은 적절한 환경에서 자라지만, 환경에 조건적이지 않습니다. 그리스도인들의 영원한 생명은 세상에 드러나지만, 수명 같이 세상에 조건적이지 않습니다.

The Gospel is narrated as God's togetherness. It narrates Jesus as togetherness with God. Therefore, it unfolds into life. It does not deal with man's lifespan. Life, like a seed, grows into its own life. It is not like a lifespan bound to death. Lifespan is spoken of by condition or possibility, but life, like a seed, grows into its own life. Of course, seeds grow by adapting to the soil and climate, but their life is not conditional on the soil and climate. The life of the seed is not conditional. The life of a seed grows in a suitable environment, but it is not conditional on the environment. Eternal life of Christians is disclosed in the world, but it is not conditional on the world like lifespan.

IV.0517. 수명과 구별된 생명은 자체의 생명으로 영원합니다. 씨는 씨를 열매 맺기 때문에 영속적입니다. 하나님과 함께하는 생명은 자체로 영속적입니다. 사람들은 자신의 수명으로 영원을 생각하지만, 생명이 그들에게 '심어지면' 생명으로 영원합니다. 그러면 더 이상 수명으로 살지 않고 생명으로 삽니다. 더 이상 수명의 '나'를 의식하지 않습니다. 생명의 열매를 맺으며 삽니다. 복음은 생명의 씨로 뿌려집니다. 즉 복음의 선교는 생명으로 드러납니다. 뿌려지는 생명의 씨가 '나'의 토양에 심어짐으로, 생명이 '나'로부터 싹틉니다. 선교의 생명으로 하나님 나라의 삶이 자랍니다. 영원한 생명의 하나님 나라는 수명을 지닌 '나'의 삶이 아닙니다.

Life separated from lifespan is eternal with its own life. Seeds are perpetual because they bear fruit. Life of being together with God is perpetual, in itself. People want to think of eternity in terms of their lifespan, but they become eternal as life if life is 'sown' to them. Then, they no longer live by their lifespan but with life. They are, no longer, conscious of the 'I' of lifespan. They live by bearing the fruit of life. The gospel is sown as a seed of life. In other words, the mission of the gospel is disclosed as life. As the sown seed of life is planted in 'my' soil, life sprouts from 'me.' The life of the kingdom of God grows through the life of mission. The kingdom of God of eternal life is not the life of 'I' who has a lifespan.

IV.0518. 요한복음 3:16은 예수님을 믿는 믿음이 '나'의 마음의 믿음이 아님을 보입니다. 예수님을 믿는 믿음은 영원한 생명으로 말해집니다. 예수님을 믿는 믿음은 생명의 씨가 심어진 '나'로부터 싹틉니다. 생명의 씨가 심어진 '나'로부터 싹튼 믿음은 '나'의 믿음일 수 없습니다. 생명의 씨가 '나'에게 뿌려졌기 때문입니다. 예수님을 믿는 믿음은 선교적이지 종교적이지 않습니다. 선교는 생명의 파급이지만, 종교는 '나'들의 모음입니다. 즉 생명으로 선교와 수명의 종교는 구별되어야 합니다. 따라서 선교적 믿음과 종교적 믿음은 다릅니다. 선교의 믿음은 언약의 믿음이지만, 종교적 믿음은 '나'의 믿음입니다.

John 3:16 shows that faith in Jesus is not the faith of 'my' mind. Faith in Jesus is said to lead to eternal life. Faith in Jesus sprouts from 'me' where the seed of life is planted. The faith that sprouts from 'I' where the seed of life was planted cannot be 'my' faith, for the seed of life was sown to 'me.' Faith in Jesus is missionary, not religious. Mission is the spread of life, but religion is a gathering of 'I.' That is, mission as life and religion of lifespan have to be distinguished. Therefore, missionary faith and religious belief are different. Missionary faith is the covenant faith, but religious belief is 'my' belief.

IV.0519. 사람들은 '나'의 중심으로 의식하기 때문에, '나'가 예수님을 믿어 영원한 생명을 누린다고 생각합니다. 그리고 '나'가 복음을 접한다고 생각하기 때문에, 요한복음 3:16도 '나'가 이해한다고 생각합니다. '나'가 이해한 예수님을 믿는 믿음은 '나'의 믿음이고, '나'의 믿음으로 '나'가 영원한 생명을 누린다고 생각합니다. 이렇게 '나'가 복음을 종교적으로 접근한다고 여깁니다. 그렇게 종교적으로 의식하는 '나'들의 모임으로 그리스도교를 생각합니다. 지금 교회에 다니는 이들은 그런 '나'들입니다. 그들은 세상에서 죽음에 처해 살더라도, 죽은 후엔 하늘나라에서 산다고 여깁니다. '나'로 누릴 영원한 생명은 그렇게 상상될 수밖에 없습니다.

Because people are conscious of 'me' as the center, they think that 'I, believing in Jesus, cherish eternal life. And since they think that 'I' encounter the gospel, they also think that 'I' understand John 3:16. They think that the faith in Jesus whom 'I' understand is 'my' faith and 'I' cherish eternal life through 'my' faith. In this way, they think that 'I' approach the gospel religiously. They think of Christianity as the gathering of 'I' who is conscious religiously. Those who attend the church now are such 'me.' They think that, even though they live under the subjection of death in the world, they will live in the kingdom of heaven after they die. Eternal life cherished by 'me' can only be imagined that way.

IV.0520. 사람들은 '나'의 중심으로 의식하기 때문에, 죽음의 한계를 받아들일 수밖에 없습니다. 따라서 죽음 후로 이어지는 것을 상상하게 됩니다. 세상에 살 동안 죽음에 속박되어 있는 '나'는 죽은 후 하늘나라에서 영원히 산다고 상상합니다. 죽은 후에 '나'가 사는 삶을 기대하니, '나'는 그렇게 상상합니다. 복음에 서사된 생명을 수명으로 사는 '나'가 풀이하니, 이 상상이 따릅니다. 이 상상으로 '나'는 영원한 생명에 도취됩니다. 그러나 그런 도취는 '나'의 내면에 잠재할 뿐, 실질적인 세상 삶에 반영되지 않습니다. 따라서 '나'는 '나'로서 진지하게 세상 삶을 살 수 있습니다. 그러나 '나'로 사는 그리스도인들은 보통 세상 사람들과 다르지 않습니다.

Because people are conscious of 'me' as the center, they have no choice but to accept the limitation of death. Therefore, they imagine what continues after death. 'I,' who is bound to death while living in this world, imagines living forever in the kingdom of heaven after death. 'I' look forward to the life 'I' live after death, so 'I' imagine it. Since 'I' who live the lifespan interpret life narrated in the gospel, this imagination follows. With this imagination, 'I' become intoxicated with eternal life. However, such intoxication only lies latent within 'me' and is not reflected in actual life in the world. Therefore, 'I' can live life in the world seriously as 'I.' However, Christians who live as 'I' are no different from ordinary people in the world.

IV. 6
· · · ·

구원 Salvation

IV.0601. 바울은 로마서를 쓰는 취지를 "복음은 모든 믿는 자에게 구원을 주시는 하나님의 능력"로마서 1:16이라는 확언으로 밝힙니다. 바울은 복음을 구원의 복음으로 밝히고, 자신의 사역은 구원의 사역임을 보입니다. 예수님 으로 선포되는 복음은 구원을 들려주지 세상의 지혜를 들려주지 않습니다. 세상의 지혜는 세상의 좋음을 향하지만, 세상의 구원은 예수님으로 하나님 과 함께함을 향합니다. 여기서 하나님의 능력은 하나님의 힘을 뜻하지 않 습니다. 힘은 세상을 변화하는데 작용하지만, 세상의 구원은 세상의 변화를 뜻하지 않습니다. 세상의 구원은 힘이 아닌 참으로 드러납니다. 힘은 세상 에 내재되지만, 참은 예수님으로 임합니다.

Paul clarifies the gist of writing of Romans with the affirmation that "for it[the gospel] is the power of God to salvation for everyone who believes."Romans 1:16 He clarifies the gospel as the gospel of salvation and shows that his own ministry is the ministry of salvation. The gospel proclaimed by Jesus tells about salvation, not the wisdom of the world. The wisdom of the world is directed to the goodness of the world, but the salvation of the world is directed to togetherness with God through Jesus. Here, God's power does not mean His force. Force precipitates the change of the world, but the salvation of the world does not mean the change of the world. The salvation of the world is disclosed not by force but as the truth. Force is inherent in the world, but the truth comes through Jesus.

IV.0602. 바울은 하나님의 구원의 능력이 복음에 내재되었다고 합니다. 세상의 혜택을 위한 하나님의 능력이 아닌 세상의 구원을 위한 하나님의 능력을 말합니다. 세상에 안주해서 사는 사람들은 세상에서 혜택만 바랍니다. 그러나 하나님께서 예수님으로 보이신 것은 세상의 구원입니다. 구약에서 다루어지는 이스라엘 백성의 삶은 세상에서 혜택의 시각으로 서사됩니다. 그들은 세상에서 사는 삶만 관심하기 때문입니다. 하나님께서 아브라함에게 내리신 약속은 아브라함의 후손의 번성과 그들이 정착할 가나안 땅에 대해서입니다. 하나님의 약속은 세상 삶의 기본 구성으로 주어집니다. 그러나 세상 삶은 세상에서 요동합니다. 결국 그들의 삶은 붕괴됩니다.

Paul says that God's power of salvation is inherent in the gospel. He does not say of God's power for the benefit of the world but says of His power for the salvation of the world. People who are settled in the world only wish for the benefit in the world. However, what God showed through Jesus is the salvation of the world. The life of the Israelites in the Old Testament is narrated from the perspective of benefits in the world, for they only care about life in the world. The promise God made to Abraham was about the prosperity of Abraham's descendants and the land of Canaan where they would settle. God's promises are given as the basic constituents of the worldly life. But the worldly life is agitated in the world. Eventually, their life falls apart.

IV.0603. 하나님께서 함께하시는 언약이 세상에 속한 속성으로 표현되면, 하나님의 함께는 그 속성에 대한 혜택으로 말해집니다. 아브라함의 후손이 가나안 땅에서 사는 것으로 하나님의 함께가 말해지면, 그들이 가나안 땅에 살 수 없으면 하나님의 함께가 말해질 수 없습니다. 그들이 가나안 땅에 사는 것은 세상 조건에 따라 유동적일 수밖에 없습니다. 그들이 가나안 땅에 사는 조건은 세상 전체 조건의 부분입니다. 세상의 전체 조건의 변화를 따라 그들의 부분적인 조건도 어쩔 수 없이 변화하게 됩니다. 세상의 변화하는 조건 가운데 아브라함의 후손이 가나안 땅에 사는 것은 고정될 수 없습니다.

When the covenant of God's togetherness is expressed as an attribute belonging to the world, God's togetherness is said to be a benefit to that attribute. If God's togetherness is said to be with Abraham's descendants living in the land of Canaan, His togetherness cannot be said if they cannot live in the land of Canaan. Their life in the land of Canaan is bound to fluctuate depending on world conditions. The conditions under which they live in the land of Canaan are part of the overall conditions of the world. As the overall conditions of the world change, their partial conditions inevitably change as well. Amidst the changing conditions of the world, the life of Abraham's descendants in the land of Canaan cannot be fixed.

IV.0604. 아브라함이 후손이 가나안 땅에 사는 삶으로 표현된 언약은 순전히 이루어지는 것일 수 없습니다. 그들이 가나안 땅에 사는 것은 조건적인 지속이기 때문입니다. 가나안 땅에 정착한 이스라엘 백성은 단지 지속적인 삶을 보입니다. 현실적으로 굳혀진 것은 그대로 지속됩니다. 새롭게 이루어지는 것을 보이지 않습니다. 이 경우 언약은 율법으로 굳혀진 내용이

되게 됩니다. 더 이상 이루어지는 내용을 보이지 않습니다. 이 상황에서 그들의 삶이 붕괴되게 되니, 새롭게 이루어짐을 향한 예언이 터져 나옵니다. 예언은 하나님의 언약이 이루어짐을 향한 약속임을 들려줍니다. 예언으로 발설되는 것은 하나님의 약속입니다.

The covenant expressed as the life of the descendants of Abraham in the land of Canaan cannot be what is purely to be fulfilled, for their life in the land of Canaan is a conditional sustenance. The Israelites settled in the land of Canaan simply lead a sustaining life. What is fixed practically is sustained as it is. It does not show what is newly fulfilled. In this case, the covenant becomes the content solidified by the law. It no longer shows what is being done. In this situation, as their life falls apart, the prophecy for new fulfillment bursts out. The prophecy tells that God's covenant is the promise toward fulfillment. What is uttered through the prophecy is God's promise.

IV.0605. 세상에 안주하는 내용으로 하나님의 약속이 주어지면, 언약의 삶은 세상에 정체되게 됩니다. 그러면 정체되기까지 하나님의 약속이 이루어지더라도, 정체된 언약의 삶은 이루어질 것이 없습니다. 정체된 상태로 지속될 뿐입니다. 따라서 하나님의 약속은 율법으로 굳혀지는 내용이 됩니다. 이 경향은 구약의 이스라엘 백성의 삶에서 봅니다. 따라서 세상에 안주를 위한 하나님의 약속은 온전하지 않습니다. 세상에 안주함은 이루어짐이 아니기 때문입니다. 세상에 안주함은 세상의 조건적 변화를 따라갑니다. 세상의 조건적 변화는 하나님의 약속의 이루어짐일 수 없습니다.

If God's promise is given with the content of the settlement in the world, the covenant life becomes stagnant in the world. Then, even if God's promise is fulfilled until it becomes stagnant, the stagnated covenant life has nothing to be fulfilled. It just sustains in the stagnated state. Thus, God's promise becomes the content to be fixed by the law. This tendency is seen in the life of the Israelites in the Old Testament. Therefore, God's promise for the settlement in the world is not wholesome, for the settlement in the world is not fulfillment. The settlement in the world follows the conditional change in the world. The conditional change in the world cannot be the fulfillment of God's promise.

IV.0606. 세상에 안주는 타락된 세상에 안주입니다. 타락된 세상에 안주는 하나님과 함께가 아닙니다. 타락은 하나님의 말씀에 불순종함으로 하나님을 떠남입니다. 율법으로 타락된 세상에 안주는 하나님과 함께함일 수 없습니다. 그러므로 하나님과 함께하는 언약의 내용은 세상에 안주로 온전히 드러나지 않습니다. 세상에 안주는 하나님의 말씀을 순종하여 하나님과 함께하는 것이 아니기 때문입니다. 즉 세상에 안주하는 것은 하나님과 함께하는 언약의 삶일 수 없습니다. 구약은 하나님이 함께하시는 언약을 도입하지만, 구약의 삶은 온전한 언약의 삶이 아닙니다.

The settlement in the world is the settlement in the fallen world. The settlement in the fallen world is not togetherness with God. The fall is the departure from God through disobedience to God's word. The settlement in the fallen world by the law cannot be togetherness with God. Therefore, the covenant content of being together with God is not wholly disclosed to the settlement in the world, for the settlement in the world is not togetherness with God in the obedience to His word. In other words, the settlement in the world cannot be the covenant life of being together with God. The Old Testament introduces the covenant of God's togetherness, but the life of the Old Testament is not the wholesome covenant life.

IV.0607. 구약의 서사는 양면성을 보입니다. 구약은 하나님께서 그분의 택하신 백성과 함께하는 언약을 맺으신다고 합니다. 하나님의 말씀은 하나님께서 그분의 택하신 백성과 함께하는 언약의 말씀입니다. 언약의 말씀으로 언약의 삶은 이루어집니다. 그렇지만 언약의 백성이 세상에서 언약의 삶을 살면, 언약의 말씀은 세상에 안주하는 내용이 되게 됩니다. 세상에 안주는 세상 조건을 따르니, 하나님의 말씀의 이루어짐일 수 없습니다. 따라서 세상에 안주된 삶은 하나님의 언약의 말씀으로부터 괴리되게 됩니다. 하나님의 말씀으로 이루어지지 않는 세상에 안주된 삶은 세상 조건에 따라 흥하기도 망하기도 합니다.

The Old Testament narrative shows two sides. The Old Testament says that God makes the covenant of togetherness with His elected people. God's word is the covenant word with which God is together with His elected people. The covenant life is fulfilled through the covenant word. However, if the covenant people live the covenant life in the world, the covenant word becomes the content of the settlement in the world. The settlement in the world follows the condition of the world, so it cannot be the fulfillment of God's word. Thus, the settled life in the world becomes estranged from God's covenant word. The life settled in the world, that is not fulfilled by God's word, rises or falls depending on the condition of the world.

IV.0608. 하나님의 말씀으로 이루어지는 삶은 흥하거나 망하지 않습니다. 하나님의 말씀으로 이루어지는 삶은 세상의 조건적인 상황에 의해 차단되지 않습니다. 세상에 있는 것은 조건적으로 차단되지만, 하나님의 말씀의 이루어짐은 조건적으로 차단되지 않습니다. 구약은 이스라엘 백성의 삶이 붕괴되는 상황에서 하나님께서 함께하실 예언을 남깁니다. 그 예언은 조건적인 삶은 붕괴되더라도 하나님은 약속의 말씀을 이루신다는 것을 들려줍니다. 따라서 예언된 하나님의 약속은 세상에 안주하는 내용일 수 없습니다. 붕괴된 옛 언약의 삶과는 달라야 합니다. 예언된 하나님의 약속은 세상 조건을 극복하는 하나님의 이루심을 담습니다.

The life fulfilled through God's word neither rise nor fall. The life fulfilled through God's word is not blocked by the conditional situation of the world. What is in the world is conditionally blocked, but the fulfillment of God's word is not conditionally blocked. The Old Testament leaves behind the prophecy that God would be together with the Israelites in the situation where their life was collapsing. The prophecy tells that God will fulfill His word of promise even if the conditional life falls apart. Therefore, the prophesied promise of God cannot be the content of the settlement in the world. It should be different from the life of the collapsed old covenant. God's prophesied promise contains God's fulfillment of overcoming world conditions.

IV.0609. 예언으로 들려지는 하나님께서 말씀으로 이루실 삶은 세상에 안주하는 삶이 아닌 세상을 구원하는 삶이어야 합니다. 구약은 그것이 세상에 안주하는 삶일 수 없다는 것을 이미 보입니다. 예수님 시대 유대인들은 하나님의 언약은 하나님께서 이루시는 것이라는 것을 간과하기 때문에 구약의 삶을 반복하려 합니다. 그들이 다시 회복하려는 세상 나라는 하나님께서 뜻하시는 언약의 삶일 수 없습니다. 이 점에서 그들은 구약에서 그들의 선조들이 보인 것같이 세상에 안주하는 삶을 바랍니다. 그러면서 그들이 원하는 삶은 하나님과 함께하는 삶이라고 주장합니다. 그러나 구약은 그렇지 않음을 분명히 보입니다.

The life that God will fulfill through the word of prophecy should not be the life of the settlement in the world but be the life of saving the world. The Old Testament already shows that it cannot be the life of the settlement in the world. The Jews of Jesus' time tried to repeat the Old Testament life because they overlooked that God's covenant was fulfilled by God. The worldly kingdom they were trying to restore cannot be the covenant life that God wills. In this regard, they hoped to live a life of settlement in the world as their ancestors did in the Old Testament. And, then, they insist that the life they want is a life of being together with God. However, the Old Testament clearly shows that this is not the case.

IV.0610. 구약의 삶은 지혜의 삶으로 분류될 수 있습니다. 율법은 삶의 지침이라는 점에서 지혜의 내용입니다. 율법의 삶은 번성됨이 예상됩니다. 세상에서 지혜로움을 보이기 때문입니다. 지혜는 어떻든 삶의 나음을 향합니다. 이 때문에 세상 사람들은 모두 지혜를 추구합니다. 옛 그리스의 철학자들이나 옛 동양의 성현들이 가르친 것은 삶의 지혜입니다. 삶의 나음을 향한 추구가 지혜입니다. 따라서 삶의 지혜를 가르칠 수 있는 이들이 철학자들이고 성현입니다. 구약의 내용도 지혜로 볼 수 있습니다. 세상에서 나은 삶을 위하기 때문입니다. 세상에 안주하려는 이들은 지혜의 추구로 갈 수밖에 없습니다.

The life of the Old Testament can be classified as a life of wisdom. The law is the content of wisdom in the sense that it is the direction for life. The life of the law is expected to prosper, for it shows wisdom in the world. Wisdom, no matter what, is directed toward the betterment of life. Because of this, everyone in the world pursues wisdom. What ancient Greek philosophers or ancient Eastern sages taught was the wisdom of life. Wisdom is the pursuit of better life. Therefore, those who can teach the wisdom of life are philosophers and sages. The content of the Old Testament can also be viewed as wisdom, for it is for a better life in the world. Those who want to settle down in the world have no choice but to pursue wisdom.

IV.0611. 복음은 예수님이 세상의 구원자로 오신 것을 서사합니다. 예수님은 결코 지혜자로 제자들이 세상에 나은 삶을 살도록 가르치지 않으셨습니다. 예수님은 그보다 구원자로 그들을 하나님 나라로 구원의 삶을 살도록 가르치셨습니다. 세상의 나음은 사람들이 추구할 수 있습니다. 그러나 세상의 구원은 그들이 추구할 수 없습니다. 구원은 하나님과 함께하는 삶으로 이루어지기 때문입니다. 하나님과 함께는 예수님으로 세상에 이루어집니다. 이 때문에 예수님을 구원자라고 합니다. 예수님을 하나님의 독생자, 그리스도라는 고백은 예수님이 구원자시다는 것을 뜻합니다. 하나님의 독생자, 그리스도는 하나님과 함께로 말해지기 때문입니다.

The gospel narrates that Jesus came as the Savior of the world. Jesus, by no means, taught the disciples to live a better life in the world as a wise man. Rather, Jesus as the Savior taught them to live the life of salvation in the kingdom of God. The betterment of the world can be pursued by people. But they cannot pursue the salvation of the world, for salvation is fulfilled into the life of being together with God. Togetherness with God is fulfilled in the world through Jesus. This is why Jesus is called the Savior. The confession of Jesus as God's only begotten Son, Christ, means that Jesus is the Savior, for God's only begotten Son, Christ, is spoken of as togetherness with God.

IV.0612. 구원은 하나님과 함께하는 궁극적인 언약의 내용입니다. 구원은 하나님과 함께하는 언약에서 제기됩니다. 세상에 사는 사람들은 처한 위기에서 벗어나는 것을 구원으로 말합니다. 이 경우 구원은 처한 조건적 상태로부터 벗어나는 것을 뜻합니다. 따라서 구원은 우발적인 경우로 불러집니다. 그러나 예수님으로 구원은 우발적인 경우로 말해지지 않습니다. 그보다 타락된 세상의 구원을 뜻합니다. 인간이 하나님을 떠나 타락되었으니, 새롭게 하나님과 함께함이 구원입니다. 인간의 겪는 세상에서 조건적 위기는 타락됨으로 죽음에 처하기 때문입니다. 그러나 하나님과 함께하는 구원은 죽음에 처한 조건을 극복합니다.

Salvation is the ultimate covenant content of being together with God. It is raised in the covenant of being together with God. People living in the world talk about escaping from a crisis as salvation. Salvation in this case means escaping from one's conditional situation. Salvation is therefore called an accidental case. However, salvation through Jesus is not said to be an accidental case. Rather, it means the salvation of the fallen world. Since man, departing from God, has fallen, his being together with God anew is salvation. His conditional crisis in the world is faced because he, being fallen, is subject to death. But salvation of being together with God overcomes the condition of being subject to death.

IV.0613. 하나님과 함께하는 언약은 궁극적으로 예정적입니다. 궁극적인 하나님과 함께는 창조에서 말해질 수 없습니다. 창조된 인간은 타락되기 때문입니다. 따라서 구원은 창조된 세상에서 설정될 수 없고, 창조 이전 하나님과 함께로 설정됩니다. 즉 구원은 창조 전 하나님의 예정된 뜻입니다. 따라서 하나님의 개시로 이루어집니다. 요한복음 서두는 이 점을 분명히 보입니다. 창세기 처음 나오는 창조의 기술에 비추어, 요한복음 서두는 창조 전 예정을 확언합니다. 요한복음 서두는 구원의 서사임을 분명히 밝힙니다. 구원자이신 예수님의 서사는 예정으로 전개됨을 보입니다. 구원자 예수님은 창조된 세상에 속하지 않습니다.

The covenant of being together with God is ultimately predestinated. The ultimate togetherness with God cannot be told in creation, for the created man has fallen. Salvation therefore cannot be set in the created world but set togetherness with God before creation. In other words, salvation is God's predestinated will before creation. Therefore, it is fulfilled through God's initiation. The prologue of the Gospel of John clearly shows this point. In light of the creation account in the beginning of Genesis, the prologue of the Gospel of John affirms predestination before creation. The prologue of the Gospel of John clearly states that it is the narrative of salvation. It shows that the narrative of Jesus, the Savior, unfolds as predestination. Jesus, the Savior, does not belong to the created world.

IV.0614. 구원은 창조의 수선을 뜻하지 않습니다. 수선은 우발적인 조건적 대처를 뜻합니다. 창조의 수선은 하나님의 개시가 아닌 반응입니다. 인간이 저지르는 문제를 하나님께서 해결하는 것을 뜻합니다. 이것은 종교적인 상상입니다. 종교는 사람의 개시로 전개됨으로, 신은 사람의 개시에 대한 반응으로 의식됩니다. 사람은 처한 문제로부터 벗어나기 위한 시도로 신을 설정할 수 있습니다. 구원은, 예정적으로 말해지지 않으면, 세상에 처한 우발적인 문제에 대한 대처로만 언급됩니다. 우발적인 대처는 타락된 세상에서 죽음에 처한 반응입니다. 죽음에 처한 타락된 삶은 죽음의 위기 가운데 존속됩니다.

Salvation does not mean repair of creation. Repair refers to contingent and conditional coping. The repair of creation is a response, not an initiation, by God. It means that God solves problems that man makes. This is a religious imagination. As religion develops through human initiation, god becomes conscious in response to man's initiation. Man may set god as an attempt to escape from the problem he us facing. Salvation, if not predestinated, is only mentioned as a response to contingent problems in the world. Accidental coping is a deadly response in the fallen world. The fallen life facing death persists in the midst of the danger of death.

IV.0615. 예수님을 종교 창시자로 말하는 것은 예정된 구원을 파기하는 것입니다. 예수님이 창조 전 하나님과 함께한 말씀이 육신이 되신 분으로 받아들이지 않으면, 죽음을 극복하는 구원은 말해질 수 없습니다. 구원이 말해지지 않으면, 사람들은 죽음에 처한 타락된 세상에서 나아짐을 향한 추구만 보입니다. 그들은 죽음을 극복하는 종말론적 소망의 삶을 보일 수 없습니다. 죽음을 극복하는 구원은 예정으로만 말해집니다. 죽음에 처한 타락된 세상에서 사람들이 추구할 수 있는 것은 처한 조건으로부터 벗어나는 해탈입니다. 해탈은 죽음에 처한 삶에서 보일 수 있는 최선입니다. 그러나 해탈은 구원이 아닙니다.

To say that Jesus is the founder of a religion is to abolish the predestinated salvation. Unless Jesus is accepted as the One who became flesh of the Word of being together with God before creation, salvation overcoming death cannot be spoken of. If salvation is not spoken of, people only show their pursuit toward betterness in the fallen world where they face death. They cannot show the life of eschatological hope that overcomes death. Salvation overcoming death is only said to be predestination. What people can pursue in the fallen world where they face death is emancipation of being free from their conditions. Emancipation is the best that can be seen in the life facing death. But it is not salvation.

IV.0616. 고대 그리스 철학은 지혜의 내용입니다. 예수님의 복음을 그리스 철학으로 풀이하면, 복음은 삶의 지혜로 들려지게 됩니다. 그러면 예수님으로 구원은 상실되게 됩니다. 지성으로 풀이된 복음은 구원의 상실을 뜻합니다. 지성은 타락된 사람이 지닌 속성이기 때문입니다. 지성은 죽음에 처한 타락된 삶의 지혜를 들려줄 뿐입니다. 지성은 죽음에 처한 속성의 삶에서 부단히 나아짐을 향한 추구를 들려줍니다. 그러나 나아짐을 향한 추구는 죽음의 한계를 벗어날 수 없습니다. 지혜의 철학자들과 성현들도 죽기 마련입니다. 따라서 그들의 지혜는 죽음에 처한 타락된 세상을 반영할 뿐입니다.

Ancient Greek philosophy is the content of wisdom. If Jesus' gospel is interpreted by Greek philosophy, the gospel becomes heard as wisdom of life. Then, salvation through Jesus will be lost. The gospel interpreted by intellectuality means the loss of salvation, for intellectuality is an attribute of the fallen man. Intellectuality only imparts the wisdom of the fallen life facing death. It tells of the ceaseless pursuit for betterness in the life of mortal nature. However, the pursuit of betterness cannot escape the limitations of death. Even wise philosophers and sages die. Therefore, their wisdom only reflects the fallen, mortal world.

IV.0617. 구원은 예수님으로 드러난 하나님의 약속입니다. 하나님께서 개시하시고 이루실 것입니다. 이것은 언약으로만 말해집니다. 구원의 내용은 언약을 떠나 말해질 수 없습니다. 복음이 지혜나 종교로 풀이되면, 언약의 구원은 간과됩니다. 구원의 이루어짐은 언약을 떠나 말해질 수 없기 때문입니다. 구원은 공로에 대한 보답이 아닙니다. 구원이 공로를 전제하면, 예정될 수 없습니다. 구원이 창조 전에 예정된 것으로 의식되지 않으면, 항시 종교적 보상으로 여겨집니다. 타락된 인간이 내세우는 공로 또한 타락되었습니다. 타락의 전제 없이 구원이 생각되면, 구원은 자기 본위로 의식되게 됩니다.

Salvation is God's promise disclosed in Jesus. It is what God initiates and fulfills. This is only said in the covenant. The content of salvation cannot be spoken of apart from the covenant. When the gospel is interpreted as wisdom or religion, the covenant salvation is overlooked, for the fulfillment of salvation cannot be spoken of apart from the covenant. Salvation is not a reward for merit. If salvation presupposes merit, it cannot be predestinated. If it is not conscious as what is predestinated before creation, it is always regarded as a religious reward. The deed that the fallen man shows is also fallen. If salvation is thought of without the presupposition of the fall, it becomes conscious egocentrically.

IV.0618. 구원은 하나님의 약속이니 언어적입니다. 구원은 복음으로 선포됩니다. 예수님의 복음 선포는 구원의 선포입니다. 예수님이 "죄 사함을 받았다"는 말씀은 선포입니다. 그 말씀으로 죄 사함이 이루어집니다. 구원은 예수님으로 선포되는 것이지, 사람이 준비하는 것이 아닙니다. 예수님이 선포하신 복음의 삶을 사는 이들은 구원됩니다. 그 목적으로 예수님은 제자들을 부르십니다. 선포된 삶으로 구원은 세상에 이루어집니다. 사람이 지닌 속성의 계발로 이르게 되지 않습니다. 구원은 언어적인 삶으로 드러나지 속성의 삶으로 드러나지 않습니다. 구원은 하나님의 약속으로 이루어지기 때문에 언어적입니다.

Salvation is linguistic because it is God's promise. It is proclaimed through the gospel. Jesus' proclamation of the gospel is the proclamation of salvation. Jesus' statement, "Your sins are forgiven," is a proclamation. With the statement, forgiveness of sins is fulfilled. Salvation is what Jesus proclaims, but it is not what man prepares. Those who live the life of the gospel proclaimed by Jesus are saved. For that purpose, Jesus calls His disciples. Salvation as the proclaimed life is fulfilled in the world. It cannot be reached by the development of man's attributes. It is not disclosed as the life of attributes but disclosed as the linguistic life. Because salvation is fulfilled through God's promise, it is linguistic.

IV.0619. 구원은 약속된 내용임으로 기도 가운데 이루어집니다. 기도는 이루어짐을 향해 표현됩니다. 따라서 추구로 표현되지 않습니다. 하나님의 약속은 추구될 내용이 아닙니다. 언약이 종교적으로 이해되면, 기도보다 추구가 관심되게 됩니다. 종교는 수련을 통한 증진을 보입니다. 그러나 기도는 기다림과 소망의 표현입니다. 구원의 삶은 기도하는 삶입니다. 구원의 이루어짐은 확신되게 되지 않습니다. 그보다 기도하게 되는 것입니다. 하나님의 함께는 하나님의 함께를 향한 기도로 표현되기 때문입니다. 따라서 구원은 구원을 향한 기도로 표현됩니다. 죄로부터 구원된 이들이 자신들의 죄를 고백합니다.

Salvation is the promised content; therefore, it is fulfilled through prayer. Prayer is expressed toward fulfillment. Thus, it is not expressed as a pursuit. God's promise is not something to be pursued. If the covenant is understood religiously, pursuit rather than prayer becomes concerned. Religion shows improvement through cultivation. But prayer is an expression of waiting and hope. The salvational life is praying life. The fulfillment of salvation cannot be assured. Rather, it is what is prayed for, for God's togetherness is expressed through prayer toward God's togetherness. Therefore, salvation is expressed as the prayer for it. Those who are saved from sins confess their sins.

IV.0620. 구원은 상태로 명시될 수 없고 약속으로 이루어지기 때문에 종말론적입니다. 예정적인 구원은 종말론적으로 이루어집니다. 따라서 예정적인 구원의 믿음은 종말론적 소망으로 펼쳐집니다. 예수님의 초림으로 씨 뿌려진 구원은 예수님의 재림으로 수확됩니다. 이렇게 예수님의 초림과 재림은 구원의 시각에서 보아져야 합니다. 예수님의 초림과 재림이 구원의 시각으로 보아질 때, 언약의 이루어짐이라는 시간성이 분명히 떠오릅니다. 언약이 의식되지 않으면. 시간성이 의식되지 않습니다. 따라서 모든 것이 공간적인 상태로 설정되게 됩니다. 죽은 후 천국도 그런 설정입니다. 이루어짐이 의식되지 않기 때문에, 이상적인 공간적 상태로 바람이 표현됩니다.

Salvation is eschatological because it cannot be specified by state but fulfilled as promise. The predestinated salvation is eschatologically fulfilled. Therefore, faith in the predestinated salvation unfolds as the eschatological hope. Salvation sown with Jesus' first coming will be harvested with Jesus' second coming. In this way, Jesus' first and second comings must be viewed from the perspective of salvation. When Jesus' first and second comings are viewed from the perspective of salvation, the temporality of the fulfillment of the covenant comes to be clear. If the covenant is not conscious, temporality is not conscious. So, everything is set to a spatial state. The kingdom of heaven is also a similar setting. Because fulfillment is not conscious, wish is expressed in an ideal spatial state.

IV. 7
····

예수님의 재림 The Second Coming of Jesus

IV.0701. 세상 삶에서 예수님의 재림은 의미 있게 진술되지 않습니다. 아무도 이전에 죽은 사람의 재출현을 믿을 만하다고 생각하지 않습니다. 죽은 사람이 소생하는 경우는 있을 수 있습니다. 그러나 예수님의 재림은 예수님의 소생을 뜻하지 않습니다. 하나님으로부터 오신 예수님은 십자가에 처형되고, 부활하고, 승천하여 하나님과 함께하시다 세상에 다시 오실 것입니다. 이것이 예수님의 재림을 확언하는 배경입니다. 따라서 예수님의 재림은 예수님 서사의 종결입니다. 보통 사람들의 전기와 달리, 예수님의 서사는 예수님의 죽음으로 끝날 수 없습니다. 예수님의 서사는 예수님의 세상 상태를 서술하지 않기 때문입니다.

In worldly life, the second coming of Jesus is not meaningfully assert-ed. No one considers the reappearance of previously dead people to be credible. There may be cases where a dead person comes back to life. However, the second coming of Jesus does not mean the resuscitation of Jesus. Jesus, who came from God, was crucified, resurrected, ascended to be with God, and will come back to the world. This is the background for affirming the second coming of Jesus. Therefore, the second coming of Jesus is the conclusion of Jesus' narrative. Unlike the biographies of ordinary people, the narrative of Jesus cannot end with His death. This is because Jesus' narrative does not describe Jesus' situation in the world.

IV.0702. 예수님의 재림은 예수님의 초림의 대응입니다. 복음서는 예수님을 하나님으로부터 세상에 오신 분으로 서사합니다. 이것은 예수님을 하나님의 아들이라는 고백에 반영됩니다. 하나님의 아들은 하나님과 함께합니다. 즉 하나님의 아들은 언약의 통념입니다. 그러므로 예수님을 하나님의 아들로 고백하는 이들은 그들이 하나님과 함께함에 관심을 갖습니다. 그들은 하나님과 함께하는 언약의 관심을 갖습니다. 그들은 그들이 하나님의 언약의 백성 됨에 관심을 갖습니다. 그러므로 하나님과 함께하는 언약의 백성으로 그들은 무엇보다 먼저 예수님이 하나님으로부터 오신 하나님의 아들이라고 확언해야 합니다.

The second coming of Jesus is the counterpart to the first coming of Jesus. The Gospel narrates Jesus as the One who came to the world from God. This is reflected in the confession that Jesus is the Son of God. In other words, the Son of God is a covenant notion. Therefore, those who confess Jesus as the Son of God are concerned with their being together with God. They are concerned with the covenant of being together with God. They are concerned with their being God's covenant people. Therefore, they as the covenant people of being together with God, first of all, should affirm that Jesus is the Son of God who came from God.

IV.0703. 예수님이 하나님의 아들로 하나님으로부터 세상에 오셨다는 것은 사실의 언설이 아닌 언약의 언설입니다. 그러므로 예수님의 재림이 불가능하다고 주장하는 것은 적절하지 않습니다. 예수님의 재림은 사실적으로 진술될 수 없기 때문입니다. 예수님의 초림과 더불어 예수님의 재림도 언약적으로 확언됩니다. 즉 예수님의 초림이나 예수님의 재림은 세상 변화를 따라 서사되지 않습니다. 복음서에서 예수님의 전반적 이야기는 언약적으로 서사됩니다. 그리고 예수님의 초림과 예수님의 재림은 예수님 이야기의 시작이고 끝입니다. 언약의 시작과 끝은 하나님과 함께함입니다.

It is not a factual assertion but a covenantal assertion that Jesus as the Son of God has come to the world from God. Therefore, it is improper to claim that the second coming of Jesus is impossible, for the second coming of Jesus cannot be stated factually. Along with the first coming of Jesus, the second coming of Jesus is also covenantally affirmed. In other words, neither the first coming of Jesus nor the second coming of Jesus are narrated according to changes in the world. In the Gospel, the overall story of Jesus is narrated covenantally. And the first coming of Jesus and the second coming of Jesus are the beginning and end of the story of Jesus. The beginning and the end of the covenant are togetherness with God.

IV.0704. 예수님을 하나님의 아들로 고백하며 세상에서 사는 이들은 예수님의 재림에 관심을 가져야 합니다. 그렇지 않으면, 그들은 삶의 방향이 없이 세상 변화를 따라 부유합니다. 세상에 세워진 목표는 단지 세상 변화의 따름입니다. 그들의 성공이나 실패는 단지 세상 변화의 소산입니다. 그러면 그들은 예수님을 하나님의 아들로 고백하지 않는 보통 사람들과 다르지 않습니다. 예수님의 재림에 대한 관심은 예수님의 재림에 대한 소망을 갖게 합니다. 예수님의 초림을 믿는 이들은 예수님의 재림에 대한 소망을 갖습니다. 예수님의 초림을 믿는 그들의 믿음이나 예수님의 재림에 대한 그들의 소망은 세상에 설정되지 않습니다.

Those who live in the world confessing Jesus as the Son of God must be concerned with the second coming of Jesus. Otherwise, they float along as the world changes, with no direction in life. The goals set in the world are only subject to changes in the world. Their success or failure is simply a outcome of changes in the world. Then, they are no different from ordinary people who do not confess Jesus as the Son of God. Their concern with the second coming of Jesus lets them have hope for the second coming of Jesus. Those who believe in the first coming of Jesus have hope for the second coming of Jesus. Neither their belief in the first coming of Jesus nor their hopes for the second coming of Jesus are set in the world.

IV.0705. 세상에 설정될 수 없는 믿음과 소망은 세상에 설정될 수 없는 삶으로 인도합니다. 이것이 언약의 믿음과 소망의 뜻입니다. 언약의 삶은 하나님과 함께로 펼쳐집니다. 예수님의 초림에 대한 믿음으로 시작된 언약의 삶은 예수님의 재림에 대한 소망으로 펼쳐집니다. 그러므로 예수님의 초림과 재림은 언약의 삶의 시작이고 끝으로 의미 있습니다. 언약의 삶은 세상에 설정될 수 없음으로, 자체의 시작과 끝으로 서사됩니다. 그러므로 예수님의 초림과 재림은 진행되는 언약의 삶에 항시 반영됩니다. 이것은 예수님의 재림이 언약의 서사에 간과될 수 없음을 뜻합니다. 예수님의 재림이 간과되면, 주장된 언약의 삶은 일종의 세상 삶으로 환원됩니다.

Faith and hope that cannot be set in the world lead to a life that cannot be set in the world. This is the meaning of the covenant faith and hope. The covenant life unfolds in togetherness with God. The covenant life that began with faith in the first coming of Jesus unfolds with the hope for the second coming of Jesus. Therefore, the first and second comings of Jesus are meaningful as the beginning and end of covenant life. Because the life of the covenant cannot be set in the world, it is narrated with its own beginning and end. Therefore, the first and second comings of Jesus are always reflected in the ongoing covenant life. This means that the second coming of Jesus cannot be overlooked in the narrative of the covenant. If the second coming of Jesus is overlooked, the claimed covenant life is reduced to a kind of worldly life.

IV.0706. 언약의 삶은 하나님과 함께로 시작해서 하나님과 함께로 향합니다. 하나님과 함께는 고정되어 지속될 수 없습니다. 항시 이루어지게 되기 때문입니다. 하나님은 이루어지게 될 그분 말씀으로 그분 백성과 함께하십니다. 하나님은 그분 말씀의 이루어짐으로 그들과 함께하십니다. 즉 그분 함께는 그분 말씀이 이루어짐으로 이루어집니다. 그러므로 그들은 항시 그분 말씀으로 그분 함께의 이루어짐을 향합니다. 그들은 하나님의 함께로 언약의 백성으로 이루어짐으로, 그들은 세상에서 지속됨을 주장할 수 없습니다. 세상에서 지속은 조건적으로 주장됩니다. 그러나 그들은 세상에 설정될 수 없습니다.

The covenant life begins with togetherness with God and is directed to togetherness with God. Togetherness with God cannot be fixed to be sustained, for it is always to be fulfilled. God is together with His people through His word that will be fulfilled. God is together with them with the fulfillment of His word. In other words, God's togetherness is fulfilled as His word is fulfilled. Therefore, they are always directed to the fulfillment of God's togetherness with His word. Since they are fulfilled as the covenant people with God's togetherness, they cannot claim their sustenance in the world. The sustenance in the world is conditionally claimed.

Nevertheless, they cannot be set in the world.

IV.0707. 언약에서 이루어짐의 관점은 존재론에서 존재의 관점과 대조됩니다. 언약의 이루어짐은 존재론적 변화와 대조됩니다. 언약의 언어는 존재론적 언어와 대조됩니다. 성경의 언어는 언약의 언어입니다. 그러므로 존재론적 언어로 풀이될 수 없습니다. 즉 세상의 사태로 이해되게 되지 않습니다. 성경의 삶은 하나님과 함께로 이루어지는 언약의 삶입니다. 하나님과 함께하는 언약의 삶은 세상 사태로 서술되지 않습니다. 하나님과 함께는 세상 사태로 특정되지 않기 때문입니다. 그러므로 언약의 백성이 세상에 살지만, 그들은 언약의 언어로 서사되어야 합니다. 이 때문에 성경 언어는 언약의 삶에 항시 재현됩니다.

The fulfillment perspective in the covenant contrasts with the existence perspective in ontology. The covenant fulfillment is contrasted with the ontological change. The covenant language contrasts with the ontological language. The language of the Bible is the language of the covenant. Therefore, it cannot be interpreted in the ontological language. In other words, it cannot be understood as the state of affairs in the world. The life of the Bible is the covenant life which is fulfilled in togetherness with God. The covenant life in togetherness with God is not described by the states of affairs in the world, for togetherness with God is not characterized as the states of affairs in the world. Therefore, even though the covenant people live in the world, they must be narrated in the covenant language. For this reason, the Biblical language is always recapitulated in the covenant life.

IV.0708. 하나님의 말씀으로 이루어지는 것과 세상에 있는 것은 다릅니다. 이 다름은 성경에서 창조와 타락으로 분명히 언급됩니다. 세상은 하나님의 말씀으로 창조되었지만, 사람이 하나님의 말씀에 불순종함으로 타락되었습니다. 사람의 말은 세상에 타락된 사태의 소산입니다. 사람의 말은 존재론적 언어를 구성합니다. 그리고 사람의 타락된 삶을 반영합니다. 그러므로 성경의 존재론적 언어로 풀이는 하나님의 말씀을 타락된 사람의 말로 풀이하는 것입니다. 이것이 성경이 이해될 수 없다고 단언하는 이유입니다. 사람의 이해는 타락된 자신의 능력 신장입니다. 사람이 성경을 이해하더라도, 여전히 자신의 타락된 삶을 삽니다.

What is fulfilled through God's word and what is in the world are different. This difference is clearly remarked in the Bible as creation and fall. The world was created with God's word, but it became fallen when man disobeyed His word. Man's word is the outcome of the fallen states of affairs in the world. It constitutes ontological language. And it reflects his fallen life. Therefore, interpreting the Bible in its ontological language means to interpret God's word in the fallen man's word. This is the reason to assert that the Bible cannot be understood. Man's understanding is the enhancement of his own faculty which has fallen. Even if he understands the Bible, he still lives his own fallen life.

IV.0709. 예수님의 초림은 창조된 세상과 타락된 세상의 다름을 배경으로 서사됩니다. 예수님은 하나님의 말씀에 불순종하는 타락된 세상에 오셨습니다. 따라서 예수님은 하나님과 함께하지 않는 타락된 세상에서 하나님과 함께로 서사됩니다. 예수님은 하나님과 함께로 확언되기 위해, 타락된 세상에 하나님으로부터 오심으로부터 서사되어야 합니다. 타락된 세상에서 하나님과 함께는 확언될 수 없기 때문입니다. 타락된 세상에서 예수님을 서사함엔 예수님이 하나님으로부터 오심이 간과될 수 없습니다. 그렇지 않으면 타락된 세상에서 예수님의 하나님과 함께하심을 단언할 길이 없습니다. 이 때문에 예수님이 하나님으로부터 오심은 예수님 서사의 시작입니다.

The first coming of Jesus is narrated against the backdrop of the difference between the created world and the fallen world. Jesus has come to the fallen world that disobeyed God's word. Therefore, Jesus is narrated as togetherness with God in the fallen world that is not together with God. Jesus must be narrated from His coming from God to the fallen world in order for Jesus to be affirmed as togetherness with God, for togetherness with God cannot be affirmed in the fallen world. In the narrative of Jesus in the fallen world, Jesus' coming from God cannot be overlooked. Otherwise, there is no way to assert Jesus' togetherness with God in the fallen world. For this reason, Jesus' coming from God is the beginning of Jesus' narrative.

IV.0710. 복음서는 타락된 세상에서 하나님과 함께하는 시각으로 읽어져야 합니다. 달리 말하면 복음서는 타락된 세상에서 언약의 시각으로 읽어져야 합니다. 이것은 전반적 성경을 읽는 전제입니다. 세상에 사는 사람들은 세상이 그들의 의식과 활동의 근거라고 생각합니다. 그러므로 그들은 모든 것을 세상을 근거로 이해하려 합니다. 그들은 세상을 근거로 성경을 이해하려 합니다. 그들은 성경을 그들 세상 삶으로 풀이하려 합니다. 그들은 기본적으로 성경이 종교적인 글로 자신들의 세상 삶을 진작한다고 생각합니다. 이 때문에 그리스도교는 하나의 종교로 여겨지게 됩니다. 세상의 근거에서 그리스도교는 하나의 종교로 여겨질 수밖에 없습니다.

The Gospel must be read from the perspective of togetherness with God in the fallen world. Speaking differently, the Gospel must be read from the covenant perspective in the fallen world. This is a prerequisite for reading the whole Bible. People who live in the world consider the world to be the basis of their consciousness and activities. Therefore, they try to understand everything based on the world. They try to understand the Bible based on the world. They try to interpret the Bible into their worldly life. They basically think that the Bible is a religious text that promotes their worldly life. Because of this, Christianity is considered a religion. On the basis of the world, Christianity cannot help but be regarded as a religion.

IV.0711. 성경은 사람들이 사는 세상은 하나님의 말씀으로 창조된 세상으로부터 타락되었다고 단언합니다. 그러므로 성경의 관점에서 세상은 타락되어 하나님과 함께하는 근거일 수 없습니다. 하나님과 함께하는 언약의 삶은 타락된 세상 삶으로 풀이될 수 없습니다. 단지 언약의 말로 이루어지기 때문입니다. 언약에서 세상은 언약의 삶의 근거일 수 없습니다. 언약의 삶의 근거는 하나님과 함께하는 언약입니다. 타락된 세상에 이루어지는 언약의 삶은 타락된 세상으로부터 구별됩니다. 하나님의 말씀으로 이루어지는 언약의 삶은 하나님의 말씀을 떠난 타락된 세상 삶으로부터 구별되어야 합니다.

The Bible asserts that the world in which people live has fallen from the world created with God's word. Therefore, from the perspective of the Bible, the world has so fallen that it cannot be the ground of being together with God. The covenant life of being together with God cannot be interpreted as the fallen worldly life, for it is only fulfilled with the covenant word. In the covenant, the world cannot be the basis of covenant life. The basis of the covenant life is the covenant of being together with God. The covenant life fulfilled in the fallen world is separated from the fallen world. The covenant life fulfilled with God's word should be separated from the fallen worldly life that departs from God's word.

IV.0712. 언약의 말의 우선성은 언약의 삶에 보전되어야 합니다. 언약의 말은 단지 이루어질 뿐입니다. 타락된 세상 사태로 이해될 수 없습니다. 즉 이루어질 하나님의 약속으로 묵상 되어야만 합니다. 하나님의 약속으로 이루어지는 것은 미래에 일어날 것으로 이해될 수 없습니다. 하나님의 약속은 사람의 예보와 다릅니다. 하나님의 약속은 지금 타락된 세상 속성으로부터 인과관계로 연결된 미래의 가능성에 담아질 수 없습니다. 가능성과 인과관계는 타락된 세상 속성을 따라 유추됩니다. 하나님의 약속의 말씀은 타락된 세상 속성으로부터 분리되어야 합니다. 이렇게 하나님의 말씀은 타락된 세상 속성으로부터 분별되어야 합니다.

The priority of the covenant word must be preserved in the covenant life. The covenant word is only to be fulfilled. It cannot be understood as the states of affairs in the fallen world. In other words, it must be meditated on as God's promise that will be fulfilled. What will be fulfilled with God's promise cannot be understood as what will be occurred in the future. God's promises are different from man' predictions. God's promise cannot be contained in future possibilities linked causally from the present fallen worldly attributes. Possibilities and causal relationships are inferred from the properties of the fallen world. God's word of promise should be separated from the fallen worldly attributes. In this way, God's word should be discerned from the fallen worldly attributes.

IV.0713. 예수님께서 하나님으로부터 타락된 세상에 오심은 하나님의 구원의 약속의 이룸을 위함입니다. 복음서는 예수님을 타락된 세상의 구원자로 서사합니다. 예수님을 타락된 세상의 나아짐으로 서술하지 않습니다. 그러므로 예수님은 타락된 세상에 정착하는 내용으로 이해될 수 없습니다. 예수님의 서사는 예수님의 세상에 정착보다 예수님의 세상에 오심을 드러냅니다. 그러므로 세상에서 예수님의 활동의 가능성에 대한 질문은 무의미합니다. 타락된 세상을 위한 예수님의 구원의 활동은 가능성의 문제가 아닙니다. 하나님의 구원의 약속의 이루어짐입니다. 타락된 세상의 구원은 타락된 세상에서 가능한 것이라고 말해질 수 없습니다.

Jesus' coming from God to the fallen world is for the fulfillment of God's promise of salvation. The Gospel narrates Jesus as the Savior of the fallen world. It does not describe Jesus as the betterness of the fallen world. Therefore, Jesus cannot be understood as settling down in the fallen world. Jesus' narrative reveals Jesus' coming into the world rather than Jesus' settlement in the world. Therefore, the question of the possibility of Jesus' activity in the world is meaningless. Jesus' saving work for the fallen world is not a matter of possibility. It is the fulfillment of God's promise of salvation. Salvation from the fallen world cannot be said to be possible in the fallen world.

IV.0714. 구원은 자연적 세상에서 의미 있게 단언되지 않습니다. 자연적인 세상은 변화하기 때문에 사람들은 자연적인 세상의 나아짐만 항시 생각합니다. 그리고 그들은 구원을 절박한 나아짐으로 말합니다. 자연적인 삶에서 고침은 몸이 나아진 상태로 회복되는 것입니다. 자연적인 삶은 세상 조건에 종속됨으로, 자연적인 삶에서 구원은 나아진 조건으로 언급됩니다. 그렇지만 성경은 세상이 타락되었다고 단언함으로 타락된 세상을 다룹니다. 타락된 세상의 변화도 여전히 타락됨에 머뭅니다. 따라서 타락된 세상의 나아짐을 말하는 것은 무의미합니다. 언약의 백성에게 세상은 자연적이지 않고 타락되었습니다.

Salvation is not significantly asserted in the natural world. Because the natural world is changing, people always think about the betterment of the natural world. And they speak of salvation as an imminent betterness. In natural life, healing is the restoration of the body to a better state. Since natural life is subject to worldly conditions, salvation in natural life is referred to as an improved condition. However, the Bible deals with the fallen world by asserting that the world is fallen. The change of the fallen world still remains as fallen. Therefore, it is meaningless to talk about the betterment of the fallen world. To the covenant people, the world is not natural but fallen.

IV.0715. 예수님은 타락된 세상에 구원자로 오셨습니다. 예수님이 타락된 세상에 오심으로, 예수님은 타락된 세상에서 사실로 서술될 수 없습니다. 따라서 구원이 타락된 세상의 첫 관심으로 각성되게 됩니다. 복음서는 예수님을 하나님의 구원의 약속을 이룸으로 서사합니다. 복음서에서 예수님은 타락된 세상의 구원자로 부각됩니다. 구원은 타락된 세상과 뜻 있게 병치됩니다. 구원은 하나님을 떠난 타락으로부터 하나님과 함께하는 구속을 뜻합니다. 구원은 나아짐을 향하지 않고 구속을 향합니다. 복음서의 기본 시각은 이렇습니다: 예수님은 타락된 세상에 구원자로 오셨습니다.

Jesus came to the fallen world as the Savior. As Jesus came to the fallen world, Jesus cannot be narrated factually in the fallen world. Therefore, salvation becomes the first concern of the fallen world. The Gospel narrates Jesus as the fulfillment of God's promise of salvation. In the Gospel, Jesus stands out as the Savior of the fallen world. Salvation is meaningfully juxtaposed with the fallen world. Salvation means the redemption of being together with God from the fall of being departed from God. It is not directed toward betterment but toward redemption. The basic perspective of the Gospel is this: Jesus came to the fallen world as the Savior.

IV.0716. 예수님의 재림도 타락된 세상의 구원자로 오신 예수님의 초림의 관점에서 서사됩니다. 타락된 세상에 사는 예수님의 초림을 믿는 이들은 예수님의 재림을 소망합니다. 예수님의 초림으로 시작된 예수님의 구원의 사역은 예수님으로 재림으로 끝날 것입니다. 예수님으로 시작된 구원의 사역은 예수님으로 끝나야 합니다. 구원은 타락된 세상과 더불어 진행하는 과정일 수 없습니다. 타락된 세상에 구원자로 오신 예수님은 구원을 타락된 세상과 더불어 진행하는 과정으로 보이지 않으셨습니다. 예수님은 십자가에 죽으심으로 타락된 세상에 구원의 씨앗을 심으셨습니다. 구원은 타락된 세상에 새 생명으로 싹틉니다.

Jesus' second coming is also narrated from the perspective of His first coming as the Savior of the fallen world. Those who believe in Jesus' first coming living in the fallen world hope for His second coming. Jesus' mission of salvation, which began with His first coming, will end with His second coming. The mission of salvation that began with Jesus must end with Jesus. Salvation cannot be an ongoing process that goes along with the fallen world, for Jesus who came to the fallen world as the Savior did not show salvation as an ongoing process that goes along with the fallen world. By dying on the cross, Jesus sowed the seed of salvation in the fallen world. Salvation sprouts new life in the fallen world.

IV.0717. 타락된 세상에 구원자로 오신 예수님은 십자가에 죽으셨습니다.

타락된 세상에서 구원자의 죽음은 단지 사실로만 말해지지 않습니다. 구원의 시각으로 보아져야 합니다. 즉 타락된 세상에 구원자의 죽음은 구원의 '사건'입니다. 구원의 이루어짐의 '사건'입니다. 타락된 세상에서 죽음은 불순종하는 사람에 대한 벌로 왔습니다. 그러나 예수님의 죽음은 하나님의 뜻에 순종입니다. 그러므로 예수님의 죽음은 타락된 세상에 하나님의 뜻에 순종하는 삶을 싹틔우는 구원의 죽음입니다. 예수님이 하나님의 구원의 뜻에 대한 순종의 씨로 죽음에 속박된 타락된 세상에서 죽음으로, 구원의 순종의 삶이 싹트게 됩니다.

Jesus, who came to the fallen world as the Savior, died on the cross. The death of the Savior in the fallen world is not just a fact. It must be seen from the perspective of salvation. In other words, the death of the Savior in the fallen world is an 'event' of salvation. It is an 'event' of the fulfillment of salvation. In the fallen world, death came as a punishment for the disobedient man. However, Jesus' death is obedience to God's will. Therefore, Jesus' death is the death of salvation that sprouts the obedient life to God's will in the fallen world. As Jesus died in the fallen world that was bound to death as the seed of obedience to God's will of salvation, the obedient life of salvation sprouts.

IV.0718. 불순종의 타락된 세상에서 순종은 구원입니다. 하나님의 뜻에 순종은 그분과 함께를 뜻합니다. 예수님의 십자가 죽음으로 예수님의 순종은 타락된 세상에 심어져 순종의 삶이 싹트고, 자라고 열매 맺습니다. 타락된 세상에 오신 예수님은 십자가에 죽으심으로 순종하는 삶의 씨를 심습니다. 그 후 순종의 삶은 제자들과 제자들의 복음 전파로 예수님을 믿는 이들로 드러납니다. 예수님은 하나님과 함께하는 순종의 삶을 위해 타락된 세상에 오셨습니다. 타락된 세상에 순종의 삶이 드러남이 구원입니다. 구원은 불순종 가운데 순종으로, 또 수명 가운데 생명으로 드러납니다. 즉 구원은 타락된 수명 가운데 생명입니다.

In the fallen world of disobedience, obedience is salvation. Obedience to God's will means being together with God. Through Jesus' death on the cross, His obedience was planted in the fallen world so that the obedient life sprouts, grows, and bears fruit. Jesus, who came to the fallen world, plants the seed of the obedient life by dying on the cross. Afterwards, the obedient life is unveiled as Jesus' disciples and the believers in Jesus through the disciples' preaching of the gospel. Jesus came to the fallen world for the obedient life of being together with God. The disclosure of the obedient life in the fallen world of disobedience is salvation. Salvation is disclosed as obedience in the midst of disobedience and as life in the midst of lifespan. In other words, salvation is life in the midst of fallen lifespan.

IV.0719. 하나님의 구원의 약속은 미래적이 아닌 종말론적입니다. 미래는 타락된 세상의 변화 과정으로 언급됩니다. 그러나 구원은 타락된 세상의 변화와 문제되지 않습니다. 구원은 씨와 같이 자체의 시작과 끝을 지닙니다. 뿌려진 씨는 싹트고, 자라고, 또 열매 맺습니다. 추수된 열매는 다시 씨가 됩니다. 이렇게 씨는 재생되어 영속합니다. 심음과 추수는 씨의 영속적이 순환의 시작이고 끝입니다. 씨와 같이 구원은 예수님의 초림으로 심어지고 예수님의 재림으로 추수됩니다. 타락된 세상에 예수님의 초림으로 뿌려진 하나님과 함께하는 순종의 삶은 타락된 세상에 예수님의 재림으로 추수될 것입니다.

God's promise of salvation is not futuristic but eschatological. The future is spoken of as process of change of the fallen world. However, salvation is not a matter of change in the fallen world. Salvation, like a seed, has its own beginning and end. The seed sown sprouts, grows, and bears fruit. Harvested fruits become seeds again. In this way, the seed is reproduced to perpetuate. Planting and harvesting are the beginning and end of the perpetual cycle of seeds. Like a seed, salvation is sowed with Jesus' first coming and will be harvested with His second coming. The obedient life of being together with God that was sown with Jesus' first coming to the fallen world will be harvested with Jesus' second coming to the fallen world.

IV.0720. 구원은 타락된 사람의 변화를 뜻하지 않습니다. 하나님을 떠난 타락된 사람은 하나님과 함께하도록 변화될 수 없습니다. 하나님과 함께는 타락된 사람의 변화된 상태일 수 없습니다. 타락된 사람의 어떤 변화된 상태도 타락되었습니다. 하나님과 함께는 하나님으로부터 오신 예수님으로 봅니다. 따라서 하나님과 함께는 예수님의 생명으로 서사됩니다. 이 때문에 요한복음은 예수님을 창조 전 하나님과 함께한 생명으로 서사합니다. 예수님이 타락된 세상에 오셔서 십자가에 처형됨으로, 하나님과 함께하는 생명은 타락된 세상에 심어집니다. 그리고 하나님과 함께하는 생명의 열매는 예수님이 타락된 세상에 다시 오실 때 추수될 것입니다.

Salvation does not mean the transformation of the fallen man. The fallen man who has departed from God cannot be transformed to be together with God. Being together with God cannot be in the transformed state of the fallen man. Any altered state of the fallen man is fallen. Being together with God is shown by Jesus who has come from God. Therefore, it is narrated with Jesus' life. For this reason, The Gospel of John narrates Jesus as the life of being together with God before creation. With Jesus coming to the fallen world and being crucified, the life of being together with God is sown in the fallen world. And the fruit of the life of being together with God will be harvested when Jesus comes again to the fallen world.

IV. 8
· · · ·

종말 The End

　　IV.0801. 성경의 종말은 구원의 종말입니다. 세상에서 일반적으로 인식되는 소멸의 종말이 아닙니다. 세상에 있는 것을 보며 생존하는 사람들은 세상에서 없어지는 종말을 예상합니다. 따라서 세상에 있는 것에 대해 수명을 말합니다. 사람의 수명, 국가의 수명, 지구의 수명, 나아가 우주의 수명도 말합니다. 사물의 수명은 그것이 세상에 있게 됨으로부터 없어지게 되기까지 시간의 길이로 말해집니다. 그리고 사물에 대해 종말은 그것이 세상으로부터 없어짐으로 말해집니다. 그러므로 "종말"이라는 말은 부정적인 뜻이 함축됩니다. 아무도 자신의 종말을 맞이하고 싶어 하지 않습니다. 따라서 자신의 종말은 위협적으로 의식됩니다.

The end of the Bible is the end of salvation. It is not the end of extinction as commonly perceived in the world. Those who survive by looking at what is in the world anticipate the end when they will disappear from the world. Thus, for what is in the world, they talk about its lifetime. They talk about the lifetime of a person, the lifetime of a country, the lifetime of the earth, and even the lifetime of the universe. The lifetime of an object is defined as the length of time it takes from its coming into existence to its disappearance from the world. And the end of a thing is said to be its disappearance from the world. Therefore, the word, "end," has a negative connotation. No one wants to meet his own end. Thus, one's own end becomes conscious threateningly.

IV.0802. 성경을 시작하는 창조는 인간의 타락으로 이어집니다. 타락된 인간에 대한 처벌로 하나님은 인간이 죽음에 종속되게 하십니다. 즉 죽음은 창조에 포함되지 않고 타락에 포함됩니다. 창조는 번성의 축복만 내포하지만, 타락은 죽음에 속박된 소멸을 포함합니다. 따라서 인간이 부분으로 구성된 자연적인 세상은 성경의 창조에 비추어 타락된 것입니다. 죽음을 내포한 채 운행됩니다. 죽음을 내포한 세상의 변화를 자연적 운행이라고 타락된 인간은 여깁니다. 인간은 태어나고 죽는 것을 자연의 운행 과정으로 받아들입니다. 즉 시작과 종말은 변화의 과정입니다.

Creation that begins the Bible leads to man's fall. God lets man be subject to death as the punishment for his fall. In other words, death is not included in creation but included in the fall. Creation involves only the blessings of prosperity, but the fall involves extinction in bondage to death. Thus, the natural world of which man is a part has fallen in the light of Biblical creation. It operates involving death. The fallen man regards changes of the world that involves death as its natural process. The fallen man accepts his birth and death as natural process. In other words, beginning and end are processes of change.

IV.0803. 죽음에 속박된 세상에서 종말은 죽음의 종말입니다. 따라서 아무도 종말을 기대하려 하지 않습니다. 세상에 죽음이나 소멸이 일어나기 때문에, 있던 것의 죽음이나 소멸을 "종말"이라는 말로 표현합니다. 따라서 "종말"은 세상에 일어나는 현상을 지적하는 말입니다. 사람들은 종말을 맞이하는 것들 가운데 삽니다. 못 보던 것이 생겨남과 더불어 보이던 것이 없어짐의 연쇄 가운데 사람들은 생존해 갑니다. 생성과 소멸의 현상 가운데 사람들은 살아갑니다. 즉 "종말"이라는 말은 죽음에 속박된 타락된 세상에서 의식됩니다. 따라서 타락된 삶의 용어입니다. 사람들은 태어나서 종말을 맞이하기까지 생존합니다.

In the world subjected to death, the end is of the end of death. So, no one wants to expect the end. Since death or disappearance occurs in the world, the death or disappearance of what existed is expressed with the word, "end." Therefore, "the end" is a word that points out a phenomenon that is happening in the world. People live among things that are coming to an end. People survive in the chain of invisible things appearing and visible things disappearing. They live amidst the phenomena of creation and extinction. In other words, the word, "end," is conscious in the fallen world subjected to death. Therefore, it is a term of the fallen life. People survive from birth to meeting the end.

IV.0804. 죽음으로 끝나는 삶을 사는 사람들은 죽기까지 산다고 할 수밖에 없습니다. 모든 사람은 세상에서 어떻게 훌륭하게, 화려하게, 혹은 의미 있게 살더라도 죽기까지 삽니다. 이 경우 종말은 존속의 끝을 뜻합니다. 따라서 사람은 자신이 존속하는 끝을 생각하면, 두렵고 불안할 수밖에 없습니다. 타락된 삶의 존속은 종말의 두려움과 불안을 벗어날 수 없습니다. 즉 종말은 존속하는 삶의 두려움과 불안입니다. 이것이 타락된 삶의 비극이고 한계입니다. 타락된 사람들은 종말의 비극과 한계를 자연적이라고 체념합니다. 그러면서 자연에 순응하는 삶을 위해 지혜를 말합니다. 지혜는 자연에 대한 의식과 같이 갑니다.

Men whose life ends in death can only be said to live until death. All men, no matter how well, splendidly, or meaningfully they live in the world, live until death. In this case, the end means the termination of sustenance. Thus, if one thinks of the termination of his sustenance, he cannot help but be fearful and anxious. The sustenance of the fallen life cannot escape the fear and anxiety of the end. In other words, the end is the fear and anxiety of sustaining life. This is the tragedy and limitation of the fallen life. The fallen men resign themselves to the tragedy and limitation of the end as natural. And, then, they speak of wisdom for the life of conforming to nature. Wisdom goes along with the consciousness of nature.

IV.0805. 언약의 삶에서 종말은 전혀 다른 시각으로 전개됩니다. 언약은 하나님께서 그분 백성에게 주시는 약속으로 맺어집니다. 언약의 백성은 언약의 하나님이 주신 약속이 이루어질 것을 믿으며 또한 이루어지길 소망합니다. 따라서 언약의 삶에서 종말은 하나님의 약속의 온전한 이루어짐입니다. 약속의 이루어짐을 보는 시각은 세상에서 존속을 보는 시각과 다릅니다. 따라서 그에 따른 종말은 다르게 표현됩니다. 약속의 궁극적인 이루어짐으로 종말은 존속의 소멸로 종말과 다릅니다. 언약의 삶과 존속하는 삶은, 종말에 대한 시각이 구별되기 때문에, 구별되게 드러납니다.

The end in covenant life unfolds from a completely different perspective. The covenant is made with the promise that God gives to His people. The covenant people believe that the promise given by the covenant God will be fulfilled and hope for its fulfillment. Thus, the end of the covenant life is the fulfillment of God's promise wholly. The perspective of seeing the fulfillment of promise is different from the perspective of seeing the sustenance in the world. Therefore, the resulting ends are expressed differently. The end as the ultimate fulfillment of promise is different from the end as the cessation of sustenance. The covenant life and the sustaining life are unveiled differently because their perspectives on the end are different.

IV.0806. 있음의 종말과 이루어짐의 종말은 이렇게 다릅니다. 있음의 종말은 없어짐이지만, 이루어짐의 종말은 완성입니다. 있음의 삶을 사는 사람들은 종말의 두려움과 불안에 사로잡힙니다. 그러나 이루어짐의 삶을 사는 사람들은 종말에 대한 소망을 지닙니다. 이렇게 있음의 삶과 이루어짐의 삶은 종말을 향한 절망과 종말을 향한 소망으로 갈라집니다. 타락된 삶은 종말에 대한 절망으로 지속하지만, 언약의 삶은 종말에 대한 소망으로 펼쳐집니다. 세상에 자연스럽게 산다고 여기는 사람들이 그들의 종말에 대해 절망하기 때문에, 그들이 주장하는 자연스러운 삶이 타락되었다고 하게 됩니다.

The end of existence and the end of fulfillment are different in this way. The end of existence is non-existence, but the end of fulfillment is completion. People who live the existing life are obsessed with fear and anxiety of the end. However, those who live the life of fulfillment have hope for the end. In this way, the life of existence and the life of fulfillment are divided into despair toward the end and hope toward the end. The fallen life is sustained in despair about the end, but the covenant life unfolds with hope for the end. Because people who think they live naturally in the world despair about their end, the natural life they claim is said to be fallen.

IV.0807. 하나님과 함께하는 언약의 삶은 소망의 삶입니다. 언약의 삶은 종말을 향한 소망을 지님으로 종말론적이라고 합니다. 종말을 향해 소망으로 펼쳐집니다. 언약의 삶으로 볼 때, 사람들이 자연적이라고 여기는 존속하는 세상 삶은 타락되었다고 하게 됩니다. 종말에 대한 두려움과 불안을 벗어날 수 없기 때문입니다. 하나님과 함께할 수 없는 타락은 죽음에 처한 상황을 벗어날 수 없습니다. 자연에 순응하는 삶이나 종교적인 해탈을 향하는 삶도 죽음을 벗어나지 못합니다. 그러나 하나님과 함께하는 언약에서 죽음은 하나님을 떠나 타락된 상태에서 마주치는 것이라고 하게 됩니다.

The covenant life of being together with God is the life of hope. The covenant life is said to be eschatological because it has a hope toward the end. It unfolds with hope toward the end. The sustaining worldly life which people regard as natural is said to be fallen, seen from the covenant life, for it cannot escape the fear and anxiety about the end. The fall that cannot be together with God cannot escape the situation of death. Neither the life that conforms to nature nor the life that pursues religious emancipation can escape death. However, in the covenant life of being together with God, death is said to be what is encountered in the fallen state away from God.

IV.0808. 언약으로 종말을 의식하는 이들은 죽음에 속박되지 않습니다. 하나님의 약속의 이루어짐을 향한 종말론적 소망으로 살기 때문입니다. 하나님은 세상이 어떻게 요동하든 약속을 이루십니다. 소망은 하나님의 약속에 근거함으로 요동하는 세상을 따라 흔들리지 않습니다. 즉 종말을 향한 소망으로 사는 삶에서, 죽음은 불안이나 두려움의 대상이 아닙니다. 죽음 너머 이루실 하나님의 약속이 임하기 때문입니다. 하나님의 약속은 죽음에 제한되지 않습니다. 따라서 하나님의 약속을 따른 종말에 대한 소망은 죽음에 제한되지 않습니다. 하나님의 약속이 없이 죽음의 제한은 벗어나질 수 없습니다.

Those who are conscious of the end through the covenant are not bound by death, for they live with the eschatological hope for the fulfillment of God's promise. God fulfills His promise no matter how the world shakes. Hope is not shaken in accordance with the agitating world because it is based on God's promise. In other words, in the life of hope for the end, death is not an object of anxiety or fear, for God's promise to be fulfilled beyond death comes. God's promise is not limited to death. Therefore, the hope for the end according to God's promise is not limited to death. The limitation of death cannot be escaped without God's promise.

IV.0809. 언약은 종말론적입니다. 언약은 종말까지 이루어지지 가운데 폐기되지 않습니다. 하나님의 약속에 근거해서 죽음에 속박된 삶은 타락되었다고 합니다. 즉 타락은 언약의 시각에서 제기됩니다. 그러나 죽음에 속박된 세상에 안주하는 사람들은 자신들이 자연스럽게 산다고 여깁니다. 그들은 생성과 소멸의 자연에 순응하는 것이 당연한 삶의 내용이라고 여깁니다. 아무런 의미나 목적으로 부여할 수 없는 자연의 운행을 따라 사는 것을 당연하다고 여깁니다. 그렇지만 그들은 언약에서 제기되는 종말적인 소망을 갖지 못합니다. 따라서 그들은 극복의 삶을 살지 못합니다. 그들은 주어진 상황에서 조건이 나아지길 바랄 뿐입니다.

The covenant is eschatological. The covenant will be fulfilled to the end and will not be abolished in between. The life bound to death is said to have fallen on the basis of God's promise. In other words, the fall is raised from the perspective of the covenant. But people settled in the world bound to death think that they live naturally. They consider compliance with the nature of generation and extinction to be the natural content of life. They take it for granted that they live according to the course of nature, which cannot be given any meaning or purpose. However, they do not have the eschatological hope raised in the covenant. Therefore, they cannot live the life of overcoming. They can only hope that conditions will improve given the circumstances.

IV.0810. 종말론적 소망을 갖지 못한 이들은 시간적인 삶의 의미를 의식하지 못합니다. 그들은 단지 처한 공간에서 보다 나은 자리를 찾으려 합니다. 그들은 행복과 성공을 향해 삽니다. 그들의 행복이나 성공은 공간적인 상태로 설정됩니다. 그들은 언제 닥칠지 모르는 죽음에 속박되어 삶으로, 삶의 목표는 시간적으로 설정되지 않습니다. 그들은 시간을 처한 상황의 연장으로 의식합니다. 즉 그들의 삶은 공간적이지 시간적이 아닙니다. 그들이 볼 수 있는 것은 공간적인 전망이지 시간적인 전망이 아니기 때문입니다. 그들이 공간적인 목표를 향해 나아가는 동안 시간은 지나게 됩니다. 그들은 성취의 삶을 살더라도 소망의 삶을 살지 않습니다.

Those who do not have the eschatological hope are not conscious of the temporal meaning of life. They just want to seek a better position in the space they are in. They live towards happiness and success. Their happiness or success is set as a state in space. Their goal in life is not set in time because they live a life bound by death, which they do not know when will happen. They perceive time as an extension of their situation. In other words, their life is spatial, not temporal, for what they can see is the spatial perspective, not the temporal perspective. Time passes as they move toward their spatial goal. Even though they live a life of accomplishment, they do not live a life of hope.

IV.0811. 종말론적 소망을 지니는 이들은 시간으로 삽니다. 그들의 삶이 종말론적 소망으로 펼쳐지기 때문입니다. 시간으로 사는 삶은 물론 하나님의 언약으로 이루어집니다. 함께하시는 하나님께서 약속을 이루시기 때문입니다. 따라서 언약의 삶은 시간적일 수밖에 없습니다. 시간적인 삶은 종말을 향합니다. 종말은 하나님의 궁극적인 약속으로 설정됩니다. 언약의 백성의 종말을 향한 시간적인 걸음걸이는 함께하시는 하나님의 약속이 이루어지는 자취입니다. 시간적인 자취는 사람의 의도된 걸음걸이일 수 없습니다. 하나님의 약속의 이루어짐은 공간에 자취로 드러납니다. 성경에서 언약의 백성의 삶은 그런 공간의 자취입니다.

Those who have the eschatological hope live by time, for their life unfolds with the eschatological hope. The life lived through time is, of course, fulfilled through God's covenant, for God who is together fulfills His promise. Therefore, the covenant life cannot help but be temporal. The temporal life is directed to the end. The end is set as God's ultimate promise. The temporal footsteps of the covenant people toward the end are the traces of the fulfillment of God's promise of togetherness. The temporal traces cannot be man's intended footsteps. The fulfillment of God's promise is disclosed as traces in space. The life of the covenant people in the Bible is such a trace in space.

IV.0812. 언약의 백성의 기본은 시간 의식입니다. 그들은 하나님의 약속이 이루어지는 삶을 살기 때문입니다. 눈에 보이는 공간에 그들의 의식이 고정되면, 시간적인 삶을 살 수 없습니다. 공간에 고정된 삶은 지속되지 이루어지지 않습니다. 타락된 삶은 언약으로 이루어지는 시간성이 없기 때문에, 공간에 속박되어 죽음을 맞이하기까지 지속됩니다. 타락은 시간성의 상실을 뜻합니다. 타락된 사람은 하나님과 언약으로 함께하지 못하니, 시간을 의식할 수 없습니다. 언제 닥칠지 모르는 죽음너머 비전을 가질 수 없습니다. 약속을 하지만 언제나 우발성을 염두에 둡니다. 약속 자체가 조건적인 상황에서 우발적으로 나오기 때문입니다.

The basis of the covenant people is the time consciousness, for they live the life in which God's promise is fulfilled. If their consciousness is fixed in space they see, they cannot live temporal life. The life fixed in space is not fulfilled but sustained. Since the fallen life lacks temporality which is fulfilled with the covenant, it is bound to space to continue until death. The fall means loss of temporality. The fallen man cannot be conscious of time because he cannot be together with God in the covenant. He cannot have the vision beyond death which he does not know when will happen. The fallen man is always concerned with contingency although he makes promises, for his promises arise in his conditional situation contingently.

IV.0813. 이사야서에 "말일"$^{2:2}$, "그 날"$^{11:10}$과 같은 말로 종말론적 소망을 표현하는 구절이 여기저기 나옵니다. 언약에 근거한 예언의 구절입니다. 이사야 예언자는, 비록 현실적인 형세는 그와 반대이더라도, 하나님의 약속의 근거에서 종말론적 소망을 예언으로 들려줍니다. 예언의 근거는 이루어질 하나님의 약속입니다. 현존하는 상태가 아닙니다. 현존하는 상태의 지속을 위한 율법에 비추어, 예언은 시간적으로 이루어지는 언약의 삶을 들려줍니다. 그러면서 종말론적 비전으로 이끕니다. 예언의 일어남은 언약의 삶이 현실적인 율법으로 굳혀지기보다 시간적으로 이루어지는 것임을 보게 합니다.

There are passages here and there in the Book of Isaiah that express eschatological hope with words such as "the latter days"$^{2:2}$ and "that day."$^{11:10}$ These are prophetic passages based on the covenant. Isaiah,

the prophet, prophesies the eschatological hope based on God's prom-
ise, although the actual situation is the opposite. The basis of prophecy
is God's promise that will be fulfilled. It is not an existing state. In light
of the law for the continuation of the existing state, prophecy tells of the
covenant life that will be fulfilled temporally. And, then, it leads to the
eschatological vision. The rise of prophecy lets the covenant life which is
fulfilled temporally rather than solidified by the practical law be seen.

IV.0814. 예언은 예보와 전혀 다릅니다. 예언은 언약에 근거한 종말론적
표현입니다. 그러나 예보는 현재의 상황을 근거한 인과관계에 대한 결과의
예측입니다. 언약의 예언과 현실의 예보는 전혀 다른 삶으로 전개됩니다.
예언은 종말론적 시각을 열어줍니다. 그러나 예보는 미래에 대한 기대감으
로 이끌 뿐입니다. 예언은 언어적입니다. 언약에 근거한 언어입니다. 그러
나 예보는 일어날 사건에 대한 표현입니다. 예언은 이루어짐으로 발설되지
만, 예보는 변화하는 사태를 알려줍니다. 예언은 언어의 우선성을 유지합니
다. 그러나 예보는 사태의 우선성을 견지합니다. 언어의 우선성은 종말적인
소망을 갖게 합니다. 그러나 사태의 우선성은 사태의 판단으로 종결됩니다.

Prophecy is quite different from forecast. Prophecy is an eschatological
expression based on the covenant. However, a forecast is a prediction of
the outcome of a causal relationship based on the current situation. The
prophecy of the covenant and the forecast of reality unfold into com-
pletely different lives. Prophecy opens up the eschatological perspective.
However, forecasts only lead to expectations about the future. Prophecy
is linguistic. It is a language based on the covenant. However, a forecast
is a representation of an event that will occur. Prophecy is uttered with
fulfillment, but forecast announces changing state of affairs. Prophecy

maintains the priority of language. However, the forecast maintains the priority of the states of affairs. The priority of language leads to the eschatological hope. But the priority of the state of affairs is terminated by the judgment of the state of affairs.

IV.0815. 예수님의 오심은 종말론적으로 예언되었습니다. 구약의 예언은 메시아의 도래로 집약됩니다. 복음서는 예수님을 메시아[그리스도]의 오심으로 서사합니다. 예수님을 예언으로 이루어짐으로 봅니다. 예언은 언약에 근거합니다. 따라서 예수님의 오심은 언약의 근거에서 서사됩니다. 즉 복음서는 구약의 이어 언약의 시각으로 예수님의 이야기를 전개합니다. 예수님을 예언의 이루어짐으로 다룸은 하나님의 약속의 이루어짐을 뜻합니다. 따라서 예수님으로 하나님의 언약이 다시금 확인되게 됩니다. 예언자들의 예언과 달리 예수님은 하나님의 약속의 이루어짐으로 서사됩니다. 따라서 예수님으로 하나님의 약속이 이루어진 하나님의 함께가 다루어지게 됩니다.

Jesus' coming was prophesied eschatologically. The prophecy of the Old Testament is condensed in the coming of the Messiah. The Gospel narrates Jesus as the coming of the Messia[Christ]. It sees Jesus as the fulfillment of prophecy. Prophecy is based on covenant. Therefore, the coming of Jesus is narrated on the basis of the covenant. In other words, the Gospel, continuing the Old Testament, and tells Jesus' story from the perspective of the covenant. The dealing of Jesus as the fulfillment of prophecy means the fulfillment of God's promise. Therefore, God's covenant is confirmed again through Jesus. Unlike the prophecy of the prophets, Jesus is narrated as the fulfillment of God's promise. Therefore, God's togetherness, which is the fulfillment of God's promise through

Jesus, is dealt with.

IV.0816. 복음서는 예수님을 세상 나라의 메시아가 아닌 하나님 나라의 그리스도로 오신 것으로 서사합니다. 메시아는 세상 나라의 왕으로 왕권을 이어갑니다. 그러나 하나님 나라의 그리스도는 구약에서 다루어지지 않습니다. 예수님이 세상에 오심으로, 하나님의 나라는 복음으로 선포됩니다. 하나님의 나라는 하나님께서 함께하시는 나라입니다. 복음서는 예수님이 하나님께서 함께하시는 하나님 나라의 그리스도로 오신 것을 서사합니다. 하나님 나라의 그리스도는 세상 나라의 메시아와 전혀 다릅니다. 하나님 나라의 그리스도로 예수님을 따르는 그리스도인들의 삶은 세상 나라의 메시아를 기다리는 유대인들의 삶과 전혀 다릅니다.

The Gospel narrates Jesus as the One who comes not as the Messiah of the kingdom of the world but as the Christ of the kingdom of God. The Messiah as the king of the kingdom of the world succeeds kingship. However, the Christ in the kingdom of God is not dealt with in the Old Testament. With the coming of Jesus into the world, the kingdom of God is proclaimed through the gospel. The kingdom of God is the kingdom of God's togetherness. The Gospel narrates that Jesus came as the Christ of the kingdom of God where God is together. The Christ of the kingdom of God is completely different from the Messiah of the kingdom of the world. The life of Christians who follow Jesus as the Christ of the kingdom of God is completely different from the life of the Jews who wait for the Messiah of the kingdom of the world.

IV.0817. 하나님 나라의 그리스도는 세상 나라의 메시아와 달리 구원자이십니다. 세상 나라는 세상 삶의 총체적인 표현입니다. 그러나 하나님 나라는 하나님과 함께하는 구원의 표현입니다. 하나님 나라로 사는 삶이 세상에 사는 삶의 하나의 형태라면, 세상 나라에 내포됩니다. 종교적인 삶은 세상 나라에 내포됩니다. 그러나 하나님의 나라는 세상 나라에 내포되는 삶의 내용일 수 없습니다. 그러므로 구원의 내용입니다. 세상 나라와 하나님 나라가 현실과 구원으로 구별되지 않으면, 혼란이 옵니다. 구원은 실질적인 삶에 반영될 수 없습니다. 구원이 실질적인 내용으로 풀이되면, 실질적인 혼란이 분출되면서 구원은 상실됩니다.

The Christ of the kingdom of God is the Savior, unlike the Messiah of the kingdom of the world. The kingdom of the world is the total expression of worldly life. However, the kingdom of God is the expression of salvation of being together with God. If the life of the kingdom of God is a form of the life of the kingdom of the world, it is entailed in the kingdom of the world. Religious life is embedded in the life of the kingdom of the world. However, the kingdom of God cannot be the content of life contained in the kingdom of the world. Therefore, it is the content of salvation. If the kingdom of the world and the kingdom of God are not distinguished by reality and salvation, confusion arises. Salvation cannot be reflected in practical life. When salvation is interpreted as the practical matter, salvation is lost as practical confusion erupts.

IV.0818. 예수님 당시 유대인들은 예수님이 세상 나라의 삶을 선포한다고 여겼습니다. 따라서 그들은 예수님이 자신들의 삶에 도전적이라고 판단하여 십자가에 제거하였습니다. 단지 세상 나라에만 관심하는 그들에게, 하나님의 나라는 전혀 들려질 수 없었습니다. 그들은 단지 구약을 이어가는 현실적인 삶만 생각했지, 하나님의 약속이 구원으로 임한 것을 보지 못했습니다. 예수님을 구원자로 보지 못하고 현실의 개혁자로만 보았기에, 제거하려고 하였습니다. 구약에는 구원의 내용이 없습니다. 현실을 유지하는 내용만 보입니다. 율법의 삶이나 종교적인 삶은 구원을 담을 수 없습니다. 구원으로 이루어지는 내용을 지니지 못하기 때문입니다.

At the time of Jesus, the Jews thought that Jesus was proclaiming the life of the kingdom of the world. Therefore, they, judging that Jesus challenged to their life, had Him crucified. To those who were only concerned with the kingdom of the world, the kingdom of God could not be heard at all. They were only concerned with the practical life succeeding the Old Testament, but did not see the coming of God's promise as salvation. Because they did not see Jesus as the Savior but only see as a reformer of actuality, they tried to get rid of him. There is no content of salvation in the Old Testament. It only shows the content of maintaining actuality. The life of the law or religion cannot contain salvation, for it does not have the content of the fulfillment into salvation.

IV.0819. 구원은 종말론적입니다. 구원은 현실적인 개입이 아닙니다. 구원은 구원자이신 예수님으로만 보고 듣습니다. 예수님은 구원자시기에 구원의 알파와 오메가이십니다. 구원은 구원으로 시작해서 구원으로 마무리됩니다. 이것이 예수님을 알파와 오메가로 말하는 뜻입니다. 구원은 현실에 비추어 말해질 수 없습니다. 구원은 현실의 이상적인 상태가 아닙니다. 구원은 구원으로 시작하지, 변화로 이르게 되지 않습니다. 구원은 구원자 예수님을 통해 하나님의 약속으로 들려집니다. 예수님으로 임한 하나님의 약속으로 이루어집니다. 이 때문에 예수님의 이야기인 복음서는 구원의 내용입니다. 복음은 구원의 복음입니다.

Salvation is eschatological. It is not a practical intervention. It is only seen and heard through Jesus, the Savior. Since Jesus is the Savior, He is the alpha and the omega of salvation. Salvation begins with salvation and ends with salvation. This is the meaning of the speaking of Jesus as the alpha and the omega. Salvation cannot be said in light of reality. It is not an ideal state of reality. Salvation begins with salvation, and it is not to be reached by change. It is heard as God's promise through Jesus, the Savior. It is fulfilled with God's promise that is present with Jesus. For this reason, the Gospel, Jesus' story, is the content of salvation. The gospel is the gospel of salvation.

IV.0820. 구원의 알파와 오메가는 구원의 씨와 구원의 열매로 말할 수 있습니다. 땅에 심어진 씨는 싹트고 자라 열매 맺습니다. 세상에 심어진 구원의 씨는 싹트고 자라 열매 맺습니다. 세상에 오신 예수님으로 심어진 구원의 씨로 맺어지는 열매는 예수님이 오심으로 수확하게 됩니다. 언약의 시각에서 종말은 씨의 열매 맺음 같습니다. 예수님의 재림은 종말론적 추수와 같습니다. 초림의 예수님으로 심어진 구원의 씨는 재림의 예수님으로 추수됩니다. 이 구원의 담화는 종말론적입니다. 구원이 아닌 것은 종말론적으로 말해질 수 없습니다. 성경은 궁극적으로 구원을 들려주기 때문에 종말론적으로 서사됩니다. 예정된 것은 종말론적으로 이루어집니다.

The alpha and the omega of salvation can be said to be the seed of salvation and the fruit of salvation. Seeds sown on the soil sprout, grow, and bear fruit. The seed of salvation sowed in the world sprouts, grows, and bears fruit. The fruit of the seed of salvation sown by Jesus, who came to the world, is harvested with the coming of Jesus. The end from the perspective of the covenant is like the fruitfulness of a seed. Jesus' second coming is like the eschatological harvest. The seed of salvation planted through Jesus at the first coming will be harvested through Jesus at the second coming. This discourse of salvation is eschatological. Anything other than salvation cannot be said eschatologically. The Bible is narrated eschatologically because it ultimately tells of salvation. What is predestinated is fulfilled eschatologically.